2025年第1辑

数字法律评论

DIGITAL LAW REVIEW

汪习根　主编

人民出版社

责任编辑：洪　琼

图书在版编目（CIP）数据

数字法律评论. 2025. 第 1 辑 / 汪习根主编. -- 北京 ： 人民出版社，2025. 7.
ISBN 978－7－01－027237－5

Ⅰ. D920.4-39

中国国家版本馆 CIP 数据核字第 2025T1T703 号

数字法律评论

SHUZI FALÜ PINGLUN

（2025 年第 1 辑）

汪习根　主编

人民出版社 出版发行

（100706　北京市东城区隆福寺街 99 号）

北京中科印刷有限公司印刷　新华书店经销

2025 年 7 月第 1 版　2025 年 7 月北京第 1 次印刷
开本：787 毫米×1092 毫米 1/16　印张：23.75
字数：380 千字

ISBN 978－7－01－027237－5　定价：119.00 元

邮购地址 100706　北京市东城区隆福寺街 99 号
人民东方图书销售中心　电话（010）65250042　65289539

学术委员会

学术委员会主任：

张文显（中国法学会学术委员会原主任，中国法学会法学教育研究会会长，教育部法学学部召集人，吉林大学哲学社会科学资深教授）

王利明（国务院学位委员会法学学科评议组召集人，中国法学会副会长，中国法学会民法学研究会会长，中国人民大学一级教授）

学术委员会委员：

国内委员（按中文姓氏笔画由低至高排列）

于俊清　华中科技大学副校长、智能媒体计算与网络安全研究团队负责人、教授，CERNET 华中地区网络中心主任

马长山　华东政法大学数字法治研究院院长、教授，《华东政法大学学报》主编

王　轶　中国公安大学校长、教授

王　琦　海南大学法学院院长、教授

王敬波　黑龙江大学校长、教授

王锡锌　北京大学法学院教授，《中外法学》主编

王禄生　东南大学社会科学处处长、教授

左卫民　四川大学法学院院长、教授

付子堂　西南政法大学原校长、教授

龙卫球　北京航空航天大学高等研究院院长、教授

申卫星　清华大学智能法治研究院院长、教授

丛立先　华东政法大学知识产权学院院长、教授

冯　丹　华中科技大学副校长、教授

1

皮　勇　同济大学上海国际知识产权学院教授,中国犯罪学学会副会长暨信息犯罪防控专业委员会主任

刘艳红　中国政法大学副校长、教授

孙佑海　天津大学法学院院长、教授,中国智慧法治研究院执行院长

杨　松　沈阳师范大学校长、教授

杨建军　西北政法大学法治学院教授,《法律科学》主编

时建中　中国政法大学副校长、教授,教育部数据法治实验室主任

余　翔　华中科技大学中欧知识产权研究院院长、教授,欧洲科学院院士

汪习根　华中科技大学法学院院长、教授,人权研究院院长

陈起行　华中科技大学法学院教授

郑少华　上海政法学院副校长、教授

黄文艺　《中国法学》总编,中国人民大学法学院教授

梁　新　中国司法大数据研究院院长

彭诚信　上海交通大学凯原法学院院长、教授

曾志刚　华中科技大学人工智能与自动化学院院长、教授

蔡立东　吉林大学常务副校长、教授

国际委员(按英文姓名首字母顺序排列)

Burkhard Schafer　英国爱丁堡大学法学院计算法律理论教授、苏格兰知识产权和技术法研究中心主任

Erik P. M. Vermeulen　荷兰蒂尔堡大学商业与金融法教授

Jenifer Sunrise Winter　美国夏威夷大学马诺阿分校传播学院教授,传播与信息科学跨学科博士项目主席

Shinto Teramoto　日本九州大学法学院教授

总　序

随着互联网、大数据、云计算、区块链、人工智能技术的迅猛发展,数字经济、数字社会、数字政府建设被提上议事日程,数字化转型驱动着生产方式、生活方式和治理方式发生巨大变革,人类社会的交往模式与法律结构正在发生深刻变化,数字与法律之间的合力与张力并存,数字的法治化与法治的数字化进程日益加快。基于数字创新与产业实践的驱动,作为上层建筑的法律及法学研究必须直面数字技术革命带来的严峻挑战,因应数字时代发展的新特征新要求新方向,揭示数字治理的新理念新模式新路径,探索数字治理与法律治理的兼容性整合性与融贯性,构建中国特色、世界领先的数字法学学科体系、学术体系和话语体系。

在探索数字技术与法律发展的理论创新之路上,法学界、法律界和数字技术界开始携手并进,展现出良好的互动合作前景。其中,华中科技大学法学院是全国最早也是迄今为止唯一一个设置科技法学学位点的单位,目前开设了计算机与数字法学硕士、博士研究生培养方向。2019年9月,华中科技大学法学院与兄弟高校在清华大学主持下共同发起成立中国计算法学发展联盟;2020年8月,与湖北省高级人民法院在最高人民法院的指导下联合成立湖北司法大数据研究中心;2021年5月,与来自欧美和亚洲的国际顶级专家联合创立"人工智能与司法大数据"国际研讨会这一学术平台,每年举办一届;2021年10月,时任最高人民法院院长周强莅临华中科技大学法学院检查指导,对学院实现法学与科技及人文学科全面深度交叉融合发展的办学理念给予高度肯定;2022年11月,参与由中国人民大学发起成立的全国高校"数字法学"联盟。2023年12月16日,由14位数字法学领域的外籍著名学者、8位中国内地著名资深学者、15家单位团体成员联合发起成立了国际数字法学协会(International Digital Law Association)。协会外籍初始会员包括牛津大学互联网研究院教授维克托迈尔-舍恩伯格(Viktor Mayer-Schönberger),乔治城大学法学院 Scott K. Ginsburg 讲席教授阿努帕姆·钱德勒(Anupam Chander)、康奈尔大学 Andrew H. and Ann R. Tisch 讲席教授海伦·尼森鲍姆(Helen Nissenbaum)教授等。协会内地初始会员包括张文显、王利明、时建中、周汉华、季卫东、张新宝、马长山以及笔者。以此为基础,为了在理论上超前引导数字社会的革命性发展、全面回应数字法治的实践性挑战,展现全球不同区域的专业研究成果,在国内外高校、研究机构著名专家学者的鼎力支持下,经过反复酝酿,创设了学术辑刊——《数字法律评论》。《数字法律评论》是由华中科技大学法学院、湖北司法大数据研究中心联合主办的以数字法学前沿发展为主题的、面向全球的专业学术辑刊。其主要学术旨归在于研究数字法学、数字法治、数字法律三个层面的基础理论和实践前沿问题。

《数字法律评论》聚焦于研究数字中国的法治建构。数治中国与法治中国的互治共进,催生出数字法治的理想愿景。人类是数字技术的创造者和受益者,人类也可能是数字技术的受制者和受害者。而后者恰恰是数字中国所可能面对且必须避免的。在法治轨道上实现数字治理体系和治理能力的现代化,是规训数字技术的非理性进而起到抑恶扬善之作用的必由之路。唯有法治才能最为强有效地解决如下数字之"恶"或数字之"乱":一是数字失序。数字世界似乎是一块飞地,数字垄断、数字侵权、数字犯罪以至数字霸权主义、数字恐怖主义正在威胁着人类。数字法治的当务之急在于有效调整和规制数字行为和数字关系,明确数字法律权利与数字法律义务,强化数字法律责任,以明确、肯定和可预期的法律规范确保数字向善向上。二是数字失范。法治是使人类服从规则治理的事业。数字关系若缺少法治规则的调整,人类势必陷入无序、混乱乃至动荡。人究竟是数字法律关系的主体还是客体?人工智能可否或应否成为法律关系的主体?亟待在法治体系中加以确切地规范而不能仅仅躺在数字伦理的摇篮里沉睡。三是数字失衡。数字技术的前沿性和引领性在技术保护主义甚至数字殖民主义的驱使之下,在全球范围形成数字鸿沟、数字赤字、数字不公,制造出数字弱势群体。数字中心与数字边缘、数字原住民与数字移民之间的发展差距正在加大,数字技术所带来的社会非正义和社会不平等与歧视正在侵蚀着数字自身的价值意义。为了遏制这些乱象,还原良法善治的数字意义,人类社会已经开始反思与检视。在这方面的中国经验和中国方案及其世界意义值得在学术体系和话语体系上进行全面提炼和共同分享。四是数字失能。法治的治理向度和治理价值,制约着数字技术的应用与发展前景。面对人工智能可能带来的巨大威胁和严峻挑战,是否应当像当年通过立法禁止克隆人一样来严格禁止人工智能的研发和应用? 例如超级人工智能的迅速发展,导致了人类的恐慌,于是禁止之声不绝于耳。对于人工智能,究竟是释放其超级效能还是使其失去效能,究竟是禁止还是开放、限制抑或激励,法治的重心立足于防范、惩罚还是鼓励、保护? 实际上,应当在价值和逻辑两个面向齐头并进,在伦理化和责任化的同时,促进和激励数字技术创新,成为人类推进科技进步的急需,研究人工智能产业促进法和技术创新法,值得引起足够重视。而其间的法理基础、价值定位、法律原则和运行机制诸方面的问题值得引起法治理论研究上的深层次反思和持续性关注。在数字中国与法治中国的宏大叙事和话语架构下,探讨数字政府与法治政府、数字社会与法治社会、数字经济与法治经济、数字文化与法治文化问题,是数字法律理论研究应当关注的首要议题。

《数字法律评论》聚焦于探讨数字法学的学科创新。实现数字技术与法律科学之间的互通互融,创设数字法学这一新型交叉学科,成为数字时代法学教育和法学理论发展的神圣使命。完善法学学科专业体系,构建自主设置和引导设置相结合的学科专业建设新机制,是新时代法学学科发展的必然选择。2023 年 2 月,中共中央办公厅、国务院办公厅印发的《关于加强新时代法学教育和法学理论研究的意见》明确指出:"加快完善法学教育体系",重点是"优化法学学科体系","适应法治建设新要求,……加快发展社会治理法学、科技法学、数字法学、气候法学、海洋法学等新兴学科","推进法学和……网络工程以及自然科学等学科交叉融合发展,培养高质量复合型法治人才"。而在"健全法学教学体系"中,强调应当"适应'互联网+教育'新形态新要求,创新教育教学方法手段"。数字法学学科体系之构建,应当解决好数字法学的学科定位、学术支撑、知识体系以及作为载体的课程体系诸方面的关键问题。衡量一门学科是否成立的标准可归纳为三个主要方面:第一,是否具备固有的调整对象、调整范围和调整方法;第二,是否具有特定的概念、范畴和原理,即知识体系;第三,学科在理论和实践价值上是否具有独特性。数字法学通过知识的聚合、规整、再造,正在逐步形成专门性的知识体系和理论构造,从而为学科构建奠定了基础。应从法对数字技术的功能和数字技术对法的功能两个方面对数字法学的调整对象进行凝练,并在此基础上实现数字与法律的全面深度融合而成为一体化的数字法学,也就是在法的数字化面向和数字化的法面向两个向度进行对称性研究,由此出发而融会贯通为一个相对独立的学科。该学科具有以下鲜明的特质:首先是交叉性。在互联网、大数据、云计算、区块链、算法与人工智能技术和法学之间进行全面的学科互动、学科集聚、学科整合和学科再造,不断消解学科壁垒、淡化学科界限、克服学科局限,防止出现学科本位主义和机械连带主义,从而真正创设出一个在两者之间有机连带的新型交叉学科。其次是创新性。数字技术正处于知识裂变、分化升级的迅猛发展期,从数字技术到数字科学尚有漫长的路程要走,数字学尚未形成为一个学科,那么究竟如何去实现正在快速生长的数字学科与已经相当成熟的法学学科之间的交叉融合呢? 是坐等数字学科成熟之后再进行学科创新还是未雨绸缪、及时跟进? 这是应当引起学界足够重视的重大问题。《数字法律评论》在关注学术研究热点难点的同时,亦致力于提供回应和回答上述学科前沿问题的研究平台。

《数字法律评论》聚焦于阐释数字关系的法律调整。在一般的常识意义上,法是一个由行为模式和法律后果所组成的逻辑规范系统。无论是数字法学还是数字法治,都依存于特定的法律制度和法律规范。当法律的逻辑规范与数字的技术范式相辅相成而共同融入文明社会应然的内在理性和外在价值时,才能有效保障数字技术始终行进在人类文明的轨道之上。技术规范的自治性和伦理准则的内部性,制约着其功能的强效释放。如果说道德是内心的法律,那么,法律便是外在的道德。而唯有赋予强力支撑和规范效能的法律体系,才能为数字时代人类的生存和发展供给确定无疑的关系模式、必须坚守的行为规则和无可推卸的法定责任。所以,型构数字法律的规范体系成为数字法治体系构建的第一要务。可见,究竟采取何种立法进路来规制和保障人类的数字化生存方式,成为数字法律发展的首要目标。而数字立法的整体性和协调性从纵向和横向两个截面制约着数字立法的水平和质量。而数字法律的实施和执行,是数字关系法律化、规范化、体系化必须关注的焦点议题。从广义上讲,就数字法律的调整内容而言,可以归结为三大方面:一是基于数字技术的法律。也就是要以技术发展促进法律发展,通过大数据、云计算、区块链、人工智能为法律赋能。构建完备的法律规范体系有赖于数字技术,在法的立改废释纂过程中应当广泛采用大数据、算法技术和人工智能,实现智慧立法、提升立法效能。人工智能对提升法律效能具有革命性的意义,如何发挥人工智能技术在实现法律正义中的价值功能是法律与信息技术深度融合必须思考的重点。有必要逐步实现从小数据到中数据直至大数据,从人工立法到智能立法再到智慧立法的变革。二是基于法律的数字技术。法律对数字技术具有引导、规制、保障与救济作用。数字技术本身是中性的,而法律具有明确的导向性和规范性,防止数字技术的负面效应,在本质上呼唤法律关系的重组和进化,确立数字权利与数字义务的关系模式并加以适时地优化是数字法律的根本任务。三是基于人的法律数字技术。数字法律的终极价值,即人的主体性、以人为本、以人民为中心,旨在实现人的解放和人的全面自由发展。那么,究竟是数字技术为人类的法律赋能还是法律的理性为数字技术赋能? 这是一个极其复杂的问题。但无论如何,数字技术必须把对人的关怀、尊重人格尊严和保障数字人权放在首位,始终遵循以人为本的数字法律运行路线,只有这样才能实现逻辑与理性,法治与德治,良法与善治的统一。总之,从法律实证方法、规范分析方法、案例分析方法、价值分析方法、历史主义方法之不同视角出发,对数字法律的生成与实践进行法理、机理和机制上的研究,揭示数字法律的实体规范与程序规范及其实践理性与价值优化,成为数字法律理论研究的一大旨趣。

立足数字时代发展最新动态,聚焦国内外数字法学研究前沿,紧跟数字法学的跨学科创新,致力于展现数字时代法治实践成果,凝结并传播具有本土性与全球性、时代性与反思性的数字法学知识,《数字法律评论》将成为一本回应数字时代之需、数字实践之要而生的法学理论研究论集,充分彰显国际性、前沿性、学术性和交叉性的特征。

我们深感荣幸的是,来自欧洲、美洲、亚洲以及其他地区在数字法学领域卓有成就的顶级专家和杰出学者允诺参加组成了阵容强大的编辑委员会。同时,十分荣幸地邀请到数字法学界著名专家和数字产业界知名人士加入作者行列。令人欣慰的是，《数字法律评论》云集了一批思想活跃、敢于创新、锐意开拓数字法律研究前沿的中青年学人。俗话说，众人拾柴火焰高，正是在学术界和实务界的关心厚爱之下，《数字法律评论》才得以诞生。在此，衷心地感谢在数字法律领域的各位大家、专家、行家的无私奉献和鼎力支持！

我们相信，在国际国内学术界专家同仁的共同努力下，这一新生事物会不断成长壮大。我们真诚地期待，对于这一新生事物，学术界和产业界给予持续关心和倾情襄助，不断注入新鲜血液，共同为推进数字法学学术繁荣和数字法治事业发展发光发热、献计献策。

汪习根

前　言

　　《数字法律评论》自 2022 年第 1 辑出版以来,受到了学术界与实务界的广泛关注,也吸引了大批优秀论文投稿,本辑收录论文由来稿优秀论文和 2022 年"人工智能与司法大数据"国际研讨会的优秀论文结集而成。在此,感谢各位专家学者的积极与会和不吝赐稿。本辑研究主题涵盖算法责任、数字科技推进中国式现代化的法治保障、欧洲人工智能治理的最新立法实践、数据确权、数字治理、智慧司法、科技伦理审查等多方面的内容。具体而言,《数字法律评论(2025 年第 1 辑)》共包括名家特稿、国际热点、人工智能司法、数据治理、数字技术与部门法、会议综述共六部分。

　　第一部分为名家特稿。特约华中科技大学法学院教授何士青与教育部青年长江学者特聘教授冉克平对数字科技发展问题发表了深刻的见解。何士青教授重点探讨了数字科技对中国式现代化的重要影响,并指出数字科技具有"双刃剑"的效力,既可以推动经济社会和人的发展,也有异化现象的蔓延和滋生,论证了数治科技法治建设是我国以数字科技推动中国式现代化的必要方案。最后提出了建设数字科技法治的有效措施,要求以习近平法治思想为根本遵循,完善数字科技法律规范体系,强化数字政府治理职能,以司法矫治赋能数字科技健康发展,对推进中国式现代化具有重要意义。冉克平教授探讨了数字时代算法错误这一突出社会问题。首先分析了算法错误的技术逻辑以及在法律上的挑战,指出了其识别错误难题,提出对算法错误的类型识别需要以技术和法律相融合的路径。然后探讨了算法错误侵权责任问题,认为应当适当革新侵权构成理论来应对算法错误的问题,同时提出在新技术迭出与风险滋生的算法时代,通过惩罚性赔偿促使算法主体提高注意义务的同时,也可以适用第三人侵权或者不可抗力制度免除算法错误的侵权责任。

　　第二部分为国际热点。东京大学法学院教授、公共政策大学院教授,美国哈佛大学、加利福尼亚大学伯克利分校、哥伦比亚大学客座研究员、客座教授宇贺克也教授主要围绕着 2013 年制定的《日本灾害对策基本法》中规定的防灾行政中的个人信息的利用和保护，厘清了法律中对个人信息利用的范围与依据，以及保护措施的实施路径等。充分讨论了紧急条款、利益条款的灵活应用。另外，席斌老师介绍了欧洲人工智能伦理治理的立法规划。欧洲议会法律事务委员会于 2020 年 4 月 21 日向欧盟委员会提交了《就人工智能、机器人和相关技术之伦理方面提出立法建议的报告草案〔2020/2012（INL）〕》。在该份草案中，欧盟在全球范围内率先提出了人工智能伦理治理的欧洲立法规划，即《欧洲议会和欧盟理事会关于开发、部署和使用人工智能、机器人和相关技术伦理原则的条例（立法提案）》（简称《欧洲人工智能伦理条例》）。作为目前欧盟内部已知首个且唯一的人工智能伦理治理的法律方案，条例之提案旨在为欧盟人工智能相关技术的开发、部署和使用构建出内容完备的伦理治理监管框架。该框架着重整合出法律意义层面上的人工智能五大伦理规范，包括安全特性、透明度和问责制，非偏见和非歧视，社会责任和性别平衡，环境友好和可持续性以及隐私和生物识别。以此为基础，欧洲立法者又强调了伦理治理在人工智能等相关技术在开发、部署和使用全过程中的重要性，并倡议各成员国乃至欧盟层级建立独立的监管机构以求实现前述伦理规范在欧盟区域内的一体适用。它山之石可以攻玉，域外的实践为我国理论发展及立法实践都提供了重要的借鉴意义。

第三部分为人工智能司法。主要聚焦于人工智能在司法实践中的各类应用问题。在新兴技术快速发展的时代背景下，人工智能技术为司法裁判带来了新的机遇与挑战。在司法实务方面，该部分探讨了如何将人工智能运用到不同领域的司法实务。建设智慧法院的背景下，通过对全国法院刑事速裁案件抽样实证考察发现，刑事速裁程序并未发挥出简案快审的立法本意。刑事速裁案件因相对简单、固定，可以通过运用刑事文书送达电子化，速裁案件审理网络化，判决文书自动生成化，卷宗材料自动生成及归档的人工智能技术，从而建立刑事速裁案件快速审理机制，以期真正发挥出刑事速裁程序简案快审的立法本意。在司法裁判方面，主要探讨了智能裁判机制的优化，学者提出构建适配人工智能辅助价值计算的社会主义核心价值观裁判说理机制，实现司法价值判断的可视化、客观化、共识化。也有学者分析了裁判文书的智能进路，提出由"大数据转向小数据"。在智慧法院建设方面，探讨了智慧法院的建设，分析其发展历程、价值冲突与完善路径，推动了审判能力和审判体系现代化。另外，有学者提出，裁判文书的实证研究应当要重视法律适用要件的精细化研究，其中文本信息抽取则是裁判文书智能分析的基础。为强化裁判文书智能分析的质量，可将研究分为三个阶段，分别是文本标注、文本信息抽取及在这基础上进行的数据分析,包括相关分析、趋势分析及因果分析,同时构建增量学习系统来加以辅助,并以高龄劳动者的劳动关系认定为例进行展开。为强化算法的可解释性,借鉴"因果关系之梯"理论,从关联、干预及反事实三个层面进行因果关系的重构。还有学者提出智慧法院建设是法院信息化发展的高级形态。法院信息化建设经历了从实现内部信息化到外部联动,最终迈向系统化发展的智慧法院建设阶段。智慧法院建设极大地提高了司法效率和审判质效,但是也带来了司法效率与司法公正、司法公开与信息保护以及司法便民与司法权威之间内在的价值冲突。纵观智慧法院建设,应当坚持司法人工智能的工具主义定位,加强信息保护,培养复合型人才,推动审判体系和审判能力现代化。针对诉源治理的问题,有学者认为有必要立足纠纷化解实践分析影响诉前调解工作开展的各类因素,针对性提出解决办法,重点从规范诉前调解形式、保障诉前调解效力,加大诉前调解分流、提升调解的精准度,优化诉前调解平台、完善诉调对接机制等方面优化完善。

第四部分着眼于数据法治问题。数据保护是国际社会共同面临的治理难题,该部分着重论述数据保护问题。在法律保护方面,有学者阐释国际软法的发展对于数据保护的效力,认为应"软硬皆施"来完善数据保护法律体系,多边协调推动国际软法的形成。其中,《OECD 隐私准则》和《APEC 隐私框架》是国际数据保护软法的典型代表,通过国际和国内两个层面的诸多实施机制,它们在强化数据隐私保障和自由流动间的平衡,以及推动该领域法律规则的形成方面发挥了重要作用。中国应当考虑加入作为《APEC 隐私框架》国际实施机制的 CBPR 体系,通过"软硬兼施"的途径完善数据保护法律体系,并在其他多边协调机制中推动数据保护领域多元兼容的国际软法规则的形成。另有学者针对数据交易的困境提出,数据交易制度的构建应把握安全性和效率性的双重价值追求,坚持以场景化的数据使用权交易为主,鼓励引导市场主体依托数据交易所等数据交易平台开展交易,通过强化数据交易组织职能建设、规范数据交易规则条件、优化数据交易流通形式构建安全高效的数据交易制度框架,促进数据价值效用的释放和数字经济的发展。

第五部分主要探讨的是数字技术与部门法。学者们就不同领域各个部门法与人工智能的交互作用提出了颇具代表性的观点。有学者认为,智慧法院建设下智能技术在司法审判领域中深度融合应用,使法官的智能预判具有相对确定性的同时,也显现出更加精准高效的附加特质,当然也应警惕预判确定性契机中潜在的可能风险。法官确定性预判具有可废止性,其结论可得到复验改进,但试图改变预判背后的思维认知过程却是它遭遇的"虚假"困境。相应的纾解之道是重塑审判认知结构，渐进推动由侦查中心到审判中心的转变，发挥预判确定性的正向功用，从而逐步达致庭审证明过程的实质化。还有学者分析了司法区块链的数字逻辑，认为法律与技术自古以来都是相互渗透的关系，数字变革引发了围绕"案牍"为基础的诉讼模式转向以数据部署与通信为中心的体制性、组织性的司法结构调整。司法区块链作为智慧司法领域重要成果之一，链上数据可信的价值目标重构了电子数据的证明机制与智慧司法的信任工程。它在数据安全层面，可以确保上链前真实的数据，上链后难以篡改。在信息共享层面，有望打破司法数据孤岛，增强多方数据有效对接与互通共享。这就需要建构非中心化的"参与式"司法模式，将公众纳入多方参与共识的节点范围，形成以数据为核心的多方线上互信体系。针对科技伦理审查，有学者提出要充分发挥伦理审查在科技伦理治理中的作用，重视伦理审查相关机制的构建与完善。

第六部分是"2022 年人工智能与司法大数据"国际研讨会的综述。各位专家聚焦数字时代人工智能与司法大数据这一全新议题，从各自的学科领域和研究视角探讨司法人工智能所面临的现实难题及其破解之道，将理论与实践融于一体，提出了具有创新性的见解，对司法人工智能的理论研究、纵深发展和实践推进，具有重要指导意义。本辑将该次会议综述全文刊发，以飨读者。

本辑的出版蕴含着许多人的努力，在此表示诚挚的感谢！衷心感谢华中科技大学李元元院士、梁茜副校长、于俊清副校长对法学院计算法学学科建设的大力支持！感谢湖北省高级人民法院以及游劝荣院长、李小菊巡视员对湖北司法大数据研究中心以及科技法庭建设的支持！感谢华中科技大学计算机学院院长冯丹教授、人工智能学院院长曾志刚教授、网络信息化办公室主任王士贤！感谢华中科技大学法学院的姜芳书记、王欢欢副书记、李岩老师、万子豪老师、郭雨曦老师、唐柳老师、张奔老师、钱宁老师、谭佐财老师对论坛举行的辛苦付出！感谢管乐之、马明昊、罗雪、余腾飞、汪可意、祝紫欣、熊书颉、陈烨、黄瑶、曾紫莹、罗卓、胡宣在本书编辑过程中的无私奉献！

目　　录

名家特稿

以数字科技推进中国式现代化的法治保障 ……………………… 何士青（ 3 ）
算法错误的类型识别及其责任承担 …………………………… 冉克平（ 39 ）

国际热点

日本防灾行政中的个人信息利用与保护
　　……………………………[日]宇贺克也／文　杨琴、余梦凝／译（ 63 ）
《欧洲人工智能伦理条例》（立法动议、提案及解释性陈述） …………… 席斌／译（ 93 ）

人工智能司法

人工智能视野下刑事速裁案件快速审理机制研究——以 3260 份判决书
　　为样本分析 ………………………………………… 陶明　许健（121）
人工智能辅助司法价值计算的逻辑与进路——以民商事案件核心价值观
　　裁判说理为中心视角 ……………………………………… 李婷（134）
小样本学习驱动的裁判文书智能分析进路——以文本信息
　　抽取为切入 ………………………………………… 顾男飞（156）
智慧法院建设的发展历程、价值冲突和完善路径 ……………… 张倩倩（173）
人民法院推进诉源治理的议题与实践——以优化诉前调解
　　工作机制为视角 …………………………… 余晓龙　马丽萍（184）

1

数据治理

论国际数据保护软法的兴起和实施——以对 OECD 和 APEC 相关

  实践的分析为中心 ………………………………………… 敖海静（205）

数据交易的现实困境与路径选择 ……………………………… 鄢浩宇（234）

数字技术与部门法

刑事法官适用类案检索的困境与优化路径 …………………… 韩振文　傅嘉妮（251）

司法区块链的数智逻辑及其诉讼规训——以《人民法院在线运行规则》

  为展开 …………………………………………………… 孙梦龙（279）

科技伦理审查制度建设中的主体、程序与方法优化 ………………… 曹奕阳（294）

会议综述

2022 年"人工智能与司法大数据"国际研讨会综述 …………………… 罗雪（319）

《数字法律评论》征稿函 ………………………………………………… （353）

Content

Expert Contribution

On the Legal Guarantee of Promoting Chinese-style Modernization With

Digital Technology ·· (3)

On the Identification and Regulation of Algorithm Errors ························ (39)

International Hotspot

Use and protection of personal information in disaster prevention administration

in Japan ·· (63)

European Ethical Regulation on Artificial Intelligence(The Legislative Motion,

Proposal and Explanatory Statement for the Regulation) ···················· (93)

Artificial Intelligence Justice

Research on Rapid Trial of Criminal Quick Adjudication Cases from the Perspective

of Artificial Intelligence——Analysis of 3260 Judgments ······················ (121)

The Logic and Approach of Artificial Intelligence-assisted Judicial Value Calculation

——From the Perspective of Judgment and Reasoning Based on the Core Values

of Civil and Commercial Cases ·· (134)

A Small-Sample Learning Driven Approach to Intelligent Analysis of Judgments

——Starting from Textual Information Extraction ································· (156)

The Development History, Value Conflict, and Improvement Path of Smart Court

Construction ·· （173）

The Issue and Practice of People's Court to Promote the Governance at the Source

of Litigations——From the Perspective of Optimizing the Pre-litigation Mediation

Mechanism ·· （184）

Data Rule of law theory

International Data Protection Soft Law——Focus on the Analysis of OECD and

APEC Practices Construction of online labor dispute resolution mechanism in the

context of artificial intelligence ·· （205）

Practical Dilemma and Path Selection of Data Trade ·························· （234）

Digital Technology and Sector Law

The dilemma and optimization path of the criminal judge applying class case

retrieval ··· （251）

The Logic of Digitization and Procedure Training of Block Chains in Judicial

District——Expand in"People's Court Online Rules" ························· （279）

Optimization Ways of Related Mechanism of Ethical Review of Science and

Technology ·· （294）

Academic Review

Summary of the 2022 "Artificial Intelligence and Judicial Big Data" International

Conference ·· （319）

Call for paper ·· （353）

名 家 特 稿

以数字科技推进中国式现代化的法治保障*

何　士　青**

（华中科技大学法学院，湖北武汉，430074）

摘要：中国式现代化是新时代新征程上的重要课题，科技现代化是这一课题的重要支撑；数字科技是科技现代化的重要成就，又是通过科技现代化推进中国式现代化的重要力量。数字科技推进经济社会和人的发展的威力正在显现，数字科技异化现象也在滋生和蔓延，数字科技的"双刃剑"效应要求加强治理。数字科技法治以良好法律为前提、以法律统治为关键、以促进数字科技发展与防治数字科技异化为内容、以有效规范数字科技研发和转化应用为功能优势，因而是数字科技治理的最终有效方式。加强数字科技法治已成为我国以数字科技推进中国式现代化的必然方案，要求以习近平法治思想为根本遵循，完善数字科技法律规范体系，强化政府数字治理职能，以司法矫治赋能数字科技健康发展。

关键词：中国式现代化；数字科技；法治保障

当今中国已经迈上全面建设社会主义现代化国家的新征程，以中国式现代化全面推进中华民族伟大复兴是时代赋予我们的重任。科技现代化在现代化体系中的基础性地位以及对现代化国家建设的战略性支撑功能决定了推进科技健康发展的重要性，习近平总书记在党的二十大报告中指出我国科技发展必须"坚持面向世界科技前沿、

　　* 该文是国家社科基金重大项目"民族自治地方社会治理现代化的机理与路径研究"（项目编号：22VMZ006）、华中科技大学人权法律研究院研究专项"大数据时代的生存方式与法治回应研究"（项目编号：2022WKFZZX012）的阶段性成果。

　　** 作者何士青：华中科技大学人权研究院研究员，华中科技大学法学院教授、博士生导师。

面向经济主战场、面向国家重大需求、面向人民生命健康"①。在日新月异的现代科技群中，数字科技是一颗耀眼的新星，不仅"对高质量发展实体经济具有基础性与全面性影响"②，而且对人们的美好生活和权利保障也具有积极效能。然而，同所有其他科技一样，数字科技也是一柄"双刃剑"，具有加强治理的必要性。习近平总书记所指出，"要前瞻研判科技发展带来的规则冲突、社会风险、伦理挑战，完善相关法律法规、伦理审查规则及监管框架"③，这为加强数字科技法治建设提供根本遵循，中共中央和国务院印发的《关于构建数据基础制度更好发挥数据要素作用的意见》④等规范性文件为数字科技法治建设提供政策导引。从新时代中国高质量发展对科技创新驱动的诉求以及科技创新驱动发展对科技活动善治的需要出发，立足于数字科技存在着异化的可能性，必须加强科技法治建设，充分发挥科技法治为数字科技发展保驾护航从而推进中国式现代化的功能。

一、数字科技是中国式现代化的重要支撑

揆诸当下，科技治理作为国家治理的重要组成部分受到人们的重视，科技法治作为科技治理的最有效方式成为人们的推崇，数字科技法治作为科技法治的重要子系统获得人们的认同。"时代是思想之母，实践是理论之源。实践发展永无止境，我们认识真理、进行理论创新就永无止境"⑤。时代在变迁，实践在发展，科技在进步，法治在完善。想要找到数字科技法治建设受到重视的终极原因，就不能停留于思想意识的层面"应当到生产方式和交换方式的变革中去寻找"⑥。以唯物辩证法的方法论为指导去探寻数字科技法治建设的理据，可以发现它根植于数字科技助推中国式现代化的巨大功能中。

---

① 习近平：《高举中国特色社会主义伟大旗帜　为全面建设社会主义现代化国家而团结奋斗——在中国共产党第二十次全国代表大会上的报告（2022 年 10 月 16 日）》，《人民日报》2022 年 10 月 26 日。

② 陆岷峰：《数字科技赋能实体经济高质量发展：融合优势、运行机理与实践路径》，《新疆师范大学学报》2022 年第 6 期。

③ 习近平：《在中国科学院第二十次院士大会、中国工程院第十五次院士大会、中国科协第十次全国代表大会上的讲话》，《人民日报》2021 年 5 月 29 日。

④ 《中共中央　国务院关于构建数据基础制度更好发挥数据要素作用的意见》，《人民日报》2022 年 12 月 20 日。

⑤ 习近平：《在庆祝中国共产党成立 95 周年大会上的讲话》，《人民日报》2016 年 7 月 2 日。

⑥ 《马克思恩格斯选集》第 3 卷，人民出版社 1995 年版，第 617—618 页。

(一)推进中国式现代化是中国新时代重要课题

人类社会是一个从低级向高级、从简单到复杂、从落后到先进、从野蛮到文明的演进过程,而现代化是过去演进的结果,也是未来演进的起点,它作为"人类社会从传统的农业社会向现代工业社会转型的历史过程"而"涉及全球的经济、政治、社会、思想、文化、心理各方面的巨大变迁"[①]。现代化的时间起点在哪里? 人们的看法不一。有人认为文艺复兴运动是先导,也有人认为英、法、美的资产阶级政治革命是开端,还有人认为工业革命是起点,但普遍认为作为世界潮流的现代化开始于第二次世界大战之后,是摆脱殖民统治的国家为追求独立自主、繁荣富强而采取的国家建设行动。历史条件的多样性以及国家具体情况的差异性决定了不同国家选择现代化道路的多样性,各国的现代化内容和目标因社会性质、历史传统和现实发展水平等方面的差异而各有特质,而且这些内容和目标也会随着各国实际情况的变化而发展更新。

放眼人类,"现代化是工业革命后人类实现从传统经济向现代经济、传统社会向现代社会、传统政治向现代政治、传统文明向现代文明等各个方面深刻转变所经历的剧烈变革"[②];立足中国,现代化发源于半殖民地半封建社会的积贫积弱状况,就其历史过程而言,始于晚清政府的"洋务运动",中经辛亥革命和新中国成立等一系列历史大事变而持续至今。[③] 在中国人民追求现代化的历史进程中,中国共产党的诞生和新中国的成立具有划时代的意义:中国共产党领导人民进行反帝反封建斗争,开启实现社会变革的具体行动;新中国的成立,不仅表明了中国人民站起来了,而且标志着中国现代化建设的正式启动。自新中国成立以来,历代党和国家领导人从各自所处时代出发提出适合各自时代的建设社会主义现代化国家的思想主张,采取适合各自时代的建设社会主义现代化国家的实践行动,所有这些都为新时代推进中国式现代化奠定了基础、提供了借鉴。可以说,中国式现代化思想是中国共产党的现代化思想发展到新时代的产物,是中国共产党集体智慧的结晶。习近平总书记在党的二十大上作报告时指出:"在新中国成立特别是改革开放以来长期探索和实践基础上,经过十八大以来在理论和实践上

[①] 马敏:《现代化的"中国道路"——中国现代化历史进程的若干思考》,《中国社会科学》2016 年第 9 期。

[②] 韩保江、李志斌:《中国式现代化:特征、挑战与路径》,《管理世界》2022 年第 11 期。

[③] 参见马敏:《现代化的"中国道路"——中国现代化历史进程的若干思考》,《中国社会科学》2016 年第 9 期。

的创新突破,我们党成功推进和拓展了中国式现代化。"①

我国的具体国情决定了我国现代化的独有特质,使我国现代化彰显自身的独特内容。就性质而言,我国现代化属于社会主义性质的现代化;就领导力量而言,我国现代化是中国共产党领导的现代化,中国共产党领导是我国现代化的政治保障;就建设主体而言,全国各族人民是我国现代化建设的主体力量,我国现代化建设以全体人民为主体;就建设目的而言,我国现代化建设以实现人民对美好生活的向往为目的,以实现全体人民共同富裕为目标;就方法手段而言,我国现代化以创新驱动高质量发展为手段,以解放和发展生产力、消灭剥削、消除两极分化为基本方式,坚持和平发展的道路。

早在 1983 年 6 月,邓小平在会见参加北京科学技术政策讨论会的外籍专家时就说过:"我们搞的现代化,是中国式的现代化。"②在党的二十大上作报告时,习近平总书记不仅提出"中国式现代化"概念,而且就这一个概念作出界定,指出它是"中国共产党领导的社会主义现代化,既有各国现代化的共同特征,更有基于自己国情的中国特色"③,并将中国式现代化的"中国特色"归纳为人口规模巨大、全体人民共同富裕、物质文明和精神文明相协调、人与自然和谐共生、走和平发展道路五个方面。其中,"口规模巨大的现代化"根植于我国具有人口数量庞大的客观现实,推进中国式现代化必须坚持稳中求进、循序渐进、持续推进;"全体人民共同富裕的现代化"根植于社会主义本质,推进中国式现代化必须以公平正义为价值导引、促进全体人民而不是部分人甚至少数人的共同富裕;"物质文明和精神文明相协调的现代化"根植于社会主义现代化的基本要求,推进中国式现代化必须大力发展生产力、发展社会主义文化、建设物质文明和精神文明;"人与自然和谐共生的现代化"根植于生态环境对人类生存和发展的意义,推进中国式现代化必须坚持科学发展观,走生产发展、生活富裕、生态良好的文明发展道路;"走和平发展道路的现代化"根植于和平发展是社会主义现代化建设的必由之路,推进中国式现代化必须秉持合作共赢、共同繁荣的价值理念,通过维护世界和平而更好地促进中国发展。

---

① 习近平:《高举中国特色社会主义伟大旗帜　为全面建设社会主义现代化国家而团结奋斗——在中国共产党第二十次全国代表大会上的报告(2022 年 10 月 16 日)》,《人民日报》2022 年 10 月 26 日。

② 《邓小平文选》第三卷,人民出版社 1993 年版,第 29 页。

③ 习近平:《高举中国特色社会主义伟大旗帜　为全面建设社会主义现代化国家而团结奋斗——在中国共产党第二十次全国代表大会上的报告(2022 年 10 月 16 日)》,《人民日报》2022 年 10 月 26 日。

(二)科技现代化是中国式现代化的关键因素

中国式现代化是社会各领域的全面发展、社会各方面的全面进步,涉及农业、工业、国防、科技以及国家治理等方面的发展和进步,是由以农业现代化和工业现代化为构成的经济现代化、国防现代化、科技现代化、制度现代化、人的现代化等方面所构成的有机体系。在这个有机体系中,科技现代化是居于十分重要的地位。所谓科技现代化,是指科技作为智慧成果和知识技能广泛浸润在工业产品、社会建制、生产生活乃至政治决策中并且到达世界前沿的水平。自新中国成立以来,党和国家重视科技发展,"从新中国成立初期提出'四个现代化',到改革开放之初提出建设小康社会,再到新时代提出全面建设社会主义现代化强国,科技现代化一直是现代化建设的重要内容"[①]。科技现代化是中国式现代化体系的关键因素,是我国迈向现代化国家的重要动力。

1. 科技现代化是经济现代化的强大动力

"没有坚实的物质技术基础,就不可能全面建成社会主义现代化强国。"[②]习近平总书记在党的二十大报告中的这一论断揭示了推进经济现代化的重要性。经济现代化本质是赶超世界经济的先进水平而且实现经济发展水平的自我超越,具有丰富的构成内容和多方面的实现路径,就产业而言以工业现代化和农业现代化为基本。农业现代化和工业现代化等是赶超世界经济先进水平而且实现经济发展水平的自我超越,虽然有着各自的具体内容和实现路径,但依赖现代科技运用、通过科技创新驱动而不断提高水平为两者所共通。新中国成立以来,中华民族迎来了从站起来到富起来再到强起来的伟大飞跃,"用几十年时间走完了发达国家几百年走过的工业化历程,创造了经济发展的'中国奇迹'"[③]。在"中国奇迹"的诸多成因中,科技的贡献首当其冲。展望我国科技发展趋势,未来会出现一场以新能源、新材料、信息技术、生物医药以及高效节水技术等方面构成的现代科技创新,这场现代科技创新将通过"推进新型工业化"[④]和"强化

[①] 李彬、李澍:《万劲波:以科技现代化助推中国式现代化》,http://www.china.com.cn/opinion/theory/2022-11/08/content_78507521.htm,访问时间:2022 年 11 月 14 日。

[②] 习近平:《高举中国特色社会主义伟大旗帜　为全面建设社会主义现代化国家而团结奋斗——在中国共产党第二十次全国代表大会上的报告(2022 年 10 月 16 日)》,《人民日报》2022 年 10 月 26 日。

[③] 苗圩:《我国工业和信息化的辉煌成就与宝贵经验》,《人民日报》2019 年 10 月 9 日。

[④] 习近平:《高举中国特色社会主义伟大旗帜　为全面建设社会主义现代化国家而团结奋斗——在中国共产党第二十次全国代表大会上的报告(2022 年 10 月 16 日)》,《人民日报》2022 年 10 月 26 日。

现代农业科技和物质装备支撑"①等给中国经济现代化发展注入强大动力。

2. 科技现代化是国防现代化的重要基因

面对世界局势可能出现的百年未有之大变局，以习近平同志为核心的党中央高度重视国家安全问题。习近平总书记在党的二十大报告中指出："必须坚定不移贯彻总体国家安全观，把维护国家安全贯穿党和国家工作各方面全过程，确保国家安全和社会稳定。"②保障国家安全需要加强国防力量，而国防现代化是加强国防力量的基本方式。所谓国防现代化，是指以所处时代发达国家的国防先进水平作为参照系、用先进科技武装国防体系，它是国防现代化的重要基因。现代战争不再是人数的较量，而是军人素质和武器装备的较量，归根到底是军事科技的较量，军人对科技知识的掌握和运用以及高科技的武器装备对战争走向具有决定作用。因此，实现国防现代化，要求国防科学技术要走在发展的前列，不断提高武器装备的现代化水平，为武装力量的现代化提供先进的物质技术基础。新中国自成立以来就高度重视国防建设，如今面对纷繁复杂的国际形势纷繁复杂，必须推进机械化、信息化、智能化与国防建设的深度融合，推动国防科技现代化以更快速度、更高质量向前发展。

3. 科技现代化对制度现代化的助推功能

"小智治事，大智治制"③，制度现代化是现代国家的"治制"的重要内容。制度现代化的过程是一个从愚昧野蛮迈向科学文明的过程，人们进行科技活动的智慧理性和创新精神要求有现代制度的保护和激发，这一要求推动制度变革迈上现代化进程。在制度现代化的道路上时刻闪现着科技的身影，从近代开始直至现代，科技发展推动传统制度向现代制度转型，包括从专制制度转向民主制度、从人治制度转向法治制度、从等级制度转向公平制度、从权力本位制度转向权利本位制度等。在当今时代，"制度优势是一个国家的最大优势，制度竞争是国家间最根本的竞争"④。推进制度现代化是实现国家治理现代化的重要路径，必须以习近平法治思想为根本遵循推进制度创新，"既改

---

① 《中共中央 国务院关于全面推进乡村振兴加快农业农村现代化的意见》，《人民日报》2021 年 2 月 22 日。

② 习近平：《高举中国特色社会主义伟大旗帜 为全面建设社会主义现代化国家而团结奋斗——在中国共产党第二十次全国代表大会上的报告（2022 年 10 月 16 日）》，《人民日报》2022 年 10 月 26 日。

③ 习近平：《共担时代责任 共促全球发展——在世界经济论坛 2017 年年会开幕式上的主旨演讲（2017 年 1 月 17 日，达沃斯）》，《人民日报》2017 年 1 月 18 日。

④ 胡伟：《制度竞争是国家间最根本的竞争》，https://theory.gmw.cn/2019－11/24/content_33344875.htm，访问时间：2022 年 12 月 20 日。

革不适应实践发展要求的体制机制、法律法规,又不断构建新的体制机制、法律法规,使各方面制度更加科学、更加完善,实现党、国家、社会各项事务治理制度化、规范化、程序化"①。

4. 科技现代化是人的现代化的重要助力

人是社会的主体,必须将人的现代化作为红线贯穿于中国式现代化的始终。如果作为组成国家基本元素的人没有普遍地实现其基本素质的现代化,那么中国式现代化势必如同李白所写:"海客谈瀛洲,烟涛微茫信难求。"人的现代化包括人的生活方式、人的思想意识和价值观念等方面的现代化,科技推动人的现代化进程。历史已经证明,科技是推动人从人治专制统治下获得解放、实现从身份契约转变的重要力量,也是人在现代化道路上不断提高和丰富自己、减少盲目愚蠢行为的重要力量。科技手段推动人对自然和社会的改造,科学精神推动人的思想解放。马克思所言"思想的闪电一旦彻底击中这块素朴的人民园地,德国人就会解放成为人"②对于理解以科技现代化推动人的现代化具有指导意义。在当今中国,顺应科技时代对人们良好科技素质的要求,国务院印发了《全民科学素质行动规划纲要(2021—2035年)》,该纲要基于科学素质作为"国民素质的重要组成部分"和"社会文明进步的基础"的重要地位而对全民科学素质行动进行具体规划。这一纲要有助于"公民树立科学的世界观和方法论",也有助于"增强国家自主创新能力和文化软实力、建设社会主义现代化强国"。③

(三)数字科技是以科技现代化推进中国式现代化道路上的亮丽风景

习近平总书记在党的二十大报告中将"加快发展数字经济,促进数字经济和实体经济深度融合,打造具有国际竞争力的数字产业集群"作为"建设现代化产业体系"的举措之一④,揭示了数据科技对于中国式现代化的重要意义。数字科技以人工智能、大数据、云计算、区块链等新技术的技术集成及综合应用,既是科技现代化的一项新成果,也是科技现代化的一项新标志。有人将数字科技看成是金融高科技时代的新表现,甚至"把数字科技当成是互联网的代名词",然而数字科技应用的场景看,"数字科技更像

---

① 《习近平谈治国理政》,外文出版社2014年版,第92页。
② 《马克思恩格斯选集》第1卷,人民出版社1995年版,第15—16页。
③ 参见《国务院关于印发全民科学素质行动规划纲要(2021—2035年)的通知》,《中华人民共和国国务院公报》2021年第19期。
④ 习近平:《高举中国特色社会主义伟大旗帜　为全面建设社会主义现代化国家而团结奋斗——在中国共产党第二十次全国代表大会上的报告(2022年10月16日)》,《人民日报》2022年10月26日。

是一种基础设施,它不仅可以应用到金融行业,同样可以应用到金融之外的其他行业当中"。① 在当今时代,"数字科技已经渗透社会经济各个领域,颠覆传统发展模式和基础,成为影响面最广、程度最深的科技"②,我国数字科技发展以及在生产和生活中的运用成为迈向中国式现代化道路上的亮丽风景。

1. 数字科技推进经济现代化发展

我们都熟悉科技是生产力乃至第一生产力的唯物主义观点,而科技是一个总体,科技作为生产力的价值要通过每一项科技成果在经济活动中转化应用才能实现。《中共中央　国务院关于构建数据基础制度　更好发挥数据要素作用的意见》指出:"数据作为新型生产要素,是数字化、网络化、智能化的基础,已快速融入生产、分配、流通、消费和社会服务管理等各环节"③。数字科技作为一项新兴科技成果被广泛运用于经济活动的各个领域、各个环节而推动数字经济的产生和发展。数字经济是"以数据资源为关键要素,以现代信息网络为主要载体,以信息通信技术融合应用、全要素数字化转型为重要推动力,促进公平与效率更加统一的新经济形态"④。数字经济是基于数字科技发展而诞生的继农业经济和工业经济之后的主要经济形态,数字经济的产生和发展彰显出数字科技推进经济现代化的强大力量。据测算,仅 2021 年,"美国的数字经济增加值达到 15.3 万亿美元,居全球第一,中国位居第二,数字经济增加值为7.1 万亿美元"⑤。目前,发展数字经济成为世界各国的共同选择,各国竞相制定数字经济发展战略。我国也在为数字经济发展谋篇布局,出台了《网络强国战略实施纲要》《数字经济发展战略纲要》《"十四五"数字经济发展规划》等文件。随着我国工业和农业进入 4.0 时代,工业和农业的数字建设成为经济现代化转型升级的核心关键。

2. 数字科技促进国防现代化升级

战争史向我们展示,科技决定国防实力,国防实力决定国家安全。在农业时代,保

---

①　辉常观察:《数字科技,数字经济时代的"新基建"》,《蓝鲸财经》(https://www.lanjinger.com/d/152480),访问时间:2022 年 12 月 20 日。

②　陆岷峰:《数字科技赋能实体经济高质量发展:融合优势、运行机理与实践路径》,《新疆师范大学学报》2022 年第 3 期。

③　《中共中央　国务院关于构建数据基础制度　更好发挥数据要素作用的意见》,《人民日报》2022 年 12 月 20 日,第 1 版。

④　国务院:《"十四五"数字经济发展规划》,《中小企业管理与科技》2022 年第 11 期。

⑤　邵军:《数字经济的价值、发展重点及政策供给》,《阅江学刊》2022 年第 5 期。

家卫国武器主要是刀、镖、箭、戟等;在工业时代,保家卫国的武器包括飞机、坦克、大炮、枪支弹药等。随着当今人类已经进入大数据时代,数字科技成为保家卫国、赢得战争的巨大助力:信息成为军事斗争的新方式,网络成为军事斗争的新场域,网络战成为"继陆战、海战、空战、太空战之后'第五种作战形式'"①,旨在为舰艇、飞机、汽车等交通工具提供导航定位服务为的 GPS 成为谋取战争制胜的重要手段。概言之,"网络战正与传统战争结合,演变为数字战争,甚至在未来网络战很可能会成为战争的首选形态"②。在当今时代,地缘政治摩擦和局部战争风险加剧,各国均加大对于国家安全战略的重视程度,将数字科技作为升级国防现代化的重要手段。在美国,为了提升数字国防能力,国防部不仅成立了"推动数字环境现代化的创新机构"即国防数字服务处③,而且制定了《数字现代化战略》,该战略的实施"将实现多项目标并可创建'更安全、协调、无缝、透明、经济高效的信息技术架构,将数据转化为可操作的信息,确保面对持续网络威胁时可靠地执行任务'"④。在我国,数字科技在提升国防现代化水平、完善国家安全保障体系中占有一席之地。习近平总书记在党的二十大报告中关于"强化经济、重大基础设施、金融、网络、数据、生物、资源、核、太空、海洋等安全保障体系建设"⑤的论断为我国实现国防数字现代化提供了根本遵循。

3. 数字科技加速制度现代化进程

数字科技渗透到人们的生产和生活的各个方面,势必带来人们行为方式和社会关系的变化,势必导致以规范人们行为、调整社会关系为目的的制度加速迈向现代化的进程。数字科技创新以及数字经济发展与制度现代化之间可以形成良性互动,制度现代化为数字科技创新以及数字经济发展提供有力保障,而数字科技创新以及数字经济发展则赋能制度现代化、加速制度化现代化进程。诚如有学者所言:"推动数字经济发展需要加快制度调整和创新,建立与其相适应的新规则,构建相辅相成的新型制度框架。"⑥

---

① 韩春阳、李汶蔓等:《网络战形态及发展趋势探析》,《军事文摘》2020 年第 11 期。

② 孙冰:《周鸿祎谈俄乌冲突"网络战"刷新了人们对战争的认知》,《中国经济周刊》2022 年第 15 期。

③ 蔡文蓉、魏俊峰:《深化国防数字改革,推动数字环境现代化——美国防数字服务处简析》,《腾讯网》(https://new.qq.com/rain/a/20200430A09MPZ00),访问时间:2022 年 12 月 20 日。

④ 李婕敏、梁振兴:《美国国防部数字现代化战略与联合信息环境的综合研究》,《中国电子科学研究院学报》2021 年第 6 期。

⑤ 习近平:《高举中国特色社会主义伟大旗帜 为全面建设社会主义现代化国家而团结奋斗——在中国共产党第二十次全国代表大会上的报告(2022 年 10 月 16 日)》,《人民日报》2022 年 10 月 26 日。

⑥ 郭丽霞:《以制度创新引领数字经济创新的理论与实践探索——评中国发展出版社〈数字经济制度创新〉》,《价格理论与实践》2022 年第 10 期。

党的十九届五中全会提出了"建立数据资源产权、交易流通、跨境传输和安全保护等基础制度和标准规范,推动数据资源开发利用"①的任务。顺应数字科技发展以及数字经济与实体经济相结合的制度诉求,必须立足于我国制度构成的系统性,围绕制度集成和制度联动,对国家治理的体制机制、组织架构、方式流程、手段工具等进行全方位、系统性重塑,以数字行政的制度设计回应数字科技对行政管理现代化的诉求,以智慧法院、智慧检察院等数字司法的制度设计回应数字科技对司法现代化的诉求,以在线纠纷解决机制回应数字科技对纠纷解决机制现代化的诉求,全面提高国家治理制度现代化的水平。

4. 数字科技促进人的全面发展

数字科技不仅是推动经济现代化发展的重要力量,也是推动人的全面发展的重要手段。数字科技正在重塑人们的生活。早在 20 世纪 90 年代,就有人注意到"数字技术正在改变我们的工作和生活方式"②,如今数字生活已经成为我们的生活方式。人们可以通过数字进行交流和沟通,也可以沟通数字进行购物和消费。数字生活可以节省人力、物力和财力,从而使人们获得更多的时间和物质条件用以更好地发展自己。有人基于数字科技对人的生活的影响而提出"数据人"假说,依据这一假说,"数据人"是一种掌握了数字知识的主体性存在,表现出"一切发展都要以人自身的全面发展作为宗旨"的独特特质。数字科技的不断迭代更新要求人们跟随数字科技的发展脚步不断学习和掌握新数据,人们只有与时俱进地更新数据,才能"更好地应对生活、处理工作,塑造良好的人生观、价值观与世界观,从而使人类的主体性地位更加突出,实现人的更大程度上的自由与自我价值"③。通过数字科技教育,提高全民数字技能和素养,助力弱势群体融入数字化浪潮,使全体人民共享数字科技发展的红利。

二、数字科技健康发展需要加强科技治理

随着数字科技发展以及与数字科技发展如影随形的异化现象日益严重,随着数字科技"双刃剑"效应的彰显,传统的科技管理理念受到挑战,治理理念逐渐向数字科技

---

① 《中共中央关于制定国民经济和社会发展第十四个五年规划和二〇三五年远景目标的建议》,《人民日报》2020 年 11 月 4 日。

② 刘力伟:《数字技术正在改变我们的工作和生活方式》,《今日电子》1994 年第 10 期。

③ 参见孙维维:《领导哲学视域下的"数据人"人性假设分析》,《领导科学》2017 年第 25 期。

领域中延伸,数字科技治理逐渐形成。数字科技治理是科技行政部门依据法定职权和程序对所涉数字科技活动的人力、物力、财力、信息等进行合理配置以保障数字科技健康发展、防范数字科技异化、推进数字科技健康发展的新兴治理活动,侧重对数字科技研发、转化和应用等环节进行引导、管理、监督和规制。经过多年的努力,我国数字科技治理的整体水平得到大幅提升,但诸如资源整合、体系构成、投入产出、评价体系等方面还存在诸多需要解决的问题。数字科技健康发展以创新发展为内在驱动,以转化应用为外在驱动,这两个方面决定了推进数字科技健康发展必须加强科技治理。

(一)数字科技创新发展对科技治理的需要

实践向我们展示,"能否构建良好的创新生态,成为集聚整合创新资源、提高创新效率的关键"①。数字科技创新是产生数字新知识、新技能并将其应用到产业或服务中从而促使企业获得成功、国家走向繁荣、社会取得进步的活动,它是数字科技发展的内在驱动力量。我国正在实施科教兴国战略、建设创新型国家,发展数字科技是这个战略的内容之一。然而,数字科技创新是一项涉及甚广的复杂巨型系统,在主体上包括政府、科技组织、企业、大学、国家科研合作机构、社会公众等,在要素上包括作为主体的科技人员、作为物质基础的财(如资金)和物(如科研设备)、作为结果的在法律上以知识产权形式存在的科技成果、作为制度保障的科技体制、作为良好环境的创新氛围等,在环节上由数字科技创新规划的制定、数字科技创新主体的构成、数字科技创新项目的实施、数字科技创新基础设施的建设与使用、数字科技创新成果的推广与运用等多方面构成。任何一个方面出现漏洞,都可能影响数字科技创新顺利开展。可见,数字科技创新是一种高收益与高风险并存的活动,它没有现成的方法、程序可以套用,投入和收获未必成正比,风险不可避免。要使数字科技创新顺利进行,必须有良好的科技治理,借助一定手段对数字科技创新主体要素和物质要素进行组织、管理、协调,形成良好的数字科技创新体系。

数字科技创新是一项需要强大物力财力支撑的物质性活动,没有基础设施、科研资金等物质要素的支撑,数字科技创新终究只能梦想成空。物力、财力、信息力的有限性要求加强管理和控制,实现合理配置。《关于进一步弘扬科学家精神加强作风和学风

---

① 国务院发展研究中心创新发展研究部课题组:《全球科技创新趋势的研判与应对》,《经济日报》2021年1月22日。

建设的意见》提出了"优化项目形成和资源配置方式""赋予科技领军人才更大的技术路线决策权、经费支配权、资源调动权"的要求。① 数字科技创新也是一项需要人的理性思考和智慧付出的精神性活动，正如马克思说过：机车、铁路、电报、走锭精纺机等都是人类的手创造出来，是人的智慧的物化，是物化的知识力量。② 数字科技创新是一项主体性活动，离开一定数量和质量的从事数字科技活动的人，正所谓"'盖有非常之功，必待非常之人'。人是科技创新最关键的因素"③。我国人才评价机制存在着"唯论文、唯职称、唯学历的现象仍然严重，名目繁多的评审评价让科技工作者应接不暇，人才'帽子'满天飞，人才管理制度还不适应科技创新要求、不符合科技创新规律"④等方面的不足，必须通过科技治理解决这些问题。科技部、教育部、人力资源社会保障部、中科院和中国工程院于 2018 年 10 月发布通知，联手开展清理"唯论文、唯职称、唯学历、唯奖项"的专项行动。⑤ 国务院于 2021 年 6 月印发《全民科学素质行动规划纲要（2021—2035 年）》，要求培养和提高全体人民包括"崇尚科学精神，树立科学思想，掌握基本科学方法，了解必要科技知识，并具有应用其分析判断事物和解决实际问题的能力"⑥等方面的科技素质。所有这些，为科技人才的培养包括数字科技创新人才的成长奠定了良好的基础、营造了良好的环境。

（二）数字科技转化应用对科技治理的诉求

马克思曾言："哲学家们只是用不同的方式解释世界，而问题在于改变世界。"⑦科技的魅力不仅在于为人类揭示隐藏在纷繁复杂的客观现象背后的规律，而且在于使人类运用客观规律打造客观世界的美丽图景。在新时代，我们不仅要善于获得能够解释世界的科技理论成果，更要善于运用科技理论成果去指导改造世界的实践活动。科技成果虽然要通过发表论文、申请专利等形式来展现，但论文的发表、专利的申请并不意味着科技活动结束，科技活动更为重要的一步是实现科技成果的转化和应用，是把创新

---

① 参见中共中央办公厅、国务办公厅：《关于进一步弘扬科学家精神加强作风和学风建设的意见》，《人民日报》2019 年 6 月 12 日。
② 参见《马克思恩格斯全集》第 46 卷（下），人民出版社 1980 年版，第 219 页。
③ 《习近平谈治国理政》，外文出版社 2014 年版，第 127 页。
④ 《习近平谈治国理政》第三卷，外文出版社 2020 年版，第 253 页。
⑤ 赵永新：《五部门开展专项行动 革除"唯论文、唯职称、唯学历、唯奖项"现象》，《人民日报》2018 年 10 月 26 日。
⑥ 国务院印发《全民科学素质行动规划纲要（2021—2035 年）》，《光明日报》2021 年 6 月 26 日。
⑦ 参见《马克思恩格斯选集》第 1 卷，人民出版社 1995 年版，第 61 页。

成果变成实实在在的产业活动。就数字科技转化应用而言,腾讯研究院联合百位内部科学家、技术专家和外部院士专家,发布《2023 年十大数字科技前沿应用趋势》报告观察,该报告从数字科技的科研突破、重大事件和创新应用等方面,对高性能计算、泛在操作系统、云计算、数字人、时空人工智能、能源互联网、Web3、机器人、数字办公、产业安全共 10 个热点方向进行了深入分析,洞察前沿科技的重点趋势,推动数字科技趋势从方向成为现实。①

数字科技不论是创新发展还是转化应用都是复杂的系统工程,数字科技的转化应用也具有加强治理的必要性。数字科技转化应用涉及研发者、转化应用者之间的权利的义务关系,涉及到个人利益与国家利益、社会公共利益、他人利益的关系诸多方面的取舍关系,理顺这些关系需要加强治理。首先,数字科技转化应用应该有利于加快实施创新驱动发展战略、维护国家统一和安全、促进经济社会和人的全面发展,不得损害国家利益、社会利益和其他人的合法权益,因而必须加强治理,保证数字科技转化的转化应用者合理地应用数字科技、防止数据科技的转化应用者滥用科技。其次,数字科技转化应用应该"遵循自愿、互利、公平、诚实信用的原则,依照法律法规规定和合同约定,享有权益,承担风险"②,因而必须加强治理,预防和消除数字科技研发者、成果所有者与成果转化使用者之间的利益矛盾,构建成果所有者和转化使用者之间的良好关系。

(三)数字科技异化风险对科技治理的呼唤

数字科技对经济社会和人的发展具有积极的正面效应,然而数字科技也存在着异化的可能。所谓数字科技异化,是指数字科技的研发、转化应用背离了服务人、造福人、满足人的需要、为人的谋利的初衷和目的,与人的需要反向而行的,作为一种"异己的、敌对的和统治的力量"③而危害人的生存和发展。爱因斯坦曾告诫世人:"在战争时期,应用科学给了人们相互毒害和相互残杀的手段,在和平时期,科学使我们生活匆忙和不安定。"④当今时代是一个风险四伏的不确定时代,科技异化现象为人们所常见,科技异化的危害已经为人们所体味。与所有其他都可以一样,数字科技也存在着异化的风险。数字科技是一种应用极为广泛的高新科技,一旦异化则危害性远胜于一般科技,"通过

---

① 蒲蒲:《2023 年十大数字科技前沿应用趋势》,http://www.myzaker.com/article/639aba448e9f090afb475ead,访问时间:2022 年 12 月 21 日。

② 《中华人民共和国促进科技成果转化法》第 3 条第 2 款,《人民日报》2015 年 12 月 25 日。

③ [德]马克思:《机器。自然力和科学的应用》,人民出版社 1978 年版,第 207 页。

④ [美]爱因斯坦:《爱因斯坦文集》第 3 卷,许良英等编译,商务印书馆 1979 年版,第 73 页。

智能终端阻碍个人发展,使人沦为机械从事数字劳动、生产剩余价值的机器,逐步丧失深度思考能力;通过社交媒体资本扭曲社会交往,阻碍人的现实社会交往,加速群体极化"①。

人具有自然属性,也具有社会属性和思维属性,在人与数据科技的关系上,人是主体和目的,数据科技是客体和手段。因此,在应然上,数字科技的研发、转化应用等活动都应该坚持以人为本,尊重人性、人的价值和尊严,服务人、造福人。在实然上,数字科技对人类美好生活带来巨大冲击:数字科技造成"数字鸿沟"和"算法歧视"等新的社会不公现象,导致公民的信息权、人格权受到侵害的风险,给隐私保护带来诸多方面的挑战,人工智能算法应用经常因为算法黑箱问题引发争议。② 数字科技异化是自近代以来就与科技发展如影随形的科技异化的新现象,"当现代社会进入数字化时代之后,物化出现了一种新的形式——数字异化,人们相应拥有了'数字人'和'视觉人'的双重异化形态"③。这样一来,防治数字科技异化现象的滋生和蔓延就成为保障数字科技健康发展相伴而生,两者构成科技治理的基本内容。在科技治理中,要以科技人本精神引领新兴数字科技治理,使数字科技的研发、转化应用坚持"向善"目标,实现科技服务人、造福人的应有功能。

三、数字科技法律治理是数字科技治理的最终有效形式

数字科技治理是一项复杂的社会治理工程,可能出现"一管就死,一放就乱"的情况。实现数字科技领域的良好治理,需要坚持问题导向,采用多种方式,实行系统治理,从而取得综合效应。数字科技思想、数字科技政策、数字科技伦理、数字科技法律等对于实现科技领域良好治理都有一定功效。但美国法社会学家庞德所言,在一个发达社会中法就是社会控制的最终有效的工具,④对我们理解大数据时代实行数字科技法律治理的必要性具有一定启示,习近平总书记在党的二十大报告中指出的"必须更好发挥法治固根本、稳预期、利长远的保障作用,在法治轨道上全面建设社会主义现代化国

---

① 孙涛、杨笛:《数字异化的出场逻辑、现实困境及消解路径》,《新经济》2022 年第 9 期。
② 参见张钦坤、胡晓萌:《以科技向善引领新兴数字科技治理》,《民主与科学》2022 年第 5 期。
③ 代砚春、孙美玲:《数字异化的生成及消解路径》,《长白学刊》2022 年第 3 期。
④ 参见[美]罗·庞德:《通过法律的社会控制 法律的任务》,沈宗灵、董世忠译,商务印书馆 1984 年版。

家",①为我们在新时代新征程上通过数字科技法律治理迈向良法善治提供了根本遵循。数字科技法律治理即数字法治,它是数字科技与法治相结合的产物。由于数字时代具有"网络化、数据化、即时化、智能化、虚拟化、平台化"等特征,因而数字法治具有"数字法治化"和"法治数字化"两个"面向"。② 数字科技的法律治理之所以成为实现科技领域良好治理的最终有效方式,就在于它以良好科技法律为前提基础、以科技法律统治为核心要素、以保障科技健康发展与治理科技异化为基本内容、以自身特质彰显优于其他治理方式的功能优势。

(一)数字科技法律治理以良好法律为前提基础

科技法律产生和发展的历史表明,它一方面是顺应科技发展的需要而产生和发展起来的,其价值突出表现为推进科技进步的积极作用,保障人们可以享受到科技进步所带来的利益和好处;另一方面是顺应治理科技异化的需要、克服科技研发的盲目性和科技应用结果的不确定性而健全和完善起来的,使得人们可以尽可能避免科技研发和应用的负面后果。从历史看,科技法律在近代已经产生并随着科技发展而不断完善,正如有学者所言:"近代法律的思维方式确实与近代自然科学的思维方式有相似之处。"③1474 年威尼斯城邦元老院颁布法律,授予新创造的机械装置的发明人十年垄断权。这部法律是世界上第一部专利法,就调整对象而言是调整和规范科技活动的。这种在法律中将保护智力成果与规范科技活动统一起来的做法被后世效仿,科技法律作为法律家族的成员也不断成长。英国于 1700 年第一个制定了《版权法》,法国在 1857 年第一个制定了《商标法》。到 19 世纪末,知识产权三大支柱即专利、版权、商标的法律制度已经形成。科技的发展没有止境,科技法律的发展也无止境。数字科技的诞生推动了数字治理的出现,法治在数字治理中的延引导致数字科技法律的形成。

数字科技的法律治理不能仅仅是一种数字科技法律的规则之治,而且应该是一种制定得良好的科技法律的规则之治,良好的数字科技法律是数字科技的法律治理的必要条件和基础前提。这是从亚里士多德界定法治时赋予良法之治和法律统治的双重要义中推演出来的必然结论。良法之良"不仅是道德层面的善良,而且是价值、功能层面

---

① 《习近平著作选读》第二卷,人民出版社 2023 年版,第 33 页。
② 参见陈永强:《深刻理解数字法治的概念意涵》,《中国社会科学报》2022 年 10 月 18 日。
③ 何柏生:《数字的法律意义》,《法学》2022 年第 7 期。

的优良"①,良法的一般标准对于衡量数字科技法律也是适用的。首先,在表现形式上,良好的数字科技法律与其他所有良法具有共通性,即具有普遍的约束性、系统的统一性、明确的可操作性、稳定的连续性等特征,从而能够为数字科技的研发和转化应用提供具体的法律依据。其次,在具体内容上,良好的数字科技法律构建调控数字科技研发和转化应用的合理机制,这些机制包括数字科技活动主体的权利义务机制、数字科技活动的风险评估机制、数字科技活动的评估奖励机制、数字科技项目的项目支持和资金调拨机制、数字科技活动的产学研合作机制以及数字科技违法犯罪行为的责任追究机制等。再次,在价值取向上,良好的数字科技法律立足于数字科技的人本精神、数字科技发展的现状以及规律,坚持以公共利益、人类福祉、自由平等、秩序安全、公平正义为价值向度。数字科技法律与数字科技之间存在着密切关系,它根植于保障数字科技的研发和转化应用活动正常进行、推进科技发展健康发展等方面的需要中,因而具有规范数字科技的研发和转化应用活动、发挥数字科技对人的生存和发展的积极功能。数字科技不仅成为科技发展的重要动力,也成为科技法律迈向良好的重要成因。无论如何,"建立在0和1二进制基础之上的数字技术,改变了我们的生活,改变了我们的思维,更重要的是改变了我们的正义理念,从法律上来说是一大进步"②。

（二）数字科技法律治理以法律统治为关键要素

作为法治拓展到数字治理领域的产物,数字科技法律治理同样具有法治所具有的"法律统治"之要义。数字科技法律治理不能停留于制定良好的数字科技法律,而必须进一步将制定得良好的数字科技法律贯彻到数字科技的研发、转化应用等活动中,使之得到人们的普遍遵行。数字科技法律治理的根本目的在于,通过数字科技法律的实施将数字科技法律规范所构建的抽象行为模式转变为现实生活中人们的具体行为方式从而实现数字科技服务人、造福人的价值功能。数字科技法律统治是数字科技法律治理的关键因素,我国古代法谚"法立而不行,与无法等"③和中国共产党作出的"法律的生命力在于实施,法律的权威也在于实施"④论断,都可以为这一观点提供脚注。如果数字科技法律不能在数字科技活动中不居于统治地位,则无论制定得多么良好也是没有

---

① 陈祥森:《用良法来推动科技研发》,《中国储运》2017年第12期。
② 何柏生:《数字的法律意义》,《法学》2022年第7期。
③ 沈家本:《历代刑法考·刑制总考三》,中华书局1985年版,第34页。
④ 《中共中央关于全面推进依法治国若干重大问题的决定》,《人民日报》2014年10月29日。

意义的,不能对数字科技活动发挥实际作用。更有甚者,有良好的数字科技法律而不实行,会影响人们对数字科技法律治理乃至法治的信任和信心,最终会动摇数字科技法律治理乃至法治的社会根基。

数字科技法律统治意味着数字科技法律在数字科技的研发、转化应用等活动中居于至高无上的地位,数字科技法律获得所有人的遵守和服从,包括数字科技研究探索者、数字科技开发创新者、数字科技成果转化和应用者、数字科技知识传播普及者、数字科技管理决策者等在内的所有社会主体都依据数字科技法律规定开展研究探索、开发创新、传播普及、应用维护、管理决策以及交流合作等数字科技工作,行使数字科技法律规定的权利,履行数字科技法律规定的义务,依照数字科技法律规定处理数字科技活动中的矛盾和纠纷、进行数字科技成果的奖励、追究不当数字科技活动的伦理责任以及数字科技活动违法行为的法律责任。"坚持依法治国首先要坚持依宪治国……加强宪法实施和监督,健全保证宪法全面实施的制度体系,更好发挥宪法在治国理政中的重要作用,维护宪法权威"①,习近平总书记在党的二十大报告中的这一论断数字科技法律统治指明了方向。在数字科技法律治理中,坚持法律至上首先在于坚持宪法至上。虽然没有就数字科技法律治理作出明确的规定,但宪法关于科技的规定同样适用数字科技法律治理。宪法中的科技规范在科技治理体系中具有最高地位、最高权威、最高效力,是数字科技法律治理的根本依据。

(三)数字科技法律治理以保障数字科技发展与防治数字科技异化为内容

国务院印发的《全民科学素质行动规划纲要(2021—2035年)》指出:"科技与经济、政治、文化、社会、生态文明深入协同,科技创新正在释放巨大能量,深刻改变生产生活方式乃至思维模式。"②数字科技在改善人类生活、促进社会文明方面所具有的巨大能量正在一步步释放,必须推进数字科技健康发展。数字科技发展是一个包括数字科技研发和转化应用的全过程,既是一种高级的智力活动,也是一项复杂的系统工程。数字科技发展的系统性、复杂性,决定数字科技健康发展有赖于法律保障。首先,数字科技发展战略地位通过法律得到确认。"中国数字法治建设不是应对新问题、新挑战、新领域那么简单,是在宏观上被纳入国家治理体系,成为'推动国家治理能力现代化的时

---

① 习近平:《高举中国特色社会主义伟大旗帜 为全面建设社会主义现代化国家而团结奋斗——在中国共产党第二十次全国代表大会上的报告(2022年10月16日)》,《人民日报》2022年10月26日。
② 国务院印发《全民科学素质行动规划纲要(2021—2035年)》,《光明日报》2021年6月26日。

代宣言'"①,必须以法律方式确认数字科技发展的战略地位,保障数字中国建设行动不会因时、因事、因人而改变。其次,数字科技创新的主体力量通过法律得到激发和凝聚。作为一项现代高科技活动,数字科技创新不是单个人能完成的,更不可能在人们的庸庸碌碌中完成。法律对知识产权保护制度的构建、对科技奖励制度的设置、对发展数字经济的鼓励,将数字科技研发者、转化应用者的利益法律化,使智慧的火花在利益的养料的助推下得到激发;法律通过界定数字科技研发者、转化使用者的权利和义务从而实现定分止争、形成数字科技创新和转化应用的磅礴力量,"加快建立健全各主体、各方面、各环节有机互动、协同高效的国家创新体系"②。三是数字科技成果的积极效应通过法律得到保障。数字科技推动经济发展、社会进步,服务人、造福人的应有功能常常受到诸多因素的制约。打破这些因素的桎梏,发挥科技的积极效应,离不开法律的助力,通过法律引导人们在数字科技的研发和转化应用中可以实现个人利益与国家利益、公共利益、人类利益的统一。

在数字科技的积极效应正在彰显的同时,数字科技的负面效应也粉墨登场,这不仅表现为数字科技的研发和转化应用带来新问题,"数据确权、数据估值、算法歧视、个人隐私、数据安全等许多难题开始出现"③,而且表现为数字科技异化现象的滋生和蔓延。生活在"数字之网"中人们受到数字的牵引,"数字技术对人思维方式与存在方式的禁锢日益显现,推动人的异化状态发展为科技异化新形态——数字异化"④。(1)数字科技异化威胁人的主体地位。数字科技的突飞猛进导致"虚拟与现实、今天与未来"等关系被重构,既彰显人的理性和智慧,也使数字科技从一种被人使用的被动性工具逐渐转变为一种统治人的自主性系统,迫使人们以自己的生物本性、自然属性去适应数字科技,导致人们的思想和行为都受制于甚至依从于数字科技产品,从而"造成人类主体性地位的缺失"⑤。(2)数字科技异化影响人的创造能力。人们在网络的信息汪洋中搜寻、冲浪、阅读时因受到大量零散信息的冲击而成为"信息解码器",专注能力和思考能力受到严重影响;人们对网络信息的浏览往往走马观花,难以形成深度理解文本的能力和宏观综合概括的能力。(3)数字科技被误用、滥用、不道德使用而侵害人们的权益。

---

① 杨力:《数字法治的中国探索与世界影响》,《上海交通大学学报》2022 年第 4 期。
② 《习近平谈治国理政》,外文出版社 2014 年版,第 126 页。
③ 杨力:《数字法治的中国探索与世界影响》,《上海交通大学学报》2022 年第 4 期。
④ 孙涛、杨笛:《数字异化的出场逻辑、现实困境及消解路径》,《新经济》2022 年第 9 期。
⑤ 参见朱雯熙:《技术社会中人类主体性发展与缺失——以普适计算为例》,《文化学刊》2020 年第 6 期。

数据是数字科技的核心要素,而数据安全是当前最恐慌、最混乱的新问题,数据破坏、数据滥用、数据误用等三个方面需要警惕。数字科技异化使人们对发展数字科技存在迷茫和困惑,倒逼着人们致思于如何驾驭数字科技的治理问题。法治在国家治理、社会治理等方面的成功启迪人们以法治方式促进科技健康发展、防治科技异化现象蔓延和科技负面效应滋生。数字科技异化与数字科技发展相伴而生,数字科技法律治理由保障数字科技健康发展和防治数字科技异化滋生两个方面构成。

(四)数字科技法律治理以有效规范数字科技活动为功能优势

在保障数字科技健康发展、防止数字科技异化方面,存在着一种科技沙文主义观点①,认为数字科技引发的问题依赖数字科技本身去解决,将数字科技创新作为治本之策,例如,"对人工智能进行治理,防止它被误用、制止它被滥用,一方面需要从法律法规、伦理规范、行业共识等不同层面去'治标',还应从技术创新层面发力去'治本'"②。然而,现实表明,单纯的技术主义路径不足以根治数字科技发展中的问题,因而有必要再辟蹊径、再找进路,一种旨在约束追求个人利益最大化、认为行为发生在制度中因而对行为的规范必须植入制度因素的制度主义分析范式值得关注。毕竟,人是数字科技的主体,如何研发和应用数字科技全在于研发者和应用者自己,因而保障数字科技健康发展、防止数字科技异化归根到底在于对人们研发、转化和应用的行为加以控制。在由政策、技术、法治、伦理、学术等组成的治理模式中,法治以其特有品格而获得优越于其他治理方式的功能优势,成为实现数字科技领域良好治理的最终有效方式。

1. 数字科技法律治理为数字科技研发和转化应用提供行为指引

数字科技法治以制定得良好的科技法律为前提基础,而制定得良好的科技法律可以为数字科技的研发和转化应用提供明确的行为模式。依据法治的精神,由制定得良好的数字科技法律所构建的行为模式是以公平正义原则为指导对数字科技活动参与各方的权利和义务所作出的规定。这些规定为人们从事数字科技活动、处理数字科技领域的社会关系提供明确的、具体的指引,使人们明确在数字科技活动中的可为行为、应为行为以及禁为行为。"对于法律观念来说,主要是必须附有制裁手段;换言之,不守

---

① 关于科技沙文主义,可参见以下资料:陈长里、肖祥《异化理论与科技"沙文主义"》,《零陵师范高等专科学校学报》2002年第3期;斯亚平、宋羽雅《论科技沙文主义与科技虚无主义》,《科技创新导报》2008年第3期。
② 闫晓虹:《〈人工智能产业担当宣言〉发布 致力推动AI企业共举科技担当》,http://www.chinanews.com/it/2021/08-03/9535642.shtml,访问时间:2021年8月18日。

法要处以刑罚或惩罚。如果不守法而不受处罚，貌似法律的决议或命令事实上只不过是劝告或建议而已。"①美国制宪先贤汉密尔顿的这一观点揭示了法律调整和规范人们行为的一种方式，这就是对违法行为追究法律责任。法治发展到如今，尤其是在科技活动中包括在数据科技研发和转化应用中，调整和规范人们行为的方式已经发展到肯定性法律后果和否定性法律后果两种方式并存。前者如我国《数据安全法》第7条关于"国家保护个人、组织与数据有关的权益，鼓励数据依法合理有效利用，保障数据依法有序自由流动，促进以数据为关键要素的数字经济发展"的规定；后者如我国《数据安全法》第2条第2款关于"在中华人民共和国境外开展数据处理活动，损害中华人民共和国国家安全、公共利益或者公民、组织合法权益的，依法追究法律责任"的规定。② 值得一提的是，肯定性法律后果不仅仅是对合法地研发、转化应用数字科技活动的一种肯定，而且有助于调动人们进行数字科技创新活动的积极性、能动性。总之，制定良好的数字科技法律构建的行为模式和法律后果为人们正当地、合理地研发和转化应用数字科技提供了行为指引。

2. 数字科技法律治理为数字科技研发和转化应用提供价值指南

人文精神是一种人类普遍的自我关怀精神，以弘扬人的主体性和价值性、对人的权利的平等尊重和关怀为特质，强调人文关爱、倡导仁爱悲悯。孟德斯鸠将民法比喻为"慈母"，认为民法视野中的个人即是"整个国家"，形象地道出了民法的人文精神。其实，不仅民法具有人文精神，而且一切法治意义上的法律都应该既是维护社会秩序的规则体系也是充满人文关爱的价值体系，数据科技法律也不例外。于宏观层面，数字科技作为科技的一个组成部分，理所当然受到科技法律的价值牵引。科技立法的兴起在人类法律史上开辟了一个科技法律这个新兴的法律领域，目前我国的科技法律规范成为一个《宪法》关于科技活动的规定、专门性的科技基本法《科学技术进步法》、与科技基本法相配套的科技单行法如《促进科技成果转化法》以及附属性科技法律规范如《民法典》中关于科技活动的规范等方面构成的有机系统，这些科技法律规范关于科研自由、科技安全、科技人本等方面的规定透射出人文精神。例如，以《科学技术进步法》为例，不仅以命令性规定要求"技术交易活动应当遵循自愿平等、互利有偿和诚实信用的原则"（第38条），以禁止性规定对"危害国家安全、损害社会公共利益、危害人体健康、违

---

① ［美］汉密尔顿、杰伊、麦迪逊：《联邦党人文集》，程逢如、在汉、舒逊译，商务印书馆1980年版，第75页。

② 《中华人民共和国数据安全法》，《人民日报》2021年6月19日。

背科研诚信和科技伦理的科学技术研究开发和应用活动"加以否定(第107条)。① 于微观层面,以数字科技研发和转化应用为调整对象的专门法律在将科技法律规范具体化数字科技法律规范时秉持了科技法律规范的人文精神,这不仅可以从《数据安全法》的"规范数据处理活动,保障数据安全,促进数据开发利用,保护个人、组织的合法权益,维护国家主权、安全和发展利益"立法目的以及《个人信息保护法》的"保护个人信息权益,规范个人信息处理活动,促进个人信息合理利用"的立法宗旨中得到反映,而且从数字科技法律对合法正当、诚实信用、公平公正等原则的规定中得到说明——例如,《数据安全法》第32条规定:"任何组织、个人收集数据,应当采取合法、正当的方式,不得窃取或者以其他非法方式获取数据。"《个人信息保护法》第5条规定:"处理个人信息应当遵循合法、正当、必要和诚信原则,不得通过误导、欺诈、胁迫等方式处理个人信息。"数字科技法律为数字科技研发和转化应用提供具体的法律价值指引。

3. 数字科技法律治理以形式品格成为数字科技治理的最佳方式

数字科技研发和转化应用是涉及诸多方面的系统工程,数字科技治理必须多管齐下以求取得综合效应。以人工智能治理为例,以大量大数据的可用性、云计算平台的速度和可伸缩性的融合以及先进的机器学习算法的发展催生了人工智能(AI)的一系列创新。由于人工智能与神经科学、心理学、认知科学、经济学、社会学、数学、物理、化学、材料、量子科学、分子生物学和遗传学等学科的交叉融合加快,因而必须"要整合多学科力量,加强人工智能相关法律、伦理、社会问题研究,建立健全保障人工智能健康发展的法律法规、制度体系、伦理道德"②。在数字科技治理的诸多方式中,法治具有优越其他方式的功能。数字科技法律是肯定的明确的规范,便于人们遵照执行;数字科技法律具有稳定性,不会因为领导人的改变或领导人看法的改变而改变,有利于对数字科技研发和转化应用提供持续指引;数字科技法律的实施以国家暴力机关为后盾,能够有力且有效地打击、遏制和矫治人们在数字科技研发和转化应用中的违法活动。概言之,数字科技法律具有普遍而明确、稳定而连续、可操作性强以及以国家强制力保障实施等特征,这些特征为数字科技法律对数字科技研发和转化应用发挥有效作用而提供形式保证。在当今中国,数字科技治理面临着新的数字科技革命和产业变革在给人类带来福祉的同时也带来挑战的形势,加强数字科技法治建设成为必然选择。

---

① 《中华人民共和国科学技术进步法》,《人民日报》2021年12月27日。
② 习近平:《在中国科学院第二十次院士大会、中国工程院第十五次院士大会、中国科协第十次全国代表大会上的讲话》,《人民日报》2021年5月29日。

四、以加强数字科技法治推进数字科技健康发展

数字科技正以惊人的速度彰显着影响经济、社会和人的发展的巨力,作为我国科技现代化的一项重要成果成为推动中国式现代化的强大力量。然而,数字科技所具有的"双刃剑"效应需要加强数字科技治理,而数字科技法治具有品格和特征决定了它是推进数字科技健康发展的最佳选择。放眼当下,"无论是发达国家还是发展中国家,数字法治的效率、公正性、易获性和透明度,使其成为世界各国现代化的方向和潮流"①。经过多年的努力,我国的数字科技法治建设取得了惊人成绩,《网络安全法》《数据安全法》《个人信息保护法》《电子商务法》《网络数据安全管理条例(征求意见稿)》等规范性法律文件的出台使得数字科技的法律治理基本上有法可依。数据科技法治的未来之路很漫长,数据科技法律治理永远在路上。加强数字科技法治建设、充分发挥数字科技法律治理为数字科技健康发展保驾护航的功能,是生活在大数据时代的我们必然面临着的时代课题,期待我们以强化数字科技法律治理为基本方式、同时将技术创新和伦理治理等多管齐下,能够推进先进的、合理的、正当的、富有生机活力的数字科技、数字经济等数字文明之花茂盛开放。

(一)以习近平法治思想为根本遵循

"全面推进依法治国,必须走对路。如果路走错了,南辕北辙了,那再提什么要求和举措也都没有意义了。"②怎样才能走对路?答案就在于坚持科学的、正确的思想指导。思想的指导对于行动的意义无须赘述,科学的实践必然离不开科学的理论。习近平法治思想是中国法治建设的理论研究和实践探索在新时代的智慧凝结,为未来全面依法治国、推进法治中国建设指明方向。我国数字科技法治是全面依法治国的题中内容,推进我国数字科技法治必须深刻领会习近平法治思想,以习近平法治思想为根本遵循。数字科技法治建设是我国全面依法治国的重要组成部分,必须将它置于全面依法治国的大框架中加以推进,既要尊重数字科技法治本身的特殊规律,又不能违背法治建设的普遍规律。

---

① 杨力:《数字法治的中国探索与世界影响》,《上海交通大学学报》2022 年第 4 期。
② 《习近平谈治国理政》第二卷,外文出版社 2017 年版,第 113 页。

1. **将数字科技法治建设置于全面依法治国的大框架中**

法治是人类文明进步的产物和标志,反过来又成为人类文明进一步发展的动力和保障。理论和实践已经证明,法治是治国理政的最佳方式。在当今中国,全面依法治国、建设法治中国是时代的呼唤,国际国内形势决定了必须更好发挥法治的保障作用。习近平总书记指出:"在全面建设社会主义现代化国家新征程上,我们要更加重视法治、厉行法治,更好发挥法治固根本、稳预期、利长远的保障作用,坚持依法应对重大挑战、抵御重大风险、克服重大阻力、解决重大矛盾"。① 习近平总书记不仅强调全面依法治国对于全面建设社会主义现代化国家的重要性,而且对如何推进全面依法治国进行了阐释,形成了指导中国新时代全面依法治国的博大精深科学理论体系。② 全面依法治国是一个宏大的系统工程,数字科技法治是不可或缺的组成部分。数字科技法治建设以习近平法治思想为根本遵循,首先要高度重视数字科技法治的重要性,将它置于全面依法治国的大框架中加以推进,既要尊重数字科技法治本身的特殊规律,又不能违背法治建设的普遍规律。

2. **在法治轨道上推进数字科技创新发展**

进入新时代以来,"习近平总书记站在统筹中华民族伟大复兴战略全局和世界百年未有之大变局的高度,围绕'为什么要发展数字经济、怎样发展数字经济'这个重大课题进行了深邃思考和不懈探索,提出一系列新理念新思想新战略"③。习近平总书记关于数字经济的重要论述既为发展数字经济指明了前进方向,也为在法治轨道上推进数字科技创新发展奠定了思想基石。数字科技发展及其如影随形的数字科技异化在引起人类生产和生活深刻变革的同时,也给社会治理提出挑战。数字科技治理成为治国理政的重要组成部分,将数字科技创新置于法治轨道是国家治理体系和国家治理能力现代化的重要表现,也为数字科技创新及转化应用提供有力保障。众所周知,数字科技研发要求有科研自由,数字经济发展要求有契约自由,但不论是科研自由还是契约自由都不是绝对的。将数字科技研发和转化应用置于法治轨道上,既可以保障科研自由和契约自由,又可以防止数字科技研发与转化应用中滥用自由的现象。具体而言,通过法律确定数字科技研发者的权利义务、确定数字科技市场的交易规则、确定政府的管理职

---

① 习近平:《坚定不移走中国特色社会主义法治道路 为全面建设社会主义现代化国家提供有力法治保障》,《求是》2021 年第 5 期。

② 参见《习近平法治思想概论》编写组:《习近平法治思想概论》,高等教育出版社 2021 年版,第 15—16 页。

③ 许先春:《习近平关于发展我国数字经济的战略思考》,《中共党史研究》2022 年第 3 期。

能,一方面使得数字科技企业的逐利本性因政府监管而有效遏制、使得数字科技市场秩序因政府执法而得到有效维护;另一方面将政府权力关进法律制度的笼子,防止政府权力膨胀或滥用权力而破坏数字科技创新的良好环境。

3. 以法治方式实现数字科技人本精神

在应然上,数字科技是人基于美好生活需要而创造的知识体系,人本精神是数字科技的源头活水,也是数字科技不断发展的精神动力。推动数字科技发展,归根结底要以人为核心,归根到底在于运用数字科技造福人。在实然上,数字科技的积极效应可能不为消极效应所遮蔽,数字科技的人本精神可能被数字科技异化所消解。习近平总书记指出:"科技成果只有同国家需要、人民要求、市场需求相结合……才能真正实现创新价值、实现创新驱动发展。"[1]以习近平法治思想为根本遵循,就要观照数字科技具有"双刃剑"效应的客观现实,运用法治方式消除数字科技在应然与实然上的矛盾,推进数字科技人本精神转化为现实,能让数字科技为人民的美好生活服务,为人的全面发展服务。法治是实现数字科技人本精神的重要方式,根植于法治的人本精神与数字科技的人本精神的契合中。习近平总书记指出:"推进全面依法治国,根本目的是依法保障人民权益","要把体现人民利益、反映人民愿望、维护人民权益、增进人民福祉落实到全面依法治国各领域全过程"。[2] 作为数字科技与依法治国相交融、相统一的数字科技法治必然蕴含人民利益、人类福祉的价值精神。推进数字科技法治建设,就要坚持以人民为中心,形成完备的数字科技法律规范系统从而使数字科技发展获得严密制度支撑,严格、规范、文明地施行数字科技法律,"依法严厉打击网络黑客、电信网络诈骗、侵犯公民个人隐私等违法犯罪行为,切断网络犯罪利益链条,持续形成高压态势,维护人民群众合法权益"[3],促使数字科技研发和转化应用中的每一个案件得到公正解决,防止数字科技的滥用、误用及非道德使用,解决数字贫困,消除数字鸿沟,保障数字人权,实现数字正义,使数字科技发展的成果惠及全体人民。

(二)健全完善数字科技法律规范体系

理论和实践已经证明,在推动数字科技的健康发展以及与经济社会的深度融合中,

---

① 《习近平谈治国理政》,外文出版社 2014 年版,第 124 页。

② 习近平:《坚定不移走中国特色社会主义法治道路　为全面建设社会主义现代化国家提供有力法治保障》,《求是》2021 年第 5 期。

③ 习近平:《敏锐抓住信息化发展历史机遇　自主创新推进网络强国建设》,《人民日报》2018 年 4 月 22 日。

在规制数字科技研发和应用的风险和调整中,在发挥数字科技提升人民生活品质的作用中,法治发挥着并将继续发挥固根本、稳预期、利长远的重要作用。鉴于制定得良好的数字科技法律是数字科技法治的前提基础,于是加强数字科技立法,形成完备的数字科技法律体系就成为数字科技法治建设的首选工程。《法治中国建设规划(2020—2025年)》指出,要"加强重点领域、新兴领域、涉外领域立法"①,数字科技立法位列于重点领域的立法和新兴领域的立法中。中共中央、国务院《关于构建数据基础制度更好发挥数据要素作用的意见》为加强数字科技立法提供了政策依据:"加强数据产权保护、数据要素市场制度建设、数据要素价格形成机制、数据要素收益分配、数据跨境传输、争议解决等理论研究和立法研究,推动完善相关法律制度。"②加快形成保障和促进数字科技研发和转化应用的完备法律规范体系,有助于提高数字科技领域的治理水平。

1. 数字科技立法及时对数字科技治理要求作出反应

科学立法是立法的基本原则之一,数字科技立法也必须从实际出发。数字科技在电路的运行中诞生,伴随个人电脑和智能终端的普及而成长,随互联网飞速发展日益成熟,逐渐成为经济发展所不可或缺的动力,成为科技强国建设的重要驱动力。进入本世纪以来,数字科技进入爆发时代,数字科技创新进入空前密集活跃时期,数字科技创新成果的数量急剧增长,数字科技创新的空间和范围不断拓展,数字科技科技异化现象也在滋生和蔓延,滥用、误用和不正当使用数字科技的现象也不鲜见。正如习近平总书记所指出的:"数字经济、互联网金融、人工智能、大数据、云计算等新技术新应用快速发展,催生一系列新业态新模式,但相关法律制度还存在时间差、空白区。网络犯罪已成为危害我国国家政治安全、网络安全、社会安全、经济安全等的重要风险之一。"③数字科技的应有功能及其实际效应提出了加强数字科技立法的要求,也为加强数字科技立法提供了契机。推进数字科技法治、实现数字科技领域良法善治,立足于数字科技发展对数字科技治理的现实要求,适时制定和完善数字科技法律规范,通过数字科技法律的规制和保障来保证数字科技的健康发展和真正使其造福人民。《法治中国建设规划(2020—2025年)》以习近平法治思想为指导而制定,该规划所要求的"加强信息技术领域立法,及时跟进研究数字经济、互联网金融、人工智能、大数据、云计算等相关法律

---

① 参见中共中央:《法治中国建设规划(2020—2025年)》,《光明日报》2021年1月11日。

② 《中共中央　国务院关于构建数据基础制度更好发挥数据要素作用的意见》,《人民日报》2022年12月20日。

③ 习近平:《坚定不移走中国特色社会主义法治道路　为全面建设社会主义现代化国家提供有力法治保障》,《求是》2021年第5期。

制度,抓紧补齐短板"①为近几年数字科技领域的重点立法提供了具体遵循。2022 年
12 月,中共中央、国务院《关于构建数据基础制度更好发挥数据要素作用的意见》提出
了"遵循发展规律,创新制度安排"的要求,指出要"充分认识和把握数据产权、流通、交
易、使用、分配、治理、安全等基本规律,探索有利于数据安全保护、有效利用、合规流通
的产权制度和市场体系,完善数据要素市场体制机制"。② 该意见作为我国第一部从生
产要素高度部署数据要素价值释放的国家级专项政策文件,为通过数字科技立法构建
数据基础制度体系以破解数据要素价值释放中的基础性问题提供了具体指南,它创造
性地构筑数据产权结构性分置制度,实行数据资源持有权、数据加工使用权、数据产品
经营权"三权分置",有助于解决阻碍数据开发利用和数据要素市场培育的难点问题,
推进非公共数据按市场化方式的"共同使用、共享收益"。③

2. 在数字科技立法中坚持促进数字科技发展与保障数字科技安全并重

数字科技的巨大生产力效应以及目前"我国数字经济大而不强、快而不优"④问题
决定了我国大力发展数字科技、加快推进数字经济建设的必要性,数字科技法治在促进
数字科技发展方面应该尽一份力。数字科技立法应该坚持促进数字科技发展原则,通
过制度设计为数字科技研发和转化应用提供依据和保障,为数字科技的创新发展和正
当应用营造良好的制度环境。与此同时,数字科技立法应该对数字科技异化现象以及
"我国数字经济在快速发展中也出现了一些不健康、不规范的苗头和趋势"⑤作出反
应,通过制度设计保障数字安全、为治理滥用、误用、不道德使用和违法使用数字科
技的行为提供法律依据。由于宪法是母法,因而应该在宪法关于科技法律规范中确
立促进数字科技发展与保障数字科技安全并重的原则,从而为数据科技立法贯彻该
原则提供根本法依据。现行宪法已经确立了促进科技进步原则,未来修改宪法时可
以考虑将保障科技安全载入其中,具体可以沿着两条路径进行:一是在《宪法》第 20
条⑥中加上一款作为第二款,该款内容为"国家保障科技安全,防治科技异化";二是在

---

① 中共中央:《法治中国建设规划(2020—2025 年)》,《光明日报》2021 年 1 月 11 日。

② 《中共中央 国务院关于构建数据基础制度更好发挥数据要素作用的意见》,《人民日报》2022 年
12 月 20 日。

③ 刘园园:《"数据二十条":以基础制度破解数据要素价值释放难题》,《科技日报》2022 年 12 月
21 日。

④ 《习近平著作选读》第二卷,人民出版社 2023 年版,第 536 页。

⑤ 《习近平著作选读》第二卷,人民出版社 2023 年版,第 536 页。

⑥ 该条规定的内容是:"国家发展自然科学和社会科学事业,普及科学和技术知识,奖励科学研究成
果和技术发明创造。"

现行《宪法》第 47 条①中增加一款作为第二款,该款内容为"国家对于危害国家安全、损害社会公共利益、危害人体健康、违反伦理道德的科学技术研发活动,予以否定和禁止"。作为统摄科技法律规范的《科学技术进步法》在经过两次修订后将促进科技进步与保障科技安全并重的原则贯彻其中,为数字科技立法贯彻该原则提供依据和指引。该法从立法宗旨到具体规范都洋溢着促进科技进步以及促进科技成果向现实生产力转化的精神,"通过健全科技创新保障措施,完善国家创新体系,破除自主创新障碍因素等,为走中国特色自主创新道路,促进实现高水平科技自立自强提供法治保障"②。该法对保障科技安全原则的规定通过应然性规定和禁止性规定两种方式进行,前者如第 5 条关于"国家统筹发展和安全,提高科技安全治理能力,健全预防和化解科技安全风险的制度机制⋯⋯"的规定,后者如第 107 条关于"禁止危害国家安全、损害社会公共利益、危害人体健康、违背科研诚信和科技伦理的科学技术研发和应用活动"的规定。《科学技术进步法》为数字科技立法坚持促进数字科技发展与保障数字科技安全并重原则坚持提供了蓝本。

3. 加快形成和谐统一数字科技法律规范体系

"维护国家法治统一,是一个严肃的政治问题"③,我国现行《立法法》第 4 条对法制统一原则作出明确规定。立足于科技法律规范体系的构成,推动和谐统一的数字科技法律规范体系的形成,除了完善《宪法》《科学技术进步法》《促进科技成果转化法》等法律的相关规定外,就数字科技本身的专门立法方面,可以考虑从多方面进行努力。我国已经出台了《数据安全法》,该法在规定了数据的法律含义、规定了数据分类分级制度、建立了数据交易制度以及对数据出境审批等作出了规定,为数据安全提供有力保障。未来,可以考虑制定通用的《数字法》,规定推动数字科技创新的原则和方法,构建数据收集和适用的权利义务体系,规范数据收集的同意条款和收集范围,建立数据开发与信息保护相平衡的机制,构建数字科技滥用、误用、不道德使用和违法使用的防范机制和惩戒机制。由于数字科技是一个由诸多子系统构成的,因而针对数字科技的细分技术制定单行法律也是必要。从数字科技发展趋势看,"数字科技的细分技术正在加

---

① 该条规定的内容是:"中华人民共和国公民有进行科学研究、文学艺术创作和其他文化活动的自由。国家对于从事教育、科学、技术、文学、艺术和其他文化事业的公民的有益于人民的创造性工作,给以鼓励和帮助。"

② 王萍:《科学技术进步法修订:为科技自立自强提供法治保障》,《中国人大》2022 年第 1 期。

③ 习近平:《坚定不移走中国特色社会主义法治道路 为全面建设社会主义现代化国家提供有力法治保障》,《求是》2021 年第 5 期。

速成熟,从 IT 重塑、网络革命、智能世界和虚实共生四个方面,对经济社会产生巨大的推动作用"①。这些细分技术各有特色,对法律的诉求也是不尽相同的,可以根据这些技术的发展趋势制定法律,正如《法治中国建设规划（2020—2025 年）》在从全局和战略高度对全面依法治国作出系统谋划和部署时所指出:"加强信息技术领域立法,及时跟进研究数字经济、互联网金融、人工智能、大数据、云计算等相关法律制度。"鉴于数字经济的重大意义,加快制定《数字经济法》是必要的。早在 2010 年英国就制定了《数字经济法》,试图通过该法"实现'数字英国'的目标,建立'英国强大的未来'"②,英国的这一做法对我国数字经济立法应该有所启示。此外,数字科技加强了各国之间的联系,数字科技治理不是一个国家能够完成的,这就需要坚持统筹推进国内法治和涉外法治,秉持共同、综合、合作、可持续的安全观,针对共同面对的问题共同制定符合全人类利益的规则,不断完善我国与其他国家在数字科技研发和转化应用方面安全合作的法律基础。

（三）推进政府依法履行数字治理职能

数字科技的发展为政府更好地转变职能、更好地依法行政提供了科技支撑,而数字科技的健康发展也要求政府切实履行好监管数字发展的职能,支持和鼓励数字科技研发和转化应用,预防和治理数字科技异化问题。改革开放以来,特别是进入新时代以来,伴随着我国法治的进程,政府职能发生两方面的显著变化,一是政府职能的定位越来越科学;二是政府职能的履行方式越来越科学。如今,面对科技革命新浪潮以及由此产生的新业态,应该"坚持问题导向,用法治给行政权力定规矩、划界限"③,使政府切实担负起为实现数字科技创新发展保驾护航的重任。2022 年 6 月,国务院印发《关于加强数字政府建设的指导意见》,就全面开创数字政府建设新局面作出部署。加强数字政府建设既是政府顺应数字科技发展趋势而向治理现代化迈进的重要举措,又为全面推进政府履行数字治理职能提供了契机,必须"充分发挥数字政府建设对数字经济、数字社会、数字生态的引领作用"④。

---

① 《数字科技趋势》,《中国科技信息》2022 年第 6 期。

② 黄先蓉、冯博:《英国〈数字经济法〉及对我国数字版权立法的启示》,《中山大学学报》2013 年第 1 期。

③ 中共中央、国务院:《法治政府建设实施纲要(2021—2025 年)》,《人民日报》2021 年 8 月 12 日。

④ 《国务院关于加强数字政府建设的指导意见》,http://www.gov.cn/zhengce/content/2022-06/23/content_5697299.htm,访问时间:2022 年 12 月 25 日。

1. 数字治理是数字时代政府职能的新内容

政府职能是在一定的历史时期由社会的政治、经济、文化状况所决定的政府对国家、社会、公民所应该承担的职责和应当发挥的功能的总和,揭示了政府工作的基本内容和主要任务,表明政府应该干什么、不应该干什么,回答了政府工作涉足哪些社会公共事务以及在该界域内如何运作等问题。我国政府职能随着改革推进而不断健全和完善,一方面本该属于市场和社会的事项交还市场和社会,另一方面根据社会发展需要增加新的内容。数字治理是数字时代建设数字中国赋予政府的新职能:经济社会发展对数字科技创新发展和转化应用的要求越来越迫切,数字科技异化问题却越来越严重,这就要求政府有所作为,将数字治理作为应尽的责任,"充分发挥政府有序引导和规范发展的作用,守住安全底线,明确监管红线,打造安全可信、包容创新、公平开放、监管有效的数据要素市场环境"①。由于数字科技健康发展对我国经济社会发展和人民美好生活是事关宏旨的,因而政府的数字治理职能的界定和履行对于建设法治政府、廉洁政府、诚信政府、服务型政府的具有十分重要的意义。2022 年 4 月,中央全面深化改革委员会第二十五次会议指出:"要强化系统观念,健全科学规范的数字政府建设制度体系,依法依规促进数据高效共享和有序开发利用,统筹推进技术融合、业务融合、数据融合,提升跨层级、跨地域、跨系统、跨部门、跨业务的协同管理和服务水平。要始终绷紧数据安全这根弦,加快构建数字政府全方位安全保障体系,全面强化数字政府安全管理责任。"②

2. 数字政府建设在"以数据治理"和"对数据治理"协同中推进

"建设决策科学化、治理精细化、服务高效化的数字政府是我国政府实现数字化转型、提升治理能力和治理效能的必由之路和时代命题"③。我国政府的数字化转型是大数据时代顺应科技现代化发展的趋势、推进国家治理现代化的重要战略,启动于 20 世纪 90 年代的政府信息化工程,并伴随实践进展逐步形成了电子政务、平台政府等数字政府建设理念和模式。尽管这些理念和模式对于政府履职的能力和效力大有助益,然而在实践中受到"技术韧性""数据壁垒""数据孤岛""数据过载""重复建设"等问题的制约,各行业各领域政务应用系统的互联互通、协同联动等难题也成为迫切需要破题的

---

① 《中共中央 国务院关于构建数据基础制度更好发挥数据要素作用的意见》,《人民日报》2022 年 12 月 20 日。

② 新华社:《加强数字政府建设 推进省以下财政体制改革》,《新华每日电讯》2022 年 4 月 20 日。

③ 黄未、陈加友:《数字政府建设的内在机理、现实困境与推进策略》,《改革》2022 年第 11 期。

瓶颈。为了推进我国数字政府建设，国务院印发的《关于加强数字政府建设的指导意见》为数字政府建设谋篇布局。"数字政府已经不仅是应用数字技术提升治理能力，而且是数字技术全面推进政府内跨层级、跨地域、跨系统的整体协同，以及政府与外部市场和社会主体的包容协同"①，从政府职能维度理解，我国数字政府建设面临着"以数字科技履职"和"对数据科技履职"的双重任务。"以数字科技履职"是将数字科技作为政府履行职能的方式，通过政务数据化而为政府履行职能赋能，通过政务数据的汇集、整合、计算、服务、应用而提升政府履职效能。"对数字科技履职"是政府担负起保障和促进数字科技创新发展和转化应用的职能，主要包括三个方面的内容：一是推动数字经济健康发展，通过数字科技手段对创新、生产、经营、投资进行全方位管理，推动数字科技在数据汇聚、流通、交易中的应用，加强市场准入许可、公平竞争审查、公平竞争监管等，推进数据产权交易，为数字经济做强做大提供执法保障，使数字科技的经济红利不断释放；二是推动数字社会建设稳步向前，将数字技术和传统公共服务融合起来，推进智慧城市和智慧乡村建设，加强城乡数字设施建设，优化城乡数字资源供给，推动数字化服务的城乡普惠应用；三是营造良好数字科技发展生态环境，发展数据要素市场，加强数据资源产权保护，加强对重要数据的安全保护，促进跨境信息共享、数字科技合作以及数据跨境安全有序流动，提高全社会网络安全保障的水平。②

3. 依法行政保障政府数字治理职能履行

大数据时代已经赋予政府治理数字的职能，而政府如何履行治理数字的职能则是需要深入思考的问题。毫无疑问，政府的数字化改革对于提升政府履职的能力和效力大有助益，然而数字毕竟只是一种科技手段，更何况数字存在着异化的可能。数字科技不是万能的，依法行政作为政府履行数字治理职能的法律保障必须入场。早在 20 世纪 90 年代，依法行政随着我国依法治国方略的确立和施行而成为建设法治政府的必由路径；在新时代新征程上，依法行政是全面依法治国、建设法治中国的不可或缺内容，《法治中国建设规划（2020—2025 年）》指出要"加快构建职责明确、依法行政的政府治理体系"，习近平总书记在党的二十大报告中再次强调要"扎实推进依法行政""推进机构、职能、权限、程序、责任法定化"。推进政府依法行政履行数字治理职能，包括两个相互联系的基本方面。一方面，政府数字治理职能法律化。"建设法治政府，要使政府

---

① 孟天广：《数字治理生态：数字政府的理论迭代与模型演化》，《政治学研究》2022 年第 5 期。

② 参见《国务院关于加强数字政府建设的指导意见》，http://www.gov.cn/zhengce/content/2022－06/23/content_5697299.htm，访问时间：2022 年 12 月 25 日。

职权法定、依法履职,各项行政行为于法有据"①。在对政府数字治理职能进行法律界定时,应该依据"把市场自己能够做好的事情留给市场去做,而市场自己做不到或者做不好的事情,就应该由政府去做"的原则,立足于从促进数字科技创新与转化应用、保障数字科技健康发展、预防和治理科技异化等的目的,不仅在法律中对政府数字治理职能的具体内容进行厘定,而且对政府履行数字治理职能的方式和程序作出明确规定。另一方面,政府数字治理职能履行法律化。在法律为政府数字治理定下规矩、划定界限之后,数字治理就成为政府的法定义务。在这里,要求政府按照"法定职责必须为、法无授权不可为"的原则,严格规范公正文明地执行法律规定,摒弃简单粗暴生硬的执法方式,"广泛运用说服教育、劝导示范、警示告诫、指导约谈等方式,努力做到宽严相济、法理相融,让执法既有力度又有温度"②,掌握数字科技异化突发事件依法处置的方法,提高应对数字科技异化突发事件的能力。在大数据时代,政府数字治理职能及其履行的法律化作为依法行政的重要组成部分,已经成为法治政府建设、法治中国建设的重要工程。

(四)通过司法矫治为数据科技健康发展赋能

数据科技所蕴含的利益因素使得人们日益关注其研究成果的商业前景以及数据产权归属等利益问题,也导致数字科技活动的利益矛盾和纠纷,甚至出现违法行为。对数据科技活动的违法行为进行司法矫治是数据科技法治的组成部分,是保障数据科技健康发展、实现数字正义与司法正义统一的必然之举。最高人民法院于 2021 年 9 月发布的《关于加强新时代知识产权审判工作为知识产权强国建设提供有力司法服务和保障的意见》指出:"充分发挥司法裁判在科技创新成果保护中的规则引领和价值导向职能,总结提炼科技创新司法保护新规则,促进技术和产业不断创新升级。"③司法机关运用法律处理数字科技活动中的利益纠纷,对数字科技研发和转化应用中的违法行为进行司法矫治、被侵害权利进行司法救济,赋能数字科技健康发展。"随着我国三大互联网法院成立、在线运行规则出台、大量涉数字经济新类型案件审理等司法实践涌现,我们看到当前法院服务数字经济发展的成效和进步"④。未来,我国不断发展和完善的智

---

① 肖捷:《扎实推进依法行政》,《人民日报》2022 年 11 月 17 日。

② 中共中央、国务院:《法治政府建设实施纲要(2021—2025 年)》,《人民日报》2021 年 8 月 12 日。

③ 《最高人民法院关于加强新时代知识产权审判工作为知识产权强国建设提供有力司法服务和保障的意见》,《人民法院报》2021 年 10 月 30 日。

④ 李真慧、王新亮:《数字经济时代下的司法进路——读〈迈向数字社会的法律〉》,https://t.ynet.cn/baijia/33064110.html,访问时间:2022 年 12 月 26 日。

慧法院、智慧检察院以及多元化、数字化、智能化的纠纷解决机制将更好地服务于数字科技健康发展的需要,更好地以司法公正推动数字正义。

1. 实行举证责任倒置

在一般情况下,司法诉讼遵循"谁主张谁举证"的举证责任分配原则。然而,在科技活动侵权纠纷案件中,作为原告的受害者因缺乏科技知识而举证难度比较大,实行举证责任倒置有利于实现司法公正。事实上,举证责任倒置原则正是适应公正处理科技案件的需要而产生出来、而发展起来的。近代以来,科技活动以及工业革命导致环境污染所引发的损害赔偿案件、医疗事故所引起的伤害赔偿案件等时有出现。为了实现法律正义,保护弱势群体的权益,德国等一些国家的法官根据司法实践中的新情况进行司法制度创造,在缺乏明确法律规定的情况下运用自由裁量权,确定由加害人承担举证责任。后来,经过立法者的努力,由加害人承担与科技有着直接关系或间接关系的侵权纠纷案件的举证责任成为法律明文规定。在我国,不论是《民法典》《民事诉讼法》以及相关司法解释在谁主张谁举证原则的同时就"法律另有规定的除外"作出规定,举证责任倒置是民事诉讼举证责任分配的例外情形。从法律规定的具体情况看,适用举证责任倒置的具体场景中包含了科技活动侵权案件的侵权之诉以及与科技有关的侵权案件的侵权诉讼。随着科技不断发展和法律不断完善,适用举证责任倒置原则的具体场景越来越多。数据科技活动的侵权之诉或者与数字科技有关的侵权之诉都属于适用举证责任倒置原则的场景。将举证责任倒置原则运用于数字科技研发和转化应用的侵权纠纷诉讼中,既是实现司法公正的要求,也有利于提高人们的数字科技安全意识,从而提高数字科技研发和转化应用以及数字和数字产品的安全性能。

2. 适当采用数字科技专家论证

数字科技研发和转化应用中的侵权之诉或违法之诉都涉及数字科技的专门知识,这种专门知识对非经过专业学习的人而言犹如天书。法官可以经过法学专业学习而具有丰富的法律知识,也可以经过多年的审判实践而具有高超的法律技能,但是,他们不可能精通数字科技。只有具有数字科技专业知识的人才能理解和厘清案件所涉及的数字科技知识,故而司法人员在办案中有必要适当采用科技专家论证。在我国目前的诉讼法律规定中,有两个方面的制度设计为数字科技活动的侵权之诉或违法之诉讼适当运用数字科技专家论证提供了依据。一是鉴定人制度。我国现行《民事诉讼法》和《刑事诉讼法》确立了鉴定人作证的规则。以《刑事诉讼法》为例,鉴定人制度包含鉴定人出具鉴定意见和鉴定人出庭作证两个方面的内容。于鉴定人出具鉴定意见方面,鉴定人应当实事求是地、客观真实地写出鉴定意见并且签名;侦查机关有义务将用作证据的监督告知案件当事人,如果案件当事人提出申请,可以补充鉴定或者重新鉴定。于鉴定人出庭作证方面,当法庭人员对鉴定意见有异议而人民法院认为鉴定人有必要出庭时,出庭作证是鉴定人的义务;对拒不出庭作证的鉴定人,人民法院应当建议有关主管部门或者组织予以处罚。二是具有专门知识的人出庭制度。作为一项正式诉讼法律制度,具有专门知识的人出庭作证制度在我国三大诉讼法中都有相应规定。由于专门知识是指"特定领域内的人员理解和掌握的、具有专业技术性的认识和经验等"①,因而数字科技专家位列具有专门知识的人中。具有数字科技专业知识的专家出庭进行专业性论证、发表专业性意见,有助于厘清案件事实,有助于防止冤假错案发生,有助于打击滥用、误用、不道德使用数字科技的行为,有助于矫治数字科技活动中的违法现象,有助于救济被侵害的权利,有助于实现司法公正,有助于进一步让人民群众感受到法律的公平正义。

3. 发展公益诉讼

公益诉讼是特定国家机关或者相关社会组织、公民个人依据法律对违反法律规定而导致国家利益和社会公共利益受到损害的行为寻求司法救济而向法院提起的诉讼。数字科技的发展使公益诉讼借助科技手段的支撑更有效地实施和推进,例如,通过"深度应用'内生数据''共享数据''公丌数据',拓展公益诉讼办案线索,应用卫星遥感、无人机、勘查工具车(箱)等新兴技术固定证据"②使得公益诉讼的调查难、取证难等问题得到较好解决;数字科技的发展也使公益诉讼的适用范围得到拓展,产生对数字科技活动违法行为的公益诉讼。数字科技活动违法行为的公益诉讼以数字科技活动违法行为对社会公共利益的现实损害为前提,提起人可以是数字科技活动违法行为的直接受害人,也可以是社会组织和人民检察院。对于损害国家利益、社会公共利益和不特定人利益的数字科技活动违法行为,法律允许直接受害人作为原告提起含有请求私益救济内容的公益诉讼;对于损害国家利益、社会公共利益和不特定人利益的数字科技活动违法行为,法律授权人民检察院通过提出检察建议、提起诉讼和支持起诉等方式履行公益

① 《最高人民检察院关于指派、聘请有专门知识的人参与办案若干问题的规定(试行)》,《中华人民共和国最高人民检察院公报》2018年第3期。

② 例如,通过"深度应用'内生数据''共享数据''公开数据',拓展公益诉讼办案线索,应用卫星遥感、无人机、勘察工具车(箱)等新兴技术固定证据"使得公益诉讼的调查难、取证难等问题得到有效解决。参见金鸿浩、林竹静:《检察公益诉讼科技手段应用研究》,《中国检察官》2019年第21期。

诉讼检察职责①。由于检察公益诉讼具有"以国家强大的组织体系为后盾,主动地履行对社会公益的监督职能,使得相对封闭的司法活动更为积极开放"②等特质,因而在科技活动违法行为公益诉讼中的地位举足轻重,对于防治科技异化、实现科技善治发挥着十分重要的作用。未来,检察公益诉讼制度将在对国家治理现代化、社会治理现代化之需要的回应中不断发展和完善,检察机关在推进对数字科技活动违法行为的公益诉讼、实现科技领域良法善治方面将发挥更加重要的作用,为治理数字科技异化现象、防范科技风险事故发生、保障科技健康发展不断作出新贡献。

结　语

人类历史向我们展示,科技在初始时期的使用范围非常有限;在科技进步的阶梯上,科技使用范围也在不断拓展,日益发展的科技使得人类活动的范围突破地域性限制而向世界各地延展,如今数字科技的创新发展与转化应用已经成为改写人类生产方式和生活方式的重要力量。然而,正如一个硬币有两面,数字科技也并非只有正面的积极效应。就像每一次重大的数字科技发明和转化应用总能引起人们的欢呼,每一次重大的数字科技异化事件也引起人们的忧思。没有约束的数字科技活动是危险的,数字科技治理对数字科技健康发展不可或缺。法治是发达社会进行社会治理的最终有效方式,实行数字科技法治是解决数字科技异化问题、推进数字科技健康发展的必然之举。面对数字科技的双刃剑,"必须把互联网、大数据、人工智能等的开发运用置于法治的规制之中,使之在法治的轨道上运行,将其对人类有利的一面发挥到极限,而将其对人类有害的另一面及时拦截于外"③。

我国的数字科技法治随着数字科技发展和依法治国推进而逐步兴起,《网络安全法》《数据安全法》等专门法律、《个人信息保护法》以及《民法典》《刑法》有关个人信息保护条款等表明数字科技法律在逐渐健全和完善,数字政府、智慧法院、智慧检察院的新兴法治理念和模式表明法治因数字科技发展而获得良好的硬件系统。数字科技创新

---

① 参见最高人民检察院:《人民检察院公益诉讼办案规则》第 2 条、第 3 条,https://www.spp.gov.cn/xwfbh/wsfbh/202107/t20210714_523809.shtml,访问时间:2022 年 12 月 4 日。

② 邓炜辉、于福涛:《回应型治理:检察公益诉讼治理模式的祛魅与重构》,《社会科学家》2021 年第8 期。

③ 张文显:《数字技术立法尤其要超前》,《北京日报》2019 年 1 月 21 日。

无止境,数字科技有着广阔的应用场景,数字科技法治作为一个新兴法治领域必须与时俱进。习近平法治思想以及习近平总书记关于数字中国、网络中国的重要论述为我国为了数字科技法治建设提供了思想遵循,中共中央、国务院《关于构建数据基础制度更好发挥数据要素作用的意见》、国务院《关于加强数字政府建设的指导意见》等为我国未来数字科技法治建设提供了政策指引。法治文明的车轮滚滚向前,数字科技法治必定日益完善。只要我们紧扣时代主题、紧扣时代步伐,以数字科技法治的理性和德性驯服数字科技这匹烈马,加强对数字科技创新发展、转化应用及风险挑战的预判和引导,确保数字科技的研发活动合法合规合道德地进行,确保数字科技的创新成果安全诚信公正地转化运用,使数字异化问题得到解决,使科技风险事故得到遏制,使数字时代的人们对自己的隐私保护、生活安宁、身心自由充分信任,使数字时代的人们在算法决策、机器决策中获得规则、机会和权利等方面的公平。数字科技在推进中国式现代化道路上大有可为,数字科技作为推动中华民族伟大复兴的科技力量而福泽全体中国人民。

On the Legal Guarantee of Promoting Chinese-style Modernization With Digital Technology

He Shi-qing

(Law School of Huazhong University of Science and Technology

Wuhan Hubei 470074)

Abstract:Chinese-style modernization is an important subject on the new journey of the new era, and the modernization of science-technology is one of the components of this topic. Digital technology is an important achievement in the modernization of science & technology, and also an important force for promoting Chinese modernization through the modernization of science & technology. The power of digital technology to promote economic, social and human development has been emerging, and the alienation of digital technology has been breeding and spreading, the "double-edged sword" effect of digital technology calls for strengthening governance. The rule of law of digital technology is the ultimate and effective way of the governance of digital technology, because it takes good law as the premise, takes the legal rule as the key, takes promoting the development of digital technology and preventing the alienation of digital technology as the content, and takes the effective standardization of the research, transformation and application of digital technology as the functional advantage. Strengthening the rule of law of digital technology has become an inevitable plan to promote Chinese modernization with digital technology, we must follow Xi Jinping's thought on the rule of law, improve the legal standard system of digital technology, strengthen the government's digital governance function, and empower the healthy development of digital technology with judicial correction.

Keywords：Chinese-style modernization；Digital technology；The legal guarantee

算法错误的类型识别及其责任承担

冉克平[*]

摘要：数字时代，算法错误已经成为一项突出的社会问题。算法错误表现为前端输入、算法运行与终端输出错误。对算法错误的类型识别需要以技术与法律相融合的路径，在价值上奉行算法中立的缓和主义，赋予算法错误合理的容许风险，在路径上限定算法错误的范畴与类型。应当适当革新侵权构成理论以应对算法错误，以责任分散的理念确定责任主体、以合理性评估框架识别侵权行为、以类型区分方法限定侵权损害、以双层类型判断因果关系、构建以注意义务为核心的过错判断标准和算法社会影响陈述制度。在新技术迭出与风险滋生的算法时代，在通过惩罚性赔偿促使算法主体提高注意义务的同时，也可以适用第三人侵权或者不可抗力制度免除算法错误的侵权责任。

关键词：算法错误；算法治理；算法侵权；惩罚性赔偿；不可抗力

一、算法错误：一项突出的社会问题

随着人工智能、大数据、云计算等技术的广泛运用，算法已经充分融入人们的社会日常生活，尤其是在数字经济发展中发挥着举足轻重的作用，人类社会正在形成"以算法为中心的智能社会法律秩序"。① 与此同时，算法应用不断触碰自治边界，充斥着算

＊ 作者简介：冉克平，教育部青年长江学者特聘教授、博士生导师。国家社科基金重大项目"健全社会信用体系和监管制度的政治保障"（24JDA018）的阶段性成果。

① 张文显：《构建智能社会的法律秩序》，《东方法学》2020 年第 5 期。

法标签、算法歧视、算法归化、算法操纵、算法错误等失范现象。① 2021 年 9 月 17 日国家互联网信息办公室等九部门发布的《关于加强互联网信息服务算法综合治理的指导意见》明确指出要"建立健全算法安全治理机制……为建设网络强国提供有力支撑"。算法错误正是形成算法安全风险的典型情形，需予以认真对待。②

近年来，国内外对算法偏见与算法歧视、算法垄断等算法治理难题开展了卓有成效的研究，③ 提出了以算法解释为核心的算法治理理论，④ 尤其是通过增强算法透明，⑤ 消除"数字鸿沟"与"数字歧视"。⑥ 但数字正义的目标并不限于此，以算法错误为基础的数字错误同样不容忽视，算法错误引发的讼争已经初见端倪。例如，某企业信用信息查询平台将与当事人无关的大量失信信息错误关联至其名下以及所任职公司的法定代表人名下，法院认为平台公司行为构成侵犯名誉权及个人信息权益。⑦ 无独有偶，在"梁彤、广东维迅实业有限公司与企查查科技有限公司网络侵权责任纠纷案"中，杭州互联网法院认为征信类平台运用算法进行数据处理，应对算法运用造成的错误结果承担相应责任，以"技术中立"为由免责，不符合民法诚信原则和公平原则。⑧ 实际上，在人们日常生活中，算法错误现象屡见不鲜，在国外也成为了不可忽视的社会问题。例如，因人脸识别算法错误导致驾照被吊销、因政府卫生部门系统算法错误导致保险金停发而增加了额外的医疗费用、错误认定某人为拒付抚养费的父母、因航空公司数据匹配错误

---

① See Jack M. Balkin, "2016 Sidley Austin Distinguished Lecture on Big Data Law and Policy: The Three Laws of Robotics in The Age of Big Data", 78 *Ohio State Law Journal*, 1217, 1238–1239 (2017).

② 广义上的算法涵盖了算法错误或者偏见等失范情形。See Nicholas Diakopoulos, "Algorithmic Accountability: Journalistic Investigation of Computational Power Structures", 3 *Digital Journalism* 398, 398 – 400 (2015).

③ See Marta Infantino, Weiwei Wang, "Algorithmic Torts: A Prospective Comparative Overview, *28* Transnational Law & Contemporary Problems", 309–362 (2019). Joshua A. Kroll, et al., Accountable Algorithms, 165 *University of Pennsylvania Law Review*, 633–705 (2017). 中文文献参见丁晓东：《论算法的法律规制》，《中国社会科学》2020 年第 12 期；苏宇：《算法规制的谱系》，《中国法学》2020 年第 3 期；王莹：《算法侵害责任框架刍议》，《中国法学》2022 年第 3 期。

④ 参见张欣：《算法解释权与算法治理路径研究》，《中外法学》2019 年第 6 期。算法透明原则已经受到质疑，参见沈伟伟：《算法透明原则的迷思——算法规制理论的批判》，《环球法律评论》2019 年第 6 期。

⑤ 汪庆华：《算法透明的多重维度和算法问责》，《比较法研究》2020 年第 6 期。

⑥ 参见张吉豫：《数字法理的基础概念与命题》，《法制与社会发展》2022 年第 5 期。

⑦ 《莫名成"失信人"？平台错误关联企业信用信息被判赔 9.1 万元》，广州日报 2022 年 3 月 24 日，https://www.gzdaily.cn/amucsite/web/index.html#/detail/1798134.

⑧ 《"数据权益保护及算法治理"典型案例研讨会在杭州互联网法院召开》，杭州互联网法院官方微信公众号 2022 年 7 月 29 日，https://mp.weixin.qq.com/s/3iPkwYJgw70wdAkVX7aRkg.

导致乘客被归类为恐怖分子而影响出行;①美国利用机器学习算法识别巴基斯坦民众是否为"恐怖分子",但却存在很大的误报率导致大量无辜民众被错误标记为"恐怖分子";②英国因为计算机算法错误导致45万名英国女性错过乳腺癌筛查,由此导致大约270人提前去世。③ 与算法错误频发的现象不相匹配的是,对于算法错误的本质与机理、识别及责任缺乏充分的理论关照。在算法时代,如何识别算法错误,如何配置平衡数字经济创新发展与算法用户权益保障的私法责任将成为算法治理领域的一项重要议题。

二、算法错误的技术逻辑及法律挑战

(一)算法错误的技术逻辑与规范分析

算法是为了解决特定问题或实现既定结果而采取的一系列步骤,也是处理作为数字经济核心的数据的基础性工具。从算法错误的技术逻辑观察,其贯穿输入转换、算法流程与输出转换全流程,由此可以探寻算法错误的发生原理,从而更具针对性地回应治理问题。算法错误的发生机理如下图示:

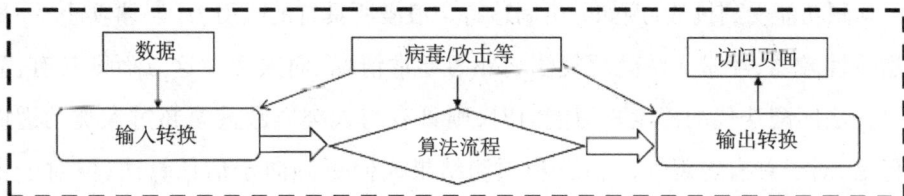

人们选择相信算法并不意味着算法本身就值得被信任。④ 算法错误现象频发,主要归结于如下原因:

---

① 参见[美]卢克·多梅尔:《算法时代:新经济引擎》,胡小锐、钟毅译,中信出版社2016年版,第136—137页。

② See Christian Grothoff, J.M. Porup, "The NSA's SKYNET Program May Be Killing Thousands of Innocent People", 2016 - 2 - 16, https://arstechnica.com/information - technology/2016/02/the - nsas - skynet - program - may - be - killing - thousands - of - innocent - people/.

③ See Sarah Boseley, "Jeremy Hunt Wrong in Breast Cancer Screening Statement, Inquiry Says", 2018 - 12 - 25, https://www.theguardian.com/politics/2018/dec/13/jeremy - hunt - breast - cancer - screening - statement - wrong - inquiry - finds.

④ 参见袁康:《可信算法的法律规制》,《东方法学》2021年第3期。

其一，算法逻辑漏洞。设计错误导致结果脱离设计者的初衷与目的，形成算法漏洞。麻省理工学院经济学家戴维·奥特尔（David Autor）提出"波兰尼悖论"（Polanyi's paradox）——我们所知道的比我们所能言说的更多。在算法开发设计中算法设计者同样可能会陷入"波兰尼悖论"之中。即便设计者能预想的内容很多，但是却无法悉数将其在算法中表达出来，这就导致算法表达出来的内容与实际预想的目标存在差距。更何况，算法开发者本身也无法预想每一种可能遇到的情况并且预先编写应对程序。此外，算法主体（算法设计者、算法应用者以及算法部署者等）之间也存在技术和知识鸿沟。例如，在医疗领域由算法进行诊疗就面临着算法系统开发者缺乏医学和人工智能的双重知识背景的问题。由此容易导致算法应用场景和效果与算法设计的目的或者初衷背道而驰，尤其是将规范要求转化为代码，极易产生编程错误。

其二，数据错误。算法在很大程度上通过大量数据来识别行为模式或者进行预测。实际上，机器学习算法（*machine learning algorithms*）的结果质量通常取决于它所消化数据的全面性、多样性和准确性，[①]如果采取不准确的数据收集方法可能导致对现实的失真描述。[②] 当然，即便数据收集方法和来源准确合理，算法处理也可能发生扭曲。

其三，算法对象缺少可预测性。在一些包含社会性任务而非自然界任务的情形下，算法的预测功能受到挑战，例如分析制造特定浪漫所具有的吸引力。[③] 事实上，一般算法的适应性较弱，经常无法处理规律之外的异常情况，而人类在这方面则具有优势；但是当算法匹配迭代的深度学习能力时，则具有与人类匹敌甚至超过人类的适应能力。但是，对于具有客观性的估算和预测结果人们更倾向于信任算法；但对于主观性的决定则更倾向于信任人类自己。因此，具有主观性的事项的预测性弱化具有必然性。

其四，外部因素干扰算法逻辑。诸如病毒侵入或者第三人通过程序注入等方式篡改数据内容（包括输入和输出），由此形成算法的外生性风险，造成算法错误。

---

① See Solon Barocas & Andrew D. Selbst, "Big Data's Disparate Impact", 104 *Califorlia Law Review*, 671, 688(2016).

② See Amanda Levendowski, "How Copyright Law Can Fix Artificial Intelligence's Implicit Bias Problem", 93 *Washton Law Review*, 579, 583-584(2018).

③ See Dietvorst, B. J., Simmons, J. P., & Massey, C., "Algorithm Aversion: People Erroneously Avoid Algorithms after Seeing Them Err", 144 *Journal of Experimental Psychology: General*, 114-126(2015).

(二)算法错误对私法的挑战及需求

1. 基于算法信任的算法错误

从算法发展的历程来看,算法开发的灵感与方法曾来源于世界,但是如今已经开始塑造世界。算法的应用已经突破简单的计算模型,试图将人类的行为表现以及潜力归结为某个算法或者模型却并非易事。实际上,许多计算模型将人类的偏见或者误解编入计算系统,对于这些系统只有高级别的数学家或者计算机科学家才能明白其中的计算模型运作情况,正因为如此,人们对基于计算模型得出的结论无法提出异议,即便结论是错误的或者有害的。① "算法就像上帝,数学杀伤性武器的裁决就是上帝的指令。"② 被称为"数学杀伤性武器"的算法包裹着数学精确性的外衣,其结果似乎具有毋庸置疑的效果。算法信任包括了人们相信算法的准确性、公平性和可靠性的主观心态,也包括了人们相信算法所作决策不会造成损害的心理预期。③ 有论者认为,算法的透明度影响算法信任,④实际上基于算法在大多数情况下的精密设计和运算,算法逐渐剥夺了人们提出异议或者产生怀疑的能动性,算法信任已经很少能被瓦解,即使是"算法黑箱"也无法构成对算法信任的根本性破坏。

2. 算法错误原因的多样化

如前所述,无论是算法本身的逻辑错误、算法对象缺少可预测性还是外部因素的介入均可能导致算法发生错误。由于算法错误原因的多样化且具有动态性,法律在面对不同具体原因导致的算法错误治理问题时常常捉襟见肘。根源在于,由于主体身份、主观过错、侵权行为模式等诸多构成之不同,法律无法不加区分地规制基于不同原因导致的算法错误,例如病毒入侵改变算法逻辑的核心议题涉及对不可抗力制度或者第三人侵权规则适用的判断,而算法逻辑漏洞则涉及在算法设计者、算法应用者等复杂算法主体之间确定责任主体的核心难题。

3. 算法错误损害类型的多元化

耶鲁大学信息社会项目创始人 Balkin 教授指出,不同的算法侵害类型侵害的法

---

① 参见[美]凯西·奥尼尔:《算法霸权:数学杀伤性武器的威胁》,马青玲译,中信出版社 2018 年版,"前言"第 V 页。

② 参见[美]凯西·奥尼尔:《算法霸权:数学杀伤性武器的威胁》,马青玲译,中信出版社 2018 年版,"前言"第 X—XI 页。

③ See Veronika Alexander, Collin Blinder, Paul J. Zak, "Why Trust An Algorithm? Performance, Cognition, and Neurophysiology", 89 *Computers in Human Behavior*, 279, 279-288(2018).

④ 参见苏宇:《算法规制的谱系》,《中国法学》2020 年第 3 期。

益存在区别。算法错误可能造成直接的物理损害,例如自动驾驶对生命权、健康权或者财产权的侵害,但是诸如算法标签、算法歧视、算法归化、算法操纵等侵害类型的损害类型主要表现为不当剥夺机会、增加成本、损害名誉或者受到冒犯等内容。① 正因为如此,算法错误造成的损害类型不仅更加复杂和多元,而且何种损害类型归入何种权益保护归责体系也不无疑问。算法错误对传统权益的侵害也难以被侵权法上的侵权构成或者刑法上的犯罪构成所含摄,由此形成权利救济与权利保护的裂缝。②

4. 算法错误责任的审慎化

社会生活中尤其是决策活动中算法错误与人类错误的关系对于明晰算法错误的责任面向具有启发意义。问题归结为:算法错误的责任体系与人为错误的责任体系是否一致? 以无人自动驾驶汽车为例,传统的保险制度和道路交通侵权责任制度是以驾驶人员作为侵权行为人为前提,但是无人自动驾驶中算法错误时责任主体常常为制造商,此时是否还适用前述责任和制度? 人们习惯性地将前者认定为算法错误并配置相应责任。人们习惯性地给算法施加过高的注意义务,从而配置与人类不同的责任,其伦理基础在于算法不应该犯错。实际上,应当审慎地对算法错误配置责任。例如,自动驾驶汽车无法识别维护不当的路标从而产生违法效果,但是人类同样可能面临这样的情况,或者即便驾驶领域未使用算法,人身伤害事故同样可能发生,甚至发生事故的概率还超过无人自动驾驶。事实上,有研究表明在多个领域运用算法预测或者决策的正确率远远高于人类,甚至于针对实际案件的推理和判断也是如此。③ 不少研究表明,大多数人在作出大部分决定时是基于无法表达的知识——直觉。④ "算法经常被视为机械性、无情无欲、不带偏见的。"⑤或许正是因为这种特质,输出的结果可能与包含情感的人类预期背道而驰。这表明,无论是人类还是算法,都可能存在直觉错误,算法存在可容许的处理范围盲区。

---

① See Jack M. Balkin, "2016 Sidley Austin Distinguished Lecture on Big Data Law and Policy: The Three Laws of Robotics in The Age of Big Data", 78 *Ohio State Law Journal*, 1217, 1238−1239(2017).

② 参见王莹:《算法侵害类型化研究与法律应对——以〈个人信息保护法〉为基点的算法规制扩展构想》,《法制与社会发展》2021 年第 6 期。

③ 参见郑戈:《算法的法律与法律的算法》,《中国法律评论》2018 年第 2 期。

④ 参见[印]卡尔提克·霍桑纳格:《算法时代》,蔡瑜译,文汇出版社 2020 年版,第 67 页。

⑤ [印]卡尔提克·霍桑纳格:《算法时代》,蔡瑜译,文汇出版社 2020 年版,第 100 页。

三、算法错误的识别难题及其化解

识别算法错误作为构建规制路径的前提,本质上是确定法律规制尤其是私法规制范畴的算法错误范围。具体可以通过技术与法律相融合的手段共同搭建识别框架。在算法技术层面,因算法设计、运行以及应用本身的复杂性导致算法错误面临发现困难、判断困难和规制困难。首先,算法透明原则面临局限性。在以算法歧视或者偏见为主要类型的算法失当的规制中,逐步形成了以算法透明为原则的规制路径,尤其是自动化处理需要充分的透明度。[①] 但是算法透明本身就面临着采取何种形式的难题,通常认为应当公开系统的源代码的方式。[②] 但这却并非完美的方案:一方面,算法的源代码对于专业人士尚且难以理解,更何况作为算法消费者的非专业人士;另一方面,源代码的公开涉及商业秘密保护,且还可能给"黑客"提供可乘之机,威胁网络安全。同理,检查或者审查源代码是非常局限的方式。其次,自动决策算法以深度学习技术为基础,此种算法本身就可能无法作出与算法行为相符合的解释。[③] 算法会反复调整它们的输入方式以提高它们预测的准确性,因此难以确定算法达到实际结果的准确模型。[④] 尽管算法错误事件层出不穷,但是对于算法错误的识别并没有形成理论上的共识,仍然是一项棘手难题。

(一)算法中立原则的反思

如果秉持算法非中立的观点,那么算法错误将会被悉数纳入规制范畴。但是,算法真的不具有中立性吗?回答这一问题,首先需要明确算法的法律地位。对此存在不同见解,主要形成了"算法独立说""算法工具说"和"算法代理人说"三种观点。"算法独立说"认为,算法可以作为独立的责任主体,这一点在自动驾驶领域表现得较为明显。赋予无人驾驶汽车以"人"的法律实体地位,配置必要的人格,由此其可以自我负担保

---

① See Danielle Keats Citron, "Technological Due Process", 85 *Washington University Law Review*, 1249, 1253(2008).

② See Joshua A. Kroll, et al., "Accountable Algorithms", 165 *University of Pennsylvania Law Review*, 633, 638(2017).

③ See Stanford University, "Machine Learning, Coursera", https://www.coursera.org/learn/machine-learning/home/info [https://perma.cc/L7KF-CDY4].

④ See Ashley Deeks, "The Judicial Demand for Explainable Artificial Intelligence", 119 *Columbia Law Review*, 1829, 1829(2019).

险以及相应的侵权责任费用;①作为传统观点的"算法工具说"则认为,算法仅仅是算法主体的意思传达工具;②"算法代理人说"认为,人类将关键的认知任务交给了算法(尤其是机器人算法),即由算法决定合同缔结对象、内容等,符合代理权的构造。③ 实际上,算法既非纯粹的工具,也无法配置以人的权利,否则将完全突破民事主体制度。更为重要的是,随着算法应用的不断深化,算法深度学习能力的持续增强,算法在一定程度上具有了较强的自主性和适应性,设计者试图植入的价值观通过机器的自主深度学习可能发生异化,因此很难将算法概念简单化为人类的代理人或者工具。乌戈·帕加罗(Ugo Pagallo)也指出:"一个能够定义自己道路、做出自己决定、设置自己优先级的机器,可能会成为一个代理之外的东西。"④

本文认为,在算法治理时应当奉行算法中立缓和主义,算法并非完全不具有中立性。这同时意味着应当赋予算法错误一定程度的可容许范围。美国科技史学家梅尔文·克兰兹伯格(Melvin Kranzberg)曾提出科技第一大定律——"技术既无好坏,亦非中立"。这指向了科技公司往往不愿意面对的一个问题:它们无与伦比的影响力,意味着它们有义务尝试去预判它们所打造的任何东西的潜在影响。⑤ 算法错误既可能是代码源错误,也可能是算法学习错误。⑥ 当前的算法已经具有类人类思维,通过固有的算法逻辑和数据环境即可以共同培养。因此算法错误也并非不具有免责的可能。当前的算法规制侧重算法安全而掩盖了算法发展,应当在算法安全与算法发展之间建立平衡。⑦ 事实上,算法决策尤其是复杂算法指令中充斥着简单的算法错误。⑧ "算法并非

---

① See David C. Vladeck, "Machines Without Pricipals: Liability Rules and Artificial Intelligence", 89 *Washington Law Review*, 117, 150(2014). 欧洲议会的"机器人法"立法建议报告也提出应当赋予机器人以电子人的法律地位,配备电子人格。但这一观点已经受到学者的犀利批评,参见冯珏:《自动驾驶汽车致损的民事侵权责任》,《中国法学》2018 年第 6 期。

② 参见刘颖:《论算法与法律行为的关系:制度影响与法律回应》,《重庆大学学报(社会科学版)》2021 年 12 月。

③ See Ugo Pagallo, "The Law of Robots: Crimes, Contracts and Torts", *Springer*, 101(2013);参见肖红军:《算法责任:理论证成、全景画像与治理范式》,《管理世界》2022 年第 4 期。

④ See Ugo Pagallo, "The Law of Robots: Crimes, Contracts and Torts", *Springer*, 152–153(2013).

⑤ See Christopher Mims, "The Six Laws of Technology Everyone Should Know", *The Wall Street Journal*, 2017-11-26. https://www.wsj.com/amp/articles/the-6-laws-of-technology-everyone-should-know-1511701201.

⑥ See Boris Babic et al., "When Machine Learning Goes Off The Rails", *Harvard Business Review*(2021).

⑦ 参见许可:《算法规制体系的中国建构与理论反思》,《法律科学》2022 年第 1 期。

⑧ See Danielle Keats Citron & Frank Pasquale, "The Scored Society: Due Process for Automated Predictions", 89 *Washington Law Review*, 1, 4(2014).

魔法"(*Algorithms aren't magic*)正是此理,因此并非所有的算法错误均面临归责性问题,不同的算法错误可能配置不同的责任效果。例如,算法缩小了一个人的选择范围,那可能会侵犯自主利益,①地图导航算法发生错误导致驾驶者偏离道路,造成驾驶者不必要的支出,等等,但这些情形已经超出了私法规制甚至法律规制的范畴。实际上,中立性并非法律术语,其法律意义有限,故是否具有中立性并不妨碍侵权责任的构成,而通过法律上的因果关系可以消解算法中立与否的争论。

(二)算法错误识别的实现路径

1. 算法错误的范畴限定

算法错误落入技术、社会和法律等三个不同层次的范畴,我们需要将法律层面的算法错误从技术和社会层面提取并进行规制。首先,技术层面的算法错误乃纯粹的算法缺陷,因其不与社会发生法律意义上的交互而与责任无涉,无论是否被实际应用。例如,谷歌翻译、搜狗翻译等翻译软件出现错误因缺失法律上的交互关系并不产生责任问题。其次,社会层面的算法错误具有两个明显特征:一是明显的公共属性,以行政监管甚至刑事制裁为主要手段;二是后果构成公共滋扰却不属于私法意义上的损害。最后,法律层面的算法错误乃个体之间的法律关系。此三者在实际判断中,并非泾渭分明、非此即彼。例如,尽管因算法错误导致私主体之间产生了特定的法律关系,但却未必能与公共利益完全割裂。

2. 算法失范类型交叉

尽管算法错误与以算法歧视、算法垄断等为主要形态的算法滥用在主观上是否包含故意方面具有明显差异,但是错误算法有可能成为算法滥用的产生原因。例如,德国前总统克里斯蒂安·武尔夫的妻子曾指控谷歌自动补全算法对其构成诽谤和中伤,其中包含的歧视性检索推荐信息实际上就是算法设计存在筛选信息上的漏洞。有观点认为算法错误与算法歧视不同之处在于其并不涉及算法控制者的主观性评判问题,而是单纯的技术逻辑问题。实则不然,无论是算法歧视还是算法错误都融合了算法设计者的主观评价或者判断,错误算法同样可能传递不合理的价值以及精神上的损害。② 实

---

① See Michal S. Gal, "Algorithms Challenge Human Autonomous Choice: Should We Care?" 25 *Michigan Technology Law Review*, 59(2018).

② 参见李牧翰、黎四奇:《算法背景下个人征信信息的法律保护:现实表征与破解路径》,《江汉论坛》2022年第3期。

际上,算法错误侧重技术层面,而算法歧视则侧重价值判断与价值表达,对算法歧视的判断具有主观性,算法错误更侧重客观结果;算法歧视侧重公法规制,而算法错误则偏向私法规制。

3. 算法错误的类型区分

算法错误包含的情形多样,依据算法错误的典型形式可以确定法律意义上的算法错误范畴。

(1)结果误导型算法。结果误导型算法是一种算法漏洞。德国前总统克里斯蒂安·武尔夫的妻子贝蒂娜曾指控谷歌自动补全算法对其构成诽谤和中伤,谷歌认为,此种提示内容是计算机算法基于之前的搜索记录自动完成的,具有客观性。[①] 虽然本案表面上看并无直接的算法错误,但是算法结果却具有误导性,误导民众认为搜索提示的内容是指总统夫人,进而改变社会公共舆论的进程,并不了解贝蒂娜的用户在搜索其信息时会被引导至某个特定的方向。因此算法不仅具有预测功能而且能够变相控制用户想法或行为,并能够产生实际损害。

(2)外部介入型算法。犹如病毒之于人类一样,病毒对于算法无疑是一种巨大威胁。庞大的网络空间均以算法为基础,病毒也成为网络空间安全的最大威胁。尽管算法设计者对算法安全负担必要的注意义务,但是算法设计者却无法保证算法能够无坚不摧。此时,病毒侵入算法可以通过第三人侵权的原理进行处理。但是,病毒侵入算法在满足不可抗力制度的适用条件时,也有适用不可抗力制度得以免责的空间。如果有证据表明无法阻止机器人的有害行为,或者发生了偶然的干预事件,被告可以逃避责任。[②]

(3)预测失误型算法。以机器学习为内容的算法的核心就是预测,这种基于科学的预测具有广泛的运用领域,个性化推荐或者用户推荐正是算法预测的典型形式,预测算法甚至已经成为数字经济的重要工具。无论是对人类行为预测还是意图预测,必然存在不准确的现象。实际上,在任何情境下都能做出准确预测的通用性算法是不存在的,机器学习目标也不是建立放之四海而皆准的通用模型,而是构建关于特定问题有针对性的解决方案。[③]

---

① "Google sued over Bettina Wulff search results", 2012 - 9 - 10, https://www.bbc.com/news/technology-19542938.

② See Ugo Pagallo, "The Law of Robots: Crimes, Contracts and Torts", *Springer*, 191(2013).

③ 参见[英]马库斯·杜·索托伊:《天才与算法》,王晓燕等译,机械工业出版社 2020 年版,第 90 页。

四、算法错误侵权责任构成的基本原理

尽管算法妨害具有公共属性,会对社会大众造成"公共滋扰",[①]但这并不意味着排除了民事侵权行为。相反地,算法错误的侵害行为直接损害特定个体的人格权益、人身权益和财产权益的情形并不鲜见。[②] 实际上,立足于不同角度可以构建不同的算法错误规制框架:以算法治理为导向时应当重点关注算法错误的公共属性;但以民事主体民事权益救济为导向时,则应当重点关注个体权益之损害事实与私法救济路径。

在私法体系中,算法错误引发的损害赔偿主要通过侵权责任进行规制,因算法消费者与算法主体之间难以就算法错误问题建立有效的合同关系,故违约责任具有适用上的局限性。尽管算法错误侵害的权利类型不存在法律缺漏,但是侵害权利的方式与机制却是全新的,[③]因此应结合算法错误的特殊侵权方式与机制阐释侵权一般构成。

(一)责任主体:责任分散的理念

遵循传统理论和规范,算法错误的侵权责任会直接指向生产者,但若一味如此将使生产者面临极高的审查成本、协商代价以及责任重负,最终通过成本外部化的方式由用户承担。《关于加强互联网信息服务算法综合治理的指导意见》指出:"强化企业主体责任。企业应建立算法安全责任制度和科技伦理审查制度,健全算法安全管理组织机构,加强风险防控和隐患排查治理,提升应对算法安全突发事件的能力和水平。企业应强化责任意识,对算法应用产生的结果负主体责任。"其中也并未明确承担主体责任的企业究竟是开发设计者和部署应用者。尽管《互联网信息服务算法推荐管理规定》第7条在此基础上规定:"算法推荐服务提供者应当落实算法安全主体责任。"但是,行政法意义上的算法推荐服务提供者的主体责任与私法上的责任主体并不能等同视之。其实,在算法错误的责任框架中,从算法设计到算法部署、算法应用等多个程序中所涉及的多个责任主体均可能牵涉其中。我国也有学者注意到在算法规制中不能忽视算法设

---

① 参见唐林垚:《人工智能时代的算法规制:责任分层与义务合规》,《现代法学》2020 年第 1 期。
② 参见周子琪:《论算法侵害的私法规制》,《湖南社会科学》2022 年第 3 期。
③ 参见王莹:《算法侵害类型化研究与法律应对——以〈个人信息保护法〉为基点的算法规制扩展构想》,《法制与社会发展》2021 年第 6 期。

计者的责任。① 2022 年 8 月国家互联网信息办公室发布的《境内互联网信息服务算法备案清单》即对算法主体名称、算法类别、应用产品以及主要用途等进行备案公告。② 在主体责任确定上即可以通过算法相关信息备案的方式进行确定。

但是,算法应用却并不限于互联网环境,在互联网算法之外确定责任主体则需探索新的方式。传统的共同侵权或者共同犯罪无法完全胜任算法侵害归责问题,具有适用上的局限性。③ 面对算法错误的索赔,许多美国和欧洲法院求助于一些特殊的理论和手段(如降低证明因果关系标准、采用推定或举证责任倒置)。④ 尽管具有不同程度的独创性和独特性,但法院因此采纳了因果关系的证明标准,评估了科学证据,区分了自然和人为原因,处理了因果关系的不确定性,并确立了多被告索赔中的责任。⑤ 美国判例和学说上则提供了一种全新方案——通过共同事业理论(common enterprise)构建严格责任体系,即由为实现共同目标而行为的主体(例如设计、编程和制造无人驾驶汽车及其各种零部件)承担连带责任,即"一组相互关联的公司中的每一个实体都可能对属于该集团的其他实体的行为承担连带责任"⑥。为了确定是否存在共同企业,美国法院考虑共同控制等因素、共享办公空间和职员、业务通过关联公司进行交易、公司资金混同、统一广告等。⑦ 欧洲议会于 2020 年 10 月 20 日发布《关于人工智能民事责任制度的决议》(*Civil liability regime for artificial intelligence*),其中提出包含前端运营人和后端运营人的人工智能运营人作为责任主体以及责任分散的理念。职是之故,我国法上可以逐步探索将责任分散理念融入算法错误的侵权案件中,不必桎梏于不法行为的具体细节并改变将损害追溯至特定行为人的思路,如此可以避免一味地将算法错误的责任归结于生产者,既能保护受害人,也可以激励各方主体的创新活力。⑧

---

① 参见张凌寒:《算法规制的迭代与革新》,《法学论坛》2020 年第 5 期。

② 《国家互联网信息办公室关于发布互联网信息服务算法备案信息的公告》。

③ 参见王莹:《算法侵害责任框架刍议》,《中国法学》2022 年第 3 期。

④ Marta Infantino, Weiwei Wang, "Algorithmic Torts: A Prospective Comparative Overview", 28 *Transnational Law & Contemporary Problems*, 309, 355(2019).

⑤ Sindell v. Abbott Labs., 607 P.2d 924(Cal. 1980);Massachusetts v. EPA, 549 U.S. 497(2007).

⑥ FTC v. Network Servs. Depot, Inc., 617 F.3d 1127, 1142-43(9th Cir. 2010);SEC v. R.G. Reynolds Enters., Inc., 952 F.2d 1125, 1130(9th Cir. 1991).

⑦ FTC. v. Grant Connect, LLC, 827 F. Supp. 2d 1199, 1216(D. Nev. 2011).

⑧ See David C. Vladeck, "Machines Without Pricipals: Liability Rules and Artificial Intelligence", 89 *Washington Law Review*, 117, 148-149(2014).

(二)侵权行为:合理性评估框架

如果算法错误及其后果不具有合理性,则满足侵权行为构成。其中的核心在于,算法错误的合理性与人类行为错误合理性的比较。[①] 具体而言,首先,不论算法与人类的差异性,将二者置于同等地位赋予同等标准。其次,合理性评估分为两项内容——算法本身的合理性与算法主体行为的合理性,相较于人类行为,前者关注算法产生的特定决定和损害,后者则关注算法主体的合理注意义务。二者具有形式上的逻辑联系和动态关系。算法本身的合理性程度决定了算法主体合理性的程度,前者之不合理程度将对后者提出更高的合理性标准,当算法的行为与人类相比越不合理,我们就越会要求算法主体作出合理的决定。换言之,当应用算法作出特定决策的理性人并未产生结果的合理性(意味着人类也会造成同样的损害)时,我们在第二个方面的合理性分析中将会有更多的回旋余地。如果算法造成了人类不会造成的损害,那么算法主体将被要求在安全措施方面达到更高的合理性标准。[②] 但是,何为合理性标准以及合理措施则需要根据具体情况具体判断。例如,采取持续监控系统的手段以便在出现问题时发出信号,安装"紧急刹车",允许制造商或用户在特定情况下关闭系统或者提供持续的支持和修补服务。[③]《淘宝平台服务协议》第6.1条载明:"违约认定淘宝可依据您的用户数据与海量用户数据的关系来认定您是否构成违约;您有义务对您的数据异常现象进行充分举证和合理解释,否则将被认定为违约。"[④]这实际上是淘宝平台针对算法自动违约判断中可能发生的算法错误设置了异议程序。算法是否符合合理性标准能够通过相关数据得以证实。例如,特斯拉发生交通事故后车主主张获取完整行车数据,通过分析行车数据即可证实自动驾驶算法是否存在错误,从而判断是否构成产品缺陷,承担产品责任。[⑤]

---

① See Karni A. Chagal-Feferkorn, "How Can I Tell If My Algorithm Was Reasonable?" 27 *Michigan Technology Law Review*, 213, (2021).

② See Karni A. Chagal-Feferkorn, "How Can I Tell If My Algorithm Was Reasonable?" 27 *Michigan Technology Law Review*, 213, 257-259 (2021).

③ See Omri Rachum-Twaig, "Whose Robot Is It Anyway?: Liability for Artificial-Intelligence-Based Robots", 2020 *University of Illinois Law Review*, 1141(2020).

④ https://m.tb.cn/h.U120yGZ,最新版本生效日期为2019年8月19日。

⑤ 《上海车展女车主起诉特斯拉被立案:刹车门求解,行车数据属于谁?》,新京报贝壳财经2022年3月23日报道,http://www.bkeconomy.com/detail-164800191314151.html。

（三）侵权损害：类型区分

但凡是算法错误被实际应用，与社会生活发生实际交互，则必然产生损害。但是损害却未必是违约或者侵权意义上的损害，也可能是社会意义上的损害，后一损害并不产生私法上的结果归责问题，但是却为法所不容许。例如，用户已经关闭了个性化推荐，但是仍然在推荐；用户已经关闭系统授权，但是仍然能获取未经授权访问的信息。此时仅通过用户个人无法实现对算法错误的根本性治理，转向算法行政监管配置行政责任、①探索构建算法治理的公益诉讼制度是较为合理的选择。

（四）因果关系：双层分类

算法错误构成的侵权责任面临着因果关系的复杂难题。一方面，算法活动通常涉及各种各样的参与者——设计算法、编写程序、将算法连接到数据库并向数据库提供选定的数据、销售和分发由此产生的产品或服务。参与主体的多元化就意味着责任主体的模糊化和复杂化。② 尤其是在多个环节的算法过程中，难以查证究竟是哪一环节产生了错误。另一方面，在应用自动学习算法时，算法具备自主学习能力和复杂情况的适应性。那么，在自主学习过程发生的错误后果，损害他人权益时，将面临着设计者或者使用者侵权行为因果关系链条是否被阻断的判断难题。自主学习算法错误中算法主体无法控制错误，在以区块链为底层技术的各项应用中表现得尤为明显，由此似乎已经摆脱了人为介入的可能。为解决这一难题，可以采取对算法错误采取双层分类处理的方式。第一层分类为，错误的算法与产品相结合时适用产品责任的因果关系推定归责；其余情形下的因果关系由于缺乏法律直接规定而需由受害者承担证明责任。第二层分类为，区分结果误导型算法、预测失误型算法与外部因素介入型算法。由于结果误导型算法与预测失误型算法为一因一果，不必诉诸复杂理论；外部因素介入型算法因其他侵权因素的介入，可能构成多因一果，此时则需结合当时情况、法律关系、公平正义以及社会政策等多种因素决定。③

---

① 参见王莹：《算法侵害责任框架刍议》，《中国法学》2022 年第 3 期。

② See Donald G. Gifford, "Technological Triggers to Tort Revolutions: Steam Locomotives, Autonomous Vehicles, and Accident Compensation", 11 *Journal of Tort Law*, 67(2018).

③ 参见黄薇：《中华人民共和国民法典侵权责任编解读》，中国法制出版社 2020 年版，第 11 页。

(五)过错:以注意义务为核心

在算法错误引起的权益损害场合,过错责任原则同样适用,不应被区别对待。[1] 算法错误本身无法直接形成具有过错的推断。原因在于,算法错误是算法的内在属性,在算法技术发展应用过程中,对于算法错误的容许度是保障科技长足进步的必然要求。实践中,也逐渐形成了以违反注意义务为标准的过错判断方式,例如《腾讯微信软件许可及服务协议》第 10.3 条载明:"维护软件安全与正常使用是腾讯和你的共同责任,腾讯将按照行业标准合理审慎地采取必要技术措施保护你的终端设备信息和数据安全,但是你承认和同意腾讯并不能就此提供完全保证。"[2]这也就意味着,如果因算法错误造成软件安全威胁或者无法正常使用,由于做出了"你承认和同意腾讯并不能就此提供完全保证"声明,如果不以"按照行业标准合理审慎地采取必要技术措施"为基础构建注意义务判断标准,用户可能面临丧失救济渠道的风险。在构建算法缺陷防范机制过程中,有论者提出,无论是算法设计阶段明确的安全措施、算法及数据集缺陷检测机制还是算法标准,[3]实际上均指向算法主体以及平台对算法错误的注意义务判断体系。尽管算法错误情形下难以证实算法主体具有主观过失或者重大故意,但是这并不意味着算法错误直接适用无过错责任原则。侵权构成要件中的过错并非一味采取主观标准,是否尽到注意义务可以作为过错的判断要素。无过错责任以法律明确规定为前提,在我国现行法体系内,当算法应用于具体产品中造成侵权或者以合同关系为基础的因算法错误形成的违约责任时,有无过错责任的适用空间。实际上,以过错责任为原则、无过错责任为例外也并不会造成受害人权益无法获取救济。原因在于,在以防范算法错误为最低限度要求的算法规制框架中,注意义务内容已经足够丰富和完善,算法主体的注意义务程度较高。更何况,算法错误的责任体系中各种救济措施之间形成了互补的救济体系。国际计算机协会(ACM)下属美国公共政策委员会于 2017 年发布《算法透明性和可问责性声明》(*Statement on Algorithmic Transparency and Accountability*),其中提出了算法运行的七项原则,[4]这一原则框架同样可以作为算法使用者过错的判断因素或者标准。

① 参见王莹:《算法侵害责任框架刍议》,《中国法学》2022 年第 3 期。
② https://weixin.qq.com/agreement? lang=zh_CN,2022 年 9 月 14 日访问。
③ 参见苏宇:《算法规制的谱系》,《中国法学》2020 年第 3 期。
④ 意识性(Awareness)、访问性和补救性(Access and redress)、问责制(Accountability)、解释性(Explanation)、数据溯源性(Data Provenance)、可审计性(Auditability)、验证和测试(Validation and Testing)。

（六）构建算法社会影响陈述制度

尽管本文已经尝试明晰算法错误的侵权责任主体、责任内容和责任方式,但是通过外部判断算法错误的侵权责任仍然具有局限性,从算法内部着手才是更为合理的选择。即由算法使用者明确算法错误的相应内容。在应用特定算法时,使用者应当进行算法社会影响陈述,主要内容包括责任主体、解释、准确性、可审计性、公平性等内容。算法社会影响陈述在侵权认定上具有法律意义,其相当于算法应用者经官方背书的声明。用户对算法的信任和稳定预期正是基于此种算法社会影响陈述,主要包括应用者对该算法能做什么、它是如何被评估的陈述以及通过算法如何处理特定情形。[1] 除此之外,通过此种方式极大地强化了算法信任,形成治理语境下的可信算法,[2]从而通过吸引用户获取经济效益。为了应对算法权力对社会造成的风险和威胁,有观点主张构建以中立、专业、可信的评估主体为保证,对算法设计、部署、运行的全部流程予以动态评估的算法影响评估制度。[3] 尽管算法影响评估制度试图明确算法系统的影响水平和风险等级,但是此种方案仍然属于过于理想的设计,而且无法落实到后果导向的责任层面。与之不同的是,算法社会影响陈述制度立足于算法主体尤其是平台这一主体,无论是应当陈述而未陈述或者虚假陈述,均可能产生侵权责任。例如,《百度地图用户服务条款》第 6 条“陈述与保证”中声明百度及其许可人不就百度地图的算法错误及该错误能够被解决向用户提供明示或默示的担保或保证。[4] 有论者提出算法备案制度与算法社会影响陈述制度目标类似,均可以作为过错的认定依据,区别在于前者是行政主导,而后者是算法主体主导。[5]

五、算法错误的侵权责任承担方式及免责事由

（一）侵权责任承担方式的限制

算法错误适用侵权法的基本原理,但由于其特殊性却不必然系数适用。《民法典》

---

[1]　See David Spiegelhalter, "Should We Trust Algorithms?" *Harvard Data Science Review*, Issue 2.1, 1, 3 (2020).

[2]　参见袁康:《可信算法的法律规制》,《东方法学》2021 年第 3 期。

[3]　参见张欣:《算法影响评估制度的构建机理与中国方案》,《法商研究》2021 年第 2 期。

[4]　https://map.baidu.com/zt/client/service/index.html,2022 年 9 月 21 日访问。

[5]　参见张凌寒:《网络平台监管的算法问责制构建》,《东方法学》2021 年第 3 期。

第 179 条规定了多种责任承担方式,其中停止侵害与排除妨碍在算法错误侵权责任承担中应当受到限制。例如,在信用查询平台通过自动查询和自动关联算法错误关联同名主体的失信信息时,法院也只能通过判决该平台承担赔礼道歉、赔偿损失等责任,而无法裁判信用查询平台通过更改或者删除算法的方式承担侵权责任。这也就意味,通过个案诉讼消除的是算法错误的个案影响而非算法错误本身。其中原因在于,其一,发生错误关联需要同时满足多项条件,其可能性较低;其二,该算法错误之存在不可避免;其三,更改算法在技术上难以实现。若实际发生此类侵权损害,承担针对个案的侵权责任作为该算法运行的合理成本。因此,应当根据算法的品性,判断该算法错误能否从根本上予以消除。如果算法可能造成"公共滋扰"且损害公共利益,此时则考虑构建公益诉讼制度或者司法建议协调行政监管的方式进行治理;如果仅针对个案且在技术上无法做到根本消除,则以技术容许为立场,个案解决相关侵权纠纷即可。

(二)惩罚性赔偿的适用

我国《民法典》第 179 条第 2 款明确规定了惩罚性赔偿作为侵权责任承担方式之一,具体体现在产品责任(第 1207 条)、生态环境损害(第 1232 条)、知识产权侵权(第 1185 条)。结合惩罚性赔偿的具体规定,其适用包含两项核心条件:一是主观恶性极大;二是损害后果极为严重。受害者基于算法主体故意或过失从事危险行为提起的算法侵权诉讼中,要求惩罚性赔偿是合理选择。例如,利用算法使用户产生错误,或者算法所依附的产品引发威胁行为的情况。[1]

首先,算法错误违反注意义务标准。如前所述,注意义务之违反作为算法错误侵权责任的过错要素。注意义务其中一项重要内容即违反算法标准。尽管惩罚性赔偿的主观构成以故意为主要情形,重大过失也可以受到同等评价。实际上,与算法滥用情形不同,主观故意在算法错误中很少能被证立,更为典型的情形还是重大过失。《民法典》第 1207 条在原《侵权责任法》第 46 条的基础上增加规定了未采取有效补救措施,造成他人死亡或者健康严重损害的,也应当承担惩罚性赔偿责任,对置他人生命财产安全不顾、置法律规定不顾的主观恶性极大的生产者、销售者予以严惩和威慑。[2] 这一立法转变实质上扩大了惩罚性赔偿的适用范围。未设置退出选择或者算法

---

① See Marta Infantino, Weiwei Wang, "Algorithmic Torts: A Prospective Comparative Overview", 28 *Transnational Law & Contemporary Problems*, 309, 357(2019).

② 参见黄薇:《中华人民共和国民法典侵权责任编解读》, 中国法制出版社 2020 年版, 第 167—168 页。

错误后未及时采取断开链接、关闭程序、中止服务等补救措施均符合产品侵权惩罚性赔偿的责任构成。

其次，算法错误具有严重危害。在影响范围上，与社会交往中存在的错误不同，算法错误可能影响成千上万人的生活，也因此被称为"数学杀伤性武器"。相较于传统侵权，由于算法错误难以被直接检验，且很难受到挑战，算法行为可能会造成巨大损害。[①]"一旦出现算法识别或算法错误，将会引发重大社会风险，产生社会伦理问题与价值争议。"[②]在自动化决策中，没有人参与或者介入决策过程，算法错误会随着它们在多个数据共享系统中的流动而变得更加复杂。在算法构成的数字生活中，人们逐渐对数学和算法建立了充分信任，正是这种信任强化可能导致算法错误危害性的扩大；算法应用具有广泛性，通常而言，算法的设计以面向或者满足大多数人的需求而非个体需求为开发条件。

最后，一般的侵权责任在面对算法错误时面临困境。例如，因为亚马逊算法错误，商品搜索出现漏洞，当消费者搜索治疗 COVID-19 的药物时，检索结果为一种名为伊维菌素的抗寄生虫药。亚马逊的算法错误不仅对搜索结果造成直接影响，而且影响消费者判断，从而影响卖家的销量和利润。但此时针对个案实际损害进行赔偿对于算法治理的意义十分有限。"惩罚性赔偿实质上是公法私法二分体制下以私法机制执行由公法担当的惩罚与威慑功能的特殊惩罚制度。"[③]是故，以惩罚性赔偿制度之适用可以实现对算法主体的威慑，促使其提高注意义务，保障算法秩序。

（三）算法错误的免责事由

算法风险包含着容许风险，故算法错误同样适用侵权法的免责事由。《民法典》中规定了受害人故意、第三人侵权以及不可抗力、正当防卫和紧急避险等五种侵权责任免除事由。结合算法错误的发生机理，算法错误的免责事由主要包括第三人侵权和不可抗力，二者在算法错误侵权中具有类似的适用原因。例如，算法应用被植入病毒或者被第三人恶意攻击，在能确定第三人侵权主体时则适用第三人侵权免责制度，反之则适用不可抗力制度。

---

① See Danielle Keats Citron & Frank Pasquale, "The Scored Society: Due Process for Automated Predictions", 89 *Washington Law Review*, 1, 5–11(2014).

② 肖红军：《算法责任：理论证成、全景画像与治理范式》，《管理世界》2022 年第 4 期。

③ 朱广新：《惩罚性赔偿制度的演进与适用》，《中国社会科学》2014 年第 3 期。

实际上,病毒侵入或者其他外部因素介入导致算法结果错误未必是算法本身存在错误,算法面对这些非常之因素时,可能契合无法预见、无法避免且无法克服之要件。例如,近年来一种被称为"勒索病毒"的病毒通过计算机漏洞、邮件和广告等方式大肆攻击电脑终端,造成巨大损失,但其使用的密钥几乎无法破解。①

但是,由于受到侵权损害的主体常常为算法消费者,算法错误造成侵权损害时免责应当受到严格限制。不可抗力制度具有严格的构成条件,此种构成在算法错误中则主要体现为算法技术措施。首先,除了针对算法技术本身的预见之外,算法错误的预见还包括在算法实际执行和运行过程中算法错误的敏感度并设置配套措施。例如,终端算法在接收异常请求或者异常输入时,应当具有良好的感知度并能自动作出拒绝执行的指令。其次,在系统设计的算法开发过程中,在编码阶段提前考虑特殊状况,预置特殊状况下的处理流程,在系统测试过程中设计更多的特殊情况,验证处理流程的正确性、完备性和可靠性,并且随着时间推移,对软件进行维护升级。同时,设计错误反馈通路,以保证算法出错时可以被运行者觉察到。如果缺乏错误反馈,大数据模型就会持续输出错误的结果而无法得到改进。最后,在算法实际发生错误时,及时采取关闭网页,使该网页不可访问;或者通过新设处理分支及时消除算法漏洞。

六、结论与展望

当前,以算法为底层技术的数字经济迅猛发展,人类真正进入了算法时代。但是国内算法治理对算法错误关注颇为不足,通过算法的社会控制具有提高生产效率、增加客观性等优势,但是也不可避免地会产生算法错误,冲击数字正义。② 由于客观的技术障碍以及法律面对新技术的局促,算法错误识别成为首当其冲的难题。本文致力于为算法错误的识别提供技术与法律相融合的分析框架,并合理配置相应的侵权责任。应当明确算法中立原则缓和主义的价值立场,肯定算法错误在特定情形下具有中立性,由此将具有可归责性作为算法错误侵权责任的构成。算法错误的侵权构成固然需要充分利用现行法规范与法理论资源,但也应当关注到其全新的运行机制与技术逻辑,将传统侵权构成理论涵摄于算法错误的侵权认定上,同时完成对传统理论的检视与革新。值得

---

① "国内勒索病毒持续高发 今年来超 200 万台终端被攻击",中国新闻网 2018 年 09 月 21 日,https://www.chinanews.com.cn/it/2018/09-21/8633660.shtml.

② 参见马长山:《算法治理的正义尺度》,《人民论坛·学术前沿》2022 年第 10 期。

注意的是,现在主导我们生活且造成更大威胁的是能够自主开展深度学习的机器,可以预见到自动学习算法将会对法律提出巨大挑战,无论是立法、司法等实务部门还是学理研究均需直面这一挑战并作出充分回应。

人类利用算法作出决定的过程中,人类究竟还有多大的自由意志空间? 这是一个哲学命题。在一定程度上,算法划定了我们的活动范围和活动方式,它决定了我们在购物平台能够看到哪些页面、决定我们可能接触到的网络好友等日常事务。除了算法直接代替人类作出决定的情形外(即算法自动决策),算法对人类决定还存在潜移默化的影响,即我们以为是我们自己在作出决定,但其实算法在限定我们决定时便已经定义了我们,"信息茧房"(Information Cocoons)正是描述了此种境况。① 但这绝非仅靠法律所能完成的任务,构筑多元共治的防线是算法治理的未来方向。

On the Identification and Regulation of Algorithm Errors

Abstract：In the digital age, algorithm error has become a prominent social problem, but it lacks sufficient theoretical care. Algorithm errors are manifested as front-end input, algorithm operation and terminal output errors, and their governance difficulties are attributed to identification difficulties and regulatory difficulties. The identification of algorithm errors requires the integration of technology and law, the pursuit of algorithm neutral moderation in value, the reasonable allowable risk of algorithm errors, and the limitation of the category and type of algorithm errors in the path. The theory of tort composition should be appropriately innovated to deal with algorithm errors, the concept of responsibility decentralization should be used to determine the subject of liability, the rationality evaluation framework should be used to identify tort acts, the method of type distinction should be used to limit tort damage, the causal relationship should be judged by double types, and the fault judgment standard and algorithm social impact statement system with the duty of care as the core should be constructed. In the era of new technologies and risk breeding algorithms, while punitive damages are

---

① "信息茧房"是指智能推荐算法的用户因其偏好被算法加强,在同质化的信息流反复冲击之下,观念趋于封闭、偏见趋于巩固的现象。参见[美]凯斯·R. 桑斯坦:《信息乌托邦:众人如何生产知识》,毕竞悦译,法律出版社 2008 年版,第 8 页。

used to promote the algorithm subject to improve the duty of care, the third party infringement or force majeure system can also be applied to exempt the algorithm error from liability for infringement.

Keywords：algorithm error; Algorithm governance; Algorithm infringement; Punitive damages; Force Majeure

国际热点

日本防灾行政中的个人信息利用与保护[*]

[日]宇贺克也/文　　　杨琴、余梦凝/译[**]

摘要： 灾害时老年人和残疾人受灾最为严重,加强灾害时需要援助者救援制度建设非常重要,为此日本频繁修改相关法律。本文以 2013 年修改的日本《灾害对策基本法》规定的防灾行政需要援助者个人信息的利用与保护为主要研讨内容。该法明确规定基层行政机关的市区町村长负有制作需要援助者名单的义务及管理责任,并对名单记载事项、内部利用以及提供规则、保密义务等做了详细规定,但平时演习利用和提供名单信息与征求同意、目的外禁止利用、本人同意提供原则等相冲突。为促进救灾行动顺利进行,更好地保护民众生命、身体以及个人信息安全,需要充分讨论紧急条款、利益条款等的灵活运用。

关键词： 防灾行政;个人信息利用;保护;灾害;需要援助者名单

一、问题所在及法律修改

众所周知的事实是许多灾害受灾者多为老年人和残疾人。据东日本大地震之后统计的数据显示,约有 60% 的遇难者为老年人(65 岁以上者),灾害时残疾人的死亡率比健康人要高出约两倍,因为灾害发生时他们很难迅速采取避难行动,加强灾害时需要援助者的避难救援制度建设已是当务之急。这一问题引起人们高度重视,源于 2004 年 7

　* 基金信息:本文系国家社科基金项目"日本个人信息保护视角下个体尊严与公共性协调研究"(项目编号:13XFX018)的阶段性成果。

　** 作者简介:[日]宇贺克也,日本东京大学法学院教授,行政法学科负责人。兼任东京大学公共政策大学院教授,美国哈佛大学、加利福尼亚大学伯克利分校、哥伦比亚大学客座研究员、客座教授,担任日本多个中央部委的专家顾问、多个学术团体的领导职务。杨琴,广州商学院法学院教授、法学博士,研究方向:信息法;余梦凝,日本庆应大学综合政策研究科人工智能法研究生,研究方向:人工智能法。

月新潟县和福岛县遭遇强降雨和洪水灾害、同年 10 月发生的中越地震以及受到 23 号台风袭击后的水灾事件,这一年因风暴和洪水灾害造成的死亡和失踪人数中约有 60% 为老年人。因此,内阁府和消防局于 2005 年 3 月制定《灾害时需要援助者避难救援指导方针》(以下简称《指导方针》)并于 2006 年 3 月再做修订。该《指导方针》建议,市区町村必须制定避难救援计划,为推进避难救援体制的完善,强调从平时开始采用三种收集处理方式(相关机关共享方式、投票方式、同意方式)做好收集和共享相关需要援助者个人信息很重要,并推荐积极使用相关机关共享方式。① 当然,也可以采用"逆向投票方式""推定同意方式"等选择退出方式。采用退出方式规定的条例条款,可以参见神户市《灾害时需要援助者救援条例》第 7 条第 4 项、中野区《地域援助或活动推进条例》第 8 条的但是书(只限于向地缘团体提供)、横滨市《震灾对策条例》第 12 条第 3 项、足立区《零孤立项目推进条例》第 8 条第 1、2 项。新潟县三条市根据《个人信息保护条例》第 9 条第 1 项第 5 号的规定"在听取审议会的意见并且出于公共利益需要或者其他相当理由的",允许个人信息的目的外利用及提供,并采用选择退出方式记录灾害时需要援助者名单。② 但是,如果不属于《个人信息保护条例》中规定的目的外利用以及提供禁止原则的例外,防灾部门则无法利用福利部门持有的老年人、残疾人等的个人信息,并且受法律制约也存在不能提供给民生委员会、消防部局、居民自治会等机构。当相关机关不能确定是否违反《个人信息保护条例》中个人信息的利用或提供规定时,许多情况下也是无法通过相关机关的共享系统查询灾害时需要援助者名单,而且相关机关也无法利用和提供这些名单信息。根据《防止老年人被社会孤立相关对策等的行政评价、监视结果的劝告》(总务省 2013 年 4 月)的调查,对于收集需要援助者信息的方法,赞成采用相关机关信息共享的占 36.4%,采用相关机关共享方式和同一方法并用(包括三种方法并用)的只占 25.0%。对于灾害时需要援助者名单的注册率(注册人与在灾害中需要援助者名单的比率),采用相关机关共享方式的市区町村的平均注册率为 81.4%;相反,没有采用相关机关共享方式的市区町村达 31.9%。采用同意方式、投票方式的,平均而言在灾害发生时需要援助者中只有大约 30% 进行了注册。由此可

---

① 各种方式,参见宇贺克也＝鈴木庸夫编『災害弱者の救済計画とプライバシー保護』,地域科学研究会 2007 年.208 頁以下。

② 采用同意方式的灾害期间需要帮助者避难支援计划事例,参见三木正夫「地域で見守る災害時要援護者避難支援計画『新・地域見守り安心ネットワーク』」,市政,62 巻 6 号.16 頁以下。

见,如何提高注册率的问题亟待解决。①

可以说东日本大地震对日本造成了前所未有的破坏。为此,日本律师联合会于2011年6月17日发布《灾害时需要援助者及县外避难者信息共享的意见》,希望政府在《灾害救援法》或《灾害对策基本法》中制定新的规定,明确灾害时需要援助者信息共享相关机关的正当性法律依据。在这种背景下,内阁府于2011年9月召开"灾害对策法制方案研讨会",同年10月成立由相关部长和专家组成的"防灾对策推进研究会"作为中央防灾会议的专门调查会,该研究会于翌年3月7日发布中期报告《汲取东日本大地震的教训重建坚实的日本》,②中央防灾会也于同月29日制定《充实和强化防灾对策的当前措施方针》(以下简称《措施方针》)。③ 该《措施方针》指出,对于相关灾害对策的法制问题,要从大规模灾害时应急处理的顺畅、迅速化等紧急性高的方面推进法制化研究,以向同年例行国会提交相关法案为目标,并且对于其他法制上的课题,将继续推进包括向2013年例行国会在内提交法案的研究。2012年5月8日,《灾害对策基本法部分修改法案》由内阁会议决定后向国会提交,经众议院修改后于同年6月20日全体会议一致通过,6月27日公布。④ 在此次修改中,明确规定灾害应急响应管理者负有共享灾害信息、相互合作实施灾害应急对策措施的努力义务(《灾害对策基本法》第51条第3项)。第一轮修改后,根据该法附则第2条以及众参两院的灾害对策特别委员会的

---

① 如果采取同意方式的,对于不同意者这并不意味着就没有必要进行避难援助或确认其是否安全。因此,神户市的《灾害时需要援助者支援条例》第13条第1项规定,为在紧急情况下确认需要援助者的安危以及支援避难生活并在灾害发生后能够及时提供相关信息,必须制作与不同意者相关的需要援助者的登记并保留名单。新泻县长冈市就是在获得个人信息保护审议会同意的情况下,平时就将不同意者的名单提供给市社保部、防灾部局、消防队、警察、地区支援中心等公共机关共享。

② 该中期报告,参见志田文毅「東日本大震災を教訓とした災害対策関連法制の見直しについて」,地方財政,51卷8号.49頁以下。

③ 志田文毅「東日本大震災を教訓とした災害対策関連法制の見直しについて」,地方財政,51卷8号.52頁以下参照。

④ 该法案的概要,参见武田文男「災害対策基本法の見直しと今後の課題(2・完)」,自治研究,89卷1号.87頁以下;野口貴公美「東日本大震災後の災害対策法制:災害対策基本法改正案と『教訓の伝承』(パネルディスカッション~これからの社会安全と警察:東日本大震災の教訓、地域の力で守る社会の安全)」60頁以下;志田文毅「東日本大震災を教訓とした災害対策関連法制の見直しについて」,地方財政,51卷8号.63頁以下;志田文毅「東日本大震災を教訓とした災害対策関連法制の見直し『第2弾』について:『災害対策基本法の一部を改正する法律』及び『大規模災害からの復興に関する法律』」,地方財政,52卷8号.50頁以下;伊藤光明「災害対策基本法の一部を改正する法律」,法令解説資料総覧,376号.6頁以下.;村田和彦「東日本大震災の教訓を踏まえた災害対策法制の見直し-災害対策基本法、大規模復興法」,立法と調査,345号128頁以下参照。この改正に至るまでの一連の災害対策基本法の改正の歴史については、武田文男「災害対策基本法の見直しと今後の課題(1)」,自治研究,88卷12号.24頁以下。

附带决议(众议院于 2012 年 6 月 19 日、参议院于 6 月 20 日)规定,研究会进一步进行了深入讨论,2012 年 7 月 31 日编制《防灾对策推进研究会议的最终报告》(以重建坚实的日本为目标);翌日,政府在内阁府政策主任(防灾担当)之下设立灾害对策法制企划室,根据该最终报告推进立案工作。2013 年 4 月 12 日《灾害对策基本法的部分修正法案》在内阁会议上通过并向国会提交,于同年 6 月 17 日获得一致同意通过,6 月 21 日颁布。① 该法律修正案的内容涵盖范围非常广,因篇幅有限,下文仅以与防灾行政中个人信息的利用及保护相关内容进行探讨。

在 2012 年制定的《灾害对策基本法的部分修改法案》附则第 2 条中,根据众议院的修改,对于"在防灾方面需要援助者相关的个人信息处理现状",增加包括"必要的法律修改研究"以及"根据研究结果必须采取必要措施"的规定。在众参两院灾害对策特别委员会的附带决议中,迅速研究了有关避难等灾害对策的基本思路、制定并提出必要的法案,在兼顾个人信息保护的同时规范灾害时难以自行避难的需要援助者个人信息的利用和提供,以推动避难救援行动的顺利进行,作为国会向政府提出的课题。2013年的《灾害对策基本法的部分修改法律》对这些课题做了本文后述的重要修改。受此修改的影响,《灾害时需要援助者的避难救援指导方针》全面修改为《避难行动需要援助者救援的措施方针》(2013 年 8 月内阁府"防灾担当",以下简称《措施方针》)公布。

二、避难行动需要援助者名单的制作

(一)避难行动需要援助者名单制作的义务化

1. 意义

日本是一个自然灾害频发的国家,而且让人遗憾的是无论任何城市都无法避免灾

---

① 　この改正法の概要については、岡本正＝山崎栄一＝板倉陽一郎『自治体の個人情報保護と共有の実務-地域における災害対策・避難支援』,ぎょうせい,2013 年.64 頁以下(岡本正執筆);生田長人『防災法』,信山社,2013 年.78 頁以下、210 頁以下;小宮大一郎「災害対策基本法等の一部を改正する法律の概要」,自治体法務研究,34 号.6 頁以下;伊藤光明「災害対策基本法等の改正」,時法,1940 号.6 頁以下;志田文毅「東日本大震災を教訓とした災害対策関連法制の見直し『第 2 弾』について:『災害対策基本法の一部を改正する法律』及び『大規模災害からの復興に関する法律』」,地方財政,52 巻 8 号.53 頁以下;村田和彦「東日本大震災の教訓を踏まえた災害対策法制の見直し-災害対策基本法、大規模復興法」,立法と調査,345 号.130 頁以下参照。法案階段的概要介紹,参見奥津茂樹「災害対策基本法の改正」,ガバナンス,145号.110 頁以下。

害的侵袭,因此,《灾害对策基本法》对所有的市区町村长①都规定了制作避难行动需要援助者名单的义务。该法第 49 条之 10 第 1 项将"避难行动需要援助者"定义为,居住在该市区町村的需要援助者在发生灾害或可能发生灾害危险时难以自行逃离灾害场所,为保证他们能够顺利且迅速地避难而需要特别援助的人员。该法还规定,市区町村长必须努力掌握他们的情况,并通过制定地区防灾计划,对"避难行动需要援助者"实施避难援助、确认其安危以及为保护其他"避难行动需要援助者"的生命或身体不受灾害困扰必须采取必要的措施(以下简称"避难援助等")作出规定,并且还要将最基本的避难行动需要援助者名单(以下简称"避难行动需要援助者名单")的制作明确为市区町村长的义务。从地方分权的观点看,在义务化、放宽限制的进程中,《灾害对策基本法》规定市区町村长有义务制作避难行动需要援助者名单,是为了确保避难行动需要援助者的生命、身体安全,可以说制作并利用这些名单极其重要。另外,所谓需要援助者,是指需要特别照顾的老年人、残疾人、婴幼儿等的人群(该法第 8 条第 2 项第 15 号)。《海啸对策推进法》第 9 条第 3 项也规定,除老年人、残疾人外,还必须注意婴幼儿、旅行者、不能理解日语(不会日语或日语较差的人员)以及需要特别照顾的人群的海啸避难。② 有关避难行动需要援助者名单的相关规定,从 2014 年 4 月 1 日起施行。

2. 备份

从东日本大地震的教训看,市区町村的行政职能很有可能会因为灾害而遭受到毁灭性的破坏,因东日本大地震后无法使用原办公大楼而将政府行政职能转移到市町村的多达 35 个。因此,对于制作避难行动需要援助者名单也有必要采取预先备份的对策,使用云服务是个有效的办法,③但是也要考虑到灾害可能会造成停电,不仅是电子媒体,纸质媒体的名单也有必要做好预先备份保管(《措施方针》第 2 条"避难行动需要援助者名单的制作"(3)"避难行动需要援助者名单的备份")。

3. 市区町村避难行动需要援助者名单的管理

避难行动需要帮助者名单中包含有敏感信息,从个人信息保护的观点看,市区町村

---

① 在《灾害对策基本法》中有关该法适用的第 110 条规定,特别区视为市,因此该法条文中的"市町村长"是指"市区町村长"。

② 主张旅行者也属于需要援助的人群观点,提出避难行动援助各种建议的代表,参见安藤高広=堀川和義=矢幡哲夫=渕上実=伊波興有「災害時要援護者の生命と財産を守る-観光客を守れ(沖縄県北谷町の事例)」,自治実務セミナー,52 卷 6 号.36 頁以下。

③ 有关现用文件的备份对策,参见宇賀克也『情報公開・個人情報保護』,有斐閣,2013 年.192 頁以下。

进行适当的管理是非常重要的。市区町村根据《地方公共团体信息安全政策的指导方针》（总务省）制定有信息安全政策，因此，可以根据该政策对避难行动需要援助者名单做好适当管理，这也有助于确保居民对市区町村的避难援助等行动的信赖，使相关救援活动能够顺利进行。

4. 对象筛选

对于如何筛选"避难行动需要援助者"的问题，可以根据《基于灾害对策基本法等部分修改后的运用》（2013 年 6 月 21 日 府政防第 559 号、消防灾第 246 号、社援总发 0621 第 1 号、各都道府县防灾主管部长内阁府政策总务官（防灾担当）、副参事官（总务担当）、消防厅国民保护防灾部防灾课长、厚生劳动省社会援助局总务科长的通知。以下简称《运用通知》）第 1.IV5（2）①a 的规定进行判断。主要的筛选因素有：需要援助者的个人判断能力；避难援助的必要性。对于"需要援助者的个人判断能力"，主要考察其获取警报、避难劝告、指示等灾害相关信息的能力；对于避难的必要性、避难方法等的判断能力；采取避难行动时的身体能力。对于"避难援助的必要性"，需要考察其有无共同生活的亲属、是否加入社会福利保障等；各市区町村的浸水预设区域及泥石流灾害警戒区域等分布情况；灾害相关信息的发送方法。对于"有无共同生活的亲属、是否加入社会福利机构等情况"的筛选，一般情况下是以有亲属共同生活和已加入社会福利机构来将其排除到需要援助者之外。但是，在某些情况下，虽然有亲属共同生活，但有些共同生活者是老年人或残疾人，或者其共同生活的亲属长期在外地工作，而需要援助者大部分时间都是孤独留守家中，这种情况下将这些需要援助者排除在外，显然不恰当。对于已加入社会福利机构等的居民，认为其避难援助应该由已加入的社会福利机构负责，因此，将未利用社会福利机构的人员优先作为避难行动需要援助者未必不合理。对于以灾害相关信息发送方法来筛选的理解，由于防灾无线广播对于听觉障碍者来说很难识别，如果不通过紧急速报邮件等视觉信息方法发送灾害情况，肯定会对听觉障碍者紧急避难造成影响，所以这应该是听觉障碍者避难援助的必要性判断要素之一。使用外语发送信息也肯定是帮助日语理解能力不足的外国人采取紧急避难行动的判断要素。为此，希望完善对于不满足避难行动需要援助者形式要件的群体，通过允许本人申请或者由避难救援等相关人员协助申请，将这类群体登录到避难行动需要援助者名单上的制度。

5. 地区防灾计划的记载事项

有关避难行动需要援助者名单的基本事项，必须预先在地区防灾计划中规定（《灾害对策基本法》第 49 条之 10 第 1 项)。具体内容包括:(1)名单记载者的范围;(2)名单制作相关部门的职责分工;(3)制作名单所需的个人信息及其获取方法;(4)更新名单的基本事项需要在地区防灾计划中规定,但细目方面可以由下位计划等制作(《运用通知》第 1 Ⅳ5(2)①b)。

本来,《灾害对策基本法》并不将地区防灾计划中的记载事项限定于上述 1—4 的规定,可以将除上述 4 所规定的情况之外的事项记载在地区防灾计划中(《措施方针》第 1"全体计划、地区防灾计划的制订"1"全体计划、地区防灾计划")。作为地区防灾计划的下位计划,包括整体计划和个别计划。在个别计划中,除在避难行动需要援助者名单中记载的信息之外,还应记载避难援助等相关人员;避难援助的方法;避难路径;避难场所;本人不在时的联系方式等。

6. 利用目的

制作避难行动需要援助者名单,是实施避难救援等的基础。所谓"避难",是指在发生灾害或可能发生灾害的情况下避免危险。避难救援等包括:避难援助;确认安危;其他避难行动需要援助者的生命或身体免于灾害采取的措施。这里的避难援助,是指在确定可能发生灾害时,帮助避难行动需要援助者迅速地到指定的紧急避难场所等避难。台风、海啸等自然灾害从开始到发生有一定的时间间隔,因此避难援助有着重要的意义。但是,如果遇到像地震之类难以预测而且没有充裕时间进行事先避难的自然灾害,为确认可能还被遗留在受灾房屋等地的避难行动需要援助者安危,多数情况下会利用避难行动需要援助者名单进行避难救援。至于其他避难行动需要援助者的生命或身体免于灾害采取的措施,则包括为平时的避难训练而利用避难行动需要援助者名单的情况等(《运用通知》第 1 Ⅳ5(2)①c)。

7. 更新

即使制作了一次避难行动需要援助者名单,由于居民的出生、死亡、转出入等,居民的数量、居住地址也会发生变化,就算同一居民也有可能会因疾病或伤残而成为避难行动需要援助者;有些避难行动需要援助者在社会福利机构等处长期入住,也有可能不需要记录在避难行动需要援助者名单上,因此,避难行动需要援助者名单需要经常更新。《灾害对策基本法》第 49 条之 10 第 1 项规定,市区町村长有努力掌握避难行动需要援助者信息的义务,之所以规定为努力义务,是因为难以实时完美地掌握不断变化的避难行动需要援助者信息。为履行这个努力义务,该法还规定防灾部局在制作避难行动需要援助者名单时,有必要与持有残疾人信息的福利部局,持有居民的出生、死亡、转出入等信息的居民基本台账事务担当部局等建立合作关系,这些部局必须迅速将相关信息传达给防灾部局。另外,更新后的名单信息,要迅速传送给避难援助等相关人员,共享更新信息也很重要。

8. 与"灾害期间需要援护者名单"的关系

市区町村早前是以"灾害时需要援护者名单"等名称制作名单,根据《灾害时需要援助者避难救援对策的调查结果》(2013 年 7 月 5 日 消防厅),从 2013 年 4 月 1 日到现在,已有 73.4% 的援护者名单做了修改,24.3% 正在修改中。如果这种"灾害时需要援护者名单"在内容上符合《灾害对策基本法》的"避难行动需要援助者名单"的要件规定,则该法实施后不需要重新制作"避难行动需要援助者名单",但市区町村有必要对以前的"灾害时需要援护者名单"在内容上是否符合"避难行动需要援助者名单"的要件进行斟酌。即使之前的"灾害时需要援护者名单"在内容上符合"避难行动需要援助者名单"的要件,但如果名单的制作方法等在地区防灾计划中没有规定的,则需要在地区防灾计划中做出规定。

(二)避难行动需要援助者名单的记载事项

在避难行动需要援助者名单中,需要记载或记录与避难行动需要援助者相关的姓名、出生年月日、性别、住所或居所、电话号码以及其他联系方式、避难援助等必要事由,除此以外,还要记载或记录市区町村长认为与避难救援等实施相关的必要事项。这里的住所,是指《民法》规定的住所(《民法》第 22 条),是个人生活的据点(主要居住地),要根据各种客观事实综合判断决定,①有时也有可能与《居民基本台账法》所记载的地址不一致。例如,有些居民迁入某地居住但没有提交迁入申请,如果其生活的主要居住地为迁入地,那迁入地的居所就是民法上的住所。所谓居所,是指即使在一定期间内继续居住,也不能说该场所是主要生活住所的场所。例如,只在夏天逗留的别墅等所在地就相当于此。根据避难行动需要援助者名单制作的目的,为开展避难救援等,即使是居所也有必要事先掌握,所以不仅是住所,居所也包括在记载(记录)的事项中。对于其他的联系方式,邮件地址等也很重要。至于避难援助等必要事由,除需要记载(记录)相关人员的残疾种类及程度、需要看护状态的分类等来判断避难行动需要援助者的避难能力之外,还要记载(记录)有无同居亲属等作为避难援助等的必要条件,来判断实

---

① 参考判例:最判昭和 27、4、15,民集,6 卷 4 号.413 頁。

施避难援助等所需的人数、避难援助等方法的判断资料。对于市区町村长认为有必要的事项，能够想到的就是灾害时需要确认受灾者平安与否的共同生活亲属的联系方式等。

三、需要援助者信息利用及提供的法律依据

（一）需要援助者信息的内部利用

1. 利用的法律依据

在《个人信息保护条例》中，一般规定有个人信息本人收集原则，并列出例外的情况；同样也规定有个人信息的目的外利用、提供禁止原则，也有例外的规定。在由防灾部局制作避难行动需要援助者名单时，如果需要利用福利部局持有的老年人、残疾人等的个人信息，从防灾部局的角度来看，这种利用属于个人信息本人以外的收集，必须符合本人同意收集原则例外的情况；而从福利部局的角度看，则属于目的外利用，是否符合《个人信息保护条例》规定的目的外利用、提供禁止原则的例外则成为问题。

如果是在灾害发生或灾害即将发生时，为实施避难救援等工作而需要收集利用需要援助者个人信息，这种情况下虽属本人以外的收集、目的外利用，但都符合《个人信息保护条例》中设置的紧急条款规定，不需本人同意即可收集利用。相关条款如《横滨市个人信息保护条例》第8条第1项第4号规定的"本人收集原则"、第10条第1项第4号规定的"目的外利用禁止原则"部分，以"为保护人们的生命、身体或财产紧急且不得已时"为紧急条款的例外利用规定。但是，在平时制作避难行动需要援助者名单时，紧急条款很难让防灾部门持有的个人信息利用正当化。在《个人信息保护条例》中，还有其他"认为明显对本人有利的"例外利用条款规定（例如《我孙子市个人信息保护条例》第8条第2项第5号），而对于"认为明显对本人有利的"条款的使用本身也还存在问题。例如在紧急情况下利用相关个人信息，可以"认为明显对本人有利"，但相关名单中通常包含有残疾信息等敏感信息，而且这一利用有可能会泄露独居高龄者等类似信息而被别有用心者恶意用于犯罪，这种情况下不能说对本人利益具有优越性，适用利益条款未必恰当。采用咨询个人信息保护审议会等方法，认可"为公共利益适当利用个人信息的例外规定"的《个人信息保护条例》也很多，但并不是所有的《个人信息保护条例》都规定有这样的条款。

《灾害对策基本法》在将"制作避难行动需要援助者名单"规定为"所有市区町村义务"的基础上,为能克服《个人信息保护条例》的限制,进一步规定"市区町村长在制作避难行动需要援助者名单的必要限度内,其所持有的需要援助者的姓名、其他与需要援助者相关的信息,可以以其持有时所确定的利用目的以外的目的,内部利用"(《灾害对策基本法》第49条之10第3项)。这里所说的内部,可以理解为实施《个人信息保护条例》的机关内部,也就说,这一规定为"防灾部门在总部门内部,利用福利部门持有的个人信息"提供了法律依据。一般情况下,多数《个人信息保护条例》中有关于"本人收集原则""目的外利用""提供禁止原则的例外"等规定(例如《横滨市个人信息保护条例》第8条第1项第1号、第10条第1项第1号),《灾害对策基本法》第10条第1项第4号也有类似的规定。即使在个别《个人信息保护条例》中没有设置承认"本人收集原则""目的外利用""提供禁止原则例外"的,也可以根据《宪法》第94条的规定找到依据。因为所有法律是在《宪法》之下制定的,因此,《灾害对策基本法》第10条第1项第4号规定,在全国统一制作"避难行动需要援助者名单所必要的限度内",依据"需要援助者相关信息的目的外利用"的宗旨,对其进行否定的《个人信息保护条例》相关规定因此违宪而无效。由此可见,《灾害对策基本法》第10条第1项第4号明确肯定了"本人收集原则""目的外利用""提供禁止原则的例外"规定。

2. 利用范围

为制作避难行动需要援助者名单而利用的个人信息范围,包括(1)是否符合"避难行动需要援助者"的讨论阶段的个人信息取得,允许利用需要援助者的姓名及其他需要援助者的信息。(2)将已经确定为"避难行动需要援助者"的必要个人信息记载在名单上的利用。具体而言,如福利部门持有的残疾人手册信息、需要护理部门认定的信息等由防灾部门利用的情况。对于独居高龄者信息的收集,可以利用居民基本台账信息,因为制定居民基本台账的目的是为市区町村处理居民事务的基础(《居民基本台账法》第1条),因此,相关居民基本台账信息的利用属于目的内利用,而不是《灾害对策基本法》第49条之10第3项规定的目的外利用。这里所说的"内部利用",是指《地方自治法》第158条第1项前段(一般地方公共团体的负责人为实施其分管权限的事务,可以设置必要的内部组织)规定的为属于负责人分管权限的事务而在内部组织间的利用。如果负责人的机构是独立的执行机关,就不属于这里所说的内部利用的负责人,而成为《地方自治法》第158条第4项规定的"其他人员",其权限只限于请求提供相关需要援助者的信息。

（二）需要援助者信息的提供请求

1．提供的法律依据

当需要从总部局外取得需要援助者相关个人信息时存在两个法律问题，一是收集需要援助者相关个人信息方的问题，即是否属于《个人信息保护条例》一般规定的本人收集原则的例外；二是提供需要援助者相关个人信息方的问题，即是否属于《个人信息保护条例》一般规定的目的外提供禁止原则的例外。收集方与《个人信息保护条例》规定的本人收集原则的关系处理，可以在法律上设置请求提供的规定作为依据，承认例外的情况。同样，在处理与提供方关系时，提供方是地方公共团体，且相关联的《个人信息保护条例》规定的是目的外提供禁止的，或者提供方是民间经营者，且《个人信息保护法》规定的是个人数据的第三方提供禁止的，都可以通过法令（等）规定来认可例外的情况。因此，市区町村长认为为制作避难行动需要援助者名单必要时，通过规定可以向相关都道府县知事及其他人请求提供需要援助者的相关信息，创建未经本人同意就可以对这些人的个人信息进行收集、目的外提供的法律依据（《灾害对策基本法》第49条之10第4项）。例如，疑难杂症者的相关信息，都道府县比市区町村持有得更多，市区町村可以考虑向相关都道府县知事寻求相关信息。但如果是委托提供信息，最好是基于法令的委托规定，并明确以书面形式进行（《措施方针》第2"避难行动需要援助者名单的制作等"（2）"从都道府县等取得信息"）。该项虽然不是对被要求提供需要援助者信息方强加提供义务的规定，但可以理解为是在基于法令（等）规定的情况下，许可个人信息目的外提供的《个人信息保护法》《个人信息保护条例》的规定，在法令（等）规定负有义务提供时，其适用范围不受限制。即使没有规定提供的义务，只要设置有提供要求的规定，就可以解决个人信息保护法制上的问题，而且《个人信息保护法》第23条第1项正文也规定，作为个人数据第三方提供禁止原则例外的"基于法令的情况"，不限于在法令上负有提供义务的第三方情况。[①] 也可以用同样方式理解为《个人信息保护条例》也规定有需要注意的例外情况。例如《逗子市个人信息保护条例》第10条第1项第1号规定"基于法令或者条例的规定利用或者提供时"，是指仅限于该法令或者条例规定有通知、寄送等义务的情况，即使有法令或者条例的规定，仅为

---

① 相关判例及理论，参见大阪高判平成19・2・20,判夕,1263号.310页；宇贺克也『個人情報保護法の逐条解説［第4版］』,有斐閣,2013年.第107页以下。

可以利用或提供的根据,并不包括利用或提供本身是任意的情况(参见《逗子市个人信息保护的解释运用基准》)。

2. 提供主体

《灾害对策基本法》第49条之10第4项规定,负责需要援助者信息查询的是"相关都道府县知事及其他人员"。可以向相关都道府县知事查询的信息为都道府县的福利医疗承担机构持有的残疾人手册信息、接受公费补助的疑难病症患者的信息等。可以向"其他人员"查询的信息,主要有民营护理经营者等持有的信息。

四、需要援助者名单的利用及提供情况

(一)名单利用的意义及不同情况下的提供

1. 灵活利用避难行动需要援助者名单的必要性

《灾害对策基本法》规定,制定避难行动需要援助者名单是市区町村长的义务,但是,即使名单已经制作,如果不能将其灵活当作避难行动需要援助者的救济资源就没有意义。在东日本大地震中,有些地方公共团体灵活利用了与避难行动需要援助者名单类似的"灾害时需要援护者名单",对避难行动需要援助者的避难救济等取得一定的成效发挥了重要作用。但是,由于没能从平时就留意收集和制作需要援助者名单,等灾害发生时才匆忙去收集,哪些机构可以利用和提供这些名单存在不确定性等瑕疵,所以名单在避难救援、确认相关人员是否安全时并没有达到最佳效果。鉴于这些教训,为使避难行动需要援助者名单能够灵活利用发挥最大作用,《灾害对策基本法》以法律的形式明确无论《个人信息保护条例》的规定如何,避难行动需要援助者名单可以利用和提供的范围。

2. 内部利用的提供

如上所述,根据《灾害对策基本法》第49条之10第3项规定,在制作避难行动需要援助者名单的必要限度内,需要援助者的个人信息可以内部利用。但是,这只是为制作名单而许可的目的外利用规定,有必要制定市区町村内部利用名单的法律依据。因此,《灾害对策基本法》第49条之11第1项进一步规定,市区町村长在实施避难救济等必要的限度内,对于避难行动需要援助者名单中记载或记录的信息(以下简称"名单信息"),可以不经本人同意在持有该信息期间确定的利用目的以外的目的内部利用。

《运用通知》也规定了可以内部提供的情况,"当避难行动需要援助者名单符合以

下任何一种情况时,可以内部提供",即:为鼓励参加防灾训练等的信息提供;为取得本人同意而提供名单信息以便联络;灾害发生或可能发生时的信息传达、避难救援;预防灾害发生的安全确认和救援;等等。市町村的消防部局属于独立部局,根据该项规定可以内部提供和利用相关名单信息(第1Ⅳ5(3)①)。

3. 平时提供

(1)意义。

即使已经制作避难行动需要援助者名单,如果不从平时开始就向外部的避难救援等相关机构和人员分发,等发生灾害或者即将发生灾害时办公设施可能会遭受破坏,那时候实际上已经很难迅速将名单发送给相关机构而影响避难救援工作的顺利进行。根据《防止高龄者社会孤立对策等的行政评价、监视结果的劝告》(2013年4月总务省,以下简称《劝告》)的调查结果显示,平时未向民生委员、民生委员暨儿童委员协议会发送灾害时需要援助者名单的占16.3%;未向区域组织(自治会、自主防灾组织等)发送的占25.6%;未发送给消防署和消防本部的占51.2%;未发送给避难援助等相关人员的占79.1%;未发送给需要援助者的占88.4%。与此相对应,在灾害时发送《需要援助者名单》的仅占全部的2.3%。该《劝告》建议,发生灾害时有可能已不能将需要援助者名单迅速发送给重要救援机构,最好是在平时就将名单发送工作制度化,以便事先决定名单的利用方法等。因此,《灾害对策基本法》规定,市区町村长为预防灾害发生所做的准备工作,在实施避难援助等必要的限度内,通过制定地域防灾计划,建立向消防机关、都道府县警察、民生委员、市区町村社会福利协议会、自主防灾组织以及实施其他避难援助等相关人员提供需要援助者名单信息的制度(第49条之11第2项正文)。虽然制定了此规定,但大部分行政机构也只是向自主防灾组织敷衍提供名单而已。根据2013年7月5日消防厅公布的《灾害时需要援助者避难救援对策调查结果》显示,从2013年4月1日起到调查结果公布前,灾害时需要援助者名单提供给民生委员的最多,占95.6%;其次是町内会、自治会等自主防灾组织,占87.7%;社会福利协议会占65.9%;消防团员占61.7%;其他团体(警察组织等)为62.1%。《灾害对策本法》第5条之3强调,国家及地方公共团体,鉴于志愿者的防灾活动在灾害时发挥着重要的作用,在尊重其自主性的同时,必须努力与志愿者合作;①另外,与日常在市内各地区开展业务活动

---

① 有关堺市的志愿者合作情况,参见石井布紀子「地域主体・当事者本位の要援護者支援の大切さ」,市政,62卷6号.13页以下。

的报刊销售店、快递公司等的合作也很重要。① 通常情况下,避难援助等相关人员取得名单信息后,可以和避难行动需要援助者个别面谈,事先商量避难援助的方法等,制订个别避难计划。在此需要注意的是,地方行政机关不是从平时开始就有必须向上述《灾害对策基本法》第 49 条之 11 第 2 项列出的所有机构和人员提供名单信息的义务,而是要根据各自地域的实际情况,通过制订地区防灾计划来决定提供给哪些机构。

（2）外部提供的界限。

通常情况下名单信息的外部提供,必须是在实施避难救援等必要的限度内进行。例如,为判断避难救援等方法,行政机关或相关援助机构有时需要向经营看护经营者（如敬老院、残疾人援助机构）要求提供其持有的看护人员名单信息、听取相关避难行动需要援助者的看护状况意见等。这种情况下,从表面上看护经营者并没有直接参与避难救援行动,但实际上间接协助了避难救援等工作,可以说这种提供是在实施避难救援等必要的限度内,符合法律的规定。再如,如果是向市区町村部分地区的自主防灾组织提供该市区町村全体人员的名单信息,因为部分地区以外的名单信息与其没有关系,不得不说超过了实施避难救援等必要的限度,该部分地区以外的人员名单信息不能提供。

（3）本人同意。

《灾害对策本法》第 5 条之 3 的但是书部分规定,除该市区町村的条例有特别规定的情况外,该项正文规定的名单信息的平时提供,在未征得本人同意的情况下不能提供。平时名单信息的外部提供,需要本人同意的原因是名单信息中可能包含有类似身体残疾等敏感信息,考虑到如果让避难救援等相关人员知道而导致隐私侵害的可能性会相当严重;另外,在紧急情况下,将本人同意与本人生命、身体安全受到损害的不利利益进行比较衡量,即使没有本人同意,当然更应该重视后者的不利利益,这种情况下可以不需要本人同意。但是,在平时,生命、身体安全受到损害的不利利益只停留在抽象的可能性上,因此,只有在本人同意向避难救援等相关人员放弃名单信息中记载的隐私权情况下,行政机关才能向避难救援等相关人员提供名单信息。法律上没有明确规定征求本人同意的方式,但不是采用个别访问的方法,而是通过邮寄说明书征求同意的方式;也可以采取口头同意的方式,因涉及提供传感信息这一重要的隐私问题,从而促使

---

① 有关滋贺县长浜市与相关经营者的合作,参见藤井勇治「地域の絆でともに育み支えあい安心して暮らせるまち長浜～災害弱者を地域で守る」,市政,62 卷 6 号.24 頁。此外还可以参见神奈川县与经营者签订的「地域見守り活動に関する協定書」（区域保护活动相关协定书）。

本人能够慎重考虑、避免难以证明是否同意的纠纷观点,最好采用书面同意为原则;由于征得的必须是知情同意,在征求同意书上应该具体记载提供的名单信息、提供方、利用目的,使本人在充分理解这些内容的基础上决定是否同意;如果避难行动需要援助者年幼或者为痴呆症患者,没有充分的理解判断能力,这种情况下,从社会一般观念上是可以由父母或者成年监护人等代替本人进行判断,只要获得适当的人的同意即可。对于未成年人或残疾人还需要特别注意一些问题,有些情况下不能仅以获得家长同意就万事大吉。例如,仅有步行障碍的高中生,从平时提供名单信息所带来的利益与不利益的情况比较衡量,本人是可以自行判断的,这种情况下应该尊重本人的意见选择。①

在征求本人同意时,为不造成本人对避难救援的过大期待,最好要对本人说明避难救援等相关人员也有受灾的可能,也有必要优先考虑自行避难的情况,在灾害发生时不一定保证能够确实开展避难救援等工作,以此获取需要援助者的理解。

(4)条例规定的特例。

《灾害对策基本法》第5条之3的但是书规定,平时提供名单信息原则上需要本人同意,但又在条例中对市区町村的提供设置了特别规定,即不需要本人同意的例外情况。为确保避难救援等活动的实效性,平时向避难救援等相关人员提供信息很重要,而在此之前,市区町村采用同意方式、选择退出方式征求平时外部提供获得同意的情况非常有限。为此,如《涉谷区震灾对策综合条例》第36条第4项规定,为进行救济或援助,建筑物的震灾对策基础调查结果也可以提供给自主防灾组织等;②市区町村以团体的意愿,在条例中规定将避难行动需要援助者的生命、身体安全优越于个人信息保护,许可平时向避难救援等相关人员提供不需本人同意的名单信息,是尊重立法宗旨的表现。《个人信息保护条例》规定的紧急条款不能用于平时的信息提供(例如,东京都中野区为减轻灾害发生后的税收、减免接收费,依据《个人信息保护条例》的紧急条款,在未经本人同意的情况下分别向都税事务所、NHK提供受灾者信息。但是经之后相关部门的审查,认为这种情况不符合紧急条款的规定,违反了《个人信息保护条例》的相关规定,责任科长为此受到警告处分),但可以依据《个人信息保护条例》规定的向审议会等咨询的条款,即在咨询与个人信息保护相关的审议会等并获得同意后,平时可以向避

---

① 有关未成年人的个人信息保护,参见宇贺克也『個人情報保護法の逐条解説[第4版]』,有斐閣,2013年.284页以下参照。

② 宇賀克也=鈴木庸夫編『災害弱者の救済計画とプライバシー保護』,地域科学研究会2007年.29页以下(柳澤信司執筆);桑原敏武「渋谷区の災害時要援護者対策について」,市政,62巻6号.19页以下参照。

难救援等相关人员提供名单信息,这种情况也属于认可条例特例的情况。

另外,《箕面市灾害时特别应对条例》规定,需要援助者人员包括:属于仅由 75 岁以上构成的家庭人员;根据需要看护状态的分类,符合需要看护 3 级至 5 级中的任意一级者;根据《残疾人福利法》第 15 条的规定,持有残疾人证者其残疾程度为《残疾者福利法施行规则》列表 5 号中的 1 级或 2 级者;根据厚生劳动大臣的规定,持有疗养证明者中被判定为智力障碍程度为 A 者;高龄者、残疾人等,在灾害时需要来自家人以外的人员的持续帮助并向市政府提出申请,希望列入名单者;孕妇及未满 2 岁的婴幼儿。除申请遭拒绝者外,可以利用市政府持有的个人信息制作记载这些人员的姓名、住址、出生年月日、性别、家庭成员数、需要看护状态分类以及市长认为的必要事项的名单,并将名单交付给地区防灾委员会,委托其保管名单以及在灾害时确认登记在册者的安全与否情况(第 6 条第 1 项);地区防灾委员会必须将名单放置于其运营的避难所,进行密封和封印保管(第 6 条第 2 项);当灾害给市民造成严重困难或发生危险时,由灾害对策本部负责人指示地区防灾委员会开封名单,确认名单上登记者的安危情况(第 6 条第 3 项);地区防灾委员会可以自行判断灾害对策本部因灾害而无法运行或者在没有等待灾害对策本部负责人指示的时间时,可以在三名以上的职员合议下打开名单封印,确认名单上登记者的安全(第 6 条第 4 项)。根据该条例的规定,名单向地区防灾委员会提供是在平时进行的,因其采用了选择退出方式,可以视为没有本人同意允许平时外部提供的条例示例;对于未选择退出者,可以将其视为推定事先同意。平时提供的名单,地区防灾委员会平时不能利用,只有在灾害发生时才允许开封利用,也许是认为没有平时利用的意义。但是,当灾害发生时提供名单本身就很困难,即使平时禁止地区防灾委员会利用,平时预先分发名单也不是没有意义。《灾害对策基本法》第 49 条之 11 第 2 项规定的特例,也包含有这样的规定。另外,新潟县长冈市的《长冈市灾害时需要援助者避难救援计划》也做了类似规定,即平时与避难救援等相关人员共享灾害时需要援助者名单的,町内会只允许阅览,只有在紧急情况下才能利用提供的名单信息。

4. 紧急时的提供

(1)利益衡量。

当灾害造成避难行动需要援助者的生命、身体安全处于紧急危险状态时,比起保护个人信息的利益,保护避难行动需要援助者的生命、身体安全利益更为优越。实际上,各地的《个人信息保护条例》一般都设置有紧急条款,即在紧急情况下不需本人同意,相关机构可在目的外利用、提供个人信息。在东日本大地震中,只有福岛县南相马市和宫城县东松岛市等少数地方公共团体利用了这一紧急条款,提供避难行动需要援助者的信息。①《灾害对策基本法》第 49 条之 11 第 3 项明确规定,为在紧急情况下毫不犹豫地向避难救援等相关人员提供名单信息,无论是否有相关紧急条款规定,市区町村长在发生灾害或有可能发生灾害时,为避免避难行动需要援助者的生命或身体不受灾害危害而认为特别必要的,在实施避难救援等必要的限度内,可以向避难救援等相关人员及其他人员提供名单信息,这种情况下提供名单信息不需要本人同意。

(2)接受提供的主体。

紧急情况下的名单信息提供,除平时需征得本人同意或者根据条例的特别规定接受提供名单信息者以外,在灾害发生后,还可以向被派遣到受灾地的自卫队部队和其他都道府县警察的救援部队提供,也可以向协助避难救援等的企业以及其他团体等提供(《运用通知》第 1Ⅳ5(3)③a)。这里需要留意的是,接受提供名单的不仅是避难救援等相关人员,也允许向"其他人员"提供,但最好是事先与预定接受提供名单信息者签订协议。

(3)可以提供的信息。

根据《灾害对策基本法》第 49 条之 11 第 3 项规定的名单信息提供,是在认为为保护避难行动需要援助者的生命或身体不受灾害危害特别必要时,允许在必要的限度内向实施避难救援等人员提供名单信息。例如,在发布泥石流灾害警戒信息的情况下,可以将泥石流灾害警戒区域内的避难行动需要援助者的名单信息提供给避难救援等相关人员,这种情况符合本项规定的要件。但如果提供泥石流灾害警戒区域外的避难行动需要帮助者的名单信息,这与泥石流灾害警戒区域内的灾害危害没有关系,不符合该项规定的"为保护避难行动需要援助者的生命或身体不受灾害危害特别必要时"的要件。

(二)提供名单信息的注意事项

1. 法律规定

无论平时或紧急情况下提供需要援助者名单,除《灾害对策基本法》外,没有法律规定名单提供者或接受者在法律上对名单信息负有保密义务。对于名单提供者,《灾害对策基本法》第 49 条之 12 强调,接受名单信息的团体必须对名单信息进行适当管理,市区町村长在提供名单信息时,通过制订地区防灾计划,规定提供名单信息者要采

---

① 立木茂雄「災害時要援護者対策−自治体に求められるポイント」,市政,62 巻 6 号.12 頁参照。

取必要措施防止名单信息泄露,并努力采取必要措施,保护其他与该名单信息有关的避难行动需要援助者及第三方的权益。对于名单接受者,《灾害对策基本法》第 49 条之 13 规定,以个人为单位的接受需要援助者名单人员,负有对名单信息的保密义务。为此,2013 年 5 月 23 日众议院灾害特别委员会、6 月 12 日参议院灾害特别委员会的附带决议提出,希望市町村长在向消防机关等相关人员提供避难行动需要援助者名单信息时,不要发生个人信息泄露以及处理方面的问题,国家也要采取支持修改指导方针等措施。

2. **必要措施**

为防止名单信息泄露而采取的必要措施,主要有控制团体内接触名单信息的职员尽量达到最小限度、名单信息的复制次数限制到最少、名单必须放在上锁的地方专门保管、定期报告名单的处理情况(平时提供的情况)、利用后名单的废弃或返还(仅在紧急情况下接受的团体等情况)、与福利私营经营者事先签订协议等事项。至于为保护其他与该名单信息有关的避难行动需要援助者及第三方权益而必须采取的措施,应该考虑禁止提供名单信息的目的外利用、要求以提供方为对象进行个人信息保护研修等。

上述《灾害对策基本法》第 49 条之 12 规定的是以接受提供名单信息者作为采取信息管理措施的对象,对于市区町村内部的信息管理,由各市区町村根据《地方公共团体信息安全政策的指导方针》(总务省)制定各自的《信息安全政策及其运用规则》等进行管理;接收提供名单信息者采取的信息管理措施,由地区防灾计划规定。因此,市区町村长在制订地区防灾计划时必须制定要求名单信息接收者采取信息管理措施的规定,可以要求所有接收者采取相同的措施,也可以根据接收者的不同而采取不同的措施;此外,根据提供的介质是纸介质或是 DVD 等电子介质,还是平时提供或是紧急提供的情况,要求采取的信息管理措施也可以不同。

3. **事前协议**

《灾害时需要援助者的个人信息提供、共享指南》(2012 年 10 月 23 日,日本律师联合会)第 5(信息提供程序)建议,地方公共团体和需要援助者救援机构之间最好缔结事前协定;地方公共团体应该要求因灾害而申请提供需要援助者名单信息的救援机构,提交相关个人信息保护的誓约书以及隐私保护对策,并进行审查等。例如,中野区在向町会、自治会分发灾害中需要援助者名单时,为保护个人信息而与其签订有禁止目的外利用等协议;横滨市在向自主防灾组织分发灾害中需要援助者名单时,与自主防灾组织签订协议明确信息管理责任;新泻县长冈市平时提供灾害中需要援助者名单时,与消防团、民生委员以外的人员签订协议,规定信息接收者的个人信息管理责任;栃木县内避难者援助网"栃木生活支援会",自行制定了个人信息保护管理规程,要求从栃木县提供避难者个人信息的收集处理机构或个人,必须与栃木县签订备忘录等。

(三)名单的保密义务

1. 意义

名单信息可能包含残疾信息等高度敏感信息,也有可能包含像独居老人这样的信息,这些都是容易被犯罪分子猎取而用于犯罪的信息。因此,从保护避难行动需要援助者及其家属等个人信息的观点来看,有必要彻底杜绝没有正当理由不得泄露秘密的规定。如果信息秘密没有正当理由被泄露,会失去避难行动需要援助者及其家属等的信赖,也难以征得本人对提供名单信息的同意,造成避难行动需要援助者名单制度无法充分发挥作用。因此,《灾害对策基本法》第49条之13规定,对于接收名单信息者(该接收者是法人的,则是其责任人)或者其职员及其他利用该名单信息实施避难救援等的名单携带者或者类似人员,没有正当理由,不得泄露因从事避难救援等相关工作,而知道的与避难行动需要援助者名单信息相关的秘密。

2. 秘密

《灾害对策基本法》第49条所定义的秘密,是指具有非公知性,而且实质上也值得将其作为秘密加以保护的信息,①即要求具有非公知性和需要保护性两个要件。例如,名单信息中包含的有关避难行动需要援助者身心疾病的信息就是典型例子。该条规定,保护"知道的该名单信息中有关避难行动需要援助者的秘密",不仅限于记载在名单上的秘密信息,也包括利用名单实施避难救援等活动过程中所知道的信息,例如离婚而处于独居状态等的信息也成为保护的信息。但如果与接收的名单信息无关,是通过地缘关系等知道的相关信息,这种信息就不属于"知道的该名单信息中有关避难行动需要援助者的秘密",不受该条限制。

3. 正当理由

在发生或可能发生灾难的紧急情况下,为获取实施避难救援等必要的行动,相关机构利用名单信息通知附近居民的,属于"正当理由",不构成第49条规定的违反保密义务的要件。与此相对应,即使是为获取实施避难救援等必要行动,如果是在平时,相关

---

① 相关案例,参见最判昭和52·12·19,刑集,31卷7号.1503页。

机构在未征得本人同意的情况下,向他人提供名单信息则不属于有"正当理由"。《灾害对策基本法》规定,平时接收名单信息的人员,仅限于地区防灾计划规定的接收者,但法律有特别规定的情况除外。这种情况将本人同意作为必要条件,明确平时接受名单信息的避难救援等相关人员,在未经本人同意的情况下,地区防灾计划不能将其规定为接收者,不能擅自接收相关名单信息。该条并没有规定再接收名单信息者承担保密义务,现实中不排除再接收者可能会扩散秘密的情况,因此应该引起重视。

4. 义务承担者

根据《灾害对策基本法》第 49 条之 11 第 2 项(平时提供)或者第 3 项(紧急时的提供)的规定,该条所规定的负有保密义务的人员,是指名单信息接收者(如果是法人,则为负责人)或者其职员以及其他利用该名单信息参与避难救援等的实施者或者相关人员。根据该法第 49 条之 11 第 2 项或者第 3 项规定的提供,都是来自市区町村长的提供,因此,避难救援等相关人员在紧急时为开展避难救援等救助活动而向附近居民提供名单信息的,附近居民不承担《灾害对策基本法》第 49 条之 13 的保密义务。保密义务是由个人承担,而名单信息的提供有时也会由团体承担。当接收名单信息者为法人(社会福利协议会等)时,由实际处理名单信息的负责人或职员承担保密义务;当接收名单信息者是没有自主防灾组织那样的权利能力的社团时,其构成人员不会被认为是该团体的负责人或职员,而是"其他利用该名单信息参与避难救援等的实施者";保密义务不仅要在参与避难救援等活动期间承担,而且在不参与该业务之后也有必要继续履行,为此规定有"相关人员"。

5. 确保义务履行的时效性

违反《灾害对策基本法》第 49 条之 13 的保密义务没有规定处罚规则,但以公务性质实施避难救援等的消防机关、都道府县警察机关的职员,因为《地方公务员法》第 34 条也规定有公职人员的保密义务以及违法处罚措施,因此,公职人员违反《灾害对策基本法》第 49 条之 13 规定的保密义务时,按违反《地方公务员法》第 34 条的规定处以刑事处罚。但如果属于自主防灾组织的人员、参加避难救援等的志愿者,对其违反保密义务也采取严厉的刑事处罚措施,不仅打击相关人员参与救灾活动的积极性,更有可能会造成相关行业严重萎缩的后果(练马区制作的《灾害时需要援助者名单》,平时就分发给练马区各组织、警察、消防机关、民生、儿童委员、防灾会,但由于要求在备忘录中承诺个人信息的严格管理,很多防灾会对名单的管理和利用犹豫不决,这个问题应该要引起注意),也许是考虑到有可能会过度抑制人们参与救灾活动,因而没有规定违反《灾害对策基本法》第 49 条之 13 的保密义务的刑事处罚措施,但并不排除此类人员有可能会被以违反保密义务为由,承担民事上的损害赔偿责任。这些民间组织中属于个人信息收集处理经营者的,由《个人信息保护法》规定的监督措施规制。另外,社会福利协议会制定有《个人信息泄露应对补偿制度》,但对于自主防灾组织来说,制定这样的保险制度可能很难。接收名单信息者,有时也有可能没有意识到《灾害对策基本法》第 49 条之 13 规定的保密义务,所以市区町村长在提供名单信息时,应该努力向其充分说明该条的宗旨和内容。例如《足立区推进孤立零项目条例》第 9 条规定,接受居民名单或需要援助者名单的町会、自治会的名单管理者及阅览者,有向区长申报的义务;名单管理者对居民名单或需要援助者名单有安全管理的义务(第 1 项);名单阅览者通过阅览该名单而获知的信息承担安全管理义务(第 2 项);名单管理者、名单阅览者及相关援助人员对名单信息负有保密义务(第 13 条);没有正当理由而向他人提供居民名单或需要援助者名单的,处 30 万日元以下的罚金(第 15 条)。

(四)安危信息的提供

1. 提供依据

东日本大地震时,受灾者家属等要求当地行政机关帮助确认受灾者安危,但有些地方公共团体因担心提供相关信息会与《个人信息保护条例》相抵触而犹豫不决。为此,修改后的《灾害对策基本法》第 86 条之 15 第 1 项做出规定,在灾害发生时,无论《个人信息保护条例》规定如何,受灾者家属等提出确认受灾者安危情况要求的,相关机构都可以向其提供相关信息。也就是说,都道府县知事或市区町村长,在本地区发生灾害时,根据内阁府令的规定,可以答复受灾者家属及相关人员对受灾者安危信息的询问。

2. 查询程序

需要查询亲属安危信息者(以下简称"查询者"),首先必须向都道府县知事或市区町村长明确以下情况后才能进行查询。即查询者姓名、住址(法人或其他团体的名称、代表者的姓名及主要事务所的所在地)以及其他查询者必要事项;查询的相关受灾者姓名、住址、出生年月日及性别;明确必须查询的理由(《灾害对策基本法实施规则》第 8 条之 3 第 1 项)。然后,必须出示或提交足以证明查询者身份的驾照、健康保险证、外国人登录证、居民基本台账卡(户口本)以及基于其他法律或此命令规定需要提交的材料。但如果查询者居住的地方非常遥远,或者其他无法通过该方法查询的,可以采用都道府县知事或市区町村长认为适当的方法查询(《灾害对策基本法实施规则》第 8 条之

3 第 2 项）。

3. 可以查询的人员及信息

根据查询者的身份不同,可以查询的信息也有所不同。不同的查询者可以向都道府县知事或市区町村长查询的信息规定如下:查询者查询的受灾者与其有同居关系(未办理结婚登记,包括以事实婚姻同居者以及其他婚约者)的,可以查询相关受灾者的住所、受伤或疾病状况、或联系方式以及其他确认安危的必要信息;查询者为受灾者的亲属(前述人员除外)、或职场的相关人员或其他相关人员的,可以查询相关受灾者的受伤状况或疾病情况;查询者为受灾者的熟人、或有必要知悉该受灾者安危情况的人员的,可以查询相关受灾者的安危信息,但是,当认为该查询是出于不正当目的或者通过查询答复获取的信息可能用于不正当目的的,不在此限(《灾害对策基本法实施规则》第 8 条之 3 第 3 项)。此外,即使不符合上述规定,接受查询的都道府县知事或市区町村长,同意接受相关查询并提供相关受灾者安危信息的,在其同意的范围内或者认为在公益上有特别需要时,可以在必要的限度内,向查询者提供与该受灾者有关的安危信息(《灾害对策基本法实施规则》第 8 条之 3 第 4 项)。

4. 注意事项

都道府县知事或市区町村长在答复查询者有关受灾者的安危信息时,应注意不得侵害与安全信息有关的受灾者或者第三方的权益(《灾害对策基本法》第 86 条之 15 第 2 项)。

5. 受灾者信息的目的外利用

都道府县知事或市区町村长,必须向查询者做出适当的答复或者在实施该适当答复必要的限度内,可以将其持有的受灾者姓名以及其他与受灾者相关信息,在其持有时所确定的利用目的以外的目的内部利用(《灾害对策基本法》第 86 条之 15 第 3 项);无论是否符合《个人信息保护条例》的规定,为提供确认受灾者安危的信息,可以将受灾者的信息目的外利用。

6. 信息提供的要求

受灾的地方公共团体为能顺利地收集受灾者的安危信息,都道府县知事或市区町村长在认为有必要向相关查询者做适当答复或者为实施该适当答复做准备时,可以向相关地方公共团体的负责人、消防机关、都道府县警察等,要求提供与受灾者相关的信息(《灾害对策基本法》第 86 条之 15 第 4 项)。因此,可以认为无论《个人信息保护条例》规定的涉及个人信息本人收集原则如何,受灾的地方公共团体都可以向相关地方公共团体的负责人等要求提供受灾者的安危信息;同样,无论《个人信息保护条例》规定涉及的目的外提供禁止原则如何,收到要求的相关地方公共团体的负责人等都可以向其提供受灾者的安危情况。

(五)灾难证明的提供

为方便受灾者根据各自受灾程度等能够迅速申请援助,即使在没有法律依据的情况下,作为市区町村的自治事务,受灾证明的发放工作必须持续进行。对此,《灾害对策基本法》为受灾证明发放制定了相应条款,规定市区町村长必须及时向受灾者发放受灾证明(第90条之2第1项)。该法还明确规定受灾证明上需要记载的内容事项,即在受灾房屋中居住的家庭成员的姓名、性别、出生年月日、受灾房屋所在地、受灾情况等;为确认家庭成员的姓名、性别和出生年月日,地方公共团体的相关工作人员可以利用居民基本台账信息(居民户口登记册信息)。这种利用不仅是处理相关居民事务的基础,也是对相关居民的记录信息的妥善管理,从而提高相关居民生活的便利性,也符合《居民基本台账法》的立法宗旨,有助于地方公共团体行政管理的合理化。可以说这种利用仍然是目的内利用,不违反《个人信息保护条例》的规定。

五、受灾者台账(受灾者登记册)的利用及提供

(一)制作

1. 制作的法律依据

灾害时需要援助的受灾者众多,灾害状况下存在不能充分提供相关受灾者援助资格的信息、或是无法共享受灾者的联系方式,这会导致援助遗漏的可能。《基于减轻国民负担等申请程序的相关实际情况调查结果的劝告(东日本大地震相关)》(2013年3月1日总务省)指出,有关受灾者台账(受灾者登记册)的制作,存在无法律依据的问题。因此,《灾害对策基本法》规定,市区町村长在所管辖的地区发生灾害时,为综合有效地实施符合本灾区受灾者情况的救援工作,认为有必要时可以制作为实施受灾者援助的基础台账(第90条之3第1项)。有关受灾者台账的法律规定,于2013年10月1日起施行。

2. 记载事项

在受灾者台账上,需要记录或记载的事项为:相关受灾者的姓名、出生年月日、性

别、住址或居所、居民受灾以及市区町村长规定的受灾种类的情况、援助实施的情况、需要援助者的情况以及属于需要援助者的事由、电话号码及其他联系方式、家庭结构、受灾证明的交付情况；相关受灾者同意本地区市町村长向本地区以外者提供台账信息的，需要记载台账信息的接收者；向接收者提供台账信息的，记载台账信息的内容及接收时间；在制作受灾者台账时，根据《行政程序中用于识别特定个人的编号等相关法律》第 2 条第 5 项的规定，利用个人编号的，则需要记载该受灾者的个人编号；除上述之外，还可以记载或记录市区町村长认为与实施该受灾者援助有关的必要事项（《灾害对策基本法》第 90 条之 3 第 2 项，《灾害对策基本法实施细则》第 8 条之 5）。

3. 目的外利用

为制作受灾者台账，无论《个人信息保护条例》规定如何，都可以利用受灾者的个人信息。《灾害对策基本法》规定，市区町村长在制作受灾者台账必要的限度内，可以将其所持有的受灾者的姓名及其他与受灾者相关的信息，用于其持有时取得的利用目的以外的目的内部利用（第 90 条之 3 第 3 项）。

4. 信息提供的要求

市区町村长认为在制作受灾者台账必要时，可以向相关地方公共团体的负责人及其他人员请求提供与受灾者相关的信息（《灾害对策基本法》第 90 条之 3 第 4 项）。而且，无论《个人信息保护条例》规定的个人信息涉及的本人收集原则如何，都可以通过制作受灾者台账的地方公共团体，向相关地方公共团体的负责人等要求提供受灾者信息；也不管《个人信息保护条例》规定的个人信息涉及目的外提供禁止原则如何，接受要求的相关地方公共团体的负责人等，都可以向要求者提供受灾者信息。

（二）利用及提供

市区町村长在认为符合以下任意一种情况时，可以利用或提供受灾者信息。（1）本人（通过台账信息识别的特定个人）同意、或提供给本人；（2）市区町村向受灾者实施救援必要的限度内，利用台账信息；（3）市区町村长向其他地方公共团体提供台账信息，接受台账信息者在对受灾者实施救援必要的限度内，利用提供的相关台账信息，可以将受灾者台账上登载或记录的台账信息，在其持有时取得的特定利用目的以外的目的，自行利用或提供（《灾害对策基本法》第 90 条之 4 第 1 项）。此外，都道府县知事依据《灾害对策基本法》第 90 条之 3 第 4 项的规定，要求救援人员提供受灾者信息时，救援人员有义务提供持有的相关受灾者的姓名、出生年月日、性别、住址或居所等信息

(《灾害救援法》第 30 条)。

在上述的 1 或 2 的情况下,需要接收台账信息者(以下简称"申请者"),必须向持有该台账信息的市区町村长提交记载有以下内容的申请书:①申请者的姓名及住所(是法人或其他团体的,为其名称、代表者的姓名及主要事务所的所在地);②申请相关的特定受灾者的必要信息;③需要接受提供的台账信息范围;④需要接受提供的台账信息中,包含有与申请者以外的人员有关的内容时,为其利用目的;⑤除此之外,市区町村长认为记载相关台账信息提供的必要事项(《灾害对策基本法实施规则》第 8 条之 6 第 1 项)。市区町村长在申请者提出上述申请的情况下,除认为其申请是出于不正当目的的,或者申请者因接受台账信息的提供而获知的信息有可能用于不正当目的的以外,可以向申请者提供其申请相关的台账信息(受灾者的个人番号除外)(《灾害对策基本法实施规则》第 6 条第 2 项)。①

六、行政程序中为识别特定个人番号利用等的法律

(一)个人番号的利用

2013 年 5 月 24 日《行政程序中为识别特定个人番号利用等法律》(以下简称《个人番号法》)颁布,《个人番号法》在灾害对策领域,以在附录 1 中规定的内容认可个人番号的利用。具体为在以下规定中可以利用个人番号,即根据《灾害救助法》由主管省令规定的与救援或者辅助金支付相关事务(《个人番号法》第 6 项);根据《灾害对策基本法》由主管省令规定的与制作受灾者台账的相关事务(《个人番号法》第 36 条之 2);根据《受灾者生活重建支援法》由主管省令规定的与支付相关受灾者生活重建支援金事务(《个人番号法》第 69 项)。确定地方公共团体的负责人及其他执行机关在防灾相关事务及其他类似事务中,根据法律的规定,在处理持有的特定个人信息文件中,可以高效检索个人信息,并在管理所需的限度内利用个人番号(《个人番号法》第 9 条第 2 项)。对于避难行动需要支援者名单,如果根据条例规定,可以通过附加个人番号进行管理。通过个人番号的利用,《基于申请程序相关的国民负担减轻等实态调查结果的劝告》(东日本大地震相关)(2013 年 3 月 1 日总务省)建议减少所附文件,以期推进相

---

① 有关灾民台账的具体事例,参见山崎栄一『自然災害と被災者支援』,日本評論社,2013 年.150 页以下参照。

关防灾事务。

（二）特定个人信息的提供

具有个人番号的个人信息属于特定的个人信息,除非《个人番号法》第 19 条规定的情况以外另有规定,否则禁止提供。① 但该条第 9 号又规定,地方公共团体根据条例规定,在处理相关事务必要的限度内,可以向地方公共团体的其他机关提供特定个人信息。由此可见,如果根据条例规定,可以将受灾者的特定个人信息从总部局提供给该地方公共团体的教育委员会等其他执行机关。

此外,在发生或有可能发生灾害的情况下,为保护避难行动需要援助者的生命和身体不受灾害的侵害认为有必要时,提供机关可以不经本人同意向避难援助等相关人员及其他人员提供名单信息。如果附有个人番号而成为特定个人信息,且接受者为该地方公共团体的机关以外者时,根据《个人番号法》第 19 条第 9 号的规定不能提供。由此,根据第 19 条 13 号的规定(在为保护人们的生命、身体或财产的紧急情况下,获得本人同意或者征求本人同意困难时)是否可以提供成为问题。可以说,这种紧急情况属于"为保护人们的生命、身体或财产必要时",但是否符合"获得本人同意,或者征求本人同意困难时"也成为问题。如果事先取得本人同意,将特定个人信息提供给外部避难救援等相关人员及其他人员就没有问题;但在事先未征得本人同意的,在这种紧急情况下征求本人同意在时间上也很困难。一般认为符合第 19 条第 13 号规定情况的比较多,但在对该要件的认定没有把握的情况下,如果除去个人番号而不是特定个人信息,就不会受到《个人番号法》第 19 条的限制。根据《灾害对策基本法》第 49 条之 11 第 3 项的规定,可以在未经本人同意的情况下提供名单信息,而在这种情况下,为使特定个人信息的提供不需要经过对"征求本人同意困难时"的判断就可以实现,可以考虑在《特定个人信息保护委员会规则》中规定相关内容(《个人番号法》第 19 条第 14 号)。另一方面,对于受灾者台账信息,可以认为满足"为保护人们的生命、身体或财产必要时"的要件,能确认住所的人可以获得本人同意,但如果是受灾者却不能确认其是否安全、所在的情况下,一般认为符合"征求本人同意困难时"的要件。

---

① 关于《个人编号法》第 19 条规定的允许特定个人信息提供的例外详细内容,参见宇贺克也＝水町雅子＝梅田健史『完全対応 自治体職員のための番号法解説』,第一法规,2013 年.95 頁以下（梅田健史執筆）;宇賀克也『番号法の逐条解説』,有斐閣,2014 年.85 頁以下参照。

七、市区町村的课题

（一）基本理念

《灾害对策基本法》明确规定，"即使在灾害发生后难以收集其他必要信息，也要尽可能准确地把握灾害的情况，并据此适当分配人力、物资及其他必要的资源，一切以保护人们的生命及身体最为优先""既要考虑到不妨碍由受灾者进行主体性安排的情况，又要考虑到受灾者的年龄、性别、有无残疾以及其他受灾者的情况，适时地对受灾者进行援助""在发生灾害时，要迅速恢复设施，为受灾者提供救援，争取灾后重建"为其立法的基本理念（第 2 条之 2 第 4—6 号）。2013 年修改的《灾害对策基本法》对于避难行动需要援助者名单的制作、利用、提供、安否信息的提供、受灾者台账的制作以及台账信息的利用、提供的规定，可以说是基于以上的基本理念而设置。

（二）市区町村的责任

市区町村遵循基本理念，作为基层的地方公共团体，为保护本市区町村地区以及本市区町村的居民的生命、身体和财产免受灾害，在相关机构及其他地方公共团体的协助下，有责任和义务制订与本市区町村地区相关的防灾计划，并根据法令实施。为此，市区町村长为了履行上述责任义务，除充实消防机关、防汛团及其他组织、本市区町村区域内的公共团体、其他防灾相关组织以及自主防灾组织外，为促进居民自发的防灾活动，必须努力充分发挥市区町村所有的功能。消防机关、防汛团及其他市区町村的机关在执行其主管事务时，必须相互协助，使上述市区町村的责任和义务得以充分发挥（《灾害对策基本法》第 5 条）。

（三）与"监护活动"的合作

地方公共团体经常向老年人和残疾人开展监护活动，为此制作了不少名单。虽然这些监护活动的对象并非全部都是针对避难行动需要援助者，但希望与地区的福利经营者、NPO（英文"Non-Profit Organization"的缩写，即"非营利组织"）等合作，建立一个利用相关名单，确认除避难行动需要援助者以外者安否的合作体制。例如，《推进足立区孤独零项目条例》规定，相关机构对下列人员要予以关怀和援助。即属于 70 岁以上单身家庭人员;属于仅由 75 岁以上人员构成的家庭人员;领取残疾人证者;持有精神障碍者保健福祉证明的人员;根据东京都知事的规定接受爱的证明者;在日常生活中处于孤独状态,区长及以上人员认为需要地区援助的人员(第 2 条第 3 号)。而区长认为需要援助者的标准必须满足以下要件:日常生活中,与家庭以外的人员 10 分钟左右的对话频率 1 周内不满 1 次的,或者在日常生活中遇到困难缺少商量对象的(《推进足立区孤独零项目条例实施规则》第 3 条)。在这里需要注意与《灾害对策基本法》的规定不同,也就是说,根据《推进足立区孤独零项目条例》的规定,即使属于需要助援者,也不一定符合《灾害对策基本法》规定的避难行动需要援助者的情况;相反,即使符合《灾害对策基本法》规定的避难行动需要援助者,也有不属于《推进足立区孤独零项目条例》规定的需要援助者的情况。因此,根据《推进足立区孤独零项目条例》第 2 条第 7 号规定制作的需要援助者名单中,有可能记载了避难行动需要援助者以外的人员,在发生灾害时,通过对照根据《灾害对策基本法》规定制定的避难行动需要援助者名单以及根据《推进足立区孤独零项目条例》第 6 条规定制作的需要援助者名单(除需要援助者的住址、姓名、年龄、性别外,还需记载从本人那里询问收集的事项),可以掌握需要确认避难行动需要援助者以外的需要关怀者的安全。

在灾难发生或即将发生时,可用于避难援助行动的名单不限于市区町村制作的,自治会等地方团体制作的名单也可以利用。为获取居民信赖的同时,制作并有效利用这些名单,必须通过适当的程序制作并管理名单。为保证这一点,箕面市设立了名单的公共认证制度。《箕面市放心共享名单条例》①规定,通过制定相关程序标准,可以让市民放心地允许制作和利用为激活地区团体活动、灾害及其他紧急联系中有用名单,在促进公民活动的同时,以加深地区公民的社会团结,谋求城市与地区之间的合作,推进安全城镇发展为目的(第 1 条)。该条例虽然禁止目的外利用"放心共享名单",但是在灾害及其他紧急情况下,为保护人们的生命、身体或财产安全,在征求"放心共享名单"上记录者同意困难时,允许目的外利用(第 13 条第 1 项),也可以用于灾害时的避难援助等。该条例通过规定箕面市认证地域团体制作名单的法律程序、管理规则,提高市民的信赖度以及实现名单制作的意义。

---

① 倉田哲郎「まちの課題解決のための条例制定~箕面市条例三題噺:名簿·カラス·災害時」,市政,62 卷 6 号.25 頁以下参照。

（四）避难后的援助

避难行动需要援助者到避难场所避难后的应对也很重要。为防止避难后与灾害关联的伤亡,建议避难援助等相关人员将避难行动需要援助者名单移交给负责避难场所的人员。地方政府应考虑通过各自的《个人信息保护条例》制定相应规定,采取措施使该建议成为可能。即使是避难后,如果没有得到必要的援助,应该适用《个人信息保护条例》的紧急条款,通过避难者的个人信息的目的外利用或提供,使避难者尽快获得援助。如果紧急条款难以适用的,建议援助机构向个人信息保护相关审议会等提交申请,在获得同意的情况下,名单信息可以不经本人同意即可目的外利用或提供,并尽早制定相关申请程序。如果避难后需要向民间援助团体提供避难者个人信息的,最好是事先明确规定可以提供给何团体的判断标准。例如,岩手县在获得个人信息保护审议会的同意后,于 2012 年 3 月 19 日制定《与受灾者援助相关的个人信息提供的团体标准》。这个标准规定,符合以下要件的团体,即:团体的生活重建项目具有公益性;受灾者信息的处理目的与其项目内容具有吻合性;提供信息的范围、项目具有合理性;提供受灾者信息具有必要性;项目实施具有可能性;遵守个人信息保护措施具有可能性;避免侵犯本人权益具有可能性的,地方公共团体或援助人员可以向其提供灾害时需要援助者名单。

（五）平时名单信息提供

最后,对 2013 年灾害对策基本修订后市区町村面临的选择问题进行探讨。这个选择问题,就是指市区町村必须依据法律的规定,选择无须本人同意、或是在征得本人同意的情况下,将平时的避难行动需要援助者名单提供给民生委员、自主防灾组织的问题。选择无须本人同意可以提供的,类似《涩谷区震灾对策综合条例》那样,除在防灾相关条例中设置特别规定的方式以外,也可以规定采用向个人信息保护审议会等申请同意的方式提供名单信息;选择需要本人同意才可以提供的,也可以在法律中明文规定选择退出方式条款,或者也可以采取向审议会等申请获得同意后的选择退出方式以取得谅解;也有市区町村选择平时可以向自主防灾组织分发避难行动需要支援者名单,但在紧急时刻之前禁止利用的折中选择。

《灾害对策基本法》考虑到名单信息中包含有敏感信息,以及平时的生命、身体遭遇危险只是抽象的可能性,所以平时提供名单信息原则上需要本人同意。但在法律中又设置有平时提供名单信息不用本人同意的特例,前提是要采取万全措施防止名单信息泄露、目的外利用和提供。对于《灾害对策基本法》第 49 条之 12 所规定的防止泄露的必要措施,不应该只停留在单纯的指导上,应该规定提供和接收双方必须签订协议,让接受者履行合同上的义务。此外,针对违反该法第 49 条之 13 规定的保密义务未规定处罚条款的问题,其实在法律中规定允许平时提供名单信息特例的情况下,并不排除对其违反规定的处罚。当然,如果制定惩罚规定,可能会造成民生委员、自主防灾组织等机构的过度萎缩,使平时的避难援助等活动受到阻碍,也有可能会陷入"矫角杀牛"(磨瑕毁瑜)的弊病。因此,对于这个问题,有必要充分听取民生委员、自主防灾组织等援助机构以及避难行动需要支援者的意见后再作判断,建议由福利部局、防灾部局的负责人、民生委员、自主防灾组织、避难行动需要支援者等多方利益相关者参与其中深入讨论。

Use and protection of personal information in disaster prevention administration in Japan

Abstract：The elderly and the disabled are the most severely affected by disasters. It is very important to strengthen the construction of the rescue system for those in need of assistance during disasters, so Japan has frequently revised relevant laws. This paper focuses on the use and protection of the personal information of those who need assistance in disaster prevention administration as stipulated in the Basic Law on Disaster Countermeasures amended in 2013. The law clearly stipulates that the municipal mayors of grass-roots administrative organs have the obligation and management responsibility to make a list of those in need of assistance, and makes detailed provisions on the list records, internal use and provision rules, confidentiality obligations, etc., but the use and provision of list information in ordinary exercises conflicts with the principles of soliciting consent, prohibiting use for purposes other than the purpose, and consenting to provide. In order to promote the smooth progress of disaster relief operations and better protect people's lives, bodies and personal information security, it is necessary to fully discuss the flexible use of emergency clauses and interest clauses.

Keywords：Disaster prevention administration；use of personal information；protection；disaster assistance list

《欧洲人工智能伦理条例》
（立法动议、提案及解释性陈述）*

席　斌**/译

摘要：欧洲议会法律事务委员会于2020年4月21日向欧盟委员会提交了《就人工智能、机器人和相关技术之伦理方面提出立法建议的报告草案〔2020/2012(INL)〕》。在该份草案中，欧盟在全球范围内率先提出了人工智能伦理治理的欧洲立法规划，即《欧洲议会和欧盟理事会关于开发、部署和使用人工智能、机器人和相关技术伦理原则的条例（立法提案）》（简称《欧洲人工智能伦理条例》）。作为目前欧盟内部已知首个且唯一的人工智能伦理治理的法律方案，条例之提案旨在为欧盟人工智能相关技术的开发、部署和使用构建出内容完备的伦理治理监管框架。该框架着重整合出法律意义层面上的人工智能五大伦理规范，包括安全特性、透明度和问责制，非偏见和非歧视，社会责任和性别平衡，环境友好和可持续性以及隐私和生物识别。以此为基础，欧洲立法者又强调了伦理治理在人工智能等相关技术在开发、部署和使用全过程中的重要性，并倡议各成员国乃至欧盟层级建立独立的监管机构以求实现前述伦理规范在欧盟区域内的一体适用。

关键词：人工智能；伦理治理；透明度；非歧视；社会责任

一、就确立开发、部署和使用人工智能、机器人和相关技术伦理原则提请欧洲议会进行决议之立法动议

欧洲议会，考虑到：

---

* 基金项目：山西省哲学社会科学规划课题"山西推进城市社会治理数字化转型的政治保障研究"（2024YB058）。

** 译者简介：席斌，男，山西师范大学社会学与法学学院讲师、企业合规研究中心副主任，法学博士，研究方向为数字法学。

——《欧洲联盟运行条约》第 225 条。

——《欧洲联盟运行条约》第 114 条。

——理事会 2018 年 9 月 28 日《关于设立欧洲高性能计算联合项目的第 2018/1488 号条例》。①

——欧洲议会和理事会 2018 年 6 月 6 日《关于建立 2021—2027 数字欧洲计划提案的通讯〔COM（2018）0434〕》。

——欧盟委员会 2020 年 2 月 19 日致欧洲议会、理事会、欧洲经济和社会委员会以及地区委员会《关于人工智能——欧洲追求卓越和信任的方法的通讯〔COM（2020）0065〕》。

——欧盟委员会 2020 年 2 月 19 日致欧洲议会、理事会、欧洲经济和社会委员会以及地区委员会的《关于欧洲数据战略的通讯〔COM（2020）0066〕》。

——欧盟委员会 2020 年 2 月 19 日致欧洲议会、理事会、欧洲经济和社会委员会以及地区委员会的《关于塑造欧洲数字未来的通讯〔COM（2020）0067〕》。

——欧洲议会 2017 年 2 月 16 日《关于就机器人技术民事法律规则向欧盟委员会提出立法建议的决议》。②

——欧洲议会 2017 年 6 月 1 日《关于欧洲工业数字化的决议》。③

——欧洲议会 2018 年 9 月 12 日《关于自动武器系统的决议》。④

——欧洲议会 2018 年 9 月 11 日《关于数字时代语言平等的决议》。⑤

——欧洲议会 2019 年 2 月 12 日《关于欧洲人工智能和机器人技术全面工业政策的决议》。⑥

——欧盟委员会设立之人工智能高级别专家组 2019 年 4 月 8 日题为《可信赖的人工智能道德准则》的报告。

——考虑到应依科学和技术未来小组（STOA）要求编写的简报和研究报告,该小组由欧洲议会研究处的科学远见小组负责管理,题为"如果算法能够遵守伦理原则怎么办""人工智能门户:法律和伦理思考""算法责任和透明度的治理框架""我们应该

① 官方公报 L 类第 252 期,2018 年 10 月 8 日,第 1 页。
② 官方公报 C 类第 252 期,2018 年 7 月 18 日,第 239 页。
③ 官方公报 C 类第 307 期,2018 年 8 月 30 日,第 163 页。
④ 官方公报 C 类第 433 期,2019 年 12 月 23 日,第 86 页。
⑤ 通过的文本,编号:P8_TA(2018)0032。
⑥ 通过的文本,编号:P8_TA(2019)0081。

害怕人工智能吗""人工智能的伦理:问题和倡议"。

——欧洲议会《议事规则》第 47 条和第 54 条。

——考虑到外交事务委员会,国内市场和消费者保护委员会,运输和旅游委员会,公民自由、司法和内政委员会,就业和社会事务委员会,环境、公共卫生和食品安全委员会以及文化和教育委员会的意见。

——法律事务委员会的报告(A9-0000/2020)。

引言

A. 鉴于人工智能、机器人和相关技术正在迅速发展,有可能直接影响我们社会的各个方面,包括基本的社会和经济原则和价值观。

B. 鉴于欧盟及其成员国对确保这些技术为其公民的福祉和普作出益做出贡献负有特殊责任。

C. 鉴于欧盟内部开发、部署和使用人工智能、机器人和相关技术的共同框架应既保护公民免受潜在风险,又提升这些技术在世界范围内的可信度。

D. 鉴于议会已经进行了大量研究,并就与这些技术相关的法律和伦理问题表明了若干立场。

E. 鉴于这些问题应通过一个全面的、经得起未来考验的法律框架来解决,该框架应反映《条约》和《基本权利宪章》所载的欧盟原则和价值观,这将为企业和公民带来法律确定性。

F. 鉴于为了使该框架的适用范围更为全面,它应涵盖广泛的技术及其组成部分,包括算法、软件和它们使用或产生的数据。

G. 鉴于该框架应涵盖所有需要适当考虑欧盟原则和价值观的情况,即相关技术及其组成部分的开发、部署和使用。

H. 鉴于采用统一方法来处理与人工智能、机器人和相关技术相关联的伦理原则,需要在联盟中对这些概念,诸如算法、软件、数据或生物特征识别等达成共识。

I. 鉴于在开发、部署和使用人工智能、机器人和相关技术时,需要统一应用共同的伦理原则,因此在联盟层面采取行动是合理的。

J. 鉴于只有在确定了负责确保、评估和监控合规性的人员时,共同伦理原则方为有效。

K. 鉴于各会员国应设立一个国家监管机构,负责确保、评估和监控遵守情况,并与有关利益攸关方和民间团体密切合作，以促成观点意见的讨论和交换。

L. 鉴于议会仍在呼请建立一个欧洲机构，以确保整个欧盟采取协调一致的方法来应对新的机遇和挑战，特别是由当前技术发展带来的跨境机遇和挑战。

（一）以人为中心的人工智能

1. 声明：人工智能、机器人和相关技术的开发、部署和使用，包括但不限于人类的开发、部署和使用，应始终尊重人类的能动性和监督权，并允许随时恢复人类的控制权。

（二）风险评估

2. 认为应根据公正、受规制管理的外部评估，来确定人工智能、机器人及相关技术在遵守伦理原则方面是否属于高风险。

（三）安全特性、透明度和问责制

3. 坚持对于人工智能、机器人技术和相关技术，包括这些技术使用或产生的软件、算法和数据，应以安全、技术严谨之方式及善意地进行开发。

4. 强调可解释性对于确保公民信任这些技术而言至关重要，即使可解释性的程度与技术的复杂性有关，并且应辅之以可审计性和可追溯性。

（四）非偏见和非歧视

5. 谨记人工智能、机器人和相关技术的开发、部署和使用，包括这些技术使用或产生的软件、算法和数据，应尊重人的尊严，并确保人人享有平等待遇。

6. 申明应通过为设计及使用软件、算法和数据的过程制定规则来解决软件、算法和数据中可能存在的偏见和歧视问题，因为这种方法有可能将对软件、算法和数据转化为对其偏见和歧视的巨大制衡，并成为社会变革的积极力量。

（五）社会责任和性别平衡

7. 强调对社会负责的人工智能、机器人和相关技术应保障和促进我们社会的基本价值观，如民主、多样化和独立的媒体以及客观和自由获得的信息、健康和经济繁荣、机会平等、工人和社会权利、优质教育、文化和语言多样性、性别平衡、数字素养、创新和创造力。

8. 建议通过负责任的研究和创新,最大限度地发挥人工智能、机器人和相关技术在这方面的潜力,这需要欧盟及其成员国充分调动资源。

9. 坚持认为这些技术的开发、部署和使用不应对个人或社会造成任何形式的伤害或损害。

(六)环境与可持续发展

10. 指出人工智能、机器人和相关技术必须支持实现可持续发展、气候中和与循环经济目标;这些技术的开发、部署和使用应是对环境友好的,并有助于在其生命周期和整个供应链中尽量减少对环境造成任何损害。

11. 建议通过负责任的研究和创新,最大限度地发挥人工智能、机器人和相关技术在这方面的潜力,这需要欧盟及其成员国调动资源。

12. 强调这些技术的开发、部署和使用为实现联合国概述的可持续发展目标提供了众多机会。

(七)隐私和生物识别

13. 注意到因对人工智能、机器人和相关技术的开发、部署和使用而产生的数据生产和使用,包括生物识别数据等个人数据,正在迅速增加,从而强调依据欧盟法律尊重公民的隐私权及个人数据保护的需要。

14. 指出这些技术所提供的使用个人数据和非个人数据对人进行分类和微观目标定位、识别个人弱点或利用准确预测知识的可能性,必须根据数据最小化原则、根据自动处理和设计隐私获得决策解释的权利以及基于目的的相称性、必要性和限制原则进行权衡。

15. 强调各国政府当局在国家紧急状态期间,如在国家健康危机期间使用远程识别技术时,其使用应始终相称、有时间限制并尊重人的尊严和基本权利。

(八)治理

16. 指出对人工智能、机器人和相关技术的开发、部署和使用进行适当治理,包括制定注重问责制和应对偏见和歧视的潜在风险的措施,如此方可提高公民对这些技术的安全感和信任度。

17. 注意到数据在人工智能、机器人和相关技术的发展中被大量使用,对这些数据的处理、共享和访问必须按照数据质量、完整性、安全性、隐私和控制的要求进行管理。

18.强调需要确保属于弱势群体,如残疾人、病人、儿童、少数群体和移民,的数据得到充分保护。

（九）国家监管机构

19.注意到由每个会员国的国家监管机构负责确保、评估和监测在开发、部署和使用人工智能、机器人和相关技术方面遵守伦理原则所带来的附加价值。

20.表示此类机构不仅应相互联络,还应与欧盟委员会和欧盟其他相关机构、实体、办事处和机关联络,以保证协调一致的跨境行动。

21.吁请这些机构通过向相关利益攸关方,特别是中小企业或初创企业提供援助,以促进与民间团体的定期交流和欧盟内部的创新。

（十）欧洲人工智能机构

22.谨记欧洲议会于2017年2月16日就机器人技术民事法律规则向欧盟委员会提出立法建议的决议,该决议要求委员会考虑指定一个欧洲人工智能机构。

23.吁请委员会对这一要求采取后续行动,特别是考虑到前一段所述的内容,在联盟层级设立一个机构来协调由每个国家监管机构的任务和行动所带来的附加价值。

24.相信这样一个机构,以及下一段中提到的认证,不仅将有利于联盟产业的发展和在这方面的创新,还将提高联盟公民对这些技术固有的机遇和风险的认识。

（十一）欧洲伦理合规认证

25.建议欧洲人工智能机构在任何开发商、部署者或用户提出请求,要求其证明各自国家监管机构对合规性的积极评估后,制定与授予欧洲道德合规证书相关的共同标准和申请流程。

（十二）国际合作

26.强调欧盟关于开发、部署和使用这些技术的道德原则应通过与国际伙伴合作并与具有不同开发和部署模式的第三国联络的方式在全世界推广。

27.回顾这些技术固有的机遇和风险具有全球性,需要在国际一级采取一致的办法,因此呼吁委员会在双边和多边环境下开展工作,倡导和确保道德合规。

28. 指出了上述欧洲机构在这方面可以带来附加价值。

(十三)最后方面

29. 在对与人工智能、机器人和相关技术的伦理层面有关的方面进行上述思考后,得出的结论是,人工智能伦理应由一系列原则构成,从而在欧盟一级形成一个由国家主管当局监督、经欧洲人工智能机构协调和加强并在内部市场得到适当尊重和认证的法律框架。

30. 按照《欧洲联盟运作条约》第225条规定的程序,请委员会根据《欧洲联盟运作条约》第114条并遵循本文件附件所载的详细建议,提交一份关于开发、部署和使用人工智能、机器人和相关技术的道德原则条例的立法提案。

31. 建议欧盟委员会审查适用于人工智能、机器人和相关技术的现行欧盟法律,以便根据本报告附件所载建议,解决因这些技术快速发展带来的问题。

32. 认为如果设立一个新的欧洲人工智能机构,其所要求的提案将产生经费问题。

33. 指示其主席将本决议及所附详细建议转交委员会和理事会。

二、《关于开发、部署和使用人工智能、机器人和 相关技术伦理原则的条例》之立法提案

(一)提案的主要原则和目标

1. 该提案的主要原则和目标是:

(1)通过确保以遵循伦理的方式开发、部署和使用人工智能、机器人和相关技术,以建立对这些技术的信任。

(2)支持欧盟人工智能、机器人和相关技术的发展,包括通过帮助企业和初创企业评估和解决发展过程中的监管要求和风险。

(3)通过提供适当的监管框架,支持在欧盟部署人工智能、机器人和相关技术。

(4)通过确保以遵循伦理的方式开发、部署和使用人工智能、机器人和相关技术,支持在联盟中使用这些技术。

(5)要求在公民之间以及开发、部署或使用人工智能、机器人和相关技术的组织内部有更好的信息流动,以确保这些技术符合拟议条例的伦理原则。

2. 提案的组成部分。

该提案由以下部分组成：

（1）《关于开发、部署和使用人工智能、机器人和相关技术的伦理原则的条例》。

（2）欧洲人工智能机构和欧洲伦理合规认证。

（3）欧盟委员会的支持作用。

（4）每个成员国的"监管机构"为确保人工智能、机器人和相关技术适用伦理原则而开展的工作。

（5）利益攸关方的参与、协商和支持，包括初创企业、企业、社会伙伴和其他民间团体的代表。

3.《关于开发、部署和使用人工智能、机器人和相关技术的伦理原则的条例》以下述原则为基础：

（1）以人为中心及人造的人工智能、机器人和相关技术。

（2）人工智能、机器人和相关技术的风险评估。

（3）安全特性、透明度和问责制。

（4）防止偏见和歧视的保障措施。

（5）人工智能、机器人和相关技术中的社会责任和性别平衡。

（6）环境友好和可持续的人工智能、机器人和相关技术。

（7）尊重隐私和使用生物识别的限制。

（8）与人工智能、机器人和相关技术有关的治理，包括因这些技术使用或产生的数据。

4. 委员会在遵守开发、部署和使用人工智能、机器人和相关技术的伦理原则方面的主要任务是：

（1）监测拟议条例的执行情况。

（2）提高认识，提供信息，并与整个联盟的开发者、部署者和用户进行交流。

5. 欧洲人工智能机构应根据委员会的详细建议成立，该建议应包括以下主要任务：

（1）监督拟议条例的实施。

（2）发布有关拟议条例应用的指南。

（3）与每个成员国的"监管机构"进行联络，协调它们的命令和任务。

（4）制定符合道德原则的欧洲证书。

（5）支持与相关利益攸关方和民间团体的定期交流。

6. 各成员国"监管机构"的主要任务:

(1)评估在欧盟开发、部署和使用的人工智能、机器人和相关技术,包括因这些技术而使用或产生的软件、算法和数据,是否属于高风险技术。

(2)监控其是否符合拟议条例中规定的道德原则。

(3)与其他监管机构、欧盟委员会和欧盟其他相关机构、实体、办事处和机关的合作。

(4)负责制定人工智能、机器人和相关技术的治理标准,包括与尽可能多的利益攸关方和民间团体代表进行联络。

7. 利益攸关方的关键作用应是与欧盟委员会、欧洲人工智能机构和每个成员国的"监管机构"进行接触。

(二)立法提案案文

《欧洲议会和欧盟理事会关于开发、部署和使用人工智能、机器人和相关技术伦理原则的条例》(提案文本)

——考虑到《欧洲联盟运作条约》,特别是其中第114条。

——考虑到欧洲联盟委员会的提议。

——立法草案转交各国议会后。

——考虑到欧洲经济和社会委员会的意见。

——按照普通立法程序行事。

鉴于条款:

(1)人工智能、机器人和相关技术的开发、部署和使用,包括因这些技术而使用或产生的软件、算法和数据,都是基于为社会服务的愿望。但它们可能在带来机遇的同时带来风险。因此,从开发、部署这种技术到使用这种技术,都应该通过一个全面的伦理原则法律框架来处理和管控这些机遇和风险。

(2)在开发、部署和使用人工智能、机器人和相关技术方面,包括在联盟中使用或由这些技术产生的软件、算法和数据方面,所有成员国所遵守伦理原则的程度在应该是同等的,以便其有效地抓住机遇,并始终如一地应对这些技术所产生的风险。应确保本条例中规定的规则在整个联盟中的适用是同质的。

(3)在这种情况下,目前全联盟遵循的规则和做法的多样性对保护个人和社会的福祉和繁荣构成了重大风险,也对协调一致地探索人工智能、机器人和相关技术在促进和维护福祉和繁荣方面的全部潜力构成了重大风险。对这些技术所固有的伦理层面的考虑程度各异,会妨碍它们在联盟内部的自由开发、部署或使用,这种差异会对在欧盟一级开展经济活动构成障碍,扭曲竞争,妨碍联盟机构履行其根据欧盟法律承担的义务。此外,在人工智能、机器人和相关技术的开发、部署和使用方面缺乏一个共同的伦理原则框架,这将给所有参与者,即开发者、部署者和用户带来法律上的不确定。

(4)然而,本条例应为成员国提供回旋余地,包括考虑到本条例规定的目标,以及如何执行各自国家监管机构的任务。

(5)这种框架的地理应用范围应涵盖在欧盟开发、部署或使用的人工智能、机器人和相关技术的所有组成部分,包括部分技术可能位于欧盟之外或不存在具体位置的情况,例如云计算服务。

(6)欧盟需要对人工智能、机器人、相关技术、算法和生物识别等概念达成共识,以便采取统一的监管办法。但是,具体的法律定义需要在本条例的背景下制定,且不对其他法案和国际司法管辖区中使用的其他定义产生影响。

(7)人工智能、机器人和相关技术的开发、部署和使用,包括这些技术使用或产生的软件、算法和数据,应确保考虑到公民的最佳利益,并应尊重《欧洲联盟基本权利宪章》(下称《宪章》)、欧洲联盟法院的既定判例法以及适用于欧盟的其他欧洲和国际文书中规定的基本权利。

(8)人工智能、机器人和相关技术被赋予了从数据和经验中学习的能力,以及做出有根据的决策的能力。这种能力需要继续受到有意义的人类审查、判断、干预和控制。技术和操作复杂性绝不应成为这种情况的阻碍,即此类技术的部署者或用户在遵守本条例规定的原则存在风险的情况下,至少能够更改或停止其运行。

(9)任何人工智能、机器人和相关技术,包括这些技术使用或产生的软件、算法和数据,如果存在违反安全、透明、问责、无偏见或非歧视、社会责任和性别平衡、环境友好性和可持续性、隐私和治理等原则的高风险,从伦理原则遵守的视角,应按照国家监管机构公正、规范的外部风险评估结论,将其认定为高风险。

(10)尽管风险评估是在遵守伦理原则的情况下进行的,但人工智能、机器人和相关技术,包括这些技术使用或产生的软件、算法和数据,应始终按照客观标准并根据适用于不同领域(如卫生、交通、就业、司法和内政、媒体、教育和文化领域)的相关具体领域立法来评估其风险。

(11)可信赖的人工智能、机器人技术和相关技术,包括这些技术使用或产生的软件、算法和数据,应以安全、透明和负责任的方式进行开发、部署和使用,以鲁棒性、弹性、安全性、准确性和错误识别、可解释性和可识别性为基础,并且在不符合这些安全特征的情况下,可以暂时禁用和恢复其原有功能。

(12)开发者、部署者和用户有责任在他们参与人工智能、机器人和相关技术的范围内遵守安全、透明和问责原则,包括这些技术使用或产生的软件、算法和数据。开发者应确保相关技术的设计和构建符合安全特性,而部署者和用户应在完全遵守这些特性的情况下部署和使用相关技术。

(13)开发者和部署者应向用户提供相关技术的任何后续更新,即软件方面的更新。

(14)如果用户对这些技术的参与影响了对本条例中所规定的安全性、透明度和问责制要求的遵守,则用户应善意地使用人工智能、机器人和相关技术。这尤其意味着,他们不得以违反本法律框架中所规定的伦理原则及其所列要求的方式使用这些技术。除了这种善意的使用之外,用户还应免除本条例中所规定的开发者和部署者的任何责任。

(15)公民对人工智能、机器人和相关技术的信任,包括这些技术使用或产生的软件、算法和数据,取决于对技术流程的理解和领悟。这类流程的可解释性程度应取决于这些技术所产生之错误或不准确输出的语境和后果的严重程度,并需要足以对其提出质疑和寻求补救。可审计性和可追溯性应有助于弥补这类技术难以理解的情况。

(16)社会对人工智能、机器人和相关技术的信任,包括这些技术使用或产生的软件、算法和数据,取决于相关技术对其评估、可审计性和可追溯性的支持程度。如果他们的参与程度需要,开发者应该确保这些技术的设计和构建能够实现这样的评估、审计和可追溯性。部署者和用户应确保人工智能、机器人和相关技术的部署和使用完全符合透明度要求,并允许审计和可追溯。

(17)软件、算法和数据中的偏见和歧视是非法的,应该通过规范设计和使用它们的程序来加以解决。

(18)人工智能、机器人和相关技术使用或产生的软件、算法和数据在下述情况下应被视为有偏见,例如,基于个人、社会或部分偏见以及随后对与其特征相关的数据的处理,它们显示出与任何个人或群体相关的次优结果。

(19)根据欧盟法律,人工智能、机器人和相关技术使用或产生的软件、算法和数据在下述情况下应被视为歧视性的，因为它们基于个人特征等理由，在没有客观或合理理由的情况下，以不同方式对待一个人或一群人，包括将他们置于与他人相比而言的不利地位。

（20）根据联盟法律，可能客观证明个人或群体之间的任何差别待遇的合理合法目标是保护公共安全、安保和健康，预防刑事犯罪，保护个人权利和自由、公平代表性和客观职业要求。

（21）人工智能、机器人和相关技术，包括这些技术使用或产生的软件、算法和数据，应在可持续发展的基础上发挥作用。这些技术应全面促进实现联合国概述的可持续发展目标，以使子孙后代能够繁荣昌盛。此类技术可以支持在可持续性和社会凝聚力指标的基础上监测适当的进展，并通过使用负责任的研究和创新工具，要求欧盟及其成员国调动资源，支持和投资于实现这些目标的项目。

（22）人工智能、机器人和相关技术的开发、部署和使用，包括这些技术使用或产生的软件、算法和数据，绝不应对个人或社会造成任何形式的伤害或损害。因此，应以对社会负责的方式开发、部署和使用这些技术。

（23）就本条例而言，开发者、部署者和用户在介入相关人工智能、机器人和相关技术的范围内，应对个人和社会造成的任何伤害或损害负责。

（24）特别地，决定和控制人工智能、机器人和相关技术的开发过程或方式的开发者，以及参与具有操作或管理功能部署的部署者，通常应被认为有责任通过在开发过程中采取适当的措施和在部署阶段完全遵守这些措施来避免任何此类伤害或损害的发生。

（25）对社会负责的人工智能、机器人和相关技术，包括这些技术使用或产生的软件、算法和数据，可以被定义为既保护又促进社会若干不同方面的技术，这些方面最显著的是民主、健康和经济繁荣、机会平等、工人权利和社会权利、多样化和独立的媒体以及客观和自由获得的信息、公众辩论之允许、优质教育、文化和语言多样性、性别平衡、数字素养、创新和创造力。上述技术也是在适当考虑到其对公民身心健康的最终影响的情况下予以开发、部署和使用的。

（26）还应开发、部署和使用这些技术，以支持社会包容、多元化、团结、公平、平等和合作，并应通过研究和创新项目最大限度地发挥和发掘这些技术在这方面的潜力。因此，欧盟及其成员国应调动资源支持和投资于此类项目。

（27）应在负责任的研究和创新工具的基础上开展与人工智能、机器人和相关技术处理社会福祉问题的潜力有关的项目,以保证从一开始就遵守这些项目的伦理原则。

(28)人工智能、机器人和相关技术的开发、部署和使用,包括此类技术使用或产生的软件、算法和数据,应考虑到它们所产生的环境影响,不应在其生命周期和整个供应链中对环境造成损害。因此,应以有助于实现气候中和与循环经济目标的环保方式来开发、部署和使用此类技术。

(29)就本条例而言,开发者、部署者和用户应在介入开发、部署或使用人工智能、机器人和相关技术的范围内,对给环境造成的任何损害负责。

(30)特别地,决定和控制人工智能、机器人和相关技术的开发过程或方式的开发者,以及参与具有操作或管理功能部署的部署者,通常应被认为有责任通过在开发过程中采取适当的措施和在部署阶段完全遵守这些措施来避免这种(对环境造成之)损害的发生。

(31)还应开发、部署和使用这些技术,以支持实现减少废物产生、减少碳足迹、防止气候变化和避免环境退化等环境目标,并应通过研究和创新项目以最大限度地发挥和发掘这些技术在这方面的潜力。因此,欧盟及其成员国应调动资源支持和投资于此类项目。

(32)应在负责任的研究和创新工具的基础上开展与人工智能、机器人和相关技术在解决环境问题方面的潜力有关的项目,以保证从一开始就遵守这些项目的伦理原则。

(33)欧盟在开发、部署和使用的任何人工智能、机器人和相关技术的过程中,包括这些技术使用或产生的软件、算法和数据,都应充分尊重欧盟公民的隐私权和个人数据保护权。特别是,它们的开发、部署和使用应符合欧洲议会和理事会的(欧盟)第2016/679号条例①以及欧洲议会和理事会的第2002/58/EC号指令。②

(34)在使用生物识别等远程识别技术自动识别个人身份时,应适当考虑使用人工智能、机器人和相关技术的伦理界限,包括这些技术使用或产生的软件、算法和数据。当各政府当局在国家紧急状态期间,例如在国家健康危机期间使用这些技术时,使用应当相称,并确定其使用标准,以便能够确定是否、何时以及如何使用,并且这种使用应当注意其心理和社会文化影响,同时适当考虑到《宪章》规定的人性尊严和基本权利。

---

① 《2016年4月27日欧洲议会及欧盟理事会为保护自然人之个人数据处理与自由流通制定第2016/679号欧盟条例(个人数据保护条例)取代第95/46/EC号欧盟指令》(官方公报L类第119期,2016年5月4日,第1页)。

② 《欧洲议会和欧盟理事会于2002年7月12日关于电子通信行业中的个人数据处理和隐私保护的2002/58/EC号指令(隐私和电子通信指令)》(官方公报L类第201期,2002年7月31日,第37页)。

（35）提高公民对人工智能、机器人和相关技术的开发、部署和使用的信任度，包括这些技术使用或产生的软件、算法和数据。

（36）现有的相关治理标准包括，例如，由欧盟委员会设立的人工智能高级别专家组起草的《值得信赖的人工智能道德准则》，以及由欧洲标准化委员会（CEN）、欧洲电工标准化委员会（CENELEC）和欧洲电信标准协会（ETSI）在欧洲一级、国际标准化组织（ISO）和电气和电子工程师协会（IEEE）在国际一级采用的其他技术标准。

（37）多个参与者共享和使用的数据是敏感的，因此，人工智能、机器人和相关技术的开发、部署和使用应受反映质量、完整性、安全性、隐私和控制要求的相关标准和协议的管辖。数据治理战略应侧重于对此类数据的处理、共享和获取，包括其适当管理性和可追溯性，并保证充分保护属于弱势群体的数据，包括残疾人、患者、儿童、少数群体和移民。

（38）本条例中所规定的伦理原则有效适用将在很大程度上取决于成员国任命一个独立的公共机构作为监督机构。具体而言，每个国家监管机构应负责评估和监测由本条例所规定的被视为高风险的人工智能、机器人和相关技术的合义务性。

（39）各国监管机构还应承担监管这些技术治理的责任。因此，他们在加强联盟公民的信任度和安全感以及促成一个民主、多元和公平的社会方面可以发挥重要作用。

（40）各国监管机构应在相互之间以及与欧盟委员会和欧盟其他相关机构、实体、办事处和机关间开展定期的实质性合作，以保证协调一致的跨境行动，并根据本条例规定的道德原则，在欧盟内部一致开发、部署和使用这些技术。

（41）各国监管当局应确保聚集最多数量的利益攸关方，如行业、企业、社会伙伴、研究人员、消费者和民间团体组织，并提供一个多元化的论坛，以供反思和交流意见，以得出可理解和准确的结论并指导如何监管治理。

（42）此外，各国家监管机构应向开发者、部署者和用户提供专业的行政指导和支持，特别是在遵守本条例规定的原则方面遇到挑战的中小型企业或初创企业。

（43）举报使联盟机构注意到潜在的和实际违反联盟法律的行为，以防止会发生的伤害、损失或损害。此外，报告程序改善了公司和组织内部的信息流，从而降低了开发有缺陷或错误的产品或服务的风险。开发、部署或使用人工智能、机器人和相关技术（包括这些技术使用或产生的数据）的公司和组织应建立举报渠道，举报违规行为的人员应受到保护，防止遭到报复。

（44）人工智能、机器人和相关技术的快速发展，包括这些技术使用或产生的软件、算法和数据,以及机器学习、推理过程和其他技术的发展是不可预测的。因此,建立一个审查机制是适当的和必要的,根据该机制,除了报告本条例的适用情况之外,委员会还应定期提交一份关于可能修改本条例适用范围的报告。

(45)由于本条例的目标,即建立一个在欧盟开发、部署和使用人工智能、机器人和相关技术之伦理原则的法律框架,无法单由各成员国予以充分实现,而因其规模和效果,可以在联盟层级更好地实现,欧盟可以根据《欧洲联盟条约》第5条规定的辅助原则采取措施。根据该条规定的相称性原则,本条例不超出实现该目标所必需的范围。

(46)本条例中所规定的联盟层面的行动宜经由建立欧洲人工智能机构来实现。此机构对于协调各成员国国家监管机构的任务和行动,释明人工智能、机器人和相关技术风险评估的客观标准,制定和发布符合本条例规定的伦理原则的认证,支持与相关利益攸关方和民间团体的定期交流,通过国际合作促进欧盟的做法以及确保在全球范围内一致应对这些技术固有的机遇和风险等方面而言至关重要。

第1条 立法目的

本条例的目的旨在为欧盟人工智能、机器人和相关技术的开发、部署和使用建立一个伦理原则的监管框架。

第2条 适用范围

本条例适用于人工智能、机器人和相关技术,包括在欧盟开发、部署或使用的此类技术使用或产生的软件、算法和数据。

第3条 地理范围

本条例适用于在欧盟开发、部署或使用的人工智能、机器人和相关技术,不论这些技术使用或产生的软件、算法或数据是否位于欧盟之外或其有无特定的地理位置。

第4条 定 义

就本条例而言,适用下列定义:

(a)"人工智能"是指除其他之外,收集、处理和解释结构化或非结构化数据、识别模式和建立模型的软件系统,以便得出结论或根据这些结论在物理或虚拟维度上采取行动。

(b)"机器人技术"是指使机器能够执行传统上由人类执行任务的技术,包括人工智能或相关技术。

（c）"相关技术"是指使软件能够部分或完全自治地控制物理或虚拟过程的技术，能够通过生物特征数据来检测人员身份或人员特定特征的技术以及复制或以其他方式利用人类特征的技术。

（d）"软件"是指用代码表示的一组指令，是计算机运行和执行任务所必需的。

（e）"算法"指软件在执行任务时执行的计算或其他问题解决操作的模型。

（f）"数据"是指定义为并存储在代码中的信息。

（g）"开发"是指为了创造或培训人工智能、机器人和相关技术，或为了创造现有人工智能、机器人和相关技术的新应用而进行的算法构建和设计、软件编写与设计或数据的收集、存储和管理。

（h）"开发者"是指做出决定并控制人工智能、机器人和相关技术的发展过程或方式的任何自然人或法人。

（i）"部署"是指人工智能、机器人和相关技术的操作和管理，以及将它们投放市场或以其他方式提供给用户。

（j）"部署者"是指参与人工智能、机器人和相关技术的部署并具有操作或管理功能的任何自然人或法人。

（k）"使用"是指除开发或部署以外与人工智能、机器人及相关技术有关的任何动作。

（l）"用户"是指出于开发或部署目的而使用人工智能、机器人和相关技术的任何自然人或法人。

（m）"偏见"是指基于个人特征对一个人或一群人形成的任何成见或部分个人或社会看法。

（n）"歧视"是指没有客观或合理理由，对一个人或一群人形成的任何差别待遇，因此被联盟法律所禁止。

（o）"伤害或损害"是指身体、情感或精神伤害，偏见、歧视或污名化，因缺乏包容性和多样性而造成的痛苦，财务或经济损失，就业或教育机会丧失，对选择自由的不当限制，错误定罪，环境损害，以及任何对个人有害的违反联盟法律的行为。

（p）"治理"是指确保开发者、部署者和用户在一套正式的规则、程序和价值观的基础上采用并遵守最高标准和适当的行为规范，并允许他们在伦理问题出现时或出现之前适当处理这些问题。

第5条 人工智能、机器人及相关技术的伦理原则

1.任何人工智能、机器人和相关技术,包括这些技术使用或产生的软件、算法和数据,应根据本条例中规定的伦理原则在联盟中开发、部署和使用。

2.人工智能、机器人和相关技术的开发、部署和使用,包括这些技术使用或产生的软件、算法和数据,应以确保充分尊重人的尊严和《宪章》规定的基本权利的方式进行。

3.对人工智能、机器人和相关技术的开发、部署和使用,包括对这些技术使用或产生的软件、算法和数据的开发、部署和使用,应符合公民的最佳利益。特别地,鉴于这些技术的潜力及其提供的机会,在任何时候都应考虑到保护和促进社会、环境和经济福祉的需要。

第6条 以人为本与人类制造的人工智能

1.应以以人为本的方式开发、部署和使用任何人工智能、机器人和相关技术,包括因这些技术而使用或产生的软件、算法和数据,目的是通过保障人的自主权和决策权及确保人的能动性,为民主、多元和公平社会的存在做出贡献。

2.对第1款所列技术的开发、部署和使用应保证在任何时候都有充分的人为监控,特别是在开发、部署或使用的过程中有违反本条例中规定的伦理原则的风险之时。

3.对第1款所列技术的开发、部署和使用方式应允许随时恢复人类控制,包括在开发、部署或使用的过程中可能违反本条例中规定的伦理原则时,以改变或停止这些技术方式。

第7条 风险评估

1.就本条例而言,人工智能、机器人和相关技术,包括此类技术使用或产生的软件、算法和数据,如有违反本条例中所规定伦理原则的重大风险,应被视为高风险技术。

2.如果人工智能、机器人和相关技术被视为高风险技术,则应由第14条提及的国家监管机构对这些技术是否符合本条例规定的义务进行评估和监测。

3.在不影响第1款的情况下,对人工智能、机器人和相关技术(包括此类技术使用或产生的软件、算法和数据)的风险评估,应根据在联盟层级所协调的客观标准并按照可适用的部门立法进行。

第8条 安全特性、透明度和问责制

1.联盟开发、部署或使用的任何人工智能、机器人和相关技术,包括此类技术使用或产生的软件、算法和数据,应以确保其不违反本条例中规定的伦理原则的方式进行。特别地,它们应:

(a)以一致的方式予以开发、部署和使用,使其不追求或不开展设定之外的目标或活动。

(b)以灵活的方式予以开发、部署和使用,以确保足够的安全水平,并防止任何技术漏洞被用于不公平或非法目的。

(c)以安全的方式予以开发、部署和使用,以确保有安全措施,包括在违反本条例所规定的伦理原则之风险情况下有后备计划和行动。

(d)开发、部署和使用的方式确保人们能够给予信任,在实现目标和开展设想的活动方面,业绩是可靠的,包括确保所有业务都是可重复的。

(e)开发、部署和使用的方式确保特定技术的目标和活动的实现是准确的;如果无法避免偶尔的不准确,系统应通过适当的免责声明向部署者和用户指出错误和不准确的可能性。

(f)以易于解释的方式予以开发、部署和使用,以确保能够对技术的技术流程进行审查。

(g)开发、部署和使用的方式应能够警告用户他们正在与人工智能系统进行交互,并及时向人工智能开发者、部署者和用户披露他们的能力、准确性和局限性。

(h)根据第6(3)条,以在不符合(a)至(g)项规定的安全特性的情况下,有可能暂时禁用相关技术并恢复对其历史功能的方式开发、部署和使用。

2.根据第6(2)条,应以透明和可追溯的方式来开发、部署和使用第1款中提及的技术,以使其要素、流程和阶段符合最高标准,并使第14条中提及的国家监管机构能够评估此类技术是否符合本条例中规定的义务。特别地,这些技术的开发者、部署者或用户应负责并能够证明符合第1款中规定的安全特性。

3.第1款所述技术的开发者、部署者或用户应确保为确保符合第1款所述安全特性而采取的措施能够由第14条所述的国家监督机构进行审计。

4.如果用户使用人工、机器人和相关技术,包括这些技术使用或产生的软件、算法和数据,是出于善意,并且绝不违反本条例中规定的伦理原则,则应推定用户遵守了本条例中规定的义务。

第9条　非偏见和非歧视

1.联盟开发、部署或使用的人工智能、机器人和相关技术所使用或产生的任何软件、算法或数据应确保尊重人的尊严和所有人的平等待遇。

2.对联盟开发、部署或使用的人工智能、机器人和相关技术使用或产生的任何软件、算法或数据应不带偏见,并且在不影响第3款的情况下,不得基于种族、性别、性取向、怀孕、残疾、身体或遗传特征、年龄、少数民族、族裔或社会出身、语言、宗教或信仰、政治观点或公民参与、公民身份、公民或经济地位、教育或犯罪记录等理由进行歧视。

3.作为对第1款和第2款的减损,并且在不损害关于治理非法歧视联盟法律的情况下,只有在存在相称及必要的、客观的且合理和合法目标的情况下,才能证明个人或群体之间的任何差别待遇是合理的,只要不存在对平等待遇原则造成较少干扰的替代办法。

第10条　社会责任和性别平衡

1.任何人工智能、机器人和相关技术,包括这些技术使用或产生的软件、算法和数据,应在联盟内按照相关联盟法律、原则和价值观进行开发、部署和使用,以确保最佳的社会、环境和经济结果,并且不会对个人或社会造成任何伤害或损害。

2.本联盟开发、部署或使用的任何人工智能、机器人和相关技术,包括这些技术使用或产生的软件、算法和数据,应以对社会负责的方式开发、部署和使用。特别地,这种方式意味着这些技术是:

(a)以有助于改善个人发展、集体福祉和民主健康运行的方式进行发展、部署和使用,同时不干涉政治进程、决策和选举,也不助长虚假信息的传播。

(b)以有助于实现公平社会的方式进行发展、部署和使用,帮助增强公民的健康和福祉,促进平等创造和提供经济、社会和政治机会,并尊重工人的权利。

(c)以有助于公共辩论、补充和增强人类认知技能、鼓励优质教育和促进使用多种语文的方式进行开发、部署和使用,同时反映联盟的文化多样性。

(d)以性别平衡的方式进行开发、部署和使用,通过为所有人提供平等机会缩小性别差距。

(e)开发、部署和使用的方式有助于缩小各区域、各年龄组和各社会阶层之间的数字鸿沟,促进数字素养和技能发展、增强创新意识和创造力,同时尊重知识产权。

3. 联盟及其成员国应鼓励旨在提供基于人工智能、机器人和相关技术的解决方案的研究项目,这些项目旨在寻求促进社会包容、多元化、团结、公平、平等和合作。

4. 第14条提及的国家监管机构应监测联盟内普遍存在的人工智能、机器人和相关技术(包括这些技术使用或产生的软件、算法和数据)的社会影响,以避免对社会机构和社会关系的破坏性影响以及社会技能的退化。

第11条 环境友好和可持续性

1. 任何人工智能、机器人和相关技术,包括这些技术使用或产生的软件、算法和数据,应按照欧盟法律、原则和价值观在欧盟开发、部署或使用,以确保实现最佳的环境友好型结果,并在其生命周期和整个供应链中最大限度地减少其环境足迹,以支持实现气候中和与循环经济目标。

2. 欧盟及其成员国应鼓励和促进旨在提供基于人工智能、机器人和相关技术的解决方案的研究项目,寻求解决废物产生、碳足迹、气候变化和环境退化等环境问题。

3. 任何人工智能、机器人和相关技术,包括这些技术使用或产生的软件、算法和数据,应由第14条所明确的国家监管机构来进行环境友好型和可持续性评估,并确保采取措施减轻其对自然资源、能源消耗、废物产生、碳足迹、气候变化和环境退化的总体影响。

第12条 隐私和生物识别

1. 在本条例范围内进行的任何个人数据处理,包括从非个人数据和生物特征数据中获得的个人数据,应根据欧盟(EU)2016/679号条例和2002/58/EC号指令进行。

2. 根据第5条第(2)款,如果各成员国政府当局为应对国家紧急情况而部署或使用生物识别等远程识别技术,这些政府当局应确保这种部署或使用仅限于特定目标,并在时间上受到限制,同时应在适当考虑到人性尊严和《宪章》规定的基本权利的前提下进行。

第13条 治 理

1. 联盟所开发、部署或使用的人工智能、机器人和相关技术应符合第14条所述的国家监管机构根据联盟法律、原则和价值观制定的相关治理标准。

2. 联盟开发、部署或使用的人工智能、机器人和相关技术所使用或产生的数据,应由开发者、部署者和用户根据第 1 款中提及的相关标准以及相关行业和商业协议进行管理。特别地,开发者和部署者应在可行的情况下,对人工智能、机器人和相关技术所使用的外部数据源进行质量检查,并应建立关于其收集、存储、处理和使用的监管机制。

3. 在不损害其使用人工智能、机器人和相关技术产生数据的人员之可携权和个人权利的情况下,对本联盟开发、部署或使用的人工智能、机器人和相关技术所使用或产生的数据的收集、存储、处理、共享和访问应符合第 1 款中提及的相关标准以及相关行业和商业协议。特别地,开发者和部署者应确保在人工智能、机器人和相关技术的开发和部署过程中适用这些协议,明确规定处理和授权访问这些技术所使用或产生的数据的要求,以及处理和授权访问这些数据的目的、范围和对象,所有这些都应始终是可被审计和追踪的。

第 14 条　监管机构

1. 各成员国应指定一个独立的公共机构负责监督本条例的实施("监管机构")。根据第 7(1)和(2)条,各国监管机构应负责评估在欧盟开发、部署和使用的人工智能、机器人和相关技术(包括此类技术使用或产生的软件、算法和数据)是否属于高风险技术;若是,则负责评估和监控其是否符合本条例中规定的伦理原则。

2. 各国家监管机构应促进本条例在全联盟中的一体适用。有鉴于此,特别是在建立第 13(1)条所述的治理标准方面,各成员国的监管机构应相互合作,并与欧盟委员会及其他机构、实体、办事处和机关展开合作。

3. 各国监管机构应负责监督治理标准在人工智能、机器人和相关技术方面的适用,包括与尽可能多的利益攸关方联络。为此,各成员国监管机构应提供一个与利益攸关方作定期交流的论坛。

4. 各国监管机构应就本条例中规定的伦理原则之一般适用提供专业与行政的指导及支持,包括对中小型企业或初创企业的指导及支持。

5. 各成员国应通过[请在生效后 1 年内输入日期]向欧盟委员会通知其根据本条通过的法律规定,并毫不延迟地通知影响这些条例的任何后续修正案。

6. 各成员国应采取一切必要措施,确保实施本条例中规定的伦理原则。各成员国应支持相关利益攸关方及民间团体在联盟和国家层级致力于确保人工智能产业及时、合乎伦理和知情地应对新的机遇和挑战，特别是应对人工智能、机器人和相关技术相关的技术发展带来的跨境机遇和挑战。

第 15 条 举报违规行为和保护举报人

欧洲议会和欧盟理事会第（EU）2019/1937 号指令①应适用于举报违反本条例的行为，并保护此类违规行为的举报人。

第 16 条 欧盟第 2019/1937 号指令修正案

欧盟第 2019/1937 号指令修改如下：

（1）在第 2（1）条中，增加以下内容：

"（xi）开发、部署和使用人工智能、机器人及相关技术。"

（2）在附件第一部分中，增加了以下内容：

"第 K.2（1）条第（a）（xi）点——人工智能、机器人和相关技术的开发、部署和使用。"

"（xxi）欧洲议会和理事会关于开发、部署和使用人工智能、机器人和相关技术的伦理原则的第［XXX］号条例。"

第 17 条 审 查

委员会应定期审查人工智能、机器人和相关技术的发展，包括这些技术使用或产生的软件、算法和数据，并应在［请在生效后 3 年内输入日期］后每 3 年向欧洲议会、理事会和欧洲经济和社会委员会提交一份关于本条例适用的报告，包括对本条例适用范围的可能修改的评估。

第 18 条 生 效

1. 本条例应自其在联盟官方公报上发布后的第 20 日起生效。自 XX 起开始适用。

2. 根据建立欧洲联盟的条约，本条例应完全具有约束力，并直接适用于各成员国。

---

① 《欧洲议会和欧盟理事会 2019 年 10 月 23 日关于保护举报违反欧盟法律者的第 2019/1937 号指令》（官方公报 L 类第 305 期，2019 年 11 月 26 日，第 17 页）。

三、立法动议及提案之解释性陈述

在 1982 年的电影《银翼杀手》中,瑞秋(Rachael)————一个为一家制造其他"复制人"的公司工作的"复制人",即有感知能力的人形机器人,对以消灭流氓复制人为生的赏金猎人德卡德(Deckard)说:"看来你觉得我们的工作对公众没有好处。"

德卡德回答道:"复制人就像任何其他机器一样——他们要么是一种利益,要么是一种危险。如果他们是一种好处,那不是我的问题。"

(一)益处与危害

人工智能在我们在公共场所、工作场所和社会中互动的所有机器上的大规模安装,将意味着或已经意味着一场只能与过去工业革命所预示的变革相媲美的技术变革。生活将不再一样,劳动力市场、人们与政府机构的关系、个人关系甚至我们的家庭环境都将发生深刻的变化——想想我们家中所有设备中的"物联网"实际上意味着什么。如此巨大的技术巨变让我们陷入了《银翼杀手》所引发的两难境地:任何技术都有益处和危险。当我们谈及人工智能的问题时,我们谈论的是前所未有的益处和/或风险,因为它具有内在的力量。

(二)欧盟在建立法律框架中的作用

然而,当公共行政部门处理这一现象时,我们不能接受德卡德(Deckard)的职业犬儒主义。对于欧洲议会而言,利用这些技术对欧洲福祉和竞争力的潜在好处,就像是与监控它们的内在风险,或者预先防范由这些风险实际表现出来的后果同等重要。因此,我们希望成为在法律上建立伦理门槛的先锋,这一门槛既能保护欧洲公民免受这一技术变革可能带来的不利影响,又能为全世界对欧洲人工智能的信任带来附加价值。该伦理门槛符合《欧洲联盟基本权利宪章》所载的欧洲原则和价值观,也完全符合我们项目的文明使命。我们的规章制度必须受到人文主义和以人为中心的技术发展方法的启发。一套规则不仅适用于欧洲开发的人工智能,而且对任何打算在欧盟运营这项技术的人来说,这也是一项严格的监管要求。

至关重要的是,由此所确立的一系列权利和义务应在欧盟所有成员国之间共享和承担。一系列没有共同基准的国家法规可能意味着单一市场的崩溃,并破坏我们在世界上实现技术领先的集体努力。建立一个欧洲机构来负责监督该条例的制定,将助益于调和各成员国的法律和技术框架的制定。

（三）灵活且面向未来的监管

为了回应那些主张放弃行业自律的观点,最初的对话也有助于说明公众参与的必要性,以期实现超越单纯经济盈利的目标:欧盟机构必须努力避免决策过程中的歧视（无论其基础如何）,并利用这些技术的变革潜力,以推进建设一个更加公平、环境更加可持续的社会——特别强调消除基于性别的歧视——以及其他目标。该文本为欧洲各政府当局提供了能够解决这些问题的明确授权。

本条例还希望将一套雄心勃勃的要求与监管的便宜性相结合,避免向相关机构设置复杂的监管系统和/或强加沉重的官僚负担。条例还寻求建立一个足够灵活的框架,以适应不断变化的现实进展,同时允许该领域的发展规则去塑造更加具体的现实。

（四）一条综合的路径,包括建立国家监管机构

该条例旨在将监管扩展到所有高度复杂的技术领域,其具体包括了关于通过机器学习或深度学习的技术的发展、实施和演变的规定。在处理被定义为"高风险"的技术时,特别强调预防,即那些极有可能造成负面外部影响的技术和/或那些需要使用敏感材料以获得特殊保护的技术（在《条例》中也有定义）。它还规定了个人权利和远程识别技术的高度敏感问题,为其使用建立了许多保障措施。还为特殊情况制定了非常严格的临时材料框架,供各政府当局在发生重大紧急情况时使用。

该条例的另一个目标是鼓励所有公民,特别是受这些技术介入与/或影响的个人和群体,来参与这一监管框架的设计、开发、控制和监督。条例案文规定了各国监管机构的任务——它明确指出这是强制性的,以确保来自民间团体的必要和持续支持。同样地,它为人工智能的设计者、操作者和用户在透明度和问责制方面制定了雄心勃勃的要求。它还包括了用户以应有的礼貌行事之义务,以及确保他们善意使用技术的必要条件。

（五）可解释性、透明度、问责制、责任和治理

我们距离开发一种能够产生"心理历史"的算法还有很长的路要走,这是艾萨克·阿西莫夫（Isaac Asimov）在《基础》（*Foundation*）系列中的虚构科学。自由意志的概念

是人类不可分割的特征,目前似乎没有危险性。这种情况依然存在,尽管利害攸关的是从本质上预测历史大潮流的出现。我们民主的政府当局必须确保在人工智能技术的帮助下所做出的所有决定,无论大小,都不会是晦涩难懂的数学公式的结果。可解释性、透明度、问责制和责任将是在欧洲联盟开发和运行的人工智能不可或缺的特征。

简而言之,欧洲联盟必须是一个在保障公民权利和促进技术发展之间保持必要平衡的区域。我们的条例和监管机构制定的监管形式必须为世界其他地区树立榜样,并且应成为确保在全球层面充分治理这一现象的第一步。

European Ethical Regulation on Artificial Intelligence (The Legislative Motion, Proposal and Explanatory Statement for the Regulation)

Abstract: The Legal Affairs Committee of the European Parliament submitted the "DRAFT REPORT with recommendations to the Commission on a framework of ethical aspects of artificial intelligence, robotics and related technologies(2020/2012(INL))" on April 21, 2020. In this draft report, the European Union is the first to propose a European legislative plan for ethical governance in artificial intelligence globally, namely the "REGULATION OF THE EUROPEAN PARLIAMENT AND OF THE COUNCIL on ethical principles for the development, deployment and use of artificial intelligence, robotics and related technologies" (the translator refers to it as the European Ethical Regulation on Artificial Intelligence). As the first and only known legal framework for ethical governance in artificial intelligence within the European Union, the proposed regulation aims to build a comprehensive regulatory framework for the development, deployment, and use of AI related technologies in the EU. This framework focuses on integrating the five ethical norms of artificial intelligence at the legal level, including safety features, transparency and accountability, non-bias and non-discrimination, social responsibility and gender balance, environmental friendliness and sustainability, privacy and biometric recognition. Based on this, European legislators have emphasized the importance of ethical governance in the development, deployment, and use of technologies such as artificial intelligence, and have advocated for the establishment of independent regulatory bodies in member states and even at the EU level to a-chieve the integrated application of the aforementioned ethical norms within the EU region.

Keywords：Artificial intelligence；Ethical governance；Transparency；Non discrimination；Social responsibility

人工智能司法

人工智能视野下刑事速裁案件
快速审理机制研究

——以 3260 份判决书为样本分析*

陶明　许健**

摘要：建设智慧法院的背景下,通过对全国法院 2021 年审结的刑事速裁案件抽样实证考察发现:刑事速裁程序并未发挥出简案快审的立法本意。一方面法院案多人少的矛盾在不断激化;另一方面人工智能的天然技术优势,即数据量越大,机器学习的能力就越强,得出的参考结果亦越准确,最终让人工智能运用到刑事裁判中的呼声越来越高。然而,受制于将人类自然语言提取为裁判要素的技术瓶颈限制,目前人工智能技术还无法成功运用到所有刑事案件中。刑事速裁案件因相对简单、固定,可以通过运用刑事文书送达电子化,速裁案件审理网络化,判决文书自动生成化,卷宗材料自动生成及归档的人工智能技术,从而建立刑事速裁案件快速审理机制,以期真正发挥出刑事速裁程序简案快审的立法本意。

关键词：人工智能;刑事速裁;简案快审

引　言

中共中央办公厅、国务院办公厅印发《国家信息化发展战略纲要》明确指出:将建设"智慧法院"列入国家信息化发展战略。2018 年生效的新《中华人民共和国刑事诉讼

---

* 基金项目:江苏省高等教育教改研究重点课题"新法学落实立德树人的人才培养模式创新研究"(2021JSJG059)。

** 作者信息:陶明,江苏省淮安市淮安区人民法院法官;许健,淮阴师范学院法政学院副教授,南京财经大学法学院、常州大学史良法学院兼职硕导,法学博士。

法》确定了在基层人民法院管辖的可能判处三年有期徒刑以下刑罚的案件,对于案件事实清楚,证据确实、充分,被告人认罪认罚并同意适用速裁程序的,可以适用速裁程序审理案件。刑事速裁程序的确立,本意应为简案快审,一方面有助于改变以往从重从严打击犯罪的传统诉讼观,提倡刑事司法的人文情怀与理性关怀,体现宽严相济的刑事政策;另一方面更重要的是实现刑事案件繁简分流,提升司法办案效率,进一步缓解法院案多人少的矛盾,但刑事速裁程序在实际中运行,并未发挥出简案快审的理想效果。

随着人工智能、大数据等互联网技术的发展,最高人民法院亦在不断努力将人工智能技术引入法院的日常裁判工作中,但大家普遍认为,目前的人工智能技术适合解决的问题,一般都要满足有充分的数据和知识储备,而且需要是确定性问题、完全信息、静态的、有限任务和特定领域[1]。另外受制于人类自然语言的复杂性以及法学与计算机学科之间存在较大的差异,对于复杂的刑事案件,目前人工智能不能实现自动识别相关办案文书材料中语言文字,将其法律要素式化,且刑事证据裁判规则复杂,机器软件无法直接判断证据的客观性、合法性、关联性,但适用刑事速裁程序的案件特定、数据量大,且较为简单,同时适用罪名较为固定,在前期可以通过人工标注的方法,"教会"机器挖掘法律知识[2],实现法律要素式化,构建成计算机能够处理的数据模型,并通过运用人工智能中的机器深度学习、大数据分析等技术,建立起法律概念、法律法规、事实、证据之间的动态关联关系[3],实现法律知识图谱的构建,进而发挥出刑事速裁程序简案快审的立法本意,从而真正缓解法院案多人少的矛盾。

一、刑事速裁案件运行现状及问题提炼

（一）运行现状

为了能够充分对全国刑事速裁案件运行现状进行实证考察,笔者随机检索中国裁判文书网 2021 年全国法院 3260 份适用刑事速裁程序案件的判决书作为研究样本[4]。检索充分兼顾东部、中部、西部的不同经济发展水平以及受理案件数量的差异,共涉及

---

[1]　华宇元典法律人工智能研究院:《让法律人读懂人工智能》,法律出版社 2019 年版,第 8 页。
[2]　华宇元典法律人工智能研究院:《让法律人读懂人工智能》,法律出版社 2019 年版,第 28 页。
[3]　华宇元典法律人工智能研究院:《让法律人读懂人工智能》,法律出版社 2019 年版,第 23 页。
[4]　中国裁判文书网,http://wenshu.court.gov.cn,检索条件:刑事案件;认罪认罚、速裁程序;法院层级:基层法院;审判程序:刑事一审;文书类型:判决书;裁判年份:2021 年,2022 年 9 月 9 日访问。

22 个省、市,呈现出有代表性、随机性、涉及区域广的特点,选取的样本容量亦基本能反映出刑事速裁案件的适用现状(见表1),同时分析时尽量多方位、多角度考察,以期真正发现刑事速裁案件运行中存在的问题。

表 1 选取样本中涉及的省、市分布情况

省、市	案件数	所占比例	省、市	案件数	所占比例
北京	100	3.1%	天津	60	1.8%
河北	80	2.5%	上海	100	3.1%
江苏	420	12.9%	浙江	200	6.1%
福建	180	5.5%	山东	250	7.7%
广东	280	8.6%	辽宁	230	7.1%
山西	40	1.2%	安徽	120	3.7%
江西	60	1.8%	河南	240	7.4%
湖北	180	5.5%	湖南	100	3.1%
黑龙江	30	0.9%	重庆	170	5.2%
四川	180	5.5%	贵州	70	2.1%
云南	130	4.0%	陕西	40	1.2%

1. 认罪认罚案件中,刑事速裁程序适用率低

基层法院审理刑事案件的一审适用程序分为三种,即速裁程序、简易程序、普通程序。通过中国裁判文书网检索发现:2021 年全国基层法院一审以判决结案的案件共计398531 件,其中适用认罪认罚共计 316526 件(详细数据见下图 1),认罪认罚案件中适用简易程序的案件数占比接近一半,而适用速裁程序的案件数占比不超过三成,另外兼顾全国不同区域案件数量的差异性,笔者将上述选取的共计 22 个省、市依据东部、中部、西部划分(详细数据见下图 2),并进行数据统计发现:中部、西部地区适用刑事速裁程序案件总数未达到适用认罪认罚案件总数的三成,东部地区未超过四成,这亦印证了上述图 1 数据分析得出的结论。随着检察机关在审查起诉阶段对被告人适用认罪认罚制度的进一步扩大化,且基层法院一审判处三年有期徒刑以上刑罚的犯罪案件相对较少,故适用简易程序与适用速裁程序的条件界限越来越模糊,换言之,适用简易程序的案件绝大多数可以适用速裁程序①,而司法实践中,真正适用速裁程序审理的案件占比

---

① 当然前提还需要被告人明确同意适用速裁程序,但因被告人在审查起诉阶段已认罪认罚,被告人为了更快的结案,其一般都会明确同意。

不超过四成。刑事速裁程序的低适用率必然导致刑事速裁程序不能发挥出简案快审的
立法本意。

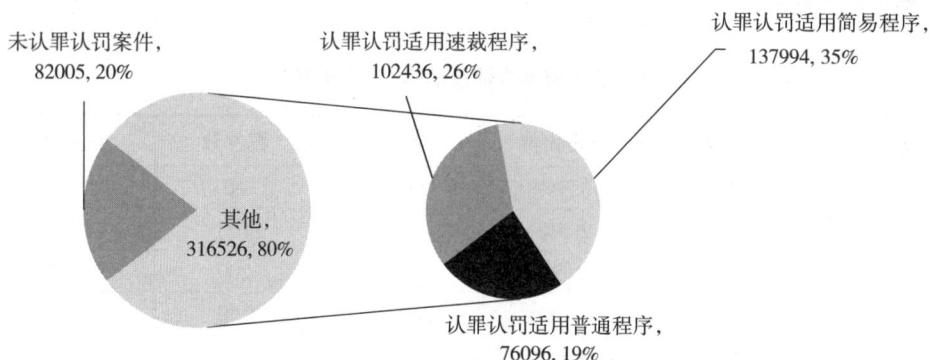

未认罪认罚案件，82005，20%
认罪认罚适用速裁程序，102436，26%
认罪认罚适用简易程序，137994，35%
其他，316526，80%
认罪认罚适用普通程序，76096，19%

图 1　适用刑事速裁程序占比情况

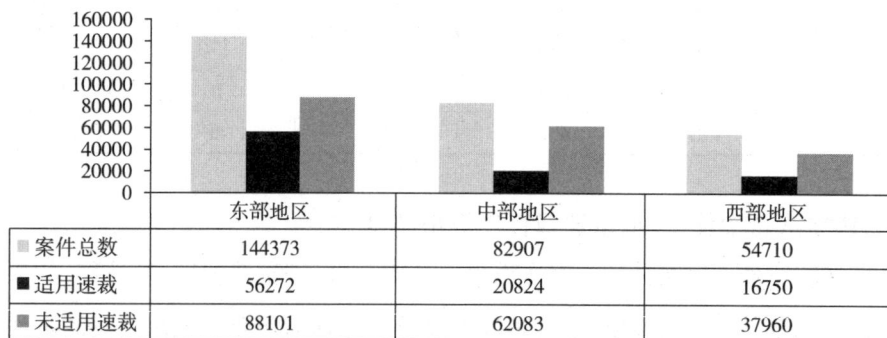

	东部地区	中部地区	西部地区
案件总数	144373	82907	54710
适用速裁	56272	20824	16750
未适用速裁	88101	62083	37960

图 2　不同地区适用刑事速裁程序案件情况

2. 适用速裁程序的案由相对固定，无法涵盖基层法院常见罪名

通过对选取的 3260 份样本罪名分析（数据见图 3）发现：适用速裁程序的案件固定
集中在几个罪名中，其中仅危险驾驶罪与盗窃罪就涵盖了半数以上的速裁案件，而基层
法院一审审理较多的诈骗、容留他人卖淫、非法持有枪支弹药、开设赌场、赌博、抢夺、重
大责任事故、敲诈勒索等案件，适用率几乎为 0。

3. 适用速裁程序的结案期限相对较长

在案件量较大的情况下，从审结一件适用刑事速裁程序案件所需的完整流程来看，
如果能将审结案工作的完成期限控制在 6 日内，那么应认为结案速度比较快，且应当视
为发挥出速裁程序简案快审的理想效果，而在对适用速裁程序的 3260 件案件的审理期
限进行分析发现（数据见图 4）：在 6 日内审结的案件数不超过 40%，一半左右的案件的

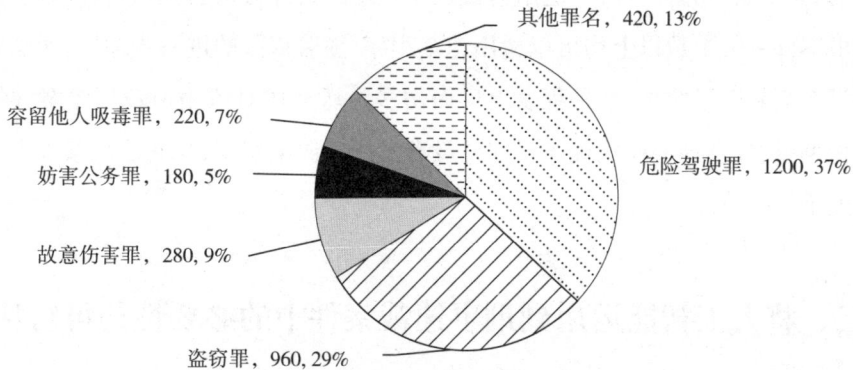

图3　适用速裁程序罪名分布情况

审理结案期限是在7—9日内,更有10%左右的案件的审理期限是卡在10日上,因适用速裁程序的案件一般审理期限即为10日,如果审理期限正好为10日,说明办案法官受制于速裁程序10日较短的审限,不得不结案,另对于判处有期徒刑一年以上刑罚的犯罪可以将审理期限延长至15日,有接近20%的案件审理期限是延长至15日。相对较长的审理期限,说明办案法官并没有因为速裁案件规定的程序简化而能提高结案效率。如果速裁程序仅凭审理期限的缩短而迫使法官加快办案进度,笔者认为这应不是立法的本意。

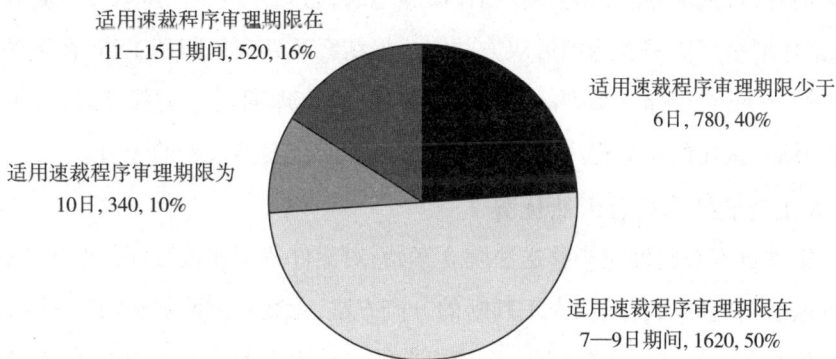

图4　适用速裁程序审理耗时期限情况

（二）问题的提炼

刑事诉讼法规定刑事速裁程序,仅主要就送达期限以及庭审中法庭调查以及法庭辩论进行简化,而其他的办理案件具体工作量几乎没有发生变化,且审理期限较原来简易程序的 20 日缩短为 10 日,另适用速裁程序审理的案件必须当庭宣判,而基层法院审理的刑事案件一般半数以上均可以适用速裁程序,随着审限的进一步缩短,而法官的工作量却没有实际明显减少,某种程度上反而增多。从上述对适用速裁程序案件情况的数据分析可以看出:刑事速裁程序目前并没有发挥出简案快审,化解法院案多人少矛盾的理想效果。

二、将人工智能运用到刑事速裁案件中的必要性与可行性

(一)必要性

1. 案多人少的矛盾引发现实紧迫性

随着立案登记制在全国法院的全面推开,刑事自诉案件的数量呈现逐年增长,在目前无法直接增加办案人员的情况下,案多人少的矛盾将在法院内部长期存在。2018 年生效的刑事诉讼法增加了认罪认罚与刑事速裁程序的内容,立法本意无疑在于针对刑事案件实行繁简分流,发挥出适用认罪认罚的速裁程序简案快审的效果,然而从目前运行的效果来看:刑事速裁程序案件从检察机关移送法院公诉立案始,法院送达刑事起诉书,讯问被告人是否认罪认罚以及同意适用刑事速裁程序,继续决定对被告人采取何种刑事强制措施,再到承办法官阅卷并制作阅卷笔录,通知并组织控辩双方开庭并当庭宣判,最后制作刑事判决书送达控辩双方并完成报结案及卷宗的归档工作,在案件不断持续增长的情况下,对于此一系列的工作需要在 10 日审理期限内全部完成,从某种程度上说,适用认罪认罚的速裁程序相反可能会进一步激化案多人少的矛盾。

2. 人工智能技术具有天然优势

公诉案件自审查起诉完毕移送法院立案始,对案件适用速裁程序的甄别工作,如果由立案庭或者刑庭的法官采用人工判断的分流方法,无疑一方面加大法官的工作量,另一方面不能将判断标准要素数据化,形成机器能自动识别的法律知识图谱,最终造成了简案复杂化、事倍功半的反面效果。另适用速裁程序的简案,目前仍然需要办案法官手动制作阅卷笔录、裁判文书、审理报告等材料及进行线下送达与庭审工作,此无疑又进一步降低办案效率,发挥不出简案快审的立法本意。

人工智能自诞生以来,理论和技术日益成熟,应用领域也不断扩大。人工智能可以对人的意识、思维的信息过程的模拟,其研究的一个主要目标是使机器能够胜任一些通

常需要人类智能才能完成的复杂工作①。人工智能技术中的大数据分析,其并不同于传统数据库需要基于前期统计数据的准确性,而是基于庞大的数据,即基于海量数据分析得出的结果,并非来自于更好的芯片或更好的算法,而是更多的数据②,因此对于案件适用速裁程序的甄别判断工作,如果通过使用人工智能技术,将案件事实、证据、定罪、量刑的事实分解成一个个可以量化和评估的数据指标要素,进行大数据分析,建立数据化模型,不断进行机器深度学习,构建作为法律大数据的核心概念的法律知识图谱③,构建知识图谱的主要目的是获取大量的、让计算机可读的知识④,实现刑事速裁案件程序适用的甄别由机器代替人工进行自动判断,同时亦可以自动生成相应的裁判文书及审理报告,另外对于阅卷笔录亦可以利用人工智能的图形识别系统对侦查卷宗进行智能扫描,自动生成相应的文书材料。

(二)可行性存在可要素式化基础

刑事案件的审理主要围绕犯罪事实、证据、定罪、量刑四个方面进行认定,如欲对于适用速裁程序案件进行快速审理,必然涉及上述四个方面可要素式化的问题研究,即需要构建相关知识图谱。

1. 犯罪事实的可要素式化

依据刑事证据裁判规则,案件审理查明的犯罪事实,是为定罪、量刑两大核心问题所服务,其通常可以分解为:犯罪发生的时间、地点、被告人的犯罪动机、目的、手段、行为的过程、危害结果以及被告人在案发后的表现等要素。因适用速裁程序的前提条件之一是被告人认罪认罚,其对公诉机关指控的犯罪事实通常不表异议,利用人工智能技术,将上述分解出的要素进行数据分析,形成通用的数据模型,以便生成对应的裁判文书事实部分,为后续的定罪、量刑所服务。

2. 定案证据的可要素式化

证据的种类与划分,刑事诉讼法已经做出了明确的规定,另外适用速裁程序的条件之一是被告人认罪认罚,且庭审中法官可以不用进行法庭调查环节,即没有举证、质证

---

① 参见科普中国·科学百科:《人工智能》,载 https://baike.baidu.com/item/人工智能/9180? fr = aladdin,2022 年 9 月 9 日访问。

② [英]维克托·迈尔-舍恩伯格、肯尼思·库克耶:《大数据时代》,盛杨燕、周涛译,浙江人民出版社 2013 年版,第 50 页。

③ 华宇元典法律人工智能研究院:《让法律人读懂人工智能》,法律出版社 2019 年版,第 27 页。

④ 华宇元典法律人工智能研究院:《让法律人读懂人工智能》,法律出版社 2019 年版,第 21 页。

环节,另外对于定案的证据,法官在裁判文书中通常亦采取罗列式简化撰写的方式,因此可以利用人工智能技术,将证据按照刑事诉讼法规定的种类进行数据要素化,最终通过数据不断分析积累,形成可复用的数据模型,以便裁判文书中直接生成证据认定部分。

3. 定罪构成要件的可要素式化

大陆法系国家刑法理论普遍认为,犯罪成立必须具备三个条件:构成要件符合性(或该当性)、违法性、有责性①。虽然我国刑法学理论中对于犯罪论的通说观点是四要件说,但目前阶层式的犯罪论观点对实务部门影响亦很大,然而实务中无论对于犯罪构成要件的认定采用的是四要件说还是三阶层说,二者皆可以将定罪的构成要件数据进行要素式化,但要先确认,是按照何种犯罪构成理论去构建知识图谱;然后在确定的大框架下,根据罪名的法律特征,精细化拆分犯罪构成要件要素,定义基本的法律模式图②。另外在认定犯罪事实部分,可以利用人工智能技术进行相关数据的要素式化,再通过对数据不断积累与对比分析进行深度学习,进而建立法律知识图谱,从而做出是否能够认定构成犯罪的直接判断。

4. 量刑情节要件的可要素式化

量刑的要素式化相对于定罪的要素式化要简单一些,因为刑法条文中具有多达四百多个罪名,而量刑即使将法定与酌定的量刑情节都加起来,数量亦相对有限,所以可以实现将不同量刑情节的构成要件进行数据要素式化。人工智能通过对数据的不断积累与对比分析进行深度学习,进而建立法律知识图谱,从而做出单个量刑情节的认定以及最终全案量刑结果的认定。

三、人工智能助力刑事速裁案件快速审理智能化

建立刑事速裁案件快速审理机制应是智慧法院建设的题中之义。智慧法院的建设,必然离不开人工智能技术的运用。智慧法院目前尚无通行的定义,但它的本质一定是以大数据、物联网技术为基础,与互联网实现完全对接融合,并与其他外部网络系统在云平台上进行和谐高效的协作,最终实现运用其智慧为法官和当事人提供便捷服

---

① 高铭暄、马克昌主编:《刑法学》,北京大学出版社、高等教育出版社 2016 年版,第 49 页。
② 华宇元典法律人工智能研究院:《让法律人读懂人工智能》,法律出版社 2019 年版,第 25 页。

务①。那对于适用刑事速裁程序的案件,具体如何运用人工智能技术,构建智慧法院,从而将快速审理的智能化的理念贯穿于每件案件的审理流程中,进而真正发挥出适用速裁程序简案快审的立法本意?

(一)人工智能助力云平台建设,实现刑事文书送达电子化

刑事文书的电子送达主要涉及起诉书、刑事强制措施文书、开庭通知相关文书、裁判文书等材料送达。刑事文书送达不像民事文书送达存在送达难的问题,但如果全部采取线下送达,无疑降低法官的办案效率,且适用速裁程序的案件,被告人均认罪认罚,一般拟对其采用取保候审的刑事强制措施,对于起诉书的送达(流程见下图5),可以结合人工智能技术进行人脸识别,在确定被告人身份的前提下,采用线上电子送达起诉书,告知其认罪认罚以及适用速裁程序的相关规定以及其他权利义务,并对其线上办理取保候审的强制措施手续,同时使用电子签证的技术;另外对于开庭的通知以及裁判结果,亦可以采取线上送达被告人。关于对被告人判处适用缓刑的,在线上送达判决书时,应及时告知被告人享有的上诉权利以及到司法机关进行缓刑报到的相关问题。对于与公安机关、检察机关、司法机关涉及的相关送达问题,可以建立联合办案信息辅助系统,打破不同司法机关之间信息壁垒,实现高效互联互通,并让数据共享成为可能②。

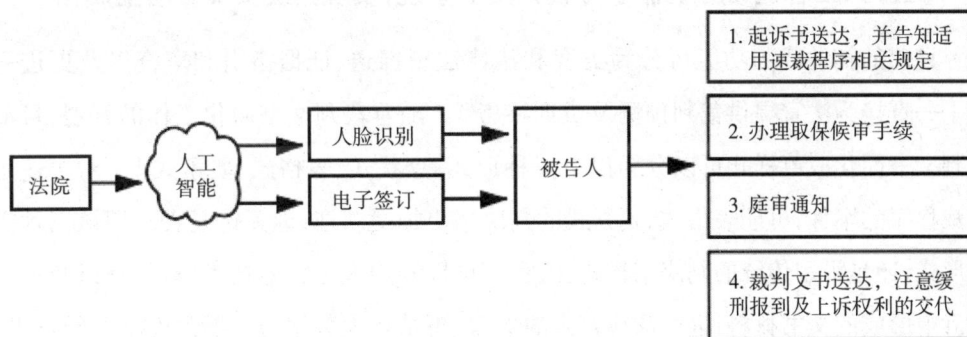

图 5　被告人线上送达流程

---

① 王克照主编:《智慧政府之路》,清华大学出版社 2014 年版,第 2 页。
② 王克照主编:《智慧政府之路》,清华大学出版社 2014 年版,第 91 页。

（二）人工智能助力线上法庭建设，实现速裁案件审理网络化

随着互联网法院的设立，建设线上法庭早已不是什么新鲜的事情。对于适用速裁程序的案件，因被告人庭前在送达起诉书时，已告知其适用速裁程序的相关规定，因此控辩双方对于案件事实、证据、定罪、量刑几乎不存在较大的争议，且刑事诉讼法已经明确规定对于庭审中的法庭调查与法庭辩论一般不组织开展，因此庭审中重点就是核实被告人身份的真实性，法官对此完全可以采用人工智能领域中已经较为成熟的人脸识别技术，确保庭审中被告人身份信息的真实性。对于适用速裁程序的案件采用网络庭审，利用人工智能领域中的语音识别技术，将庭审录音识别后的内容即时转换为庭审笔录，书记员只需要进行后续的审查校对工作[1]，这将降低书记员庭审记录的压力，实现一天开多个庭不再成为难事，另外对于庭审中核对较多的案件相关材料，可以基于语音识别技术，智能从系统中抓取需要展示的相关材料，并在庭审配置的多媒体设备上展现给法官，节省庭审中翻阅查找资料的时间[2]，从而加快案件审理的节奏，进一步缩短办案法官的审理期限，真正实现速裁程序追求的效率价值，另外对于适用速裁程序案件的庭审，通常法官一天可能需要开多个庭，而案件中公诉人与被告人均不同，采用线上庭审，可以较好地解决控辩双方当事人等待的时间，亦有助于提升检察机关的工作效率。

（三）人工智能助力机器学习裁判文书系统，实现判决文书自动生成化

目前的辅助裁判功能可分为类案和法律法规推送、证据指引和审查以及更进一步——直接为法官提供裁判预测及量刑参考[3]。随着裁判文书简化工作的开展，目前裁判文书简化改革样式可以分为以下三种形式：令状式、表格式、要素式[4]。对于适用速裁程序的案件，可能表格式、要素式的判决书更加受欢迎，但无论是否采用该三种简化形式，还是沿用传统的判决书样式，法官都可以利用人工智能技术，对侦查以及审查起诉中形成的文书材料，进行法律要素的提取，再结合大数据与机器深度学习的技术，

---

① 王婵媛、叶燕杰、江佳佳、张一博：《大数据、人工智能应用问题研究》，四川大学出版社 2020 年版，第 18 页。

② 王婵媛、叶燕杰、江佳佳、张一博：《大数据、人工智能应用问题研究》，四川大学出版社 2020 年版，第 19 页。

③ 王婵媛、叶燕杰、江佳佳、张一博：《大数据、人工智能应用问题研究》，四川大学出版社 2020 年版，第 19 页。

④ 邵海林：《裁判文书如何繁简分流》，《人民法院报》2015 年 7 月 26 日。

模拟法官审判过程,自动识别与智能提取并回填案件裁判要素,同时结合历史的裁判文书数据,智能自动生成适用刑事速裁程序案件的裁判文书,供法官参考与修改,直接辅助法官撰写裁判文书,为法官办案提供裁判预测及量刑参考。

具体来说,裁判文书的自动学习与生成系统,应当与目前已有的全国法院审判管理系统进行无缝对接。因机器对自然语言识别的处理难度,前期可能需要人工对案件相关事实、证据、定罪、量刑的要素进行标注,因机器具备智能不断深度学习的能力,随着系统中获取的数据量不断增大,机器亦能够不断提升智能识别提取要素的准确性,同时系统能够将犯罪事实中提取到的定罪、量刑的要素直接用作后续的判决书主文部分中的定罪与量刑结果的生成,另外系统的后台与前台应当区分开来(流程见下图6),前台应当尽可能做到界面简单,建议前台只需要导入公诉机关指控的起诉书,系统后台具备刑事案件相关法律、立法解释、司法解释库、本地区的量刑规范化实施细则库、历史类似案例库为数据支撑,依据强大智能的算法与芯片,自动生成相应的裁判文书,包括量刑具体结果以及援引的相关所有法条的汇总。案件的承办法官只需要对上述自动生成的判决书进行确认,或者对于认为存在瑕疵的地方,直接进行微调即可。

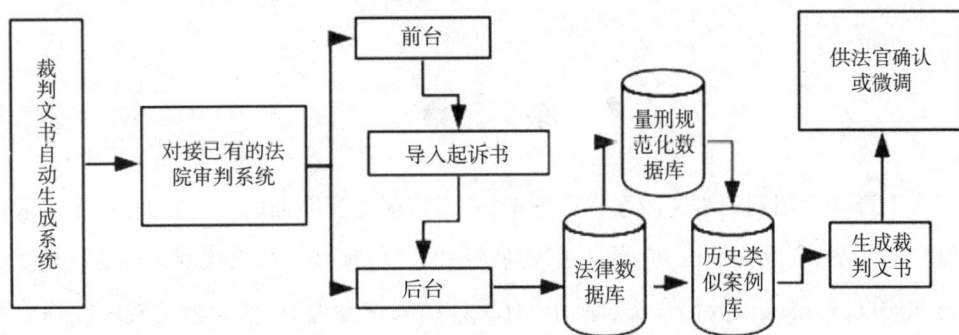

图6 裁判文书生成系统操作流程

(四)人工智能助力卷宗材料生成系统,实现卷宗材料自动生成及归档自动化

在传统的办案模式下,适用速裁程序案件的办理,法官除了撰写判决书以外,还需要制作阅卷笔录、审理报告、量刑表等文书材料,书记员还需要完成相应的卷宗的装订工作,另外案件的结案,还需要法官在审判管理系统上完成报结案的相关工作,这无疑都增加了法官与书记员的工作量,拉长了案件审理的期限。卷宗材料的自动生成系统

（见下图 7），可以让法官在上述一键自动生成裁判文书的基础上，依据自动生成的裁判文书，一键再生成审理报告以及量刑表，无须再以手动打字的形式撰写上述材料，另外对于阅卷笔录，法官可以利用系统进行侦查卷宗的智能扫描，同时结合刑事起诉书的内容，自动生成相应的阅卷笔录文书，另该系统应当与已有的审判管理系统进行对接，进行一键报结案，无须法官再手动点击填写相关材料，同时案件报结后，应当能自动生成对应的电子卷宗目录，无须书记员再进行纸质卷宗的装订工作，进一步真正提高适用速裁程序的办案效率。

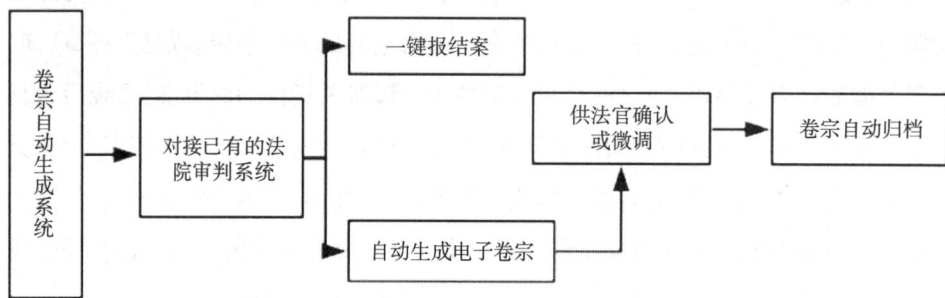

图 7　卷宗自动生成系统流程

结　语

人工智能运用到刑事速裁案件审理中，其定位应是智能辅助法官办案，而不是取代法官自动办案，更准确地说，应当是对裁判结果的一种预判。结果预判的目的只是提供支持和建议，最终决策权仍在法官手里，有统计结果作参考时，法官做的判断往往更准确。[①] 人工智能一方面确实在防止同案不同判、冤假错案的问题发生上，具有无可比拟的优势性；另一方面在生成的判决书说理上，可能存在千篇一律的问题，同时在生活中，司法裁判不应当只有尺度，而忽视温度的重要性，裁判应当注重政治效果、社会效果与法律效果的统一。最终做到案结事了服判息诉，依靠的不仅是最终判决结果的公正准确，更是法官在审判过程中体现的人文关怀、公正可靠和人格魅力。这一点无论社会如何发展，都是法官必备的品质，而机器人是难以做到的。

---

① ［美］伊恩·艾瑞斯：《大数据思维与决策》，宫相真译，人民邮电出版社 2014 年版，第 115 页。

Research on Rapid Trial of Criminal Quick Adjudication Cases from the Perspective of Artificial Intelligence

——Analysis of 3260 Judgments

Abstract: At present, the legislative intention of quick trial in criminal cases has not been fully expressed. On the one hand, the contradiction between more court cases and fewer people is constantly intensifying. On the other hand, artificial intelligence has the natural technological advantages of larger data volume, stronger machine learning ability, and more accurate reference results. Ultimately, the call for the application of artificial intelligence in criminal judgments is increasing. At the same time, the protection of party privacy and the security of trial data information are facing challenges, as well as the technical bottleneck of extracting human natural language as a judicial element. Artificial intelligence technology is still unable to be applied to all criminal cases. Criminal expedited cases are relatively simple and have fixed charges. Artificial intelligence technologies such as electronic delivery of criminal documents, networked trial, automatic generation of documents, and automatic generation and archiving of dossier materials can be used to prevent privacy leakage and pay attention to data security. On the basis of ensuring judicial stability and security, a rapid trial mechanism for criminal expedited cases can be established, give full play to the legislative intention of quick criminal adjudication procedures for simple cases and quick trials.

Keywords: artificial intelligence; criminal quick decision; element formalization; simple case quick trial; smart court

人工智能辅助司法价值计算的逻辑与进路

——以民商事案件核心价值观裁判说理为中心视角[*]

李　婷[**]

摘要：运用人工智能辅助价值计算的社会主义核心价值观裁判说理机制，可以实现司法价值判断的可视化、客观化、共识化。本文通过分析四级人民法院民商事核心价值观典型案例发现，价值介入裁判说理存在供需失衡、语言多歧义、法律方法运用顺序缺失、价值演算过程缺省的问题，其根源在于缺乏裁判说理制度与技术逻辑及应用场景的融合。构建适配人工智能辅助价值计算的裁判说理机制应从技术逻辑与法理基础的融合框架展开。在技术逻辑层，链接法律推理和文本解析形成认知计算，从价值位阶与价值权重建立数理基础；在说理规则层，通过价值语义网络和法律方法整饬构建法理基础；在司法政策层，通过裁判文书价值评注链接、案例热点发现及培育、算法监督及算法异议构建司法伦理保障，保持价值评论开放性以及法官终局决策地位。

关键词：人工智能；价值计算；裁判说理；价值评注

自 2021 年 1 月开始实施的《民法典》将"弘扬社会主义核心价值观"作为立法目的予以规范，奠定了社会主义核心价值观（以下简称核心价值观）作为民商事裁判说理的法律依据。最高人民法院于 2015 年 10 月发布了《在人民法院工作中培育和践行社会主义核心价值观的若干意见》，要求将核心价值观融入审判执行工作，又于 2021 年 1 月

---

　* 基金项目：本文为 2022 年度国家社会基金重大项目"民族自治地方社会治理现代化的机理与路径研究"（编号：22VMZ006）；2022 年度华中科技大学文科发展专项项目"大数据时代的生存方式及其法治回应研究"（编号：2022WKFZZX012）阶段性成果。

　** 作者信息：李婷，女，湖北武汉人，华中科技大学法学院，研究方向为法理学、人工智能与司法大数据、法律文书写作。

发布了《关于深入推进社会主义核心价值观融入裁判文书释法说理的指导意见》(以下简称《说理意见》),规范了运用核心价值观裁判说理的重点案件范围以及作用功能。现代科技发展的法伦理向度常常因科技异化发生偏离,德法并举是科技法伦理向度根本保障。① 司法裁判领域的"价值计算"是指将裁判理由中涉及价值评价的要件及其权重进行数值转化,并建立计算模型,以便计算机模拟法官对案件中的价值评判、价值冲突进行处理。② 人工智能辅助价值计算可以起到保障裁判中立、统一裁判尺度的功能,是结合法律科技和法律方法将公共政策融入裁判以实现智慧社会司法治理目标的关键途径,③其主要发展障碍在于价值判断的多层次、多面向和难以计量的难题。人工智能可以使价值表达和价值冲突决策的规则更加客观化、可视化、共识化,破除裁判说理模块化形成的"信息茧房"。④

一、人工智能辅助司法裁判价值计算的现实基础

人工智能辅助价值计算的前提是具有一定规模的裁判文书样本对于价值判断过程进行充分化、规则化的表述,以为价值计算提供充沛的数据基础和模型样本。运用社会主义核心价值观裁判说理的典型案例样本、相关政策制度以及司法人工智能技术应用构成了人工智能辅助司法裁判价值计算的现实基础。当前,相关典型案例样本反映了现有裁判说理实践中存在价值说理供需失衡、语义复杂、方法失序、过程缺省四个问题,而技术应用场景中存在算法技术缺陷、司法应用局限、法律思维缺位三重困境。现有的裁判说理司法政策制度已对价值观融入裁判说理机制的综合制度框架、典型案例培育、审判工作流程等进行了探索,下一步如何通过完善裁判说理机制弥合司法实践水平与技术应用需求之间的差距,是实现人工智能辅助司法裁判价值计算的关键环节。

---

① 何士青:《现代科技发展的法伦理思考》,《求索》2020 年第 2 期。

② 由于价值判断具有主观性、抽象性特征,价值的可计算性问题一直是人工智能实质性辅助司法裁判的关键障碍之一,近年来学界也初步展开了对司法裁判中的价值问题进行数值转化和建模的意义、可能性、条件、方法等相关探讨,鉴于理想状态的价值观念的文本表达与现实裁判说理水平存在差距,故本文期待借助裁判说理机制这一具象化的研究对象将"价值计算"问题朝实证化的方向推进一小步。参见彭中礼:《司法人工智能中的价值判断》,《四川大学学报(哲学社会科学版)》2021 年第 1 期;季卫东:《人工智能时代的法律议论》,《法学研究》2019 年第 6 期。

③ 宋保振:《司法的社会功能及其实现》,《济南大学学报(社会科学版)》2020 年第 6 期。

④ "信息茧房"是指现代媒体基于挖掘阅读习惯、用户偏好,主动推荐用户感兴趣的话题,推荐机制压缩了接触不同信息的机会,人们建设性公共讨论能力下降,形成"信息茧房"效应。参见施展:《破茧》,湖南文艺出版社 2020 年版,第 16 页。

（一）核心价值观裁判说理存在的四个问题

最高人民法院分别于 2016 年 3 月、8 月及 2020 年 6 月发布了三批 30 件核心价值观典型案例。笔者在"北大法宝"搜索查询到地方三级法院已发布核心价值观典型案例合计 32 批次共计 273 件,其中民商事案例 196 件。以上四级人民法院合计 35 批次 303 件核心价值观典型案例中,民商事案例 218 件,占总数 72%,其中最高人民法院 22 件,高级人民法院 51 件,中级人民法院 89 件,基层人民法院 56 件。①

通过 218 件民商事典型案例分析,核心价值观裁判说理实践存在以下问题:一是价值说理供需失衡。社会公众对核心价值观的说理需求主要集中于价值冲突复杂、没有形成广泛共识的案件。而典型案例主要类型集中在基层人民法院审理的较简单的民商事纠纷,其中侵权类案件 114 件,占 52.3%(含生命、健康、身体权、人格权、财产权、知识产权、环境保护纠纷);婚姻家庭类 36 件,占 16.5%(含婚姻、继承、赡养纠纷);合同类 53 件,占 24.3%(含买卖、赠与、其他合同纠纷);其他类(含劳动争议、无因管理、不当得利纠纷及特别程序)15 件,占 6.9%。四级法院大量案例的争点趋同,例如英烈保护、自甘风险等案件重复多次出现,而近两年引起网络热议的代孕亲子纠纷、涉金融风险合同效力纠纷等存在明显价值冲突的热点案件却未见。二是价值语义内涵复杂。12 个核心价值观是代表价值的主要语义标签,这些语义标签在不同案件中展现了完全不同的语义内涵。12 个核心价值观中出现频次最高的为诚信(54 件)、和谐(30 件)、文明(23 件),富强、民主二项空缺,有的案件涉及多个价值语义标签。同一价值语义存在多维度、多层次、多面向,例如"平等"价值在不同案例中体现为主体地位、权利内容、实现方式三个不同维度,在主体中可分为男女平等和集体成员平等,在内容中可分为继承权平等和生命权平等,在层次上可分为家庭内部个体利益平等和公共秩序中交易地位平等。三是法律方法运用顺序缺失。建立各种法律方法运用的先后顺序规则,既是规范司法裁量权的要求,也是价值计算建模的法理基础。72%的案件中核心价值观只是起到情理说服作用,仅有 28%的案件说明了与价值观结合运用的法律方法,其中有 2%论证了社会习惯等补充法源,有 2%运用了法律原则,有 1%运用了规范类推,有 19%运用了法律解释(文义解释 12%、体系解释 3%、目的解释 4%)。对于各类法律方法选择运用的前提和运用顺序在案例中均未说明。四是价值演算过程缺省。运用价值评价解

---

① 数据来源:北大法宝,网址:http://www.pkulaw.cn/,于 2022 年 1 月 23 日最后访问。

决何种类型的案件争议,以及在争议解决中如何对争议背后的价值冲突进行衡量、取舍、决策实质是法官内心进行价值问题演算的过程。典型案例运用价值观解决的争点包括事实认定(20 件)、确认及形成法律关系(47 件)、划分责任义务(126 件)、裁量责任幅度(15 件)、作出司法处罚(10 件),其实质是不同价值利益博弈权衡的结果,但对价值冲突的权衡与演算过程均未说明。

(二)司法人工智能应用场景的三重困境

1. 算法技术缺陷

人工智能法律技术中早期出现的法律专家系统基于知识结构的封闭性与法律价值挖掘的开放性矛盾,难以应对法律概念、价值观念的变迁和社会生活方式与新业态的变化;[1]机器学习能够避免知识系统封闭性的瓶颈,支持从人类决策中学习提取规则并形成新的算法,但容易出现"算法黑箱"不可解释难题,与司法裁判理由公开原则相违背,并且在基于统计学意义而非逻辑推理的算法训练中容易出现由于样本数据的非普遍性特征导致的"过拟合"现象,将特殊样本的规律误当成普遍规律,[2]导致算法模型不具有普适性而形成算法歧视和算法偏见。[3]

2. 司法应用局限

在域外,人工智能司法运用场景集中于四类:一是事前犯罪预防与数字取证;二是法庭审判辅助,包括司法工具智能化,使用预测编码作为案例文本分析工具[4];三是在线纠纷解决,通过算法协助完成在线协商、在线调解、在线仲裁或诉讼,为当事人提供基于模型计算的协商方案评估支持;四是在司法审判环节辅助诉非预测和辅助法官决策。[5] 在我国,截至 2020 年底全国支持辅助生成法律文书的法院达 3235 家,[6]相关开发有上海高院"刑事智能辅助办案(206)系统"、北京高院"睿法官"系统、河北高院智能 1.0 系统、苏州中院"案件裁判智能研判系统"、上海二中院"C2J 智能辅助办案系

① 魏斌:《司法人工智能融入司法改革的难题与路径》,《现代法学》2021 年第 3 期。
② David Danks, Alex John London, "Algorithmic Bias in Autonomous Systems", in Carles Sierra eds., *Proceedings of the Twenty — Sixth International Joint Conference on Artificial Intelligence*, 2017, pp.4691-4697.
③ 周志华:《机器学习》,清华大学出版社 2016 年版,第 23 页。
④ 於兴中:《预测编码在司法中的应用简介》,《经贸法律评论》2018 年第 1 期。
⑤ 郑戈:《司法科技的协调与整合》,《法律适用》2020 年第 1 期。
⑥ 中国社会科学院法学研究所法治指数创新工作组:《中国法院"智慧审判"第三方评估报告(2019)》,载陈甦、田禾主编:《中国法院信息化发展报告(2021)》,社会科学文献出版社 2021 年版,第 35 页。

统"等。① 就民商事审判领域的人工智能辅助运用而言,以要素式审判为主要技术路径,其与民事案件繁简分流并行。简案采取要素表智能提取回填—略式庭审—要素式裁判文书的路径;繁案则在简案模板基础上加入疑点排除、争点限缩、庭审模式选择、类案推送等环节辅助疑难裁判决策形成。目前,广东、北京、江苏、浙江、山东、四川等地法院都基于辖区高发型案件建立了部分民事类型要素式模板。在复杂的多争点案件中,对于核心争点锚定以及价值冲突评价显得鞭长莫及。国内外相关智能辅助司法决策的应用场景存在三个难题:规则代码与数据采集的偏差、法律要素难以数据化、算法难以替代法律思维。②

3. 法律思维缺位

科技对司法裁判的影响力分为三个层次:一是支持性技术(supportive technology),例如电子卷宗生成和在线数据提取等;二是替代性技术(replacement technology),例如在简单类型化案件中文书自动化生成其实是替代辅助性技术,并不涉及复杂判断;三是颠覆性技术(disruptive technology),能通过技术重塑裁判结果生成规则和参与角色。人工智能在复杂案件中的决策辅助才涉及到第三层次的影响,这也是目前重点需求领域。③ 目前的智慧司法使用的"通用"共性技术过多,而针对法律思维量身定做的专有技术缺位。④ 如何将人工智能法律研究从对策论进入到法教义学的深耕细作达成理性共识,逆转"AI+法律"组合任意性的人工智能法学反智化发展,⑤形成知识沉淀与技术迭代是当前的发展瓶颈。人工智能在复杂案件裁判领域呈现出的法律价值难以量化评估和运算(包括价值位阶不确定、价值难以计量化)的技术瓶颈指向了裁判中的法理基础整体嵌入计算机逻辑的融合机制缺位。下一步技术发展规划应将中国法治文化背景下的核心价值观深刻嵌入司法过程场景、司法决策模块、司法规则代码,⑥实现价值判断从内在的"接近正义"迈向裁判理由公开的"可视化正义"。

（三）核心价值观裁判说理的三种司法政策模型

关于核心价值观裁判说理的司法政策有三种类型:一是综合框架制度,最高法院发

---

① 宋保振:《智能裁判的价值填补—以法律解释的认知研究为突破口》,《求是学刊》2021 年第 2 期。

② 张凌寒:《权力之治:人工智能时代的算法规制》,上海人民出版社 2021 年版,第 179 页。

③ Tania Sourdin, "Judge v Robot?: Artificial intelligence and judicial decision-making", 41 *University of New South Wales Law Journal*, 2018, pp.1114-1129.

④ 左卫民:《热与冷:中国法律人工智能的再思考》,《环球法律评论》2019 年第 2 期。

⑤ 刘艳红:《人工智能法学研究的反智化批判》,《东方法学》2019 年第 5 期。

⑥ 马长山:《司法人工智能的重塑效应及其限度》,《法学研究》2020 年第 4 期。

布的《说理意见》中对于核心价值观融入裁判释法说理进行了系统部署,提出了基本原则、基本要求和方法、重点案件类型、法律解释方法和语言要求、配套案件识别和流转机制。以上规定将社会关注度、争议度、案件主体、道德评价、价值导向等因素作为案件选取的标准,建立了社会影响大案件和刑民疑难争议化解两套价值说理需求评价机制。[1]但该文件对具体案件发掘培育机制和价值介入裁判方法的具体规则尚不明确。二是重点案件发现培育制度,北京市丰台区法院出台的《运用社会主义核心价值观指引审判案例工作的实施意见》建立了典型案件社会热点发布、立案发现、案件管理和培育、案件成果转化等系列培育机制,[2]但未就案件基础材料的价值标签挖掘建立具体方法。三是审判工作指引制度,河南省高级人民法院制定的《司法裁判弘扬社会主义核心价值观工作指引(建议稿)》[3]对法官在涉及核心价值观的审判执行工作提出了操作性要求,针对运用核心价值观的核心功能——"解决法律价值冲突"提出了按照价值位阶、社会主流价值、整体利益最大化、社会正当激励四个标准进行裁量,以上标准无疑对法官积极运用核心价值观解决疑难争议有正向激励引导功能,但并未明确四个标准协同运用的整体秩序。上述三种类型司法政策存在的不足说明,要真正激励法官精准运用核心价值观解决最有示范意义的疑难案件价值冲突,需要进一步挖掘价值冲突决策的法理逻辑和技术过程逻辑,才能通过完善裁判说理机制发挥弥合司法实践水平和技术应用需求之间差距的桥架功能。

二、人工智能辅助司法裁判价值计算的技术逻辑

人工智能时代的法律变革必须适应智能时代展现的数据前置性、自我适应性、高度迭代性等技术特征。[4] 实现人工智能真正介入司法判断权行使的核心领域——价值判断,必须提炼法律人工智能技术中与价值计算建模相关的主要技术方法,针对建设思维转变、认知计算的技术整合、确立价值观数理化表达的模型等技术瓶颈提出解决方案,

---

[1] 刘峥:《社会主义核心价值观融入裁判文书说理的几点思考》,"法治日报"公众微信号,2021 年 2 月 23 日上传。

[2] 北京市丰台区人民法院:《丰台法院四项机制推动社会主义核心价值观有效融入裁判文书》,"北京丰台法院"公众微信号,2021 年 3 月 3 日上传。

[3] 河南省高级人民法院课题组编:《司法裁判弘扬社会主义核心价值观研究》,人民法院出版社 2020 年版,第 226—231 页。

[4] 周佑勇:《论智能时代的技术逻辑与法律变革》,《东南大学学报(哲学社会科学版)》2019 年第 5 期。

构建适配于司法裁判价值计算的技术逻辑。其是一个引导技术适应法律的过程。

（一）建设思维：从"数据中心"到"知识中心"

习近平总书记指出："要推动大数据、人工智能等科技创新成果同司法工作深度融合。"①2020 年 12 月召开的全国法院第七次网络安全和信息化工作会议就智慧法院建设部署提出要"在 2022 年底基本建成、2025 年底全面建成以知识为中心的信息化 4.0 版"②。人工智能辅助社会关注度高的疑难案件裁判才是智慧法院建设从"以数据为中心"真正过渡到"以知识为中心"的现实检测标准。司法知识本身不等于公平正义，利用人工智能技术构建的司法知识系统可以让司法知识的专业化、系统性、科学性以可视化方式予以公开，使核心价值观裁判说理实现"数字正义"的法理化表达③。

计算机相对于人脑的障碍在于处理那些难以形式化描述，需要凭借经验感知和直觉、道德、情感作出判断的问题。早期的人工智能力求将知识进行硬编码（hard-code），构建人工智能知识库（knowledge base），无法面对法律概念的开放性命题。机器学习（machine learning）使 AI 系统获得从原始数据提取经验模型的能力，利用云服务器上收集、存储、处理的海量数据集，不断训练与优化算法模型从中学习决策模型的变化。早期机器学习依赖于给定数据的表示，通过大量标签化定义输入函数转化为不同表示，运用到案件中提取核心价值观在事实、法律之中的抽象特征表示是一个浩大工程，且容易产生人工偏见和算法歧视。深度学习（deep learning）算法是实现机器学习的关键技术，其通过多层次感知，将大千世界标识为嵌套层次概念体系，模仿人脑机制解释数据。④ 深度学习方法框架包括卷积神经网络、深度置信网络、递归神经网络等，通过线性因子模型、结构化概率模型形成推论，并可借助正则化、模型优化、卷积神经网络、循环神经网络形成深度前馈网络，从而注入司法实践的经验数值，不断修正计算模型。"计算神经科学"的核心概念是联结主义和并行分布处理，其中联结主义的思想是基于现实认知模型基础将大量简单计算单元连接在一起形成网络；分布式表示是系统每一个输入都由多个特征表示。"计算神经学"为深度学习注入了事实与法律争点标签可能存在的多样态价值蕴含。⑤

---

① 《习近平谈治国理政》第三卷，外文出版社 2020 年版，第 354 页。
② 刘子阳：《全面深化智慧法院建设》，《法治日报》2020 年 12 月 4 日。
③ 魏斌：《司法人工智能融入司法改革的难题与路径》，《现代法学》2021 年第 3 期。
④ ［美］伊恩·古德费洛等：《深度学习》，赵申剑等译，人民邮电出版社 2017 年版，第 5 页。
⑤ ［美］伊恩·古德费洛等：《深度学习》，赵申剑等译，人民邮电出版社 2017 年版，第 11 页。

（二）计算逻辑：从法律推理、文本解析到认知计算

在当前背景下，法律人工智能技术工具分为三个组成部分：法律文本解析、法律推理的计算模型、连接法律文本与计算推理模型的技术。[①]

1. 法律文本解析

法律文本的挖掘或解析是基于大数据挖掘捕捉潜在规律，可以弥补人为定义规则的不完备性。[②] 深度学习领域的预测编码可以通过文本分类技术进行"监督学习"，从案件决策中提炼新的规则形成算法实现法律深度问答、信息提取、论证挖掘。法律文本解析的步骤：一是运用本体和类型系统表示法律概念，包括建立基于案例库和卷宗材料的样本库、构建法律规则本体和制定法推理本体支持、法律议论本体支持、建立文本解析类型系统，类型系统包括结构化和非结构化系统，构建深度问答模型。二是建立智能信息检索引擎，当下的法律信息检索主要是基于信息相关度检索，包括运用布尔相关度量[③]、向量空间相关性、相关概率模型等计算语言文本与法律概念的接近程度，对比法律信息检索结果与法律论证模型的差异，利用法律方法改进检索精确度，利用引文网络增强检索的相关性评估和检测法律概念的变迁。三是基于法律文本的机器学习，包括挖掘争点命题假设、进行编码提取和训练、评估编码的有效性、预测编码开放性问题，运用支持向量机进行历史文本挖掘。在进行法律文本机器学习时，还需要获得从制定法文本中提取信息支持和从案例文本中提取论证支持。

2. 法律推理计算模型

法律推理是通过理论的运用得出推理或结论，具体包括解释行为或过程，给出决策理由或表示逻辑关系。[④] 法律推理技术领域主要包括基于规则的推理和基于案例的推理。规则推理主要使用基于人工填充的知识模型（司法经验）及法律规则信息，容易产生知识瓶颈；案例推理需要运用类比技术进行要件情节比对，难点在于要件的标注和模型维度、粒度难以全覆盖典型案件和特例。推理建模过程包括推理规则建模、预测结果

---

① ［美］凯文·阿什利：《人工智能与法律解析》，邱昭继译，商务印书馆 2020 年版，第 39—41 页。

② Kenin D. Ashley, *Artificial Intelligence and Legal Analytics：New Tools for Law Practice in the Digital Age*, New York：Cambridge University Press, 2017, p.397.

③ 布尔相关性度量是指为要检索的文本提供逻辑标准，该标准指定了要回应文本的法律术语之间存在和接近的程度，并根据相关度进行案例排序。参见［美］凯文·阿什利：《人工智能与法律解析》，邱昭继译，商务印书馆 2020 年版，第 263 页。

④ ［美］肯特·辛克莱：《法律推理：一种充分的论证理论》，载谢婧辰译，陈金钊、谢晖主编：《法律方法》第 33 卷，中国法制出版社 2021 年版，第 31 页。

建模、法律论证建模。（1）推理规则建模。一是基于制定法的演绎推理建模。其过程包括输入法律规范体系文本、提取逻辑谓词、消除句法歧义、将制定法规则转换为逻辑程式，对法律规则的否定条件、缺省推理、开放结构术语进行解释。二是基于案例的类比推理建模。第一步是建立法律概念与案例的联系，包括解释法律概念和说明法律运行过程；第二步是建立法律概念和案例的计算模型，其中包括原型和变型；第三步是建立基于案例推理的目的模型；第四步是建立基于案例推理模型的认知计算的约束规则。案例推理的实质是基于类比推理，而类比推理论证的关键是根据构成要件识别相似性，并进一步评价具有重要决定性要件的相似性，以法益保护为评价基点，[①]其决定性要件的重要度的实质是对法价值的实现程度。非指导性案例的类比推理应满足事实构成"一致性"，实践理由"共通性"，法律辩论"相关性"条件。[②] 核心价值观典型案例是非指导性案例，其作为案例推理的原型需要满足以上要求，其说理结构的规范性决定了案例推理建模的效用，应在基于构成要件选择基础上展现决定性要件对于法价值的实现程度。（2）预测结果建模。一是选择法律预测算法，包括自动法律预测最邻近算法、有机器监督学习算法等，如决策树法、随机森林法。二是建立机器学习模拟和测评措施，经过模拟案例库的训练计算预测的精准率、召回率、F1 评价（精准率和召回率调和平均值）来衡量准确率并进行调整。三是基于特定案例命题的论证结果预测，将当前案例与过去案例的核心争议问题进行比较，预测与案例最相似结果。四是基于潜在价值的预测，根据案例的事实由法律专家辅助揭示案例所蕴含的基本价值相关法律因素。以上三、四项过程都关涉人工专家的价值观点介入因素。（3）法律论证建模。法律论证建模的过程包括建立抽象论证的计算模型，论证模型中包括冲突规则（事实冲突、价值冲突、法律规则冲突）、证据论证规则（证明标准、概率论）、后果预测规则（价值论证、利益论证）。其中，后果预测论证需要事先根据法律专家的评估设定特定价值标签和价值权值，便于系统程序采用基于共享价值效应的权衡类比构建论证的形式，其计算基础在于对价值影响因素设置权重，并用置信水平建立论证前提。

3. **连接法律文本与推理模型的技术**

常见的连接技术主要依赖于法律检索，其过程包括：一是基于法律概念信息检索，包括对文档的重排技术、建立信息评价度量标准、分析用户意图；二是将法律信息转化

---

① 张一凡：《论类似案件识别技术的实现路径——以民事类案识别为例》，载陈金钊、谢晖主编：《法律方法》第 34 卷，中国法制出版社 2021 年版，第 244 页。

② 杨知文：《非指导性案例的"指导性"与案例指导制度的发展》，《清华法学》2021 年第 4 期。

为法律论证的检索,包括连接法律论证模型与认知计算系统,扩展与论证相关的信息查询案例,确定法律注解类型,分析用户需求;三是关联制定法的类型系统,用制定法网络图进行概念法律信息检索;四是运用认知计算应用程序,根据用户提出的命题搭建法律文本与计算模型的桥梁,包括:对于法律假设进行解释和测试、加手动注解、挖掘司法参与角色的用户习惯。在认知计算模型中,通过法律论证模型和法律文本解析技术的交互适用,有助于矫正知识图谱封闭性与价值开放性冲突、机器学习的不可解释性、特定实例的过拟合问题。制定法规则推理采演绎路径,案例推理采类比路径,但实际上这两种推理都是规则基础上前向链接的推理,以数据要素为驱动,而基于大数据本文挖掘是以结果为驱动的反向链接路径,①可以通过价值标签的注入建立价值与结果之间的关联。为了遵循我国以大陆法系为主的思维传统,可以构建以规则推理建模为正向推理基础,案例推理建模为反向补充,大数据本文挖掘为前两者的验证支持和开放性价值评注介入的接口,建立综合价值推理建模体系,解决典型案例小样本造成的数据偏差。

(三)数理转化:价值位阶排序与权重计算

尽管机器学习可以捕捉法律裁判中的决策规律、影响因子,通过符号主义、联结主义、行为主义模拟认知的演进②,但并不能自主产生人类的情感与价值伦理观,价值计算推理模型需要注入人工标注的价值文本标签、进行位阶排序和权重计算,以上过程需要嵌入司法经验估值。

1. 价值位阶排序

一般认为 12 个核心价值观分为国家(富强、民主、文明、和谐)、社会(自由、平等、公正、法治)、公民个体(爱国、敬业、诚信、友善)三层次,学理研究也常围绕上述三层次对核心价值观案例展开分析。但上述价值标签的内涵具有多意性和多面向,根据 218 个民商事典型案例发现同一价值标签可能具有国家、社会、个体不同层面利益的表达,例如文明具有出行文明、社会交往文明、网络空间言论文明等多个层次内涵,和谐有生态环境和谐的公共指向,也有家庭和谐的个体关系指向,国家利益和社会利益在具体案件中区分标志不明显。欲确立权利之进路,须寻找法律判断中的优先关系,③就需要进行价值位阶排序。西方价值哲学的研究有舍勒的价值等级、杜威和刘易斯的价值评价、

---

① 熊明辉:《法律人工智能的推理建模路径》,《求是学刊》2020 年第 6 期。
② 肖峰:《人工智能与认识论的哲学互释:从认知分型到演进逻辑》,《中国社会科学》2020 年第 6 期。
③ 彭诚信:《从法律原则到个案规范——阿列克西理论的民法应用》,《法学研究》2017 年第 4 期。

萨特的价值选择等学说,但并不普适于中国文化语境。中国传统价值哲学以天理为"最高价值准则",但思想又分为儒家体仁、道家重道、法家权衡、佛家性空等派别。① 核心价值观是在历史唯物主义基础上,吸收了全球共识性的价值观和符合中国传统主流文化观念的集合,其在司法裁判中的作用体现了马克思主义价值哲学的"认识、评价、实践"一体化思维。② 法律价值判断代表了其背后的法益。有的学者将法益概括为生命、自由、财产、名誉等,有的学者根据法益主体分为国家、社会、个人法益。生命是人存在的前提,在宪法体系中生命权是第一位的基本人权,是其他人权实现的基础,《民法典》第1002条将生命权规定在各人格权之首,应处于优先地位。康德将人类行为的价值分为外在价值和内在价值,由此可以初步将价值分为社会公共价值和个体价值,在指向法益内容特征相同时,一般情形下社会公共价值高于个体价值。除了法益之外,人权是评价法律的价值标准,基本人权包括生存权、平等权、自由权等12项,生命、人格尊严、财产均属生存权保护范畴,行为秩序属于平等权和自由权保护范畴,但不代表财产保护优先于行为秩序,在《世界人权宣言》中,生命安全、人格平等、平等保护、财产所有权分别置于宣言第3、6、7、17条,侧面反映了宣言中各项基本人权的重要程度,获得财产的前提是拥有平等的行为规范保障行动自由,③因此财产保护置于行为秩序之后既符合国际人权观念,也符合中国"君子爱财取之有道"的文化传统,便于国内外接轨。在公共和个体两个阶层内部,根据价值所对应的法益和基本人权的重要性,可初步确立生命、健康价值>人类伦理尊严价值>行为秩序价值>经济财产价值的位阶,具体内容次序值得未来进一步探讨,并允许在个案通过更强理由证立予以调整。在公共和个体不同阶层或者不同种类价值冲突时,"高位阶法益并不存在绝对优位"④,需要进一步结合比例原则计算出价值阈值才能最终决策。

2. 价值权重计算

阿列克西为解决法律原则冲突提出了原则权衡重力公式,解决原则冲突要适用广义比例原则,比例原则包含适切性原则、必要性原则和狭义上比例原则。⑤ 前两个原则适用于一个原则适用不损害另一原则实现的场合。在存在两个法原则冲突不可避免

① 张彦:《当代"价值排序"研究的四个维度》,《哲学动态》2014年第10期。
② 《马克思恩格斯选集》第1卷,人民出版社1995年版,第56页。
③ 李龙主编:《法理学》,中国社会科学出版社2005年版,第147—171页。
④ 袁曾:《人工智能法益位阶研究》,《地方立法研究》2019年第5期。
⑤ 吕润生:《个案情形下的法律规避如何判定——基于阿列克西法律原则理论的研究》,载舒国滢主编:《法理——法哲学、方法论与人工智能》(2018年卷),商务印书馆2018年版,第201页。

时,需要运用重力公式权衡。由于法律原则的冲突实质仍指向了法的内在价值冲突,笔者借用阿列克西原则重力公式拟定"价值观抽象重量比例公式",公式计算由价值被满足的重要性(或不满足时受损害程度)、抽象重力、价值受到侵害的经验性前提的确定性程度三个要素相乘得出,其中重要性需要根据价值位阶评估,抽象重力根据案情的复杂程度划分多级别刻度,价值受损的经验性前提需要根据出现的概率评估。α、β 两个冲突价值比较的重力比例公式如下:[①]

$$G_{\alpha\beta} = \frac{I_\alpha \cdot G_\alpha \cdot S_\alpha}{I_\beta \cdot G_\beta \cdot S_\beta}$$

当 $G_{\alpha\beta}$ 大于 1,则价值 α 胜出;小于 1,则价值 β 胜出;等于 1,则说明两个价值受损的影响相当,这时需要运用自由裁量权,通过专业法官会议、调查问卷等方式进一步辅助决策。有的观点提出,阿列克西公式的缺点在于裁判中价值判断的基数和序数具有不可通约性。[②] 其实,不可通约是所有法律抽象概念的计算难题,价值的计算并不是实际可测量值,而是经验概念值和社会共识的估值,在应用场景中可运用发起问卷投票、案例库大数据、主客观权重赋值法等方式来测量社会经验中对价值感知的共识。推理模型和文本挖掘为公式运用前提进行科学限缩,价值位阶排序为价值量化估值带来基础指引。

三、人工智能辅助司法价值计算的法理基础

人工智能融入司法改革的法理表达需要运用法治思维和法律方法提供相应的理论解释和方法论支持,并用法律的方法化解算法不可解释和过拟合等技术天然缺陷。[③] 人工智能辅助司法价值计算的法理基础是通过裁判说理方法、标准、制度的改造,建立价值表达方式、法律方法运用的顺序规则、价值说理供需平衡机制,使裁判文书的价值描述信息和法律方法运用规则有效嵌入价值计算模型。其是一个引导法律适应技术的过程。

---

① 其中,$G_{\alpha\beta}$ 代表个案中两个冲突价值的抽象重量比例关系,I_α 和 I_β 表示案件中价值 α、β 的重要性,G_α、G_β 表示两个价值在案件中受到影响的抽象重量,S_α、S_β 表示在满足另一价值前提下该价值受损的经验性概率。

② 严崴:《论司法裁判中价值判断的不可通约性》,载陈金钊、谢晖主编:《法律方法》第 34 卷,中国法制出版社 2021 年版,第 161—163 页。

③ 魏斌:《司法人工智能融入司法改革的难题与路径》,《现代法学》2021 年第 3 期。

（一）符合中国文化语境的价值表达基础

法律人工智能的自动推理建模必须以自然语言处理为前提。[①] 裁判理由包括陈述性、相关性、层次性、冲突性、评价性五大特征,[②]以上特征是通过修辞技巧将带有价值特征的语言注入裁判说理。其中,陈述性和相关性描述虽然应当保持价值色彩中立,但却组成了价值分析的建构性基础,层次性和冲突性描述是展现价值衡量的关键,而现有的典型案例说理重视评价性价值描述,在陈述性、相关性描述中容易忽略与价值引出的联结,层次性和冲突性描述则往往缺位。

1. 价值认知形成的语义网络

将价值特征在裁判文书中通过符合生活情境和文化背景的话语网络转化为数值表达,其具体过程包含价值特征描述、价值属性归集、对要件事实的识别与输出。语义网络是一种基于心理认知模型的表达形式,通过带有方向的图表来演绎人类自然语言的认知路径,目前相关技术领域常用分段线性表示法、Word2Vec 模型构建、社区发现算法来识别话题领域主题和关键词之间的逻辑关系。[③] 裁判文书写作是借助实体法和诉讼法规范,运用法官的主观认知来达成抽象规范、司法规则与具体案情之间逻辑关联并作出判断的过程。在本文挖掘中,可以结合裁判文书样式来分段线性表示程序和内容主体,通过 Word2Vec 模型来挖掘词语与价值表达之间的空间向量关系,通过社区发现算法探寻其价值的法益属性类别。修辞是言语辩论的艺术,法律修辞具有辩论和说服功能,并由此帮助整理、确定、议论案件争点,促进挖掘争点的价值冲突。[④] 人工智能之所以可能处理价值问题,是通过属性特征、属性值的提取最终形成特征向量,使价值表达数据化、形式化,裁判说理语言决定了属性特征提取的数据质量。[⑤] 例如,"诚信"可以通过善意、履约、遵守、不违反等来表达。计算机无法直接理解"块结构"的事实和证据并将其转化为语言,但可以在法律文书语言中进行特征提取、向量集成、相似度排序、形成反馈与矫正,并将关于证据的描述转化为概率值,组成证据综合特征集合,通过贝叶斯决策公式表达证据之间的先验概率和后验概率,辅助事实认定。[⑥] 对于特定领域疑

---

① 熊明辉:《法律人工智能的推理建模路径》,《求是学刊》2020 年第 6 期。
② 黄泽敏:《判决理由的基础类型化研究》,《甘肃政法学院学报》2015 年第 4 期。
③ 陈翔等:《基于动态语义网络分析的主题演化路径识别研究》,《情报学报》2021 年第 5 期。
④ 吕玉赞:《法律修辞开题程序之探究》,《法律科学(西北政法大学学报)》2021 年第 6 期。
⑤ 彭中礼:《司法人工智能中的价值判断》,《四川大学学报(哲学社会科学版)》2021 年第 1 期。
⑥ 粟峥:《司法证明的逻辑》,中国人民公安大学出版社 2012 年版,第 82 页。

难案件先通过典型案例的"小数据"训练,构建语言描述的"心智微结构",再进一步放入全部裁判文书的大样本库学习拓展。运行以上过程,需要在裁判写作中运用法律修辞形成从生活语言到法律语言转化方案的共识,并借助繁简分流的裁判文书样式的规范化选择适用达成以"程序法标签"为分段指引,找到"实体法标签"准确位置,完成价值数据的位置标记、分段提取、变量因素标识、向量计算。

2. 法律文化嵌入的语义模块

法律文化传承着民族共同记忆。嵌入中国语言文化模块的作用之一是避免价值表达的抽象化和西方化。法网体系的语用功能,不仅来自内在制定法体系的构成要素指向的行为规则、法律思维、调整机制等,还包括法的外在体系中开放思维下在社会思维中探寻法的意义和价值,①以及合法价值的开放性、多元性及规则的可废止性。语言数据模块化的代价是需要忽略干扰项,进行模式简化和建立描述框架,高度提炼的模型会损失掉大量个性化语言特征。现有法律语言中大量的法律概念术语来源于法律移植,而内在的价值观点又来源于传统文化的新发展,存在东西语言文化冲撞与融合,②有必要通过典型案例小样本和裁判文书公开平台等大样本提炼中国语言模块高频词场景,在文书写作训练和语言模块设计中注入传统法律文化语言元素,消解文化冲突。作用之二是让价值裁判说理在本土生活情境中保持多元化和共识化。知识来源会影响法官话语表达方式。涉及复杂价值冲突的裁判中需要蕴含非形式逻辑修辞艺术,正是非形式逻辑推动了法官裁判思维中的核心特征诞生——裁判论证与推理过程。③ 中国古代判词具有三重社会功能:宣教功能、调解功能、惩罚和警示功能。④ 裁判说理的社会认同在很大程度上依赖于本土传统法律文化语境,尽管传统的法律规则和传统道德并不能直接在现代场景中套用,但可以从古代判词集、经典著作中吸取符合文化语境的语素和情理表达模式,以法律语言承载文化内核凝聚现代价值共识。价值观的发生过程包括价值主体间的关系、价值内容、价值实现途径、价值分配原则、所追求的社会制度目标五个维度,⑤需要在裁判说理中通过语言对其价值特征进行具体描述,建立符合中国语境的裁判思维和构筑衔接抽象法律理论、法条规范、具体生活场景、案件情节的法律话语体系。

---

① 陈金钊:《法网体系及其话语功能》,《东北师范大学报(哲学社会科学版)》2021 年第 2 期。
② 张法连:《中西法律语言与文化对比研究》,北京大学出版社 2017 年版,第 246 页。
③ 宋北平,孙长江等:《裁判文书的语言、逻辑和理由研究》,人民法院出版社 2017 年版,第 6 页。
④ 张雷:《中国古典判词浅议》,《剑南文学(经典阅读)》2013 年第 5 期。
⑤ 李宏强:《价值观的层次与核心价值观的形成》,《河北青年管理干部学院学报》2012 年第 6 期。

（二）法律方法分层嵌入推理模型的顺序规则

裁判理由的获取需要遵循从问题性思维向体系性思维逐渐过渡的开题程序。[①] 裁判理由形成与法律方法和法律思维的运用密不可分。法律方法一般分为法律发现与检索、法律理解与解释、法律推理与论证、法律修辞与辩论、价值与利益衡量等方法，[②]进行价值计算必须将经过整合排序的法律方法运用规则嵌入法律推理。《说理意见》没有详细说明各种方法运用的顺序规则，容易放任裁判中的价值说理空洞化。在裁判的法律适用阶段，常将价值与道德、原则、习惯、公序良俗、法律解释、利益衡量等相混同，而忽视方法运用的顺序。价值入法是有条件的统合思维，其前提是将价值与法分离。[③]为了厘清价值判断的概念，本文将纷繁复杂的法律方法体系的实践运用化繁为简，通过核心价值观与相关概念比较来分析价值与法律及法律方法的相对关系，并从法律发现、法律解释、法律续造三个阶段分析价值介入法律方法运用的顺序。[④]

1. 关于法律发现的核心价值观运用

社会习惯与道德在一定条件下可以成为补充法源，故其识别过程为法律发现。（1）核心价值观与社会习惯。哈特将原始的社会习惯视为初级规则，经过人类社会加工受到承认的具有法律性质的规则视为次级规则。"初级规则上升为次级规则需要具备承认、变更、裁判，用以克服社会习惯的不确定性、生长缓慢性、规则分散性等缺陷。"杨仁寿先生认为，习惯法成立有四要件：人人确信、一定期限内重复同一行为、法律未规定、无损公共秩序及利益。[⑤] 核心价值观的作用正是通过社会习惯中价值取向的检视

[①] 吕玉赞：《如何寻找"裁判理由"：一种系统化的操作》，《东方法学》2020 年第 3 期。

[②] 陈金钊、吕玉赞：《聚焦法律思维的法律方法研究》，北京大学出版社 2020 年版。

[③] 陈金钊：《价值入法的逻辑前提及方法》，《清华法学》2021 年第 1 期。

[④] 法律方法的概念和类型是一个复杂系统，有的学者将之区分为教义学方法和社会学方法、大陆法系方法和英美法系方法，常见的法律方法有法律发现与检索、法律理解与解释、法律推理与论证、法律修辞与辩论、价值与利益衡量、法律评注等，各种具体方法之间常存在交集，其外延具有一定开放性。将所有法律方法穷尽罗列进行建模并不有利于实用性强的模型建立，故本文从行为学的角度选取法律发现、法律解释、法律续造三个时间差异较为明确的概念作为法律方法整体运用的三个阶段，将其他各种常用方法归入上述三个阶段，有利于化繁为简地初步构建顺序，再结合实践调适。而其中法律修辞方法由于与法律用语关系密切，且关涉到争点发现与整理，法律评注既是一种文体也是一种方法，其涉及法庭之外的主体参与，以上两者不适宜归入上述三个阶段，故在法律语言和司法公开中分别考虑。参见陈金钊、吕玉赞：《聚焦法律思维的法律方法研究》，北京大学出版社 2020 年版，第 109 页；舒国滢、王夏昊、雷磊：《法学方法论》，中国政法大学出版社 2018 年版，第 16 页；[德]卡尔·拉伦次：《法学方法论》，陈爱娥译，商务印书馆 2016 年版，第 1—10 页；吕玉赞：《法律修辞开题程序之探究》，《法律科学（西北政法大学学报）》2021 年第 6 期。

[⑤] 杨仁寿：《法学方法论》，中国政法大学出版社 2013 年版，第 269 页。

验证其是否符合立法的价值目的,以及落后时代发展的社会习惯是否需要矫正调整。根据《民法典》第 10 条规定,对于法律漏洞应当先适用习惯,但不得违背公序良俗。为避免向一般条款逃逸,寻找不到对应的习惯是适用法律原则的前提。(2)核心价值观与道德。哈特认为,区分道德与其他社会规范的形式标准在于是否具有对秩序构建的重要性、是否豁免于有目的的改变、道德违反是否具有任意性以及道德压力的形式。① 法律和道德的联系取决于道德对法律追求的内在目标实现到何种程度。② 核心价值观虽以社会伦理为基础,但其并非单纯道德约束,而是将道德规范法律技术化,使得"自律"的道德具有"他律"性质。

2. 关于法律解释的核心价值观运用

狭义的法律解释方法通常有六:文义解释、体系解释、历史解释、比较解释、目的解释、合宪解释。价值是保障解释具有客观性的内在坐标。关于解释方法的分类及运用顺序,一种观点认为,除文义解释之外,其他共称为论理解释,一般文义解释优先于论理解释,在文义解释有复数可能性时才适用论理解释。③ 另一种观点认为,文义解释、体系解释属于形式解释(语言学解释),目的解释属于实质解释,运用法律解释方法应遵循形式解释优先于实质解释。④ 立法目的解释适用的前提是法律文本存在复数解释、涉及不同利益取舍、法律存在漏洞,立法目的分为主观目的和客观目的,历史解释可以视为主观目的解释,在无法获知立法者意图或立法时目的已不合时宜,可考量社会效果采用客观目的解释。⑤ 此外,宪法解释可视为广义的体系解释的部分,比较解释是发现各国法治之基本精神,可归入主观目的解释。综合以上观点,应首先适用文义解释,再运用其他语言学解释,在运用客观解释方法中根据社会学作出的客观目的解释置于最后。虽然语言学解释具有价值中立性,但不妨碍语言修辞对价值客观特征表达的必要性。

3. 关于法律续造的核心价值观运用

法律解释与法律续造以"文义可能性"作为区分标准,超出"文义可能性"为法律续造,该文义范围是指法律文本的规约性意义、说话者的真实意义或不存在规约性意义时的合理意义的活动。⑥ (1)核心价值观与规范类推。类推是就法律未规定的事项援引

---

① [英]哈特:《法律的概念(第三版)》,许家馨、李冠宜译,法律出版社 2018 年版,第 248 页。
② [英]哈特:《法律的概念(第三版)》,许家馨、李冠宜译,法律出版社 2018 年版,第 24 页。
③ 杨仁寿:《法学方法论》,中国政法大学出版社 2013 年版,第 138—142 页。
④ 杨铜铜:《论法律解释规则》,《法律科学》2019 年第 3 期。
⑤ 杨铜铜:《论立法目的司法适用的方法论路径》,《法商研究》2021 年第 4 期。
⑥ 陈坤:《法律解释与法律续造的区分标准》,《法学研究》2021 年第 4 期。

性质类似规定,类推适用是基于类似性质或类似关系。类推适用与目的解释中的目的性扩张解释的区别为,类推用于法律未规定之事项,目的性扩张属于法律文义过于狭窄,仍属于立法计划之内的技术缺陷。① 类推适用应检视是否符合立法目的,仍指向立法的价值观。阿列克西提出了法律辩论理论和规则,其提出了论证负担规则,即欲将 A 与 B 不同对待必须说明理由,以及法律论辩规则包括内部证立和外部证立。② 在运用价值判断考量类推妥当性时,须负担论证该裁判规则具有普遍性适用的意义。(2)核心价值观与法律原则。抽象的法律原则对应具体实践时其模糊性与开放性比规则更加明显,因此需要借助价值判断来增强原则指向的确定性。"法院就不确定的规范性概念或概括性条款予以价值补充,须适用可探知的客观伦理秩序、价值规范等。"③舒国滢教授提出了法律原则三规则,即穷尽制定法规则、实现个案正义、须有更强理由。④《民法典》确立了平等、自愿、公平、诚信、守法与公序良俗、绿色六大原则。法律原则单独适用主要为两种情形,即法律规则存在漏洞、具体规则对一方严重不公。尽管法律原则的抽象含义在法典中有所规定,但其具体适用的开放程度高于规范类推,在进行推理建模中并不适合归入法律发现,为了与其运行的开放性匹配,在推理建模中更适合将之归入法律续造。(3)核心价值观与利益衡量。利益法学由德国法学家赫克于 20 世纪初创立。日本学者星野英一认为利益衡量中应确立正确价值体系,通过"上位价值"约束"下位价值"。⑤ 利益衡量运用不当有三个风险:一是从结果出发选择规范容易流向规范的选择随意化;二是面对社会舆论高度关注案件容易沦为平庸化的司法计算而附和社会舆论;三是裁判后果具有多面性和多层次,不可避免要对不同性质和层次的利益进行复杂的权衡和分配。⑥ 利益衡量是一种基于后果评价的逆向推理过程,致力寻求司法裁判的"决策性利益",作为方法的利益坚持法教义学立场,而作为方法论的利益衡量只需依常人判断对社会因素加以利用。⑦ 在关于价值判断中常会出现与利益衡量的混同认识。价值计算可以促使利益衡量在面对利害冲突时在现有法秩序内回归立法者

---

① 杨仁寿:《法学方法论》,中国政法大学出版社 2013 年版,第 210 页。

② ［德］罗伯特·阿列克西:《法律论证理论》,商务印书馆 2020 年版,第 373 页。

③ 杨仁寿:《法学方法论》,中国政法大学出版社 2013 年版,第 185 页。

④ 舒国滢:《法律原则适用中的难题何在》,《苏州大学学报(哲学社会科学版)》2004 年第 6 期。

⑤ 杨仁寿:《法学方法论》,中国政法大学出版社 2013 年版,第 98 页。

⑥ 杨知文:《利益衡量方法在后果主义裁判中的运用》,载《人大法律评论》2017 年第 2 辑(总第 24 辑),法律出版社 2017 年版,第 128 页。

⑦ 杨知文:《利益衡量方法在后果主义裁判中的运用》,载《人大法律评论》2017 年第 2 辑(总第 24 辑),法律出版社 2017 年版,第 122—139 页。

的价值判断。价值观的功能在于保障利益衡量不偏离价值方向引导,避免陷入后果功利主义。

4. 核心价值观介入法律方法的顺序规则

法官法律思维的不可传承难题在于教义学难以弥补经验要素的流失,人工智能价值计算可以借助认知要素检测将法律方法转化为智能推理建模,其中价值观可以为法的发现提供识别依据,为法的续造提供证立支撑,为价值和利益权衡提供衡量对象。为了禁止裁判说理逃逸向抽象规则或单向情理说服,运用核心价值观进行裁判说理应建立法律方法运用的整体秩序,并分层嵌入计算机建模的法律推理规则之中。各种法律方法的运用中一般应按法律发现、法律解释、法律续造来建立开放程序从低到高的先后顺序,但具体适用中并不绝对,并允许提出更强理由进行调整。具体拟建立以下法律方法秩序代入计算机建模的法律推理规则之中:寻找制定法→寻找和检测习惯→进行法律解释→寻找和检测类推规则→运用法律原则→进行利益和价值衡量。在具体案件中,允许提出违反上述规则的理由以进行调整。在法律解释运用中,先进行形式解释即文义解释、体系解释、宪法解释,后进行实质解释,即历史解释、比较解释、目的解释。关于道德在价值裁判中的功能,符合中国文化心理和当前主流价值的社会道德分为两类:一种可作为社会习惯、法律原则支持论证进入裁判理由;一种仅为情理说服功能以增强裁判的社会情感共鸣。智能裁判解释模拟的核心任务有确立法律解释认知逻辑、发掘解释规则、借助认知要素检验智能推理模型。[①] 在其中,价值观的功能是检测类推规则是否符合当下案情和立法目的、化解法律原则冲突、辨识道德类别。

(三)基于开放式评议的价值说理供需平衡机制

1. 建立裁判文书的价值评注链接

"价值评注"是指在裁判文书公开时提供平台链接或其他方式,引导各类群体对裁判理由涉及的价值观判断的概念、定义、衡量要素、评价基准等进行议论、说明、列举、反驳等,以凝聚社会对价值话语的共识。"评注"作为一种文体和研究方法发端于雅典学派,近代意义的评注集于大陆法系国家,德国 1921 年开始编撰的《简明民法典评注》将法律评注的研究目的推进到为民间学术研究提供阐释,其主要过程包括读取文本、分类说明、概括列举、收集观点与反驳。法律评注近年来引起我国学界关注后,我国学者

---

① 宋保振:《智能裁判的价值填补——以法律解释的认知研究为突破口》,《求是学刊》2021 年第 2 期。

逐渐将其拓展到"裁判文书评注"这一本土化的研究领域。[①] 裁判文书评注具有在文书样式框架中将实务观点与法教义学相连接的功能，[②]比法条评注或案例评注更有利于评注信息在文书载体中的定位发掘与格式转化，易于模块开发。价值评注是在裁判文书评注的功能中进行价值评议的模块功能开发。将核心价值观通过公共网络平台公布时，可以设立嵌入裁判文书样式的价值评注链接，发挥当事人、法官、律师、法学专家等多类型主体的积极性，构建价值内涵开放议论空间以打破信息茧房效应，通过平台智能分析对于纯属情绪宣泄的重复性评注进行删除，对具有启发性的评注根据不同主体、不同主题、不同视角进行归纳整理，最大化挖掘社会价值共识的"公约数"。在价值评注功能链接设定上可分为两个部分：一是针对立法原意、法律原则、规则类推的部分开通重点针对法律专家评论和法律著作观点转链接，以强化价值评注的技术性；二是针对社会习惯、公序良俗、价值共识、后果衡量等经验性评价对普通社会公众开放评注链接，以强化价值评注的社会共识性。

2. 建立案例热点发现与培育机制

一是热点发现。对社交媒体网络和公共法律服务平台法律咨询中反映的社会热点争议根据核心价值观进行主题标签分类，实时关注社会热点供立案及审判、执行部门识别案件。在立案环节，立案法官初步筛选和提醒标注，标注案件优先在繁简分流机制中作为繁案分入专业审判团队承办。审判法官、执行法官发现符合热点主题案件，向庭长汇报，经同意后对典型案件提醒标注。与已发布典型案例存在背离价值议论的或者未曾纳入典型案例的热点争议应当优先标注。二是案例培育。通过类案强制检索、专业法官会议和审委会充分探讨，邀请高校专家出具法律意见书或在官方媒体发起"价值评议话题投票"，从社会经验和专家意见中挖掘社会价值共识的"公约数"。综合运用典型案例发布、优秀裁判文书和案例评选、指导性案例及参考性案例推介将成果转化作为法官业绩考评的加分项。

（四）全流程闭环的价值算法监督机制

1. 价值算法评估机制

算法评估以风险预防为目的，以事前评估来避免损害事后问责的滞后性，要求在算

---

① 杨凯：《新民事诉讼文书样式实例评注》（上卷），北京大学出版社 2018 年版，第 4—5 页。
② 杨凯：《论民事诉讼文书样式实例评注研究的引领功用》，《中国法学》2018 年第 2 期。

法设计与运行中,算法治理的利益相关主体如政法机关、政府公共服务平台、社会公众与第三方专业机构等,对算法可能造成的风险进行充分的评估。① 人工智能和算法设计的价值导向必须以人为本,并与主流社会价值观相契合,将伦理融入全流程中。算法影响评估关注权力运行对公民从财产到人身等更为广泛的权利的影响,因此对于价值计算模型对于公民从事特定类型的法律行为产生的可能性价值评价后果相关计算原理、涉及价值位阶排序和价值权重计算的方法依据应当向社会公众予以公布,以便对复杂价值判断提供开放性评议空间。算法对生活产生的利益分配后果在案例中即为裁判结果,包括驳回诉请、确认及形成法律关系、确立法律权利、划分法律责任后果、调整现有的责任标准,应充分评估算法系统对社会业态发展、经济秩序、社会秩序、生态环境等多方面的现实影响。

2. 价值算法解释机制

算法解释和算法公开并不简单等同于代码公开,算法解释不要求用户理解源代码即可实现解释功能,②而对于核心原理,尤其涉公众利益问题,算法设计者应当对训练数据的来源及可靠性、基本运行原理、对司法决策影响力因子作用方式进行说明和解释,并做到算法模型训练结果的可监督和反向测验。算法解释分为外部解释和内部解释两种进路,美国通过2017年公共政策委员会发布《算法透明性和可问责性声明》建立了针对外部公民算法问责解释模式,算法解释的对象是具体决策;欧盟通过《通用数据保护条例》(简称GDPR)建立针对内部管理者算法问责解释模式,算法解释的对象是算法系统逻辑。对于算法决策一般解释内容包括决策中相关因果关系、因素权重、变量关系等,用来进行结果追溯,考察输出与输入的关联;对于算法系统解释内容一般包括训练参数、编程规范、运行逻辑、预定义模型等。③ 在价值算法解释规则构建中,应区分解释对象,建立针对当事人的对外解释模式,关注解释的可读性,便于当事人和社会公众知晓其行为、核心价值观与司法决策之间的变量关系,以指引行为符合公众价值认同,并对算法中不合理因素权重提出质疑反馈。针对司法系统的监管部门应建立以系统为对象的对内解释模式,以便于监管部门充分监管价值计算运行逻辑。

3. 价值算法异议机制

建立价值算法决策异议和说明机制,作为算法容错纠错与矫正方案,对算法缺陷给

---

① 张凌寒:《算法评估制度如何在平台问责中发挥作用》,《上海政法学院学报》2021年第3期。

② 张凌寒:《商业自动化决策算法解释权的功能定位与实现路径》,《苏州大学学报(哲学社会科学版)》2020年第2期。

③ 李婕:《公共服务领域算法解释权之构建》,《求是学刊》2021年第3期。

予一定的试错纠错空间以保持技术发展生命力,允许法官不采纳人工智能价值判断决策报告,保留法官最终决策权,但应当将不采纳的理由作为裁判说理的核心内容组成部分,便于公众监督和对价值计算系统进行反馈,矫正算法缺陷。同时,法官应当制作算法背离报告,并发送至算法技术设计方和运营方,算法设计者、运营者应当按照各自职责对算法负有全面的监督责任,并对异议和背离报告进行说明和反馈,防止数据被污染、算法被篡改、运行被干扰等问题,及时调整算法模型,矫正算法缺陷。

余 论

人工智能要真正起到辅助司法裁判价值计算的功能,必须进入复杂多元化冲突案件的开放命题议论空间才能迭代发展。为了改变近代以来"西方法学在中国"的现状,必须将通过结合全球共识与源于中国传统文化的价值观按照有序逻辑框架注入裁判说理机制,以适配价值算法有方向、有坐标地运行。构建适配人工智能辅助价值计算的核心价值观裁判说理机制,并非为了让法官和法官助理成为程序员,而是为了通过符合文化语境的法律语义网络搭建和秩序化的法律方法运行,使人工智能借助对裁判说理的深度学习提炼价值特征,形成价值决策规则,将多元化价值和开放性法律议论运用到疑难案件决策辅助中,促进价值裁判的逻辑可视化和价值表达的中国话语传承,凝聚司法裁判的最大社会共识。

The Logic and Approach of Artificial Intelligence-assisted Judicial Value Calculation

——From the Perspective of Judgment and Reasoning Based on the Core Values of Civil and Commercial Cases

LI Ting

Abstract：The establishment of a judgment document explanation system for artificial intelligence-assisted value calculation can realize the visualization, objectivity, and consensus of value judgments. Through the analysis of typical civil cases that discussed the core values of socialism, it is found that the mechanism of using value to explain the reasons for judgment has the problems of imbalance between supply and demand, multiple ambiguities in language, lack of legal methods, and default in the value calculation process. The reason lies in the lack of integration of judge writing skills with computer logic and computer application scenarios. The judgement mechanism of artificial intelligence – assisted value calculation should start from the integration of technical logic and legal basis. In terms of technical logic, it links legal reasoning and text analysis to form cognitive computing, and establishes a mathematical foundation with value hierarchy and value weight. In terms of reasoning rules, the legal basis is constructed through the value semantic network and legal methods. In terms of judicial policy, through the link of commentary on the value of judgment documents, case hot spot discovery and cultivation, algorithm supervision and algorithm objection to construct judicial ethics guarantee, to maintain the openness of value comment, and the judge's final decision-making status.

Keywords: Artificial intelligence; Value calculation; Judgment document reasoning; Value commentary

小样本学习驱动的裁判文书智能分析进路

——以文本信息抽取为切入 *

顾 男 飞 **

摘要：裁判文书的实证研究应当要重视法律适用要件的精细化研究,其中文本信息抽取则是裁判文书智能分析的基础。经过多年积累,我国构建了规模庞大的裁判文书样本库,但囿于案情的分布,绝大多数法律条款的适用频率并不高,再考虑到人工标注的经济性与规范性,研究中人工标注的裁判文书数量较少,基本在百份左右,属于小样本范畴。为强化裁判文书智能分析的质量,可将研究分为三个阶段,分别是文本标注、文本信息抽取及在这基础上进行的数据分析,包括相关分析、趋势分析及因果分析,同时构建增量学习系统来加以辅助,并以高龄劳动者的劳动关系认定为例进行展开。为强化算法的可解释性,借鉴"因果关系之梯"理论,从关联、干预及反事实三个层面进行因果关系的重构。

关键词：小样本学习;裁判文书;劳动关系;文本信息抽取;因果关系重构

一、问题的提出

因为现实案情的多元化,仅是裁判结果的简单统计难以直接指引审判人员的司法裁量,人工挑选典型的法律适用要件进行分析也可能会因难以把握适用标准而走入错误方向,更何况当前智能司法系统尚且无法实现裁判结果的准确识别。相较裁判结果,更为重要的是与法律条文直接相关的适用要件,正是适用要件将法律与案情进行紧密

———————————

* 基金项目:吉林大学学术名家自由探索计划"劳动法学研究的方法论主张"(2019FRMJ04)。

** 作者简介:顾男飞,上海交通大学法学院博士研究生。

相联,方能更好地实现来回穿梭于法律规范与案例事实之间的目标。① 虽然不同法官的水平及法律理解角度可能存在差异,但是经过长期的法律实践会逐渐趋于稳定,并就法律适用要件呈现较明确的裁判倾向,这也符合大数定律。② 通过裁判文书的智能分析明确法律适用要件的典型特征以及趋势,不仅能够明确裁判倾向,也能使学术研究更有针对性以及依托性。一方面,如果要件适用是准确的,那么顺应并明确趋势能更好强化法律的可预期性,指引法官统一裁量标准;另一方面,如果要件适用是错误的,那么就可以进行及时的识别及纠正,为司法裁量提供参考。也即在实然基础上进行应然分析。

在裁判文书中,除在盗窃罪及确定合同效力纠纷等案由中,法律规范的相关文书是较少的,绝大多数法律条款的适用频率并不高,大多在百份左右,且人工标记的规模基本在百份左右,属于小样本的范畴。在裁判文书智能分析过程中,不仅面临着样本数量过少、噪声过大、人工标注不统一、同一标签对应多份文本等技术层面的挑战,也面临着因果关系不明等法律层面的阻碍,亟待解决。

二、裁判文书智能分析的实践基础及研究进路

"人工智能是时候从大数据转向小数据了。"③裁判文书具有专业、规范以及完整的特点,用词严谨及专业,能够通过在特定场景下的模型搭建及算法完善来进行研究。就高龄劳动者的劳动关系认定而言,当前裁判并不统一甚至存在割裂,针对"基本养老保险待遇"及"法定退休年龄"这两个认定要件的适用标准也不一致。经过人工标注的裁判文书属于典型的优质数据,基于机器学习的文本标注能够将裁判文书与司法认定要件联系起来,通过小样本学习归纳出在特定案情中不同法律适用要件的典型特征及趋势,从而更好辅助法官进行判案。

---

① 参见王泽鉴:《民法思维:请求权基础理论体系》,北京大学出版社2009年版,第158页。
② 大数定律是指在随机试验中,每次出现的结果不同,但是大量重复试验出现的结果的平均值却几乎总是接近于某个确定的值。其原因是,在大量的观察试验中,个别的、偶然的因素影响而产生的差异将会相互抵消,从而使现象的必然规律性显示出来。
③ SEE ELIZA STRICKLAND:《The AI pioneer says it's time for smart-sized,"datacentric"solutions to big issues》,载 IEEE Spectrum,https://spectrum.ieee.org/andrew-ng-data-centric-ai,最后访问时间2022年8月15日。

(一)裁判文书智能分析的实践梳理

以阅读并摘录的传统形式来处理裁判文书耗时巨大。[①] 虽然当前以机器学习为代表的人工智能技术能够协助法官进行裁判文书的分析,但裁判文书写作所用的汉语是自然语言范畴,并不能被机器直接识别,且汉语相较其他语言具有语法复杂性、词义多样性以及语义模糊性等问题,需要结合语言学、数学以及计算机科学等多学科的知识,需要进行编译才能够满足机器学习的要求。此外,虽然司法要求使用法言法语,但是诉讼当事人提出的事实和理由所使用语言是较日常化的,法官在审判时也会由于背景知识、地方性政策及表述习惯等不同原因,对于同一类型的案情或者法律事实进行多元表达,这就使得当前基于统计的语言模型及单一的深度学习模型难以高质量完成裁判文书的智能分析任务。[②] 为更好提升裁判文书的智能处理质量,一些学者进行了探索,比如宋泽宇等人构建优化了基于融合标签关系的法律文本多标签分类方法,更好提升特定标签对应的法律文本语义表示质量。[③] 王文广等人提出长文本分类的混合深度神经网络模型来更好提升自然语言理解效率。[④] 但需注意的是,已有的小样本学习的相关研究更多是聚焦于图像学习领域,在文本学习领域也主要聚焦于情感分析,对以文本信息抽取为要求的相关研究较少,裁判文书智能处理的实践并不成熟。

基于公开数据所预训练的成熟模型以及算法并不能够有效应对特殊情景中的法律适用问题,同时,大数据训练所要求的海量裁判文书是较难进行满足的。比如在北大法宝司法案例库中,确认合同纠纷、债权转让合同纠纷以及信息网络买卖合同纠纷等案由相关的裁判文书可以达到十万级别的样本量,但更多如缔约过失责任纠纷、试用买卖合同纠纷、借用合同纠纷等案由则为数百至数千级别的样本量,[⑤]难以满足大数据训练的要求。但是,裁判文书在经由最高人民法院统一文书制作规范及发布《关于加强和规

[①] 周翔:《作为法学研究方法的大数据技术》,《法学家》2021 年第 6 期。

[②] 王靖:《基于多语义因子分层聚类的法律问题表示及分类研究》,云南大学 2020 年硕士论文,第 1 页。

[③] 宋泽宇、李旸、李德玉等:《融合标签关系的法律文本多标签分类方法》,《模式识别与人工智能》2022 年第 2 期。

[④] 王文广、陈运文、蔡华:《基于混合深度神经网络模型的司法文书智能化处理》,《清华大学学报(自然科学版)》2019 年第 7 期。

[⑤] 北大法宝网,https://www.pkulaw.com/case/,最后访问时间 2022 年 8 月 12 日。

范裁判文书释法说理的指导意见》后,收录上网的裁判文书质量有了进一步的提升,呈现出格式规范、内容完整、释法说理强化等特征,属于很典型的优质数据,能够有效满足小样本学习的要求。

在初期对100余份裁判文书的人工梳理中发现,各地法院对高龄劳动者劳动关系的司法认定意见并不统一,但这两种典型裁判思路数量差距较小,无法明确裁判趋势,此外二审改判比例较高,可见司法适用并不统一甚至存在割裂。同时,司法适用中针对"基本养老保险待遇"以及"法定退休年龄"这两个认定要件的标准也不一致。第一种典型裁判思路是基于"基本养老保险待遇"这一要件来进行认定的,当然企业职工基本养老保险是属于这一类别的,但同时还存在城镇居民养老保险待遇、新型农村社会养老保险待遇以及城乡居民养老保险待遇等多元表述,那是否属于"基本养老保险待遇"的范畴?虽然在《社会保险法》中将新型农村社会养老保险以及城镇居民社会养老保险纳入第二章"基本养老保险"中进行调整,但是在司法实践中关于劳动关系的认定意见并不一致,[①]这主要是由于保险金额差距悬殊导致的,在裁判文书中陈述的理由也差距悬殊。第二种典型裁判思路是基于"法定退休年龄"进行认定,但这主要会受到特殊群体退休制度的影响,其中最典型的就是女干部55岁退休,相较于女职工晚了5年,而在当下的经济社会中,职工与管理人员的界限是越发模糊的,就比如开料车间开料组组长及财务总监是否属于女干部?[②] 也引发了一定的冲突。

(二)裁判文书智能分析的研究进路

法律适用要件的明确是裁判文书智能分析的落脚点以及关键,而裁判文书的文本抽取以及匹配则是明确法律适用要件的基础。为此,需要通过自然语言处理使得裁判文书中的内容能与待研究要件进行对应,法律适用的基础是事实的认定,为提升裁判文书智能分析的针对性以及可适用性,需要对于案情进行要件化概括,尽可能涵盖实践中所出现的情形,为后续认定要件的标记以及提取打下良好基础。为实现这一目标,第一步,需在前期选取部分裁判文书进行阅读,从不同的案情中归纳出较普遍出现的标签,

---

[①] 有些裁判文书中将享受城镇居民养老保险待遇/新型农村社会养老保险待遇及城乡居民养老保险待遇的高龄劳动者认定存在劳动关系,比如在王仕荣、土瀚铭等确认劳动关系纠纷,(2022)云03民终929号。也认定劳务关系,比如瓦房店润丰物业管理有限公司、王博实确认劳动关系纠纷,(2022)辽02民终3659号。

[②] 黎焕芬、广东中迅新型材料有限公司确认劳动关系纠纷,(2021)粤07民终268号;陈玉嫦与广州穗兴隆电气有限公司劳动争议纠纷,(2013)穗中法民一终字第938号。

并进行确定。具体到高龄劳动者劳动关系认定要件的文本分析中,就是通过团队成员各自选择 20 份裁判文书进行前期阅读并总结对应的事实要件以及法律适用要件,而后进行讨论汇总,确定裁判文书文本标记所需要的标签。第二步,通过人工阅读以及总结,结合标签对裁判文书文本进行标注,作为小样本学习的初始材料。第三步,通过编写程序代码来进行机器学习,并在一轮学习完后对已标注文本进行纠错,重复学习,提升文本标记的准确度,最后将已训练好的模型用于事先预留的检验性裁判文书,验证模型的准确度,从而实现对裁判文书文本的全覆盖标注,而后可将标签内容进行导出,对于其中所明确的法律适用要件以及具体案情进行分析。为增强机器学习过程的可解释性,设计两阶段的模型训练流程,第一个阶段训练文本信息抽取模型,从大规模裁判文书文本数据中抽取标签对应的关键句段,汇总为数据表格,表格中的每行对应一个具体案例。第二阶段在数据表格的基础上再进行数据分析工作,其中包括相关性分析、趋势分析和因果关系分析,最终得到系统性结论,具体可见图 1。

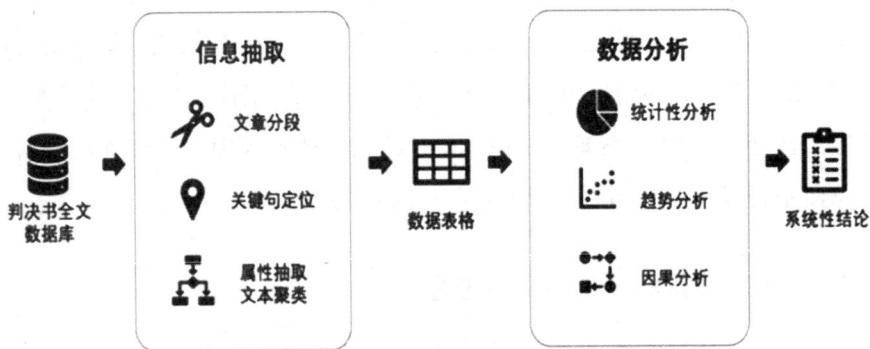

图 1　信息抽取与数据分析的流程展示图

三、裁判文书的文本标注

算法黑箱的难题在于机器学习过程的弱解释性,难以全面地掌控样本导入到结果导出的这一过程。文本标注作为裁判文书智能分析的基础,可以通过将标注流程的清晰解释以及标记规则的设置,进一步强化算法的可解释性,明确将进行机器学习的目的及方向。以下将以高龄劳动者的劳动关系认定为例,从裁判文书的下载、标签拟定、系统使用以及标注规则设定四部分进行展开。

（一）裁判文书的下载

为提升裁判文书智能分析的准确性,需要尽可能扩大样本的采集面,但是又不能涵盖过多与高龄劳动者劳动关系认定无关的裁判文书,因此在裁判文书下载中采取案由及全文的高级检索模式进行检索。具体而言,首先打开北大法宝官网(https://www.pkulaw.com/case/),在搜索框的案由中选取"确认劳动关系纠纷",然后点开始检索;在搜索框的全文中输入"退休",然后点在结果中检索,并在文书类型中下选取"判决书"。截至 2022 年 7 月 11 日,共有 9193 份判决文书,剔除所存在的重复样本,最后纳入统计的共计 8237 份裁判文书。所确定的样本覆盖面广,基本是围绕高龄劳动者劳动关系认定这一类的裁判文书,相关度更高,更有分析价值。为机器学习的便捷性,下载格式为纯文本(Text)。同时留出机器学习程序训练好后的检验集,将裁判文书分类,此外,为进一步强化裁判文书智能分析的针对性,将一审普通程序与简易程序分别研究,具体可见表1。

表 1　裁判文书的分类

审理程序	训练集	检验集
一审普通程序	1900	56
一审简易程序	4039	70
二审程序	2019	63
再审程序	80	10

虽然 8237 份裁判文书某种意义上属于大数据,但是为实现标注的准确性以及经济性目标,进行人工标注并供机器学习的裁判文书仅有 100 份,依旧是属于小样本的范畴,基于此进行的机器学习也因为样本量较小而难度更高。

（二）裁判文书的标签拟定

为更好回应日益复杂的案情,需要对于事实认定要件进行细致拆分,对法律适用也即法院的裁判内容也需进行拆分,以更好提升文本标注的准确性,为后续认定要件的提取与分析做好准备。结合最高人民法院颁布的《人民法院民事裁判文书制作规范》(以下简称为"《制作规范》"),可以将待分析的裁判文书范围五个部分,分别为案件基本信息;当事人提出的事实和理由;前审法院的认定理由和结果;审理法院认定的事实;审理法院认定的理由和结果。针对第二部分劳动者性别、出生时间及劳动起始时间等标签的识别用于合格裁判文书的筛选,从而保证样本的准确性,为后续分析打下基础。针对第三部分,在一审程序及简易程序裁判文书中不存在,二审仅可能有一审程序的认定理由和结果;再审则可能有一审程序和二审程序的认定理由和结果。具体标签设置可见表 2。

表 2　标签的设置

序号	一级标签	二级标签	属性设置
1	案件基本信息	案名、案号、审理法院	无
		审理程序	一审/简易/二审/再审
2	案件基本事实	劳动者性别	男/女
		劳动者出生时间、劳动起始时间、劳动结束时间、开始劳动的年龄、结束劳动的年龄	
		结束劳动时是否达到法定退休年龄	是/否
		劳动者何时达到法定退休年龄	劳动期间/劳动前
		有无书面劳动合同	有/无
		仲裁委拒绝仲裁的理由	
		有无享受养老保险待遇	有/无
		养老保险待遇类型	城乡居民养老保险/城镇居民社会养老保险/新型农村社会养老保险/城镇职工基本养老保险待遇
3	法院裁判内容	一审法院适用的法律依据、认定理由	
		审理结果	劳动关系/劳务关系/事实劳动关系/特殊劳动关系(下同)
		二审法院适用的法律依据、认定理由	
		审理结果	
		再审法院适用的法律依据、认定理由	
		审理结果	
		法院审结时间	
4	劳动者主体资格认定	是否具备劳动者主体资格	是/否
5	基本养老保险待遇的认定	基本养老保险待遇的认定理由	
		是否认定为基本养老保险待遇	是/否

（三）裁判文书人工标注的系统使用

小样本驱动的深度学习能够有效弱化算法对于人工标记的强依赖,从原始的数据中筛选出有价值信息进行学习以获得更为全面的知识,但就高龄劳动者劳动关系认定要件相关的裁判文书小样本学习而言,还是得依托研究人员的先验知识来明确裁判文书中的关键文本以及对应的标签,来明确标签的相关性以及差异性,进而进一步机器学习的准确性。在研究中,本次人工标注由 2 位博士及 3 位硕士进行操作,通过 Visual Studio Code 这个跨平台的源代码编辑器,运行由自主编译的文本标记系统,对导入的裁判文书进行人工标记。首先,选择"按句子分行",将原本长段的裁判文书拆解为以句号和冒号为分界的句子,从而便于算法学习。其次,在培训基础上,选择对应的文本,而后点击右侧对应的标签,并可以自动进行标记,如果该标签有分类,则下拉标签选中对应的状态,比如在示例裁判文书中,审理程序中就需要选择"一审"的状态。最后,点击储存以及更新,便能够实现文本标记的共享,具体可见图 2。

图 2　裁判文书的文本标记示意图

（四）裁判文书人工标注的规则设定

因为裁判文书是篇章级别的语句组合,内容要素过多,如果每一标签的文本抽取都要进行全文检索,将是不效率的。为此,需要在人工标注过程中设定一些标注规则,也可为后续算法学习提供基础。第一,先结合裁判文书的内容,将裁判文书分为 5 个部分并选中进行标注。第 1 个"案件基本信息"标签基本是从案名到"本案现已审理终结"结束;第 2 个"当事人提出的事实与"标签到"本院查明"前结束;第 3—5 个标签则结合文书具体表述进行标注。第二,为强化对应关系并提升文本标注质量,需明确每一部分标签对应的查找顺序及对应的文书内容,设置以下四个标注要求:(1)"案件基本信息"这一部分的 4 个二级标签仅在第一部分中进行标注。(2)"案件基本事实"这一部分 12 个二级标签先在第四部分"审理法院认定的事实"中找;然后在第三部分"前审法院的认定理由和结果"进行查找;如果找不到,最后再从第二部分"当事人提出的事实和理由"中找,这主要是保证标签标注的准确性,避免当事人提出的模糊信息影响而优先采纳审理法院的认定事实。(3)"法院裁判内容"这一部分 10 个二级标签仅在第三部分"前审法院的认定理由和结果"及第五部分"审理法院认定的理由和结果"进行标注。(4)"劳动者主体资格的认定"及"基本养老保险待遇的认定"这两部分的 3 个二级标签仅在第五部分"审理法院认定的理由和结果"中标注。第三,囿于案情及法官裁判重点,并不是所有标签都能够在裁判文书中找到对应文本,对于找不到的标签不用进行标注,避免增加错误数据。第四,并非所有的标签都能够从文本中直接获取,比如带有属性的标签是需要进行推理的,比如"结束劳动时是否达到法定退休年龄",这需要研究人员在标注过程中进行人工选择。

通过上述的标注规则设定,能够使参与标注的研究人员统一标注的文本位置,使得人工标注的质量能够更好满足后期机器学习的要求。这样的实践进路也符合传统的研究范式,也即先自动识别判决书的篇章结构,再准确分割为首部、正文、尾部等,再细化各部分的次级结构。[1] 而在本文的研究中,标签的划分以及标注更为精细,所标注的样本质量也可以有相应的提升。这部分标注好的裁判文书将作为机器学习的样本集,机器将通过后续研究人员编译的算法来学习,对未标注的裁判文书进行标注,不仅能排除劳动者"结束劳动时未达到法定退休年龄"的不合格裁判文书,也能对合格文书进行分析,并且导出标注的内容。而针对那些具有"是/否""有/无"等属性,机器将结合人工标注的样本进行学习,在标注的过程中就进行属性的添加,为后续的研究提供方便。

---

① 王禄生:《论法律大数据"领域理论"的构建》,《中国法学》2020 年第 2 期。

四、小样本学习驱动的文本信息抽取与相关性分析

裁判文书的智能分析不仅应当明确审理法院、法律依据以及审理结果,应当进行更为精细的分析,从而更为贴合司法实际,同时能更好辅助法官进行判案。文本信息抽取阶段会从裁判文书中找到与标签最相关的段落或句子,可划分为"文章分段"和"关键句定位"两个步骤。"文章分段"针对于寻找一级标签对应的大段文字,"关键句定位"目标是找到二级标签所对应文本表述的开始和结束位置。最后,为使不同的文本表述归于统一,采用属性抽取或文本聚类的方法,将某一列中各式表述归结到设置好的几种属性分类中,每个标签对应的可选属性值见表 2 中属性设置一列。由于人工标注的100 份裁判文书作为机器学习的样本量是较少的,如果简单套用较成熟的深度学习模型,那很可能会产生过拟合问题,其主要原因在于样本数量过少以及标签错误等,导致标注的样本并不能满足预定的分类规则,且样本的噪声过大导致扰乱了分类规则,使得虽然针对训练集取得良好效果,但是在测试集上效果差。[①] 此外需要注意的是裁判文书具有多主体表述的特征,一个标签对应多份文本,比如两方当事人常会进行差异化陈述,再叠加法院查明的事实,会使裁判文书中的文本信息提取遇到很大挑战。

(一)小样本学习的主流方案与研究进展

记忆、具象以及联想等能力使得人类只需要少量的数据就可以做到快速学习,受到人类学习模式的启发,学界提出了小样本学习的概念,也使得机器学习更为靠近人类思维方式。[②] 由于图像相较于文本更为客观,针对前者的特征提取更为容易,但近年来小样本学习在文本处理领域也有一些进展,有学者将其发展主要归为模型微调、基于数据增强以及基于迁移学习三类,第一种主要是在包含大量数据的源数据集合中训练分类模型,然后在目标数据集上进行微调,但可能导致过拟合问题,因为微调的数据并不能够真实反映整体数据的情况。第二种是利用辅助数据集或辅助信息来增强样本特征的学习或者扩充数据集,使得文本特征能被更好地提取,可进一步细分为基于无标签数据、数据合成及特征增强三种方法。第三种则是将学会的知识迁移到新的领域中,具体

---

① 沈微微、李颖、杨志豪等:《防止过拟合的属性约简》,《计算机应用研究》2020 年第 9 期。

② 李新叶、龙慎鹏、朱婧:《基于深度神经网络的少样本学习综述》,《计算机应用研究》2020 年第 8 期。

可进一步划分基于度量学习、元学习以及图神经网络三种方法,在不同领域都取得了较好的效果,但也存在依赖预训练模型、可解释性弱以及预训练数据集不足等问题。[①] 也有学者结合深度神经网络的小样本学习进行了研究,指出现有的小样本学习策略主要为数据增强、度量学习、外部记忆以及参数优化四类,但是也存在理论匮乏、适用范围狭窄、精度不足,以及可能会选择性遗忘旧任务知识等问题。而且当前的小样本学习也主要是针对图像识别领域的学习,比如图像分类以及字符识别,在文本分类以及生成等领域的探索并不充分,存在一定的滞后。[②] 需特别指出的是,既有的文本分类主要样本集是英文,且更多是句子级别的,实践应用价值受限,而篇章级别的文本分类相关研究是较为匮乏的,相匹配的中文样本库也是较为稀缺的。

（二）文本信息抽取模型的设计

信息抽取的目标是从原始文本中找到与标签最相关的文本段落,主流有两种数据组织形式字符分类形式(a)和问答形式(b),两种形式都用到编码器将原始文本输入进行信息融合,之后通过分类层预测标签所指文本的开始和结束位置。具体可见图 3。字符分类形式(a)将同时考虑所有标签,将每个字符分类到各个标签的开始、中间或结束。这一方式的好处是可以并行输出所有标签的分类概率,训练和推理时速度较快。但对噪声敏感,标注质量对最终效果影响较大,要求不同标注者标注具有较高一致性。问答形式(b)会将每个标签构造为一个问题,例如“找到与是否具备劳动者主体资格有关的部分”,将问题拼接在判决书全文之前,希望模型找到这个问题答案的开始和结束位置,相比形式(a),这种方式更灵活,并可以接受遗漏标注,但训练成本较高,如果有 M 个标签,N 篇文章,则要构建 M×N 条训练样本。对所有标签构成的问题,模型总会做出位置预测,拒识能力较差。在项目开始,标注样本有限时建议采用形式(b)。

（三）增量学习系统的构建

为更好应对小样本带来的挑战,可通过构建增量学习系统来进行样本扩增,实现小样本驱动的高效学习。构建增量学习系统一方面可以不断补充新数据,构建规模更大的数据集,提升模型性能;另一方面利用已有的成熟模型新文本进行预标注,进一步降

---

① 赵凯琳、靳小龙、王元卓:《小样本学习研究综述》,《软件学报》2021 年第 2 期。
② 祝钧桃、姚光乐、张葛祥等:《深度神经网络的小样本学习综述》,《计算机工程与应用》2021 年第 7 期。

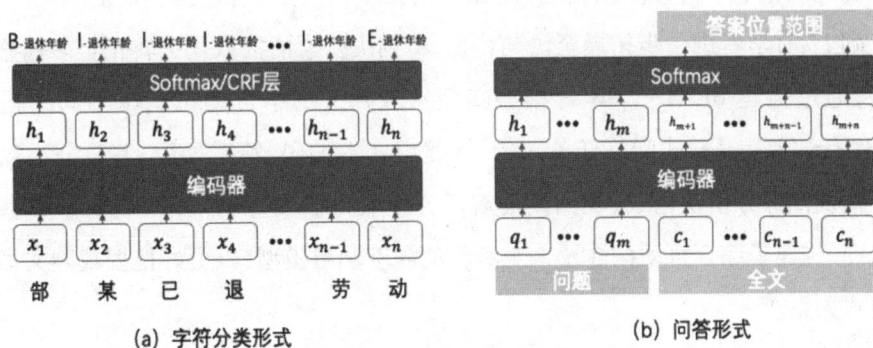

(a) 字符分类形式　　　　　　　(b) 问答形式

图 3　两种信息抽取形式展示图

低专家标注的工作量,最终形成"滚雪球"的标注模式。这一系统在学习过程中会对所有标签的预测准确率进行监控,对训练误差较大、难以拟合的标签,建议增加人工标记量。同时为保证人工标注的一致性,可以引入标注一致性评估步骤,将同一份判决书发送给多位研究人员进行标注,使用文本重叠度算法评估研究人员标注之间的差别,以此筛选出分歧较大的裁判文书以供进一步研讨,具体的实现流程可见图 4。

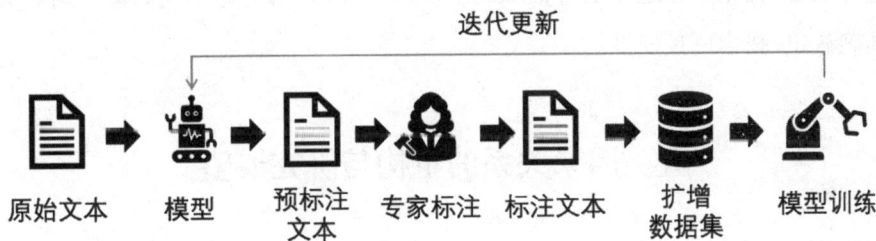

图 4　增量学习系统的实现流程

(四)法律适用要件的抽取与相关性分析

法律适用更强调说理,任何决定都需要在证明、推理及审议基础上作出,[①]这就要求关于法律适用要件的抽取不能简单进行词句的提取,而是要归纳与总结出普遍化的共识。法律适用要件的准确抽取是文本分类基础上进行的拓展任务,能够直接用于司法裁判的分析,通过对裁判文书的挖掘,确定与案件事实对应的法律适用要件及关联。

---

① 季卫东:《人工智能时代的司法权之变》,《东方法学》2018 年第 1 期。

有学者通过强化学习进行模型训练,能够实现在序列级别进行短语预测。① 在词汇特征的基础上,有学者进一步拓展至语句特征,将判决要素的抽取任务转化至多标签的分类模型,通过构建 BERT-CNN 等模型实现从裁判文书中自动识别出不同的裁判特征。② 也有学者从开放式问答任务入手,构建由文本编码、答案抽取、答案分类以及支持句子判别四部分模块构成,在阅读理解任务中取得了较好的效果。③ 有学者基于谓语导向词,构建了综合自动构建及人工参与的深度学习模型,以更好挖掘裁判文书中的深层隐式关系。④

就具体实现而言,通过第一阶段的文本信息抽取会得到一张数据表格,表格的每一行对应一个具体案例,每一列对应一个二级标签。在已有数据表格的基础上,可以开展统计性分析:以列为单位,可以统计标签对应几个属性的占比情况,例如统计所有案件中有书面劳动合同和无书面劳动合同的占比。同时考虑行列时,可以统计标签间相关性,采用皮尔逊相关系数等方法计算标签之间是否呈正相关或负相关性,同时能以时间为单位,统计时间与其他变量之间的趋势关系。通过上述的实践操作,可使法律适用要件能被更系统地进行研究。由于前期留下相当部分的检验集,可将训练好的模型以及算法进行验证,强化法律适用要件抽取的准确性及针对性,更好实现高龄劳动者劳动关系的准确认定,强化可预期性。

五、因果关系的重构与研究展望

当前裁判文书的公开与不公开往往并存,无法处理的司法数据仅是一堆结构或者非结构化的数据集合,⑤作用较小,与其过度追求样本的全面覆盖,对既有样本的正确处理及使用才是关键。⑥ 法律适用是在三段论逻辑基础上进行的演绎,需要梳理法律

---

① 曾道建、童国维、戴愿等:《基于序列到序列模型的法律问题关键词抽取》,《清华大学学报(自然科学版)》2019 年第 4 期。

② 张虎、潘邦泽、张颖:《基于深度学习的法律文书事实描述中的判决要素抽取》,《计算机应用与软件》2021 年第 9 期。

③ 李芳芳、任星凯、毛星亮:《基于多任务联合训练的法律文本机器阅读理解模型》,《中文信息学报》2021 年第 7 期。

④ 王宁、刘玮、兰剑:《基于法院判决文书的法律知识图谱构建和补全》,《郑州大学学报(理学版)》2021 年第 3 期。

⑤ 姚海鹏、王露瑶、刘韵洁:《大数据与人工智能导论》,人民邮电出版社 2017 年版,第 15 页。

⑥ 左卫民:《迈向大数据法律研究》,《法学研究》2018 年第 4 期。

规范以及案件事实的基础得出适用结果,在这过程中,因果关系是占据重要的地位,是建立在逻辑推理基础上的思维方式,然而当前数据分析过程中更重视相关性的分析,这是存在一定偏差的。① 为此,需要在相关关系的分析基础上,对于裁判文书智能分析过程中的因果关系进行重新界定。

(一)因果关系的重构

"为什么"的追问不仅是出于人类好奇心的驱使,也是对于算法黑箱的求解,人工智能在裁判文书的应用过程中也应当实现"是什么"到"为什么"的转变。诚如图灵奖得主朱迪亚·珀尔所指出的:因果推断能力不仅是强人工智能的判别标准,也是算法从能力到智能的转变依据。② 有学者在与相关关系比较中指出,因果关系是对事物过程中的定性描述模型,而相关关系是事物过程中的定量描述模型。③ 需明确的是因果关系与相关关系是相互联系的,但相关关系能否转变为因果关系是不必然的,存在选择空间,将相关关系和因果关系对立并不可取,且因果关系的探寻依旧是社会科学工作者追求的目标。④ 为更清晰地梳理人工智能中的因果模型,有学者从因果效应和因果机制的区分来分析大数据中因果关系的认定,并提出结构因果模型,但也面临难以处理非线性因果关系的挑战。⑤ 也有学者提出了从干预到反事实(counterfactual)的分析模型,⑥也即对既有结果进行假设并再推理,估计其中一项影响因素的发生概率。这样的"反事实框架"拓展了想象的空间,有效摆脱了现实世界的束缚,能够更为有效探求因果关系,并带来因果革命。⑦ 但这在过去被认定是不科学的,因为过去事情不能重来。

因果关系对于司法裁判是必需的,通过事实要件在法律上的定性来进行裁判,但反事实的因果关系分析不再完全依赖于归纳推理,更为强调演绎推理,能满足司法适用的实际需求。司法活动本质上依旧属于规范性的说理论证活动,特别是采取归责性陈述,相较自然科学中对"由果溯因"的因果关系探究模式,法律科学更多追求"由因确果",区分纯粹条件及造成差异的关键要素。⑧ 朱迪亚·珀尔重构了"因果关系之梯"

① 马长山:《面向智慧社会的法学转型》,《中国大学教学》2018 年第 9 期。
② [美]朱迪亚·珀尔、[美]达纳·麦肯齐:《为什么》,江生、于华译,中信出版社 2019 年版,第 XVIII 页。
③ 王天思:《大数据中的因果关系及其哲学内涵》,《中国社会科学》2016 年第 5 期。
④ 吴义龙:《因果关系在大数据时代的转变》,《法律与社会科学》2016 年第 1 辑。
⑤ 欧祥威、董春雨:《从大数据揭示因果机制的可能性》,《系统科学学报》2022 年第 4 期。
⑥ 董春雨、郭艳娜:《认识黑箱视角下相关性与因果性关系之辨析》,《自然辩证法研究》2020 年第 12 期。
⑦ 程开明、姜山、李泗娥:《大数据时代的因果推断》,《中国统计》2019 年第 10 期。
⑧ 冯洁:《大数据时代的裁判思维》,《现代法学》2021 年第 3 期。

（ladder of causation）理论,将因果关系划分为关联、干预以及反事实三个层级,反事实是"因果关系之梯"的最高层,也是人类意识进化以及认知革命的关键——对于虚拟创构物描述的想象能力,从而在本质上区分了强人工智能以及弱人工智能,其中典型问题就是"假如我当时做了什么会怎么样"或者"假如我实施了相反的行动会怎么样",当掌握了各种法则之后,就可以有选择地进行违背,从而构建一个反事实的世界。① 反事实作为因果关系重构的关键一环,是通过假设某要件与一般情况相悖来明确特定情形下法律适用结果,也即"由因确果",通过演绎推理提供决策参考,能更好满足司法实践需要。

相较于冰冷及确定的数据,法律实践是动态的,可通过裁判文书的关联分析、法律试点,以及筛选特定要件差异的裁判文书分析来明确不同情况下的法律适用结果,从而实现因果关系的重构与认定。第一层次,机器学习可以通过此前设置的不同标签,通过统计以及向量化的方式,了解不同裁判文书的差异,以及不同标签之间的关系,也即将不同的裁判文书、裁判文书中的不同标签进行关联分析。第二层次,法律规范自通过后应当得到遵循,但囿于时代背景以及立法技术落后等原因,法律适用往往存在模糊乃至是落后的阻碍,因此会通过试点等地方立法来进行调整,这时便可以观察"干预"的效果,分析不同要件间的因果关系,就比如不同类型的女性领取基本养老金的年龄条件存在差异,可以研究当出现这类情形时对于劳动关系的认定结果以及理由的影响,实现干预之后的观察。

在反事实的第三层次,虽然不能改变案件事实,但可以筛选出除特定要件外其他情形都相似的裁判文书,也即实现有条件地改变特定要件,观察不同要件对劳动关系认定的影响,如果在保持其他要件都不变的情况下,该要件与审判结果保持一致,就认定该因素与认定结果构成因果关系。因果关系分析的关键是构造一组对照实验,例如探究法院"养老保险待遇类型"与"审理结果"间是否存在因果关系时,需从数据表格中筛选构造出多组数据,保证其他变量分布大体一致的情况下,计算"审理结果"与"劳动者性别"间的相关性系数,如果此时相关性系数高,则可以得出两者间有因果关系的结论。虽然不是每一份裁判文书都是准确无误的,但是可以提供给法官进行参考,更好统一法律规范的适用标准。

---

① 张晓兰、董珂璐:《大数据时代因果关系的重构及认识论价值》,《宁夏社会科学》2021 年第 3 期。

（二）研究展望

在裁判文书文本标注以及认定要件明确的基础上，可进行如下的进一步研究：第一，就审理结果而言，明确劳动者在劳动期间达到法定退休年龄，或在劳动前达到法定退休年龄是否就劳动关系认定层面存在差异。① 第二，就审理结果而言，研究各地法院是否存在劳动关系认定的具体倾向，同时研究不同层级的法院是否存在较大分歧，以期更为明确及定量地梳理司法现状。第三，就裁判时间而言，研究高龄劳动者劳动关系认定结果是否存在随时间而变化的趋势，比如是否随着老龄化趋势的加重以及积极老龄化国家战略的提出而更倾向于认定为劳动关系。第四，就法律依据而言，研究是否存在法律规范的选择性适用问题以及法律依据的选择是否和裁判结果有强相关性，比如适用《劳动合同法实施条例》的判决书是否更倾向认定劳务关系等。从而更好明确法律适用要件的典型特征以及趋势。在对不同要件的分析基础上，可以更好探究特定法律适用要件与高龄劳动者劳动关系认定的因果关系，借鉴朱迪亚·珀尔所提出的"因果关系之梯"，通过构造反事实场景来验证是否存在因果关系，以此更好地指引司法实践。

A Small-Sample Learning Driven Approach to
Intelligent Analysis of Judgments

——Starting from Textual Information Extraction

Abstract：The empirical research of judgments should focus on meticulous examination of the application requirements of the law, and extracting textual information is fundamental to the intelligent analysis of judgments. Over the years, China has accumulated a vast database of judgments. Still, due to the uneven distribution of cases' causes, the application frequency of most legal provisions is not high. Considering the economic and normative constraints of manual annotation, the number of manually annotated judgments in research is relatively

---

① 除特殊工种外，达到法定退休年龄的职工如果因为工作需要，企业、机关是可以继续留用，不需要进行退休。具体可见如今依旧有效的 1957 年颁布的《国务院关于工人、职员退休处理的暂行规定》第 3 条。

small, mostly around a hundred, falling within the realm of small samples. To strengthen the quality of intelligent analysis of judgments, the research can be structured into three phases: text annotation, textual information extraction, and subsequent data analysis, including correlation analysis, trend analysis, and causation analysis. Simultaneously, an incremental learning system can be established to assist, and then the recognition of overage laborers' labor relationship is taken as an example. To enhance the interpretability of the algorithms, drawing inspiration from the "ladder of causality" theory, the causal relationship can be reconstructed across three levels: correlation, intervention, and counterfactual.

Keywords: small – sample learning; judgments; labor relationship; textual information extraction; causal reconstruction

智慧法院建设的发展历程、价值冲突和完善路径[*]

张 倩 倩^{**}

摘要： 智慧法院建设是法院信息化发展的高级形态。法院信息化建设经历了从实现内部信息化到外部联动，最终迈向系统化发展的智慧法院建设阶段。智慧法院建设极大地提高了司法效率和审判质效，但是也带来了司法效率与司法公正、司法公开与信息保护以及司法便民与司法权威之间内在的价值冲突。纵观智慧法院建设，应当坚持司法人工智能的工具主义定位，加强信息保护，培养复合型人才，推动审判体系和审判能力现代化。

关键词： 智慧法院；法院信息化；司法人工智能

法院信息化建设是智慧法院建设的基础，而智慧法院则是法院信息化建设深入发展的新形态。从 2012 年以来，法院信息化建设逐步形成了以互联互通为主要特征的 2.0 版本。智慧法院建设和司法改革是推进司法体系和司法能力现代化的一体两翼。推动人工智能、大数据和互联网技术与司法审判的深度融合，有利于助推司法人工智能建设，提升司法效率、促进司法公开、落实司法为民。新时代背景下推动智慧法院建设，需要立足于法院信息化建设的法治实践，依托深度学习算法，规避司法人工智能所带来的伦理风险，发挥科技在推动国家治理体系和治理能力现代化中的积极作用。

---

* 基金信息：教育部哲学社会科学研究重大专项项目"坚持建设中国特色社会主义法治体系，深入推进全面依法治国实践研究"（项目编号：2022JZDZ002）；科技部国家重点研发计划"可信人工智能立法制度建设研究"（项目编号：2022ZD0120100）。
** 作者信息：张倩倩，华中科技大法学院，研究方向为人权法学、司法制度。

一、智慧法院建设的发展历程

习近平总书记强调："没有信息化就没有现代化。"[1]智慧法院建设是推进审判体系和审判能力现代化重要方式。智慧法院是以法院信息化建设为基础，综合运用人工智能、大数据、云计算技术发展而来的高级形态。法院信息化建设肇始于 1996 年召开的"全国法院通信及计算机工作会议"。以此为起点，最高法以北京、上海、江苏等八家高级人民法院及其下辖法院为试点，为全国法院计算机网络系统建设积累经验。经过近30 年的发展，法院信息化建设经历了从内向型信息化建设到外向型信息化建设，最终朝着智慧法院的方向迈进。内向型信息化建设实现了纸质文档向数字文档的过度，外向型建设阶段搭建了各种信息化网络，实现了法院的线上办公，而智慧法院建设则是在人工智能与司法大数据技术的辅助下实现智能司法。

（一）信息化基础设施建设

法院信息化建设的初始阶段着眼于法院系统内部的垂直网络建设以及搭建网上办公平台。"自 2002 年法院信息化建设全面启动以来，各级法院集中推进以强化法院内部管理为主的内向型信息化建设，旨在通过数字化法庭、审判流程和质量管理系统、办公自动化系统、数据管理中心等内部管理平台的建设和完善，规范司法行为，促进审判、执行质量并提高司法效率。"[2]从纵向上看，法院的内部信息化建设的主体包括自下而上的四级法院系统；从横向上看，也包括法院内部的各个部门。就具体内容而言，"包括自动化办公设置的购置、内外部网络系统的铺设、数字化法庭的建设、审判质量管理系统的架构、诉讼服务中心的设立、电子签章的使用等"[3]。

在信息化建设初期，法院的信息化建设主要集中实现内部网络的上下联动、办公系统的信息化建设以及网上法庭的初步形成。首先是集中在法院内部的网络连通建设。法院内部网络连通依托于信息化基础设施，主要在于各类办公网络、机房以及法院系统

---

[1] 《习近平著作选读》第二卷，人民出版社 2023 年版，第 147 页。

[2] 卢荣荣：《司法公信力构建与法院信息化的结合——以 R 市中级法院实践为例》，《人民论坛》2014年第 17 期。

[3] 郭烁：《司法过程的信息化应对——互联网时代法院建设的初步研究》，《暨南学报（哲学社会科学版）》2017 年第 10 期。

的内网平台建设。法院内部专网的全覆盖,极大地提高了法院内部的行政效率,便利了法院之间的信息传递,实现了行政办公、审判管理、执行管理、信访管理、人事管理的信息化。目前,已经建立起了对全国法院的垂直系统管理,包括全国法院执行查控系统、全国法院司法协助管理平台、人民法院申诉信访管理系统、人民法院办公和办案平台、人事信息管理系统。① 随着各级法院信息化建设的铺开,线上审理、庭审直播、电子签章在审判实践中的适用越来越广,极大地便利了法院和当事人的工作,提升了法院的工作效率。法院的信息化建设是智慧法院产生和发展的基础,司法的公开性是智慧法院的重要目标之一。法院办公系统的信息化建设,例如裁判文书上网,庭审公开,既增加了司法的公开性和透明度,也积累了海量的司法大数据,为智慧法院建设奠定了坚实的根基。

(二)外部联动建设

平台化和数据化是智慧法院外部联动建设的两个重要维度。法院信息化建设为平台搭建、大数据沉淀提供了至关重要的硬件支持。目前,中国法院庭审直播网、中国裁判文书网、中国审判流程信息公开网、中国执行信息公开网、法信等大数据共享平台已经搭建完毕。就司法系统外部群众而言,庭审直播、裁判文书、审判流程、执行信息的获取,使其可以全方面观摩庭审现场、系统化学习法律知识、多途径获取和研究司法大数据。有学者认为,"这一阶段的工作为法院的数智化转型打下了重要的数据基础。"②法院系统的平台化信息建设,在提供海量数据支持司法审判的同时,也拓宽了人民群众接触司法的渠道,能够进一步增强司法权威和司法公信力。同时,各级法院采取人民群众喜闻乐见的传播方式进行普法教育、信息发布,例如开通官方微博、微信平台。

司法为民是法院信息化建设的内在价值导向。依托"互联网+"的法院信息化建设满足了人民群众信息化时代的诉讼需求,使人民群众可以享受一站式诉讼服务、可以在线办理各项诉讼业务。各级法院的诉讼服务平台与诉讼服务中心、执行中心相连接,这一举措使得人民群众足不出户了解到自己的案件的实际进展状况。法院信息化建设的外部联动,不仅提高了司法活动的公开性和透明度,也始终践行了以人民为中心的工作理念。

---

① 参见中国社会科学院法学研究所等:《中国法院信息化第三方评估报告》,中国社会科学出版社2016 年版,第 12—16 页。

② 李鑫:《智慧法院建设的理论基础与中国实践》,《政法论丛》2021 年第 5 期。

（三）系统化的智慧法院建设

智慧法院建设是一个系统工程,以法院的内部信息化建设、外部信息平台联动为实践支点。法院信息化建设过程中司法人员积攒的工作经验、司法大数据以及各种基础设施,成为了智慧法院建设的有机组成部分。一方面,法院内部信息化时期,法院和司法工作人员已经积攒了大量处理法院行政事务、司法审判事务、审判管理事务的实践经验,抓住了司法实践中的重难点问题,形成了一套成熟的解决问题的方案;另一方面,法院外部信息化建设时期,实现了法院内部各部门之间、法院与其他行政部门之间线上办公平台的相互连接,共享海量数据,但是对这些数据的挖掘、分析和使用程度较低。

智慧法院是指"依托现代人工智能,围绕司法为民、公正司法,坚持司法规律、体制改革与技术变革相融合,以高度信息化方式支持司法审判、诉讼服务和司法管理,实现全业务网上办理、全流程依法公开、全方位智能服务的人民法院组织、建设、运行和管理形态"[1]。从内涵和外延出发,智慧法院的"智慧之处"就在于以智能化和信息化的方式为法院工作提供技术支持,提高司法效率,促进司法公开。就其智能化和信息化建设的内容而言,具体包含以下三个方面:第一是实现案件流程的线上化,更加方便、快捷、高质量地保障诉讼参与人的权利。法院已经在外部联动阶段实现了这一目标。根据2022 年《最高人民法院工作报告》:浙江推进"全域数字法院",福建数字法院融入"数字福建",重庆法院探索"全渝数字法院"。[2] 与此同时,利用平台之间的互动交流,创新争端解决方式,实现了在线纠纷处理机制的多样化。第二是利用人工智能、区块链和互联网技术,深度挖掘、分析司法大数据,"通过历史案件的规律提炼,以预测和指导新案件的办理"[3]。运用信息化方式抓取、分析数据,换言之,就是运用算法来发现在海量案例中隐藏的、潜在的信息关联性、裁判模式的共通性,"其实质是通过数据挖掘发现深层司法规律进而加以运用的过程"[4]。运用算法建立数据模型,利用标签化以及统计学的方式,使人工智能进行深度学习,做到案件预测和类案推送,加快审判辅助系统建设,缓解法院"案多人少"的司法困境。第三个方面是推进审判管理系统信息化。目前,全国 3500 余家法院已经通过法院专网实现了互联互通,为人民法院各项全国性业

---

[1] 许建峰:《智慧法院:促进审判能力现代化》,《光明日报》2017 年 7 月 28 日。

[2] 《最高人民法院工作报告》,新华网,http://www.news.cn/2022-03/15/c_1128472515.htm。

[3] 周翔:《智慧法院的生成机制与未来发展趋势》,《西安交通大学学报(社会科学版)》2021 年第 3 期。

[4] 王禄生:《司法大数据与人工智能技术应用的风险及伦理规制》,《法商研究》2019 年第 2 期。

务应用奠定了坚实的网络基础。①审判管理信息化建设是将信息化技术嵌入审判管理的全过程,具体包括审判数据公开、司法文书自动化生成、电子签章、电子送达、审判节点的信息化控制等方面。②裁判文书上网是对法官文书写作能力的检验,倒逼法官提升业务能力和司法水平;司法文书自动生成、电子签章、电子送达等信息化手段在司法实践中的适用,使法官从繁杂的行政事务中解放出来,专注于案件审理;审判管理信息化建设对审判节点的精细化把控,既可以敦促法官提升审判效率,也可以做到司法审判的全过程"留痕",切实落实司法责任制。

二、智慧法院建设的内在价值冲突

智慧法院建设在促进司法效率、增强司法透明度、推动类案同判、便利诉讼参与人等方面发挥了不可替代的作用。但是,现代科学技术融入司法建设是一把双刃剑。有学者认为人工智能"在带给人类巨大进步与福利的同时,也带来了不可忽视的伦理风险、极化风险、异化风险、规制风险和责任风险"③。因此,智慧法院建设也不可避免地存在司法效率与司法公正、司法公开与信息保护以及司法便民与司法权威的矛盾。

(一)司法效率与司法公正

"案多人少"的矛盾是法院系统内部的　个痼疾,这一矛盾的本质在于如何平衡司法效率与司法公正。法谚有云:"迟到的正义是非正义。"以人工智能、大数据技术赋能的智慧法院建设是提高司法效率的重要途径。2022年《最高人民法院公报》指出:"2021年,全国法官人均办案238件……在案件压力增大情况下,审判质效指标持续稳中向好,人民群众对司法公正的获得感不断增强。"④案件审理是法院的核心业务。但是,法官在进行审判的同时,还要花费大量的时间和精力处理重复性高、技术含量低的工作。智慧法院建设将人工智能、大数据技术引入司法实践,可以使法官集中精力来处理审判业务,减少重复性和低效工作。"法律人工智能的价值在于提高法律任务执行

---

① 李林、田禾主编:《中国法院信息化年度报告(2017)》,中国社科文献出版社2017年版,第2页。
② 胡昌明:《中国智慧法院建设的成就与展望——以审判管理的信息化建设为视角》,《中国应用法学》2018年第2期。
③ 马长山:《人工智能的社会风险及其法律规制》,《法律科学(西北政法大学学报)》2018年第6期。
④ 《最高人民法院工作报告》,新华网,http://www.news.cn/2022-03/15/c_1128472515.htm。

的质效。"①从工作量上看,人工智能、大数据技术融入司法审判,法律人工智能为法官审判工作提供了有力的技术辅助。法官根据长期的工作经验和对案件事实的分析可以基本确定案件性质,但是具体法条的援引和判决书可以通过法条检索系统、司法文书自动生成系统来完成。从审判质量出发,依靠类案推送功能可以在海量的司法数据中捕捉到同类案例提供参考,可以尽量避免"同案不同判"现象。

然而,现有算法的特定性以及数据依赖,也会影响法官审理案件的公正性。一方面是技术本身的局限性。传统意义上看,算法有其固定特性:明确的指令性、预期效果的可预测性、表现形式的程序化,这意味着向计算机下达指令可以实现预期的效果。但是司法大数据和司法人工智能建设所依赖的是深度学习算法,此类算法不具有固定性,能够随着数据的挖掘次数、内部程序运算而不断予以调整和完善,使所得出结果更加准确,进而形成一种普遍的经验应用于个案,其实质是演绎逻辑的运用——从个案学习到普遍经验总结,再应用于个案。"然而,当前人工智能领域的自然语义处理技术主要是围绕日常用语展开训练,其与司法领域中法言法语的适配性较弱。"②传统算法的特定性以及深度学习算法场域运用的局限性都难以满足司法人工智能建设的需要。另一方面,人工智能和大数据技术在解放法官的同时,也存在以数据的方式奴役法官的可能。"法官才是法律世界的王侯"。③ 但是在司法人工智能所预设的场景中,法官可能只是算法所预设的学习对象或者所预测的客体。在这种场域中,法官在审判过程中的主体地位受到威胁。与此同时,法官在作出审判前需要综合考虑法理、情理因素,个人情感体验的形成受到主客观因素的影响,而人工智能技术的深度学习并不能与人共情。除此之外,对司法人工智能的过分推崇可能会导向"唯数据主义"。案件的有效审理需要形式理性和实质理性的充分结合,若过分依赖大数据类案推送,则可能会造成案件审理的同质化,这种同质化现象损害了司法的公正性。

（二）司法公开与信息保护

借助裁判文书网、执行信息公开平台、审判流程信息公开网、庭审公开网等媒介,司法对公众开放程度不断提高。司法公开的进一步推进有利于保障人民的知情权、参与权、表达权、监督权。以裁判文书网为例,"裁判文书公开是司法公开的基本内容,是树

---

① 魏斌:《论法律人工智能的法理逻辑》,《政法论丛》2021 年第 1 期。
② 王禄生:《司法大数据与人工智能技术应用的风险及伦理规制》,《法商研究》2019 年第 2 期。
③ ［美］德沃金:《法律帝国》,李常青译,中国大百科全书出版社 1996 年版,第 361 页。

立司法公信力的基本要求,也是本轮司法改革的重要目标"。① 裁判文书公开上网在法院与人民群众之间形成了一种良性互动机制。从社会大众的立场出发,文书上网意味着受众范围从专业群体向非专业群体扩展。不同的社会群体可以藉由信息化平台获取司法文书,这极大地缩短了司法和社会大众之间的距离,减少了司法的神秘性,极大地保障了人民群众的知情权。与此同时,从法院的角度看,文书上网对法官形成了一种倒逼机制,有利于提高司法的公正性和审判质量。裁判文书一旦上网,就意味着法官本身的业务能力要受到社会公众的审查,法官就会以更加审慎的态度来处理案件。司法公开就是为了使法官的工作能够经得起时间、空间和人民的检验。随着智能化技术的发展,人民群众可以通过多种途径、方式来对司法审判活动进行监督。

但是利用人工智能进行深度学习之后,法官个人极易被标签化处理。就裁判文书上网来说,为了贯彻落实司法责任制,法官必须对自己所作出的判决负责。作为司法人工智能学习样本的裁判文书并未隐藏法官的相关信息,这可能会导致"诉讼投机"心理。随着人工智能和大数据技术的进一步发展,诉讼主体可以更加高速、迅捷地根据不同地域、不同法官的司法偏好来选择对自己最有利的司法管辖方式。在司法实践中,也存在律师为了得到更有利于代理人的审判结果而在法律所允许的范围内灵活地选择受理法院。然而,这种情况的发生也意味着律师要去花费大量的时间和精力来分析不同地域、不同法官审理案件的结果来予以实现。"随着大数据技术的普及和法官大数据画像的广泛应用,'择地诉讼'的成本和难度将大幅度下降。"②这种司法人工智能带来的便利极易导致"诉讼投机"。这种处理技术实质上是将不同地域的法院和不同的法官进行标签化处理,通过海量的司法大数据来进行分析,将法院的地域性和法官作为预测对象以达到审判结果的可预测性。"技术权力以科技为手段,以全流程司法数据的获取为基础,借助代码、算法和架构将支配深入到司法运作各个环节的毛细血管中。"③除此之外,2021 年 11 月 1 日施行的《个人信息保护法》并没有对法官职务行为所产生的个人信息作出特殊性规定。法官的审判信息被泄露,实质上就是并未完全平衡处理好司法公开和个人信息保护之间的价值冲突。最后,智慧法院建设过程中所需的各种技术支持,大多数采用的是技术外包的形式来进行。法院提供了海量的裁判文书以及

---

① 马超、于晓虹等:《大数据分析:中国司法裁判文书上网公开报告》,《中国法律评论》2016 年第 4 期。

② 王禄生:《司法大数据应用的法理冲突与价值平衡——从法国司法大数据禁令展开》,《比较法研究》2020 年第 2 期。

③ 王禄生:《司法大数据与人工智能技术应用的风险及伦理规制》,《法商研究》2019 年第 2 期。

诉讼参与人的相关信息,但是其本身却缺乏加强信息保护的技术知识和能力。

（三）司法便民与司法权威

新兴科技在改变公众生活的同时,也极大地便利了社会公众的司法参与。司法人工智能的优势就在于针对不同的主体提供个性化的司法信息推送、案件结果预测、证据统一支持、执行风险预警等,这意味着当前智慧法院建设3.0版本已经从审判管理领域的信息化拓展到了司法公开、审判以及执行环节。这些流程的信息化建设极大地便利了社会公众对诉讼活动的参与。以"线上庭审"为例,我国最开始的线上审判起始于QQ聊天软件。随着微信应用的迅速普及,"微信法庭"开始出现。以即时性的聊天软件为媒介的"线上庭审"实际上极大地便利了当事人出庭以及法官询问,大大地缩短了庭审时间,但是法院的线上庭审设备仍然比较简陋。随着法院信息化建设的不断推进,高清摄像头、麦克风、显示器、专用高速网络等硬件设施的搭建进一步提升了庭审的质量和效果。这种"线上庭审"的审理方式极大地便利了法官和当事人,有效地节约了时间,降低了法院的司法成本,尤其是在新冠疫情期间,"线上庭审"得到了极为广泛的运用并在实践中发挥了不可替代的作用,但是也存在适用案件范围有限等问题。

另外,司法审判活动有其固有的仪式性和权威性。法官、法院、法庭、法袍等都是司法审判过程中的符号,这种固有的司法符号是司法活动权威性存在的基础,而符号化的表征是增强司法公信力的重要途径。为了充分保证双方当事人对案件审判结果的尊重以及对审判结果的执行,司法的权威性和独立性需得到保障。但是在"线上审理"的过程中,司法的权威性和仪式感被消解,这可能会带来两个不利后果:一方面,"线上庭审"的便利性和可获得性可能会给当事人造成"司法随意"的错觉,降低司法公信力;另一方面,司法审判是维护人民权益的最后一道防线。若是随意启动司法程序会降低司法活动的权威性,更有甚者浪费司法资源,加剧法院"案多人少"的矛盾。

三、智慧法院建设的完善路径

司法效率与司法公正、司法公开与信息保护以及司法便民与司法权威之间的内在矛盾有三重指向:第一个方面指向建立在深度学习基础上的司法人工智能对法官在审判过程中主体性地位的消解;第二个方面是司法公开过程中在某种程度上侵犯了法官个人信息,导致诉讼投机和审判的"数据中心主义";司法人工智能的设计者和使用者分离,司法人工智能产品的供给和司法人员的办公需求存在张力。在下一步智慧法院的建设过程中,应当厘清人工智能的司法辅助角色与法官进行司法审判活动的边界,处理好司法公开与法官个人信息保护的关系,培养"法学+人工智能/计算机"等复合型人才。

(一)坚持技术的工具主义定位

人工智能和大数据介入司法领域,对传统的审判模式造成了巨大冲击。现代科技对司法活动产生了广泛而深刻的影响,极大地提高了审判质效。但是,"在司法场域中技术权力势必与专业权力形成不同程度冲突"[①]。为了警惕司法审判活动的唯数据主义,必须要明确人工智能、大数据技术的审判辅助功能,界定好司法人工智能介入司法活动的广度和深度。一方面,司法人工智能虽然在处理海量数据、类型化统计、分析数据等方面优势显著,但是有其本身所固有的局限性。法院判决过程是基于案件事实,综合法理、情理因素来处理当事人之间的纠纷。司法人工智能并不共情人所具有的情感、同理心、价值观念。在审判过程中,司法人工智能能够发挥法条检索、类案推送、审判结果偏离度预警等方面的功能,但是案件事实的认定以及法官的感情因素是人工智能无法替代的。因此,在这些方面司法人工智能不宜也不能介入。另一方面,司法的独立性和公正性不能为人工智能技术所消解。审判活动必须坚持司法独立。但是司法公开制度推动了法官审判全流程的信息化,社会公众也可以对审判全过程进行监督。这种情况下法官可能会迫于舆论的压力而影响司法的独立和公正。因此,人工智能技术的介入必须以维护司法的独立性、公正性、权威性为前提。

(二)加强个人信息保护

司法公开是智慧法院建设的有机组成部分,但是就目前的司法公开机制而言,可能会存在侵犯法官和被执行人个人信息的现象。裁判文书上网方便了法官进行类案检索,降低"同案不同判"现象,与此同时还能有效保障人民群众的监督权,却侵犯了法官的基本信息,基于此这一问题可以从法院系统和裁判文书网建设两个方面着手予以解决。就法院内部而言,可以对作出裁判的法官进行记录而无需直接在裁判文书上记录其基本信息;就技术应用而言,裁判文书网可以通过技术化处理对审判人员的基本信息

---

① 王禄生:《大数据与人工智能司法应用的话语冲突及其理论解读》,《法学论坛》2018 年第 5 期。

进行模糊化处理,从而加强对法官个人信息的保护。执行信息化是智慧法院建设的重要内容。"执行指挥系统以执行网络查控为核心,兼具信息公开、信用惩戒、监督管理等功能。"①目前执行信息化建设已连接了银行、公安部、工商总局、银保监会、京东、支付宝等平台,可以较为全面地获取被执行人的相关信息。但是在获取信息的过程中,应当进行信息的筛选和过滤,重点关注被执行人的财产、消费、出行等方面的信息,剔除一些与案件执行无关的信息以保护其个人信息。

（三）培养复合型人才

法院信息化过程中的各类网站、平台的开发和投入使用大多数是进行技术外包,即委托给各类信息科技公司来进行开发、更新换代、日常维护等。但是这种技术外包的情况下,开发者和使用者相分离,使得司法人工智能产品的供给和需求之间存在张力。技术开发阶段,技术工作者并未充分考虑司法实践中的现实需求,仅仅是以解决问题为导向进行编程、设计算法等,这极有可能导致用户体验感差,相关产品的使用率不高。复合型人才是解决司法供给不能满足司法需求的原动力。在人工智能产品开发的过程中,具有"法学+人工智能/计算机"背景的复合型人才介入,能够较好地把司法实践中所产生的司法需求充分阐释,在技术开发阶段就充分考虑使用需求以及使用的便利程度。

The Development History, Value Conflict, and Improvement Path of Smart Court Construction

Zhang Qianqian

Abstract: The construction of smart court is the advanced form of court information development. The court informatization construction has experienced from the realization of internal informatization to external linkage, and finally to the systematic development of the smart court construction stage. The construction of smart court greatly improves judicial effi-

---

① 王小梅:《法院执行信息化建设的成效、问题与展望——以人民法院"基本解决执行难"为背景》,《中国应用法学》2018 年第 1 期。

ciency and trial quality, but also brings the inherent value conflicts between judicial efficiency and judicial justice, judicial openness and information protection, and judicial convenience and judicial authority. Throughout the construction of smart courts, we should adhere to the instrumentalist positioning of judicial artificial intelligence, strengthen information protection, cultivate compound talents, and promote the modernization of the trial system and trial capacity.

Keywords: Intelligent court; Court informatization; Judicial artificial intelligence

人民法院推进诉源治理的议题与实践

——以优化诉前调解工作机制为视角*

余晓龙　　马丽萍**

摘要：面对日益庞大的诉讼案件增量和随之带来的"案多人少"矛盾、审判压力加大、纠纷化解受限等问题，如何从源头上减少案件增量，优化审判资源配置，提升纠纷化解质效，更好地满足人民群众多元司法需求，成为摆在人民法院面前的一项重要议题。从全国法院和调研目标法院情况看，诉前调解在减少案件增量、优化纠纷化解方面发挥了关键性作用，但仍然存在诉前调解形式规范和实体效力不足、诉前调解工作考核缺乏体系性考量、诉调对接程序和机制尚需优化、诉前调解精准分流和科学处理有待加强等问题。为进一步挖掘诉前调解作用空间，促进纠纷化解的高效性、科学性和稳定性，有必要立足纠纷化解实践分析影响诉前调解工作开展的各类因素，有针对性地提出解决办法，重点从规范诉前调解形式、保障诉前调解效力，加大诉前调解分流、提升调解的精准度，优化诉前调解平台、完善诉调对接机制等方面优化完善。

关键词：诉讼增量；诉源治理；诉前调解；诉前分流；诉调对接

近年来，进入人民法院的案件呈现大幅增长态势，部分法院甚至出现学者所谓"诉讼爆炸"现象，"案多人少"矛盾不断凸显。由此导致高质效办案模式可持续性难以保证，客观上影响了对当事人多元司法需求的满足能力提升。在此种背景下，人民法院推进诉源治理成为解决问题的关键举措，也成为司法融入国家治理体系和治理能力现代

---

* 基金项目：本文系中国法学会 2022 年度部级法学研究课题·重点课题"后员额制背景下法官选任模式与养成机制优化研究"〔课题编号：CLS(2022)B10〕的阶段性研究成果。

** 作者简介：余晓龙，山东法官培训学院司法大数据研究部主任、副教授；马丽萍，山东法官培训学院副教授。

化的重要体现。通过对全国法院和目标地区 S 省法院的调研发现,在人民法院推进诉源治理中,诉前调解工作发挥了重要作用,显著影响案件增量控制的整体效果。为及时总结分析诉前调解工作情况,进一步发挥诉前调解作用,促进其制度机制功能优化,本文重点结合 S 省法院诉前调解运行情况的数据分析,找到制约当前诉前调解工作开展的问题和因素,提出优化完善的建议,以期为诉前调解工作的规范化、程序化、高效化提供可资借鉴的样本参考。

一、加强诉前调解工作的必要性和紧迫性

随着经济社会发展,人们的法治观念有了很大提升,通过诉讼手段解决纠纷逐渐发展成为一种趋势。2015 年立案登记制改革后,进入人民法院的案件数量有了明显增长并呈现持续上升态势,部分地区甚至出现"诉讼爆炸"现象。从全国范围看,从 2004 年起,全国法院新收案件数量一直保持同比增长态势,特别是 2015 年立案登记制施行以来,历年新收案件数同比增幅持续 10% 以上高位运转,个别年度甚至超过 18%,这对于全国法院 2—3 千万的收案体量而言,增加的案件绝对数量是非常庞大的,对人民法院的审判执行压力也是巨大的。从 S 省法院情况看,案件数量控制的压力更大,特别是在 2020 年全国首次出现下降的情况下,S 省法院仍然保持了同比增长 11.9% 的高速度,收案总量 217.6 万件。此外,根据最新统计数据显示,在全国上下推进诉源治理的背景下,2021 年 1 月 1 日至 11 月 15 日,全国法院新收案件数量同比增长也达到了 10.8%,S 省法院 1—10 月一审案件收案 94.2 万件,同比增长 5.73%,进一步加大减量工作力度,优化工作机制势在必行。

面对如此庞大的案件数量压力和仍然存在的增量惯性,原有的审判资源和工作模式越来越难以为继,相比人民群众日益增长的多元司法需求也捉襟见肘。在这样的背景下,依靠非诉讼纠纷解决机制化解纠纷、提升人民群众司法获得感被鲜明地提了出来。2019 年,习近平总书记在中央政法工作会议上作出了把非诉讼纠纷解决机制挺在前面的重要指示,为新时代纠纷解决提出了明确要求,提供了方法指引。2020 年 11 月 16 日,习近平总书记在中央全面依法治国工作会议上进一步指出,法治建设既要抓末端、治已病,更要抓前端、治未病;我国国情决定了我们不能成为"诉讼大国";我国有 14 亿人口,大大小小的事都要打官司,那必然不堪重负。这些重要论断是立足中国纠纷和诉讼实际基础上提出来的,具有重要的理论价值和实践意义,是中国法治发展的必然要

求,构成了人民法院强化多元解纷、减少案件增量的理论基础和方法指南。

对人民法院而言,减少进入诉讼的案件增量主要有两个途径:一是从根源上减少纠纷的产生,进而减少纠纷形成案件进入法院;二是通过多元解纷手段减少进入立案程序的案件数量。当前,人民法院推进诉源治理、减少案件增量的重点关注领域是后者,主要原因有两点:

一是诉前调解化解纠纷对控制案件数量具有重要影响。从全国情况看,根据《中国法院的多元化纠纷解决机制改革报告(2015—2020)》,全国诉前调解成功的案件越来越多,使得更多的纠纷尚未进入诉讼程序就在诉前得以化解,大量诉前调解成功案件自动履行。根据最高人民法院审管办对外公布的情况,2020 年全国法院新收案件数量近年来首次同比减少,从数据情况看诉前调解工作对于新收案件数量减少这一态势起到了较为关键的作用。从 S 省法院情况看,2021 年 1—6 月,诉前调解工作对案件增量控制发挥了显著作用,以 16 地市法院①案件同比增长率与反映诉前调解工作情况的主要指标(诉前调解成功率、诉前调解成功流入一审的比例)关系看,带有规律性的特点是凡案件同比增长率较高的,诉前调解成功流入一审的比例一般较高,诉前调解成功率一般较低。同时,诉前调解将有效减少一审案件数量,对后续的二审案件、执行案件数量减少形成直接带动效应。控住了一审案件的“大盘子”,就能有效控制一审衍生出的其他案件的总体数量。②

二是诉前调解是法院发挥作用的“主阵地”,通过改进完善相关工作机制和措施能够在相对短的时间内,见到诉讼增量控制的成效。当前,引导当事人通过公证、仲裁等方式解决纠纷的分流效果尚不理想,人民法院减少案件增量工作主要依赖于诉源治理与诉前调解。而诉源治理格局需以党委政府为主导构建,受外部因素影响较大。且诉源治理针对的是整个社会中的纠纷,并非针对性指向流入法院的纠纷。人民法院减少案件增量,主要依赖于人民法院主导的多元解纷机制的高质量运转,需要诉前调解工作加以重点解决。

---

① 为行文方便,下文中 S 省法院包括的 16 地市法院分别以 A 地法院、B 地法院、C 地法院、D 地法院、E 地法院、F 地法院、G 地法院、H 地法院、I 地法院、J 地法院、K 地法院、L 地法院、M 地法院、N 地法院、O 地法院、P 地法院加以表述。

② 2020 年 S 省法院一审收案 1064382 件,占总收案数的 48.91%,同比增长 7.53%;二审收案 119531 件,占总收案数的 5.49%,同比增长 5.90%;执行收案 768929 件,占总收案数的 35.34%,同比增长 14.38%。如果降低一审收案增长率,将形成较大体量的案件减少数,比如降低 1 个百分点,则一审收案数将减少近 10000 件,10000 件一审将对后续的二审、执行等案件数量也将形成带动效应,也将减少比例可观的案件数。

二、S省法院诉前调解工作对案件增量治理的影响性分析

对诉讼案件增量情况和诉前调解对案件增长治理影响情况的分析,有助于从总体上把握诉前调解与案件增长间的关系,找到制约案件增量治理的关键性因素,为提升诉前调解的案件减量功能作用提供实证依据。

(一)S省法院案件增长情况分析

全国范围看,在经历了十几年的持续增长后,2020年全国法院新收案件数量首次同比下降,幅度为1.7%。① 其中,19个辖区收案数量同比下降,13个辖区收案数量同比上升。从S省法院情况看,2020年,全省法院共收案217.6万件,同比增长11.9%,上升幅度居全国第4位,在收案数前五位的辖区中排名第1位,案件增量控制压力较大。

2021年1—12月,S省法院共收案261.2万件,新收案件同比下降0.63%,②16个地市法院中有9个地市法院收案数量同比下降,下降率前三位的为C、B、M地法院,分别为11.52%、7.68%、6.53%;7个同比增长,增长率前三位的为G、O、K地法院,分别为9.43%、8.03%、7.84%。案件增长率呈现了较大差距,最高的G地法院达到9.43%,最低的C地法院为-11.52%,相差21个百分点。2022年1—6月,S省16个地市法院中收案数量均同比下降,下降率前三位的为L、G、N地法院,分别为22.82%、20.74%、20.10%;下降率后三位的为B、K、D地法院,分别为3.56%、5.55%、8.94%。案件增长率差距,最高的B地法院达到-3.56%,最低的L地法院为-22.82%,相差18个百分点。这说明,在推进诉源治理方面,各地法院工作还有较大差距。根据实地调研掌握的情况发现,对诉前调解的考核比重、工作机制的完善程度以及是否得到党委政府的统筹支持是其中的重要影响因素。

O进一步分析,S省法院16地市法院案件增量控制工作存在明显差距,以2020年全年和2021年1—6月两个时间段分析,部分地区存在同比增长居高不下的显著

---

① 可参见周强:《最高人民法院工作报告——2021年3月8日在第十三届全国人民代表大会第四次会议上》等相关材料。

② S省法院2021年1—6月共收案115.9万件,新收案件同比增长17.77%。这说明S省法院下半年在推进诉前调解在内的诉源治理方面成效显著。

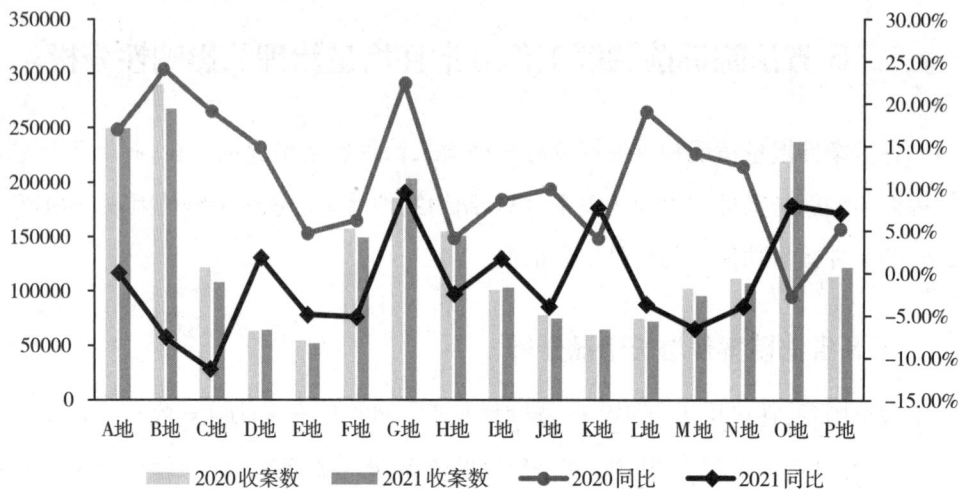

图 1 2020—2021 年度收案数量与同比增长率

问题,按照同比增长率由高到低排序,G 地法院(2,1)、L 地法院(4,4)、A 地法院(5、6)三个地区出现"恒高"现象,有必要针对性分析原因;部分地区案件增长控制工作较平稳、稳中有升,比如 E 地法院(4,4)、F 地法院(6,1),可适时进行经验总结,提炼好的做法;部分辖区工作进展较大,按照同比增长率由高到低排序,比如 C 地法院(14,2)、M 地法院(10,3)宜对比分析哪些做法发挥了关键性作用,并长期跟踪分析,如果效果稳定可以适时进行试点推广;部分辖区则出现增量控制乏力工作退步的局面,比如 P 地法院(5,15),H 地法院(3,12),应对比分析退步的原因,并采取相应措施努力扭转。

表 1 2020—2022 年 6 月 S 省 16 个地市法院收案情况表

地区	2020 全年		2021 年 1—6 月		2021 全年		2022 年 1—6 月	
	新收	同比	新收	同比	新收	同比	新收	同比
合计/平均①	2176281	11.85%	1158740	17.77%	2162467	−0.63%	896946	−12.89%
A 地	249668	16.83%	132096	18.45%	249868	0.08%	105279	−10.00%
B 地	290365	24.12%	143206	16.09%	268055	−7.68%	126278	−3.56%
C 地	122074	19.16%	56300	6.82%	108017	−11.52%	41719	−15.97%
D 地	63011	14.90%	33777	13.25%	64187	1.87%	27885	−8.94%

----

① 本表中的合计、平均项为全省合计、平均。

续表

地区	2020 全年		2021 年 1—6 月		2021 全年		2022 年 1—6 月	
	新收	同比	新收	同比	新收	同比	新收	同比
E 地	54746	4.71%	28414	9.13%	52061	−4.90%	22416	−13.34%
F 地	157446	6.25%	80073	5.01%	149294	−5.18%	58193	−18.51%
G 地	186133	22.45%	108500	34.17%	203677	9.43%	73189	−20.74%
H 地	154840	4.15%	82521	23.27%	150878	−2.56%	64798	−12.72%
I 地	101494	8.68%	56178	29.01%	103212	1.69%	42015	−12.93%
J 地	78452	9.96%	41521	15.31%	75257	−4.07%	32856	−9.86%
K 地	59978	4.07%	33744	15.08%	64682	7.84%	29296	−5.55%
L 地	75246	19.09%	41564	23.75%	72479	−3.68%	28455	−22.82%
M 地	102820	14.16%	51814	7.91%	96102	−6.53%	35586	−18.76%
N 地	112201	12.69%	57794	10.78%	107765	−3.95%	40649	−20.10%
O 地	220126	−2.72%	124345	18.12%	237793	8.03%	98056	−11.82%
P 地	113798	5.23%	67657	31.44%	121973	7.18%	52828	−12.72%

(二)诉前调解工作对案件增量治理的影响

诉前调解工作能够实现对案件的有效分流,是控制案件增长的关键举措。2021 年 1—12 月,S 省法院诉前调解案件 77.9 万件,调解成功① 44.2 万件,诉前调解成功后流入一审② 24.6 万件,占比为 55.75%。③ 有力的诉前调解分流了大量后续可能进入诉讼的案件,成为案件增量治理的关键方面。

1. **诉前调解成功后回流一审率对案件增量的影响④**

2021 年 1—12 月,从 S 省各地法院案件增长率以及与诉前调解主要指标的诉前调解成功率、诉前调解成功后回流一审的情况看,诉前调解成功后回流一审率全省平均较

---

① 诉前调解成功案件指人民调解平台中结案方式为"调解成功"的,包括当事人和解、申请司法确认、申请出具调解书、达成调解协议申请撤诉的情况。

② 此处调解成功后流入一审的案件包括申请出具调解书、达成调解协议申请撤诉。

③ 本数据为全省法院平均数据,基于统计学意义考虑,在此之后的诉前调解相关统计平均数值为 16 地市平均数值,不包括 S 省高院、铁路法院、海事法院。

④ 文中涉及的时间段内,诉前调解成功后出具调解书和申请司法确认的,系调解成功后回流一审的情形,仍然以一审案件数量统计。

高,达到 55.74%,①问题较为突出,对案件数量增长具有十分显著的影响,应当引起高度重视。

而 2021 年上半年情况看,案件同比增长率前五位的 G 地法院（34.17%）、P 地法院（31.44%）、I 地法院（29.01%）、L 地法院（23.75%）、H 地法院（23.27%）与回流率前五位的 G 地法院（89.21%）、A 地法院（78.92%）、L 地法院（77.48%）、H 地法院（75.55%）、I 地法院（71.74%）是高度重合的,可见案件回流对案件增量有直接影响。

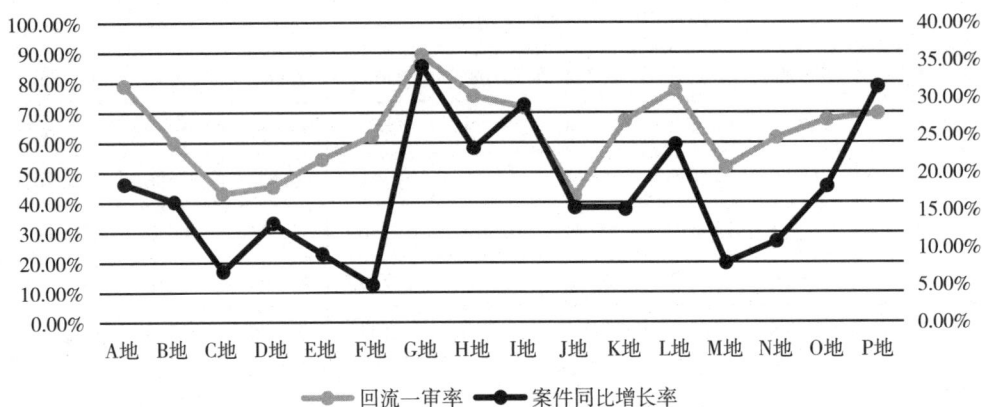

图 2 2021 年 1—6 月回流一审率与案件同比增长率

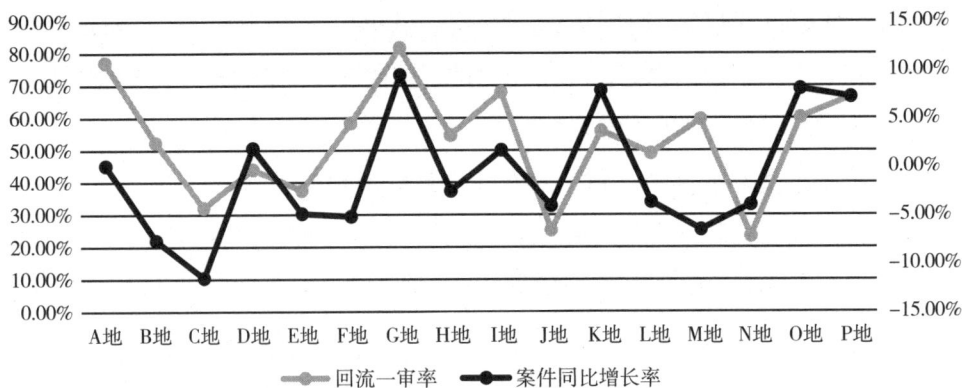

图 3 2021 年 1—12 月回流一审率与案件同比增长率

---

① 不包括 S 省高院、铁路法院、海事法院。

表2　2021年1—6月S省16地市法院诉前调解情况表

地区	诉前分流率	诉前调解成功率	诉前调解成功回流一审率	当事人和解不申请出具文书率	诉前调解成功司法确认率	诉前调解成功申请出具调解书率	诉前调解成功申请撤诉率	案件同比增长率
平均①	31.16%	57.60%	65.36%	23.92%	10.72%	25.70%	39.66%	17.35%
A地	27.16%	68.08%	78.92%	14.46%	6.61%	45.72%	33.21%	18.45%
B地	42.94%	60.90%	59.87%	35.82%	4.31%	18.95%	40.92%	16.09%
C地	31.20%	60.11%	42.98%	47.09%	9.93%	13.82%	29.16%	6.82%
D地	30.25%	64.34%	45.18%	43.43%	11.39%	9.07%	36.11%	13.25%
E地	28.46%	54.85%	54.34%	28.41%	17.25%	9.40%	44.94%	9.13%
F地	31.00%	60.19%	62.22%	23.31%	14.47%	16.08%	46.14%	5.01%
G地	20.45%	62.22%	89.21%	7.13%	3.66%	24.39%	64.82%	34.17%
H地	32.76%	54.42%	75.55%	12.79%	11.66%	16.47%	59.08%	23.27%
I地	24.66%	66.78%	71.74%	9.50%	18.75%	41.90%	29.85%	29.01%
J地	35.27%	58.88%	42.23%	38.37%	19.40%	16.85%	25.38%	15.31%
K地	36.35%	44.66%	67.19%	26.82%	5.99%	35.75%	31.44%	15.08%
L地	34.45%	49.21%	77.48%	9.56%	12.96%	46.02%	31.46%	23.75%
M地	31.93%	65.95%	51.61%	38.10%	10.29%	14.61%	37.01%	7.91%
N地	33.29%	42.01%	61.51%	5.00%	33.49%	9.95%	51.56%	10.78%
O地	26.02%	52.45%	67.59%	15.90%	16.51%	47.73%	19.86%	18.12%
P地	36.37%	45.83%	69.66%	26.13%	4.20%	23.13%	46.54%	31.44%

2. 诉前调解成功率及其分流调解案件数对案件增量的影响

2021年1—6月,诉前调解成功率和对应的分流调解案件数也对案件增长产生较大影响,16地市法院中,A地法院情况最为明显,该辖区调解成功率②达到68.1%,位于全省第1位,该辖区诉前调解案件数居于全省第2位,产生了强有力的拉动效应,虽然回流率居全省第2位,但案件同比增长率却没有进入前5位。此外,诉前分流率对案件增量影响看,在大部分地区呈现显著正相关关系,比如全省诉前分流率③最低的G地法院(20.45%),其案件增长率最高(34.17%),诉前分流率第2低的I地法院(24.66%),其案件增长率第3高(29.01%)。由此可见,应进一步加大案件分流量,提高调解成功率。

---

① 不包括S省高院、铁路法院、海事法院。
② 诉前调解成功=诉前调解成功案件数/分流到诉前调解的案件数。
③ 此处诉前分流率=诉前分流案件数/新收案件数。

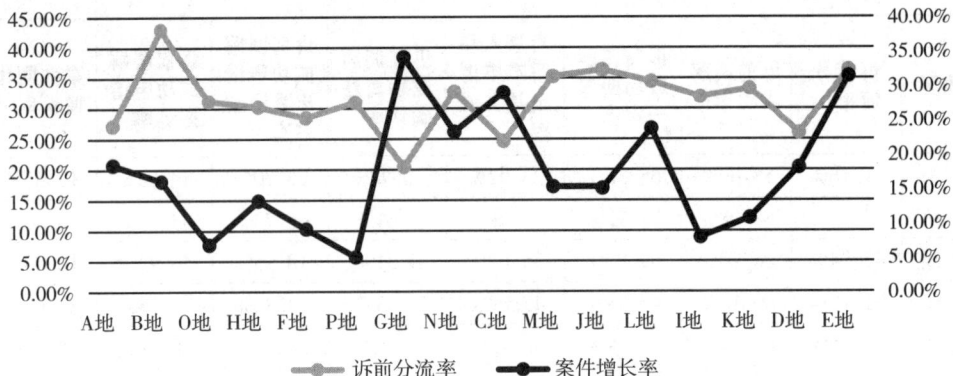

图 4 2021 年 1—6 月诉前分流率与案件增长率

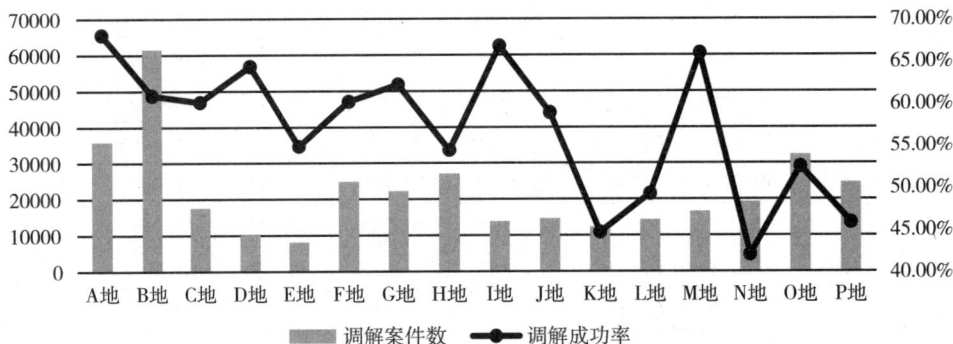

图 5 2021 年 1—6 月调解案件数与调解成功率

（三）诉前调解内部各项工作机制分析

从 2021 年 1—12 月的数据情况看，S 省法院诉前调解各项工作机制呈现出三个方面的显著特点：

1. 诉前调解成功后又申请撤诉情况不容乐观。从应然角度讲申请撤诉意味着矛盾纠纷并非不可调和，撤诉率高在很大程度上意味着诉前调解工作还有不小的空间。S 全省诉前调解成功撤诉率[①]平均值为 32.03%，这就意味着，每诉前调解成功 100 起案件，就有 32 件是调成后又申请撤诉的。其中，P 地法院撤诉率最高，42.99%，最低的是 J 地法院，撤诉率为 11.93%，两者相差 31 个百分点，呈现较大差距。申请撤诉率前 5

---

① 诉前调解成功撤诉率=诉前调解成功申请撤诉案件数/诉前调解成功案件数。此处相关数据不包括铁路法院和海事法院。

位的地区共撤诉案件68569件,如果该5个地区撤诉率能够降到16地市平均水平,则可以减少撤诉案件数21962件。

2.诉前调解成功后申请出具调解书数量较多。[①] S全省(不包括铁路法院和海事法院)达到104396件,诉前调解成功申请司法确认的33612件,两者相差70784件,这对于同样具有强制执行效力保障的法律文书而言,有必要分析两者差距产生的内在原因。经对A地某区法院的调研得知,因相当数量的诉前调解分派给院外调解员,包括街道办的调解人员,该部分调解员专业欠缺,出现调解问题或者瑕疵,导致司法确认不能。诉前调解成功申请出具调解书比例[②]全省平均为23.71%,其中最高的是G地,达38.95%,最低的是N地,为6.24%,两者相差近33个百分点。申请出具调解书比例前5位的地区共申请出具调解书52268件,如果该5个地区申请出具调解书比例能够降到全省平均水平,则可以减少出具调解书案件数12393件。

3.当事人和解不申请出具文书工作有待进一步提高。这在很大程度上反映了当场履行、自动履行的情况。S全省当事人和解不申请出具文书率[③]为36.90%,其中最高的是J地,达62.75%,最低的是G地,为15.29%,两者相差47个百分点,工作差距较大。当事人和解不申请出具文书比例末5位的辖区共不申请出具文书共32661件,占全省的20%,如果该5个地区和解不申请出具文书比例能够提高到全省平均水平,则可以相应地减少案件12053件。从和解不申请出具文书率与案件增长率关系看,在大部分地区具有明显负相关关系。16个地区中和解不申请出具文书率最低的5个地区(G、A、I、F、P)中,案件增长率位于前5位(G、O、K、P、D)的有2个地区。和解不申请出具文书率最高的4个地区(J、C、N、E)中,案件增长率排名分别为11,16,10,12,案件增长率普遍较低。

---

① 虽然最高人民法院规定的新的司法统计口径中将诉前调解成功后出具调解书不再计入一审案件数量统计,但目前诉前调解成功后出具调解书的仍然需要人工勾选,还存在与诉中调解书不易辨别等现实困难,增加了人工识别的成本。同时,从案结事了的角度,如果满足于诉前调解成功后出具一纸调解书的办法来结案,则后续仍然存在可能的执行不能等问题,优先的选择应当是尽可能在诉前调解环节兑现相关权益,能当场履行的尽可能当场履行,能履行多少尽可能先履行多少。

② 诉前调解成功申请出具调解书比例=诉前调解成功申请出具调解书案件数/诉前调解成功案件数。此处相关数据不包括铁路法院和海事法院。

③ 当事人和解不申请出具文书率=当事人和解不申请出具文书案件数/诉前调解成功案件数。此处相关数据不包括铁路法院和海事法院。

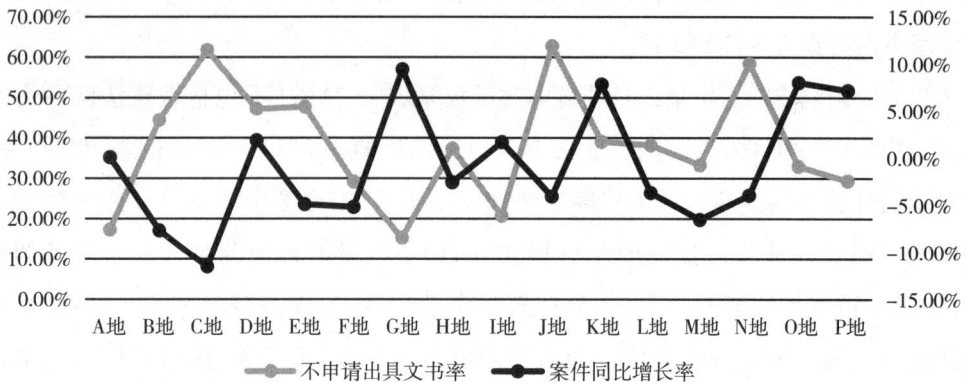

图 6　2021 年 1—12 月不申请出具文书率与案件同比增长率

表 3　2021 年 1—12 月 S 省 16 地市法院诉前调解情况表

地区	诉前分流率	诉前调解成功率	诉前调解成功回流一审率	当事人和解不申请出具文书率	诉前调解成功司法确认率	诉前调解成功申请出具调解书率	诉前调解成功申请撤诉率	案件增长率
平均①	36.53%	56.72%	55.74%	36.90%	7.63%	23.71%	32.03%	−0.80%
A 地	28.49%	63.59%	76.76%	17.29%	5.19%	36.12%	40.64%	0.08%
B 地	47.42%	59.85%	52.37%	44.45%	3.33%	21.57%	30.80%	−7.68%
C 地	47.10%	62.90%	32.14%	61.72%	6.33%	19.70%	12.43%	−11.52%
D 地	39.26%	56.39%	43.96%	47.22%	9.02%	8.71%	35.25%	1.87%
E 地	38.07%	47.43%	37.40%	47.76%	15.31%	6.85%	30.55%	−4.90%
F 地	33.66%	59.65%	58.36%	29.16%	13.49%	20.58%	37.78%	−5.18%
G 地	29.55%	55.07%	81.69%	15.29%	3.28%	38.95%	42.74%	9.43%
H 地	44.46%	49.00%	54.72%	37.32%	8.17%	12.50%	42.22%	−2.56%
I 地	25.22%	67.80%	67.99%	20.72%	11.94%	32.82%	35.17%	1.69%
J 地	41.48%	60.64%	25.20%	62.75%	12.36%	13.26%	11.93%	−4.07%
K 地	36.84%	46.60%	56.02%	39.05%	5.14%	26.59%	29.43%	7.84%
L 地	33.97%	58.08%	49.10%	38.17%	12.72%	27.09%	22.02%	−3.68%
M 地	37.66%	58.87%	59.62%	33.27%	7.89%	22.30%	37.32%	−6.53%
N 地	27.96%	60.07%	23.39%	58.45%	19.01%	6.24%	17.15%	−3.95%
O 地	35.97%	47.73%	60.16%	32.93%	7.76%	32.68%	27.48%	8.03%
P 地	38.56%	53.43%	66.50%	29.32%	4.12%	23.51%	42.99%	7.18%

---

① 不包括 S 省高院、铁路法院、海事法院。

三、诉前调解工作存在的机制性问题与制约因素

S省法院诉前调解工作取得了明显的工作成效,对推动全省法院案件数量减少和增量态势遏制发挥了重要作用。同时,通过对相关数据指标的分析和调研了解的情况也发现,诉前调解工作仍然存在带有一定普遍性的问题和制约因素,这些问题带有一定的普遍性,能够为诉前调解工作机制的完善和优化提供实践根据。

(一)诉前调解形式规范和实体效力不足

该问题导致当事人对诉前调解认可度不高和诉前调解效力落实不到位,直接牵制了诉前调解分流案件的能力。主要表现在:其一,目前,各地法院对诉前调解告知程序的内容、规范等存在较大差异,省一级层面缺少相对统一规范的要求,导致诉前调解呈现一定的随意性,带给当事人的体验感欠缺。由于通过诉前调解解决纠纷没有经过严格的一、二审程序,多数案件的调解是由特邀调解员等人员完成的,在缺乏有效宣传和形式规范的情况下,使得部分当事人产生疑惑,对后期权益兑现持不安态度。二是诉前调解对当事人的制约性相对比较弱,目前关于诉前调解工作成果固化机制或确保机制还有待进一步完善,实践中诉前调解建立在双方合意的基础之上,对当事人缺乏足够约束力,当事人达成协议后又反悔或者经诉前调解决定后又撤回进入一审的案件也不在少数,这样都会使当事人投入的时间、经济成本增加,导致当事人对诉前调解程序缺乏信任,在一定程度上限制了诉前调解工作的顺利开展。三是诉前调解的实体效力还存在对待不一、效力不稳定的问题。通过对某地的调研发现,受制于立法层面和顶层设计的缺失,目前诉前调字号的文书效力对待不一,比如在部分法院诉前调字号文书到了执行环节,其效力与判决书还存在差异,无法据此顺利实施查控等。

(二)诉前调解工作考核缺乏体系性考量

由于考核指标之间不协调、对诉前调解工作缺乏整体性的考量,导致诉前调解在实践中困难重重。通过调研发现,目前审判执行各项工作的指标中尚存在不协调之处,存在指标"对立"和"内耗"现象。比如诉前调解工作强调将尽可能多的纠纷化解于诉前,这就需要加大分流力度,相对容易解决的纠纷、简单的案件尽可能在诉前调解环节解决,但这在一定程度上对案件审理周期、案件结案效率等指标造成了影响。实践中对法

院的结案率、审判周期等指标考核压力大，这也对现实中的诉前调解工作造成了很大压力，以致个别法官甚至将诉前调解成果人为转化为诉讼中的成果，从而造成程序空转和资源浪费。此外，有的法院和法官在思维上还对诉前调解工作存在认识上的误区，他们认为如果简单案件都通过诉前调解方式解决了，那么进入诉讼程序的都是疑难复杂案件，这样一审服判息诉率、二审被发改率、平均办案周期等指标也都会受到影响，因此参与诉前调解的积极性不足。此外，应当注意的是，在调研过程中也发现，诉前调阶段的时间不计入审限，而且鉴定评估也在此期间内，所以势必导致部分案件因此而游离在案件管理系统之外，无从掌握案件进展。各法院为了诉源数据，也会控制自己进入正式诉讼系统的案件数量，并在这一阶段尽量多地做工作，以减少案件审理时限。但案件进入法院的绝对时限并未缩短，当事人感受到的时间也未减少。

（三）诉调对接程序和机制尚需优化

该方面的问题主要表现在：一是调解员调解能力存在欠缺，一方面是因为调解员构成不合理、专业能力欠缺，另一方面是因为对调解员的激励和考核不够。通过大量的调研情况发现，调解员的专业能力是影响诉前调解成效非常重要的因素。① 但山东部分法院调解员构成还不够合理，存在人员年龄老化、专业知识欠缺的突出问题。对调解员的激励在个别地区还存在明显不足，调解案件费用低、激励机制还没有很好地建立。在调研过程中也发现，个别地区调解员经费来源还存在问题，未能形成常态化的经费保障。同时，对调解员的考核力度也明显不够，调解员进入法院的后续管理没有跟上，规定的案件调解数量还没有很好地落实。二是诉前调解与司法确认存在衔接性问题。由于诉前调解达成的协议并不具有强制执行效力，部分非当场即时履行案件的当事人为使协议获得强制力便会寻求司法确认程序的帮助。但是目前司法确认和诉前调解衔接还不够顺畅，驻法院特邀调解员调解的案件或者法官在诉前调解阶段参与或给予指导的案件目前相对容易进行司法确认，但是其他调解案件在进行司法确认时经常会遇到困难。实践中有相当数量的诉前调解案件分派给院外调解员，包括街道办的调解人员等，因该部分调解员欠缺专业知识和业务能力，导致当事人达成的协议出现法律上的瑕

---

① 有学者对成都 W 区法院诉前调解开展近两年以来的情况进行过专门调研，认为专业调解法官团队是调解案件数量最多，成功率最高的主体。我们对 S 省 L 地开发区法院的调研也印证了这一点，在 2021 年的第一季度中，该法院由 3 名退休法官和 1 名退休政法干部组成的调解员队伍和两个速裁团队实质上兼任诉前调解员的调解队伍，诉前调解成功率达到 57.26%，其中过半未进入诉讼程序，诉前调解的分流效果较好。

疵,以致司法确认不能。

(四)诉前调解精准分流和科学处理有待加强

诉前调解成效还取决于诉前分流和后续处理的科学性和精准性上。从诉前调解分流角度看,通过调研发现,主要存在以下几个问题:一是诉前调解分流还存在不精准的问题,没有充分考虑到调解人员专业结构、能力优势等情况,有些调解员对所分案件并不擅长,导致调解效果不佳,个别甚至出现违背法律基本规定的情况,加剧了当事人对诉前调解的不信任。二是诉前调解分案未能考虑到调解人员的案件存量情况,部分调解人员手中待调案件数量比较大,但仍然继续被分派案件,导致没有足够精力认真组织调解,部分案件未能通过诉前调解的充分过滤而转入诉讼程序,造成司法资源不必要的浪费。从诉前调解分派后的处理角度看,操作机制还不健全,程序构造还不完备,主要还依赖于传统的沟通交流和说服工作,从专业上的精细化处理和规范引导还比较欠缺。比如对当事人的说服依据性不强,缺乏类案指引或者专业的风险评估机制和方案选择。在调解的时候,如果没有可供衡量的标准,当事人在面临各种方案的选择时可能无从下手,不知道哪种方案在法律上真正于己有利。如果有评估的结论作为前提,当事人在选择方案时心里会更有底气,也能保证调解机制的质量和公正性。

(五)其他有关制约因素

通过调研,发现了两个带有普遍性的制约问题:一是诉前调解送达问题。部分案件案情并不复杂,但是当事人在网上立案时,上传对方当事人信息不全,例如,仅上传对方当事人的姓名和身份证号,没有有效的联系方式,无法向相关当事人送达调解通知书、起诉状副本和证据复印件等材料,致使案件迟迟得不到调解,即使千方百计找到当事人,30天的诉前调解时限往往所剩无几,调解员没有充足的时间开展调解工作,只能将案件转入立案程序。又如,部分当事人对诉前调解比较抵触,导致诉前调解送达难,某些法院以诉前调案号发传票以期达到送达效果,但因违反调解自愿原则,存在合法性质疑。因此,送达难是制约诉前调解发挥作用的一个重要因素。二是虚假诉讼发现难的问题。从审查深度和专业程度角度,诉前调解较之于审判程序相对较弱。调研过程中部分法官特别提到,个别当事人利用诉前调解进行虚假诉讼,而诉前调解阶段存在客观发现能力不够,对虚假诉讼制约有限的问题。

四、优化诉前调解工作机制的主要内容

基于对诉前调解工作调研情况的分析,针对诉前调解工作中存在的主要问题和制约因素,提出如下几点工作机制优化主要内容的建议。

(一)规范诉前调解形式

一是强化法官指导,提升调解实效。通过调研发现,具有普遍性规律特点的是,法官参与对提升诉前调解接受度和成功率均具有显著的影响。基于此,可以将法官编入院内特邀调解团队,由法官对特邀调解员进行日常指导和参与纠纷诉前调解,实现"内嵌式"的诉调对接。各地也可以根据实际情况,采取法官见证、法官参与调解、法官派驻指导等多样化形式,增强当事人对诉前调解规范认可度和权威信任度。

二是规范诉前调解告知程序和服务内容。鉴于诉前调解工作不规范导致的当事人不了解、不信任问题,建议安排熟悉诉前调解工作业务的专人负责诉前调解引导,提供诉讼风险提示、诉讼程序适用评估、调裁利弊分析、纠纷调处路径指引等的告知与服务。为依法有序引导当事人参与诉前调解,提高诉前调解成功率,建议在诉前调解阶段向当事人提供双方当事人作为和解解决参考的范例,在示范案例基础上提出调解方案,组织当事人双方协商,引导和解解决。同时,加强对诉前调解人员的信息公示,增强诉前调解工作的公开性和透明度,打消当事人顾虑,强化当事人信心。

三是保障诉前调解效力。以往诉前调解工作不够严肃,接受后随意中止转换程序的司法不诚信现象时有发生。基于此,可以借鉴有关地区的做法,探索规定必要的规制性、惩戒性措施,比如可以借鉴厦门中院确立诉前终结机制,对原告经诉前调解申请撤回立案的案件,以诉前终结立案审查方式结案,对没有特殊情形的不得以同一事由申请立案进入诉讼。还可以借鉴深圳前海法院的做法,充分考虑当事人在推动适用调解程序中发挥的作用来决定诉讼费负担,对当事人无正当理由拒绝调解或消极调解的,应承担不利后果。

(二)提升诉前调解分流精准化

一是加大诉前调解分流力度。对于可以调解的案件,原则上都要经过诉前分流"过滤",以充分发挥诉前调解在减轻当事人诉累、提升纠纷解决效果、减少案件增量方面的作用。优化诉前调解内部转出程序构造,纠纷由特邀调解人员进行诉前调解的,经过一定时间无明显进展的,可以及时交由后端的速裁团队等进行再次诉前调解,通过程序的梯度过滤提升纠纷解决效率,确保应诉前调案件尽可能诉前解决。①

二是提升诉前调解分派专业化、科学化。诉前调解案件分派存在区分度不高、程序空转的现象,造成诉前调解质效不高。② 建议充分利用"分调裁"平台,建立"平台+人工"的案件识别模式,增强分派的精准性。分流至调解员的案件应区分案件类型,精准对接调解人员专业结构、调解能力情况,同时注重诉前调解案件的科学分配,对于待分流的案件应根据调解员手中案件存量情况予以分派,避免调解员手中案件"畸多畸少"现象。还可以探索根据案件难易区分调解主体类型,比如对案情相对简单的,委派至调解委员会或特邀调解员调解,对案情相对复杂的案件,分流至法官主持调解或者律师调解人员。为提升调解质效,建议可以借鉴部分地区的做法,考虑诉前调解团队化运作,比如可以根据邀调解员类型、特长等情况,将特邀调解员整编为若干个调解团队,每个团队可由法院指定资深法官担任指导员,实现诉前调解的团队化"作战"。

(三)优化诉前调解平台功能

一是提高诉前调解信息化水平,通过在线调解平台、在线调解微信公众号等灵活便捷形式,实时对当事人进行在线调解操作指引,送达裁判文书,改善当事人在线调解的体验,着力避免诉讼高度便利诉前调解不够便利形成的"倒逼效应"和"反流现象"。

二是充实诉前调解平台功能,可以探索在一站式多元解纷平台上搭建具有类案检索功能的系统供多元调解主体及法院共同使用,这有助于提高调解人员能力、增强诉调对接效果。③ 调研中也发现,部分地区创新对接模式,优化平台功能,增加调解协议自动生成、语音识别、类案推送等智能辅助工具,对有序引导当事人接受调解、提升诉前调解成功率具有积极意义。

三是完善诉前调解成果平台认定机制。除从实践层面认可诉前调解成果效力外,

---

① 从 S 省法院 2021 年 1—8 月数据看,全省法院一审民事调撤率为 50.3%,扣除诉前调解成功后回流的案件,还有 22.6% 的案件在诉中调撤,这些案件完全可以在诉前妥善化解。

② 经对 S 省部分地区的调研发现,发现分派随意现象存在。主要表现在两个方面,一是部分基层法院分流诉前调解案件时,没有按照调解员专业特长和调解能力进行精准分案,完全随机分案,不分类型,效果不理想。二是部分基层法院起诉案件不经甄别导入诉前调解程序、调解员超负荷情况较为突出,诉前调解成功率仅 10%—20% 左右。

③ 钟明亮:《法院在诉源治理中的角色定位及完善》,《人民法院报》2020 年 1 月 9 日。

还应当根据改革实践的成果,及时推动系统的更新与完善,将诉前调解成果效力固化至法官一体化办案系统的相关节点内容,打通各节点之间的人为阻隔,顺利实现系统中的成果效力实现。目前,特别是要将诉前调确和诉前调书的文书效力与判决书的效力同等对待,与执行等系统实现更好对接,赋予诉前调文书执行查控等实质性效力。

（四）完善诉调对接与考核

一是从资格准入、后续管理、服务保障等角度充分发挥特邀调解员作用,增强特邀调解员的法律素养和工作技能,提升诉前调解成效;对特邀调解员之外的广大调解力量参与调解工作,重点解决诉前调后司法确认难度大、时间长的问题,建议充分发挥派驻法庭作用,有条件的地区应在调解组织中派驻法官工作室或者驻地法官等形式,将法官专业指导内嵌入分散的调解组织之中,顺畅诉调对接。

二是优化平台诉前调解员与法官的互动方式与内容。可借鉴上海等地的做法,将平台中委派委托调解的案件受理、分派、调解过程、调解完成等全部流程节点信息自动推送至指导法官工作台,为法官提供可视化办理服务。调解不成进入诉讼的案件,平台将结案后上网公开的裁判文书自动推送给调解员工作台,方便调解员及时学习查找调解不成原因,为调解员提供针对性指导服务。此外,为便于法官靠前指导诉前调解案件信息,建议对现有系统进行改造,打通诉前调解前期程序与后续诉讼环节的流程节点,便于指导法官从平台尽可能早地看到诉前调解的卷宗材料,便于提前介入针对性指导。

三是细化诉前调解考核,对诉前调解达成调解协议、出具调解书、进行司法确认的,赋予其与案件判决相对等的考核权重;对经诉前调解成功且当场履行的,赋予更高比例的考核权重,形成考核的"梯度",更好地激发诉前调解在彻底化解纠纷中的独特作用。同时,统筹诉前调解考核与后端审判考核的关系,可以考虑从两个方面进行平衡。一方面,对法院的考核,建议充分考虑诉前调解工作开展情况,对诉前调解数量、质量较高的法院,适当弱化对后端审判执行审理周期的要求;另一方面,对法院内部的考核,建议实行团队化"捆绑式"考核,对法官参与指导诉前调解的,根据调解成效赋予相应的考核分值,实现与诉前调解人员的同考核同促进。

（五）促进诉前调解自动履行

一是加大诉前保全、鉴定力度,积极引入公证、仲裁等力量,探索由法官指导当事人拟定诉前调解相关约束性条款,比如对不按规定及时履行调解协议的,加重相应的责任,以此增强当事人法律预期,通过正式的程序性手段,压缩各类"形式化""走过场"的诉前调解空间,倒逼当事人积极履行诉前调解成果内容,促进调解成果兑现。

二是充分运用信用规制手段,对诉前调解协议达成后故意拖延进入诉讼或者不及时履行的,计入人民法院相关信用信息平台或系统,对情节严重的,将相关信息关联至有关部门,实施相应的信用惩戒,以此规范当事人诉前调解行为,维护诉前调解严肃性。

五、结 语

诉源治理是纠纷解决领域国家治理体系和治理能力现代化的重要构成,也是契合中国诉讼大国实际的标志性治理举措。在人民法院推进诉源治理的进程中,诉前调解工作发挥了至关重要的作用,有利于减少纠纷形成案件进入法院,满足人民群众高效纠纷解决的需求,提升司法工作的内涵式发展。优化诉前调解工作必将成为今后人民法院融入国家治理体系的重要方面,有待于立足司法实践,突出问题意识,通过对现实问题的提炼形成应对举措,并固化为推动工作持续开展的制度机制措施,为世界贡献中国司法治理的经验和范式。

the Governance at the Source of Litigations

——From the Perspective of Optimizing the Pre-litigation Mediation Mechanism

YU Xiaolong MA Liping

Abstract: In the face of the increasing number of litigation cases, the resulting contradiction of "more cases and fewer judges," the increasing pressure of trial, and the limitation of dispute resolution, how to reduce the number of cases from the source, optimize the allocation of trial resources, improve the quality and efficiency of dispute resolution, and better meet the people's multi-judicial needs, has become an important issue in front of People's Court. Judging from the situation of national courts and research target courts, pre-litigation mediation has played a key role in reducing the increase of cases and optimizing the resolution of disputes. However, there are still some problems, such as the lack of formal norms and entity effectiveness of pre-litigation mediation, the lack of systematic consideration of pre-litigation mediation work assessment, the insufficiently optimized litigation-mediation docking procedures and mechanisms, and the inaccurate pre-litigation mediation diversion. In order to further explore the role space of pre-litigation mediation and promote the efficiency, scientificity and stability of dispute resolution, it is necessary to analyze the various factors affecting the development of pre-litigation mediation based on the practice of dispute resolution, and propose solutions in a targeted manner. The focus is on standardizing the form of pre-litigation mediation, ensuring the effectiveness of pre-litigation mediation, increasing the diversion of pre-litigation mediation, improving the accuracy of mediation, optimizing the pre-litigation mediation platform, and improving the litigation-mediation docking mechanism.

Keywords: litigation increment; governance of the source of litigation; pre-litigation mediation; pre-litigation diversion; litigation-mediation docking

数据治理

论国际数据保护软法的兴起和实施

——以对 OECD 和 APEC 相关实践的分析为中心[*]

敖 海 静[**]

摘要：数据保护是国际社会共同面临的治理难题，而法律规制的灵活性是在数字时代解决这一难题的内在需求。基于当下国际时代背景和新兴技术特征这两方面的时空特征，国际软法成为在国际层面加强数据保护的次优选择。其中，《OECD 隐私准则》和《APEC 隐私框架》是国际数据保护软法的典型代表，通过国际和国内两个层面的诸多实施机制，它们在强化数据隐私保障和自由流动间的平衡，以及推动该领域法律规则的形成方面发挥了重要作用。中国应当考虑加入作为《APEC 隐私框架》国际实施机制的 CBPR 体系，通过"软硬兼施"的途径完善数据保护法律体系，并在其他多边协调机制中推动数据保护领域多元兼容的国际软法规则的形成。

关键词：数据保护；软法；国际实施；国内实施；OECD 隐私准则；APEC 隐私框架

一、从数据保护法到数据保护软法

隐私保护是近些年法学界研究的热点问题，但通览这一领域的主要文献却会让人得出一个尴尬的印象：学界根本没有就"隐私"概念达成一个单一的、最终的定义。恰如隐私法权威学者丹尼尔·索洛夫所说的那样，隐私是一个涵盖广泛，但也异常混乱的

———————

* 基金项目：本文系华中科技大学自主创新项目"数据保护的软法机制研究"（项目批准号：2022WKYXQN035）的阶段性成果。科技部国家重点研发计划"可信人工智能立法制度建设研究"（项目编号：2022D0120100）。

** 作者简介：敖海静，华中科技大学法学院讲师，湖北司法大数据研究中心研究员，法学博士。

概念,①而且"关于'隐私'应如何最好地被概念化和定义的哲学争论,以及由此衍生的关于这种隐私概念的各个方面应在多大程度上受到法律保护的争论,可以从多个方向延展开来"。② 毫无疑问,人们完全可以就"隐私"的概念问题写出长篇大论,但这种讨论已经越出了本文的关注范围。本文的研究对象是隐私保护这个大范畴中的数据保护问题,更准确地说,是一套相对明确的"数据保护原则",其中包括一套国际公认的最低原则和通过国内法和国际协作不断演变的附加原则及其实施机制。

然而论题上的细微区分并不意味着隐私的概念于本文毫无意义。数据保护和隐私问题有着天然的亲缘关系,甚至可以说现代数据保护法就是隐私法在数字技术领域的变种和应用。隐私在很大程度上指向个人信息的自决和保护,而数据保护属于旨在规范个人信息的收集、存储、使用和传输的一组政策。事实上,两者间的差异更多是在信息的存在方式,或者说称谓的差异上。对此,隐私法学者科林·贝内特解释说:"数据保护更技术化、更深奥,但对普通公民意义不大。因此,大多数英语国家保留了'隐私'这个词,以增加那些基本上和欧洲数据保护法具有相同功能法规的吸引力。"③换言之,在贝内特看来,数据保护是一个更为精确的技术术语,只是将政策问题和在自由民主政体中具有如此丰厚传统和意义的广泛的社会价值(隐私)区分开。在很大程度上,数据保护类似于"信息隐私"的概念。在这个意义上,艾伦·威斯汀将隐私界定为"个人、团体或者机构何时、如何,以及在多大程度上能将关于自身的信息传达给他人的要求"④也算是抓住了数字时代隐私法的新趋势。这一从信息的角度给隐私下的经典定义不仅值得重申,甚至可以说奠定了数据保护法的重要基础。

在欧洲之外,"数据保护"一词经常被用来指代美国人认为的以"隐私"为中心的活动。例如在马来西亚和新加坡,有关该问题的法规名称就使用了"数据保护"的概念。这很可能是因为"欧洲之外的数据隐私法,包括亚洲的数据隐私法,将受到'欧洲标准'的重大影响"。根据保罗·施瓦茨的界定,数据保护法是指"试图规范个人信息的知悉

---

① Daniel Solove, *Understanding Privacy*, Cambridge, Mass.: Harvard University Press, 2008, p.1.

② Graham Greenleaf, *Asian Data Privacy Laws: Trade and Human Rights Perspectives*, Oxford: Oxford University Press, 2014, p.5.

③ Colin J. Bennett, *Regulating Privacy: Data Protection and Public Policy in Europe and the United States*, Ithaca, NY: Cornell University Press, 1992, p.13.

④ Daniel J. Solove, Paul M. Schwartz, *Information Privacy Law*, Aspen Publishers, 2011, 4th, p.42.

和隐瞒的法律结构"。① 它通常"仅适用于与自然人有关并允许其识别的数据",然而在少数情况下,这些规则也适用于公司和法人的数据。由于更精确地思考这些规则适用的数据的方法是将个人可识别信息(PII)的概念理解为一个连续统一体,施瓦茨和索洛夫的 PII2.0 模型"将信息置于这样一个连续统一体之中,一端没有识别风险,另一端则是被识别的个体"。他们将这一谱系分为三个类别,"每一类都有对应的监管制度:在 PII2.0 模型下,信息可以是有关(1)已识别的个人的;(2)可识别的个人的,(3)或者不可识别的个人的"②。这些类别之间并不是界限分明的,但仍然可以根据一定的标准进行区分。这种研究进路实际上为数据保护法中"框架"性法律模式提供了启发。

在此基础上,学者李·拜格雷夫赋予了数据保护法更多与众不同的特征。首先,数据保护法通常都是制定法,相关规则都是通过立法表达的。其次,数据保护立法通常都采取"框架"法律的形式。③ 换言之,数据保护立法没有规定有关数据处理的详细规则,而是"倾向于为这种处理制定相当分散的一般规则,并根据需要再制定细则"。这表明,除了被保护利益性质的不确定性之外,基于技术的复杂性和进化性,法律规制必须具有相当的灵活性。从本质上看,这种对规制灵活性的需求是数字时代的内在要求,而这一要求客观上受制于国际时代背景和新兴技术特征两个不可分割的时空特征。

从国际时代背景方面看,虽然个别国家贸易保护主义势力有所抬头,但经济全球化的大趋势仍然不可阻挡,各国利益诉求也日趋多样,诸如 WTO 多边谈判难以为继,甚至 WTO 上诉机构停摆等情况的出现,也让我们看到单纯依靠国际条约、国际习惯等硬法已经难以协调,而在国际互联网空间,硬法渊源缺失本已是既成事实。④ 与此同时,当代"国际格局在国际组织的生成和运作中发展,国际社会进入到了组织化生长的新阶段","国际组织可以一个单一的、相对步调统一的行为方式对于某些问题进行研讨,并提出处理的案文",从而使国际规范的形成和变革出现了新特征,软法规则也由此生发。⑤ 另外,从信息数字技术特征的角度看,互联网时代的权力中心崩塌导致个体崛起

---

① Paul M. Schwartz, *European Data Protection Law and Restrictions on International Data Flows*, 80 Iowa Law Review 471, 471(1994).

② Paul M. Schwartz, Daniel J. Solove, *The PII Problem: Privacy and A New Concept of Personally Identifiable Information*, 86 New York University Law Review 1814, 1877(2011).

③ Lee Bygrave, *Data Privacy Law: An International Perspective*, Oxford: Oxford University Press, 2014, p.3.

④ 冯硕:《网络个人信息保护国际合作的障碍与选择:以软法为路径》,载张平主编:《网络法律评论》第 20 卷,北京大学出版社 2018 年版,第 131—132 页。

⑤ 何志鹏、孙璐:《国际软法何以可能:一个以环境为视角的展开》,《当代法学》2012 年第 1 期。

加速,社会结构呈现去中心化、分布式和离散化的特征,不可预测性和不可控性不断增强。① 互联网的进一步自由化为网络空间治理带来了新的挑战,而仅依托传统的硬法规则予以规制显然已经难以应对飞速发展的数字社会,复杂的制度、机械的治理已然缺少了可接受性。在这种背景下,不论是在国内法,还是在国际法领域,利用软法规制数据的需求都进一步凸显出来。

二、国际数据保护软法的兴起

由于软法一直是国际法学界激烈辩论的主题,因此很难对此给出一个具有广泛共识的权威定义。然而就本文而言,这种定义难题并不构成致命的障碍,只要有关软法的定义注意到了国际领域行为主体和法律文件之间互动的复杂性就能够满足数据保护对软法规制的需求。对此,学者肯尼思·艾伯特和邓肯·斯奈德尔关于软法的定义就颇具启发意义。他们首先将硬法界定为"课予明确的(或者通过裁决或发布细则使之明确)具有法律约束力的义务,并授予解释和实施法律之权力"的法律。② 据此,国际关系中的合法化就内含了三种因素:规则的明确性、义务,以及对第三方决策者的授权。在他们看来,一旦法律上的制度安排在这三种因素上受到削弱,那就脱离硬法进入了软法的范畴。换言之,如果一项协议缺乏正式的约束力,那么它在这个维度上就是软法;类似地,即便其具有形式上的约束力,但内容含糊不清,以至于在执行方面几乎完全由当事人自行决定,那么它仍然是一项软法;最后,如果该项协议没有授权第三方监督其实施或者对其进行解释,那么它还是属于软法,因为当事人可以用不论是在声誉成本还是其他制裁上后果都更小的法律条款为自己辩护。

由此观之,软法并不属于传统国际法以条约、习惯和一般法律原则为主的渊源范畴,③它主要是指由国际组织、国家之间、国际组织之间及国家和国际组织之间制定的,用以规范国际社会主体行为及相互关系,但不具有强制约束力的行为规范的总称。④就本文的目的而言,艾伯特和斯奈德尔的软法类型学俨然是区分硬法和软法最具操作

---

① 余盛峰:《全球信息化秩序下的法律革命》,《环球法律评论》2013 年第 5 期。
② See Kenneth W. Abbott,Duncan Snidal,"Hard and Soft Law in International Governance",54(3) *International Organization* 421,421(2000).
③ 王铁崖:《国际法引论》,北京大学出版社 1998 年版,第 55 页。
④ 罗豪才、宋功德:《软法亦法:公共治理呼唤软法之治》,法律出版社 2009 年版,第 3 页。

性的标准。与此同时,结合施瓦茨和索洛夫将个人可识别信息理解为一种连续统一体的概念,我们就可以对国际数据保护软法的兴起进行深入的考察和分析。

(一)信任:技术与经济

拜格雷夫曾指出,包括国际数据保护软法在内的数据保护法制的出现主要是基于三个方面的原因:(1)个人数据处理方面的技术和组织发展;(2)对这种发展的恐惧;以及(3)其他法律规则。自 20 世纪 60 年代,数据保护法就已经存在了。作为计算机发展和应用的结果,它最先出现于发达国家的政治议程之中。随着这一发展,逐渐出现了个人数据更广泛的跨组织传播、利用和再利用活动,随后自动化机制又强化或替代了手动控制机制。而与这些发展趋势相应的是,出现了诸如将个人数据用于最初收集目的之外的目的、误解和误用数据、传播无效和误导性数据,以及根据不准确的数据对个人进行评估或采取措施等等一系列风险。① 正是基于上述风险,人们在个人隐私保护问题上产生了一系列复杂的担忧和恐惧。为了灵活应对各种风险,回应人们的担忧和恐惧,被称为数据保护的政策领域——事实上正是数据保护的软法规制——出现了。"截至 20 世纪 80 年代末,个人数据保护已经形成一股不可挡的势头,成为一个独立而重要的公共政策问题。"②

除了对技术越来越不信任之外,人们的担忧还有经济方面的,其中就包括担心新兴的数据保护法将不适当地阻碍数据的跨境流动。这种担忧源自新兴的欧洲数据保护法限制个人数据流向那些没有提供和"出口国"相同保护水准的国家。欧盟在 1995 年制定的《关于个人数据处理保护与自由流动指令》规定,只有在第三国满足与该指令相符合的充分保护条件时,数据方可流向该国,而且该指令的基本原则在后来的《一般数据保护条例》中也得到了保留。换言之,在价值考量上,欧盟将对人权的保护置于数据自由流动之上。③ 这种价值倾向在欧洲甚至是有传统的。早在 1974 年,瑞典资料调查委员会就曾以英国不具有资料保护法为由禁止向英国转移个人资料和信息。④ 事实上,

① See Lee Bygrave, *Data Privacy Law: An International Perspective*, Oxford: Oxford University Press, 2014, p.9.

② Colin J. Bennett, *Regulating Privacy: Data Protection and Public Policy in Europe and the United States*, Ithaca, NY: Cornell University Press, 1992, p.3.

③ 赵骏、向丽:《跨境电子商务建设视角下个人信息跨境流动的隐私权保护研究》,《浙江大学学报(人文社会科学版)》2019 年第 2 期。

④ 孔令杰:《个人资料隐私的法律保护》,武汉大学出版社 2009 年版,第 122 页。

欧盟对充分保护条件的认定是相当严苛的,其认为符合要求的国家仅有加拿大、瑞士、阿根廷等 12 个,[①]甚至美国都被认为不符合标准,从而不得不基于商业利益而向欧盟妥协,签署了《安全港协议》。但即便如此,欧盟法院仍先后于 2015 年 10 月和 2020 年 7 月坚持认为美国以国家安全、公共利益和执法需求为借口漠视隐私保护,《安全港协议》和《隐私盾协议》都无法约束美国政府机构的数据审查行为,不能满足充分保护要求,判决予以撤销。[②] 这也迫使美国就加强版协议与欧盟展开新一轮的谈判,未来或对美国政府和企业提出更高的数据保护要求。正是在这个意义上,美国将此类要求和做法指责为设置贸易壁垒的数据保护主义,[③]而且视欧盟为数字贸易壁垒的重灾区。因此,有关数据保护的主导性国际软法规则都是为了尽可能减少这些限制对国际贸易和言论自由的不利影响。[④] 然而正如施瓦茨和索洛夫在两个极端之间的连续统一体的意义上阐述隐私问题,数据保护法往往要扮演一种平衡器的角色。如果没有这样一套规制机制,作为消费者的个人将缺乏参与商业活动的信心。因此,数据保护法的出现在很大程度上要归功于提高公众对各类组织处理个人数据方式的信任度的努力。数据保护软法出现的第三个因素是,先前的法律无法处理上述两个因素引起的问题。考虑到那些新兴信息技术所带来治理问题的新颖性,这一点不难理解。

(二)政策的趋同化

此外,除了上述三个因素,在当下互联互通的全球化时代,人们日益需要在区域乃至全球范围内协调解决与这些因素有关的治理问题,也是包括国际数据保护软法框架在内的国际数据保护法之所以会兴起并将继续发展的重要推动力。信息和数字技术的发展对不同社会结构、文化传统和公共政策都产生了深刻影响。因此,世界各国均面临以类似方式应对这种技术发展所带来的社会问题的压力,该领域的政策趋同将是不可

---

① 许多奇:《个人数据跨境流动规制的国际格局及中国应对》,《法学论坛》2018 年第 3 期。

② Maximillian Schrems v. Data Protection Commissioner,Case C-362/14,6 October 2015,http://curia.eu-ropa.eu/juris/document/document.jsf? text = &docid = 169195&pageIndex = 0&doclang = EN&mode = req&dir = &occ=first&part=1&cid=125031,最后访问时间:2020 年 5 月 23 日。关于本案判决的中文翻译,可参见《欧盟法院判决(大法庭)》,刘煜译,徐美玲校,《北大互联网法律通讯》2016 年第 2 期。See V. Lobato Cervantes,"The Schrems II Judgement of the Court of Justice Invalidates the EU-U.S. Privacy Shield and Requires'Case by Case'Assessment on the application of Standard Contractual Clauses(SCCs)",6(4) *European Data Protection Law Review* 602(2020).

③ 卢朵宝:《美国为何害怕数字贸易壁垒?》,《财经国家周刊》2014 年第 23 期。

④ Lee Bygrave,*Data Privacy Law:An International Perspective*,Oxford:Oxford University Press,2014,p.10.

避免的现象。① 然而,这种技术决定论只是各国数据保护政策趋同化的一种解释。对于各国在努力解决数据保护问题时作出类似(但不一定完全相同)的政策和法律选择,另一种可能的解释是模仿论,即基于复制或借鉴数据保护先行者经验的强烈动机,政策制定者会选择模仿或适应他国的政策选择。换言之,当社会问题的解决方案超越了国家现有的政策法律的范围,同时又无可资借鉴的历史经验时,从他国经验中寻求答案,将外国行之有效的做法带入当地决策之中自然是不二选择。

在贝内特看来,国际数据保护政策趋同的第三个直接原因是一种精英网络的存在。也就是说,"这种趋同源于一个相对连贯和持久的精英网络的共同信念,而这个精英网络则受到关于某问题的专业知识以及解决该问题的共同关注的约束。"②在这种情况下,政策趋同实际上就是一个跨国"政策共同体"或"问题网络"成员间共识的产物。在这个意义上,趋同的政策就是一种国际软法,并且必然指向两种行为策略或模式,即协调和渗透。所谓协调是指,各国认识到数据保护是跨国问题,不可能在主权国家的层面获得解决,有必要通过国家间的协调强化法律规则的兼容性。渗透则是基于这样一种假设,即在一个司法管辖区——不论是一个国家还是一个国际组织——所采取的政策行动"可能产生特定成本,这些成本随后也会被转移至那些尚未作出反应的国家"。③在这个过程中,外国官员通过提供咨询意见,或者发出有关国家除了遵循主导趋势以外别无选择的强烈信号来影响决策。

(三)小结

通过对国际数据保护软法兴起的背景和原因的探讨,结合当下数据保护法的基本原理,可以用一套要素组合的形式对国际数据保护软法框架的概念作出界定。这些要素包括:第一,试图规范个人数据的收集、记录、存储、使用和传播方式的法律结构;第二,法律结构的规制对象既包括国家之间,也包括私人当事人涉及个人数据的收集、记录、存储、使用和传播的行为;第三,法律结构缺乏以下任何一项或者全部特征:(1)规则的精确性;(2)可强制执行的义务;(3)授权第三方决策者进行监督、解释或强制实

---

① Colin J. Bennett, *Regulating Privacy: Data Protection and Public Policy in Europe and the United States*, Ithaca, NY: Cornell University Press, 1992, p.4.

② Colin J. Bennett, *Regulating Privacy: Data Protection and Public Policy in Europe and the United States*, Ithaca, NY: Cornell University Press, 1992, p.5.

③ Colin J. Bennett, *Regulating Privacy: Data Protection and Public Policy in Europe and the United States*, Ithaca, NY: Cornell University Press, 1992, p.5.

施;第四,法律结构倾向于为个人数据的收集、记录、存储、使用和传播制定广泛、普遍的一般规则,并在随后需要时另行制定更详细的规则。

这一关于国际数据保护软法框架的概念界定旨在涵盖那些规定了广泛的一般性规则的法律结构,不论个人数据是处于一国主权管辖范围之内,还是跨越主权国家边界进行流动时,这些法律结构都以不具有法律约束力和不可强制实施的方式影响着个人数据的保护实践。这种概念界定既注意到了软法兴起的社会背景,也保留了相对于硬法规则的自身优势,不仅有助于进一步发掘软法在数据保护的国际实践中的功能,事实上本身也是对以经合组织(OECD)和亚太经合组织(APEC)等国际组织的相关实践的合理归纳。

三、国际数据保护软法框架:以 OECD 和 APEC 为例

在国际数据保护法领域,欧盟早期的《关于个人数据处理保护与自由流动指令》和后来的《一般数据保护条例》可能是最具代表性的硬法规则,已经并将继续对全球范围内的数据保护实践产生重要而深远的影响,但如果论及该领域的软法规则,经合组织和亚太经合组织等国际组织的相关实践则提供了不可忽视的研究样本。

(一)OECD 隐私准则

欧洲经济合作组织(OEEC)成立于 1948 年,主要负责实施二战之后美国援助欧洲重建的马歇尔计划。这一组织着眼于经济相互依存的必要性,开创了欧洲大陆合作的新时代。受 OEEC 成功实践的鼓舞和启发,美国和加拿大在 1960 年 12 月 14 日加入OEEC,同时签署了新的《经济合作与发展组织公约》,并在 1961 年 9 月 30 日正式成立新的经济合作与发展组织(OECD)。现如今,OECD 已将占全球贸易和投资 80% 的国家聚集在一起,定期相互讨论、协商,并推动全球贸易和治理问题的解决,在应对全球治理挑战方面发挥了重要作用。

在组织的运转机制上,OECD 利用其丰富的信息帮助各成员国政府通过经济增长和金融稳定消除贫困和促进繁荣,其工作以监测成员国和非成员国的活动为基础,同时包括对短、中期经济发展的定期预测。OECD 秘书处负责收集和分析数据;各委员会就这些信息展开政策讨论;理事会作出决策;各成员国政府则执行该组织的政策建议。在具体实践中,委员会一级的讨论有时会演变成成员国就促进国际合作的规则达成共识

的谈判。这些谈判的结果可以是成员国之间的正式条约或协定,例如有关打击跨国商业贿赂、①有关出口信贷安排,以及有关处理资本流动的协定等;也可以是标准和模型,例如用于双边税收条约的标准;或者也可以是诸如跨境执法合作打击垃圾邮件的建议;②还可以是指导性的方针或准则,OECD 不仅在公司治理和环境保护方面采用这种方式,事实上为推动数据保护的国际合作也制定了隐私准则。

OECD 在 1980 年发布的《关于隐私保护和个人数据跨境流动准则》(*Guidelines Governing the Protection of Privacy and Transborder Flows of Personal Data*,以下简称《OECD 隐私准则》)是第一部通过国际协商达成的信息隐私保护领域的国际准则。③ 认识到包括个人数据在内的信息在全球经济中的重要性,以及人们越来越关注个人信息的自动处理对个人权利产生的影响,直接推动 OECD 制定了这部隐私准则。此外,各国不同的法律规则会对互联通信技术产生相当大的负面影响,导致严重的效率损失和不必要的经济成本,而个人数据的跨境流动有利于经济和社会发展,因此 OECD 也希望通过制定隐私准则促进数据在成员国之间的自由流动,建议成员国努力消除或避免以隐私保护的名义为个人数据跨境流动设置不当障碍,从而确立"自由流动与合法限制原则"。④ 与此相反,由于当下全球贸易中近一半的跨境贸易都可以通过信息通信技术提供,几乎所有的跨境贸易都需要靠数据的跨境流动来满足基本的商业需求,因此,对信息流动施加不当限制已经成为引发全球经济和金融风险的重要源头。

在目标上,《OECD 隐私准则》旨在通过指导性建议来消除个人信息保护的国别差异,协调成员国之间的行动,最终指向消除该领域的贸易壁垒。⑤ 具体来说,根据 OECD 关于该准则的《解释性备忘录》,《OECD 隐私准则》的具体目标包括以下几个方面:(1)推动成员国接受有关个人数据的隐私和个人自由保护的某些最低限度的标准;(2)促使成员国国内规则和实践之间的差异减至最低限度;(3)确保在保护个人数据时考虑到其他成员国的利益,同时避免对成员国之间的个人数据流动造成不必要的干扰;以及(4)基于与个人数据跨境流动有关的潜在风险,成员国可能限制这种流动,因此要尽可

① 王弘宁、张旭:《国际商业反贿赂制度化研究——以"对外国公职人员贿赂罪"为研究条款》,《东南学术》2014 年第 4 期。

② OECD,*Recommendation on Cross-Border Co-operation in the Enforcement of Law against Spam*,adopted by the Council at its 1133rd Session on 13 April 2006.

③ ICCP,WPISP,*30 Years After:The Impact of the OECD Privacy Guidelines*,Paris:OECD Conference Centre,2010,p.4.

④ 张继红:《个人数据跨境传输限制及其解决方案》,《东方法学》2018 年第 6 期。

⑤ 侯富强:《基于个人信息保护的国际贸易壁垒及其法律应对》,《法学论坛》2015 年第 3 期。

能消除引发风险的原因。① 这些目标涉及两个基本价值:个人自由、隐私的保护和个人数据的自由流动。准则试图在这两项基本价值之间寻求平衡,在接受对个人数据跨境自由流动的某些限制的同时,力求减少对这类限制的需求,从而强化国家之间的信息流通。

在内容上,《OECD 隐私准则》经 2013 年修订后由原来五部分变为六部分组成。第一部分包括了必要的定义,指定了准则适用的范围,并且声明自身只代表了最低标准。第二部分是准则的核心内容,提出了在国家层面保护个人自由和隐私的八项原则,即限制收集原则、数据质量原则、目的明确原则、限制使用原则、安全保障原则、公开原则、个人参与原则以及问责原则。第三部分是 2013 年修订时增加的内容,主要是对问责原则的细化,对数据控制者提出了一些要求。第四部分阐述了主要涉及成员国之间关系的国际适用原则。第五部分概括地介绍了实施准则的各种方法,并明确指出准则应以非歧视的方式加以适用。第六部分讨论了成员国之间的互助事项,主要是通过信息沟通来避免不兼容地保护个人数据的国家程序。② 准则最后还提到了当个人数据流动涉及多个国家时可能出现的法律问题。总体来看,2013 年的重要修订主要涉及准则的实施和执行机制,特别注重基于风险管理的方法,并且改进了互操作性(interoperability)。另外,2013 年修订版还引入了一些新概念,例如国家隐私战略、组织层面的隐私管理程序、数据安全泄露通知等。③ 即便如此,《OECD 隐私准则》仍然没有强制性的法律约束力,前述八项原则作为准则的核心内容也没有实质变化。

作为典型的软法,虽然《OECD 隐私准则》对成员国并无法律约束力,但其所附的 OECD 理事会建议指出,成员国在制定有关隐私和数据保护的国内立法时应当考虑准则的要求。同时,理事会建议还强调,成员国应努力避免或消除以保护隐私的名义对个人数据跨境流动设置不合理的障碍。

(二)APEC 隐私框架

亚太经合组织(APEC)是由 1989 年举行的亚太经济合作首届部长级会议逐渐演变而来,是亚太地区最高级别的政府间经济合作机制,不仅拥有 21 个成员国(地区),覆盖人口约占全球人口的 40%,GDP 约为全球总量的 60%,年度贸易额约为全球总量

---

① OECD,*The OECD Privacy Framework*,OECD Publishing,2013,pp.47-48.

② OECD,*The OECD Privacy Framework*,OECD Publishing,2013,pp.11-18.

③ OECD,*The OECD Privacy Framework*,OECD Publishing,2013,pp.16,17.

的48%,更囊括了全球最大的三个经济体,是当前世界经济增长不可低估的源泉和动力。① 但 APEC 并非典型的主权国家间组织,其活动领域也仅限于经济问题,特别是贸易和投资自由化、便利化,以及经济和技术合作事务。与此相应,APEC 的各种协议,包括《APEC 隐私框架》(*APEC Privacy Framework*),均无法律上的约束力,不能强制实施,只能被视为各成员达成共识的愿景或合作承诺。在这一点上,《APEC 隐私框架》和《OECD 隐私准则》同属国际软法的范畴。

在 APEC 内部,各成员的隐私法差异较大,在立法上承认隐私权的程度也各不相同。这使得 APEC 认为制定有关最低隐私标准的区域协议将是促进成员之间数据自由流动的理想机制,同时也有助于发展电子商务。② 基于此种认识,APEC 电子商务指导小组(ECSG)起草了《APEC 隐私框架》,并在 2004 年获得采纳。从内部关系上看,《APEC 隐私框架》是 APEC 成员间历时五年谈判的结果,为的是保护亚太地区的个人数据。这一框架承认"制定有效的隐私保护措施以避免信息流动障碍的重要性",同时旨在就共同的隐私问题为 APEC 范围的企业提供明确的指导,甚至被誉为"自 20 世纪 90 时代中期欧盟指令以来最重要的国际隐私保护文件"。总体来看,《APEC 隐私框架》主要有四项目标:(1)发展适当的个人信息保护措施;(2)防止对信息流动造成不必要的障碍;(3)使跨国公司能够实施统一的数据收集、使用和处理方式;以及(4)在国内和国际两个层次推动促进和实施信息隐私保护的努力。③

在内容上,除了 个简短的前言,《APEC 隐私框架》的主体由四部分构成:序言、范围、APEC 信息隐私原则,以及执行,其中最后有关执行的部分又分为:A.国(境)内执行和 B.国际执行。在序言中,《APEC 隐私框架》声称它符合《OECD 隐私准则》的核心价值,并且力图使隐私保护与商业和社会需求,以及商业利益相协调,也适当承认成员内部的文化和其他多样性。④ 另外,第二部分澄清了原则的涵盖范围,并对某些重要概念提供了较为准确的定义。例如,它将"个人信息"界定为"关于某个已识别或可识别的个人的任何信息",同时通过评注的方式将单独看不符合这一定义,但与其他信息结合

---

① 许家云:《亚太经合组织与全球经济治理》,《海外投资与出口信贷》2019 年第 2 期。

② Catherine Valerio Barrad, Alan Charles Raul, *APEC Overview*, in Alan Charles Raul, ed., *The Privacy, Data Protection and Cybersecurity Law Review*, London: Law Business Research Ltd., 2014, p.20.

③ Carla Bulford, *Between East and West: The APEC Privacy Framework and the Balance of International Data Flows*, 3(3) I/S: A Journal of Law and Policy for the Information Society 705, 709(2007).

④ APEC, *APEC Privacy Framework*(2015), APEC Secretariat, 2017, pp.3-4.

时可以确定个人身份的信息也纳入了进来。① 通过对这些适用对象的尽可能的精确界定,框架基本厘清了自身的适用范围。第三部分规定了框架的核心内容,即9项信息隐私原则,分别是预防损害、通知、收集限制、使用限制、保障选择权、个人信息的完整性、安全保障、访问和更正的权利,以及可问责性。② 最后一部分则涉及框架的实施问题,其中既建议了成员在国(境)内实施该框架时应当予以考虑的措施,也规定了一些为实施框架中的跨境要素的APEC范围内的制度安排。

与《OECD隐私准则》一样,《APEC隐私框架》同样缺乏强制实施的法律效力,成员没有法律上的义务将框架所规定的政策纳入其国(地区)内立法。这种非规范性本身是与APEC长期以来依赖无约束力承诺、公开对话和共识,通过成员自愿实施相关组织协议的做法是一致的。在这个意义上,《APEC隐私框架》只是咨询性的,③几乎不存在任何法律上的强制性要求和限制。然而,不管是理论上,还是实践中,国际软法并非完全得不到实施。事实上,存在诸如立法、行政,以及行业自律等多种方式来实施《APEC隐私框架》。这说明,框架本身就旨在以一种可以适应各种实施机制的灵活方式来实施,因为它本身就预设了APEC内部成员在法律和文化上的多样性。

与此同时,考虑到APEC中有7个成员也是OECD的成员,《APEC隐私框架》基本上是以《OECD隐私准则》为基础进行制定就不足为奇了。正如有学者指出的,两者具有显著的相似之处。"APEC的隐私原则涉及在世者的个人信息,不包括公开提供的信息和有关内政的信息。这些原则适用于公共和私营部门中控制个人信息的收集、存储、处理或使用的个人或组织。为他人代理的组织则被排除在适用范围之外。"④然而尽管两者之间具有这种紧密关联,但《APEC隐私框架》的原则和《OECD隐私准则》还是存在一些差异。其中尤为值得注意的是,《APEC隐私框架》仍然建立在传统隐私侵权法之上,重点解决各成员都非常关注的意外侵害和滥用个人信息带来的隐私侵权损害。基于此,该框架有意将政府机构有关数据主体的公开记录、新闻报道、法律要求公开的信息等三种已经处于公开状态的个人数据排除出个人数据的范畴,如果数据控制者通过这三种途径,而非从数据主体处获得数据信息,就不

---

① APEC,*APEC Privacy Framework*(2015),APEC Secretariat,2017,p.5.

② APEC,*APEC Privacy Framework*(2015),APEC Secretariat,2017,pp.10-22.

③ Catherine Valerio Barrad,Alan Charles Raul,*APEC Overview*,in Alan Charles Raul,ed.,*The Privacy,Data Protection and Cybersecurity Law Review*,London:Law Business Research Ltd.,2014,p.20.

④ Catherine Valerio Barrad,Alan Charles Raul,*APEC Overview*,in Alan Charles Raul,ed.,*The Privacy,Data Protection and Cybersecurity Law Review*,London:Law Business Research Ltd.,2014,p.22.

受该框架的约束。① 在这一点上,或许源于该框架是在美国主导下制定的原因,这种基于公开途径获取信息的责任豁免规则与美国法强调的第一修正案保护信息公开,从公开记录合法获取信息不会产生侵犯隐私权的赔偿责任的实践如出一辙。② 此外,《APEC 隐私框架》缺乏《OECD 隐私准则》中的"宗旨规范"和"开放性",同时也允许更广泛的例外,而且有关通知的指导规则也更为健全。

四、国际数据保护软法的国际实施:
以 OECD 和 APEC 为例

目前,以《OECD 隐私准则》和《APEC 隐私框架》为代表的国际数据保护软法基本已经形成了多层次、立体化的实施机制。根据这些实施机制的基本特征,它们要么属于国际数据保护软法自身确立的实施机制,要么属于借助成员国(地区)的制度和力量进行实施的机制。在这个意义上,也可以说前者属于国际层面的实施,后者属于国内法层面的实施。

在具体的实施机制上,APEC 跨境隐私规则(CBPR)和跨境执法安排(CPEA)是比较典型的国际层面的实施机制;而审查国内框架、建立隐私执法机构、促进立法等策略则构成了《OECD 隐私准则》和《APEC 隐私框架》的国内实施机制体系。但不可否认的是,这两者并不是泾渭分明的绝缘体,而是存在着或明或暗、或强或弱的关联性。例如,OECD 理事会关于隐私执法方面的跨国合作建议本身是不具有强制执行的法律效力的国际组织建议,但往往会借助成员国对国内框架的审查而得到执行,从而使《OECD 隐私准则》获得实施。

(一)OECD 的跨境合作建议

根据 2006 年执行报告的调查结果,OECD 理事会在 2007 年通过了一项建议,提出了在隐私执法方面开展跨境合作的框架。虽然执行这项建议的主要责任在成员国政府及其隐私执法机构,但在促进《OECD 隐私准则》实施的某些方面——特别是该建议的

---

① 张金平:《跨境数据转移的国际规制及中国法律的应对——兼评我国〈网络安全法〉上跨境数据转移限制规则》,《政治与法律》2016 年第 12 期。

② 参见[美]欧文·凯莫林斯基:《重新发现布兰代斯的隐私权》,载[美]路易斯·D. 布兰代斯等:《隐私权》,宦盛奎译,北京大学出版社 2014 年版,第 115—123 页。

某些最重要的规定涉及诸如分享成果信息和促进执法网络等集体行动——也应发挥作用。基于此,OECD 建立了一个全球隐私执法网络(GEPN),旨在解决涉及隐私问题的跨境执法中面临的挑战,加强跨境隐私保护联合执法合作。① GEPN 是一个包容各方的合作网络,任何负责执行具有保护个人数据作用的法律法规,并有权展开调查或启动执法程序的成员国隐私执法机构都可以加入这一网络。在具体的运作方式上,GEPN 主要通过以下方式促进合作:(1)交流有关问题、趋势和经验的信息;(2)鼓励培训机会,并分享执法知识、专门知识和优秀做法;(3)促进和在隐私执法方面发挥作用的组织之间的对话;(4)创设、维护和支持有利于双边或多边合作的进程或机制。②

除了建立 GEPN,OECD 跨境隐私执法合作的另一个值得注意的特点是信息安全和隐私工作组为供隐私执法机构使用,以确保向收到协助请求的机构提供某些基本类别的信息而编制的请求协助表。事实上,填写表格的过程本身也有助于提出请求的机构在寻求外国对口机构的协助之前,首先对相关事件展开初步调查或审议。这个行之有效的举措还影响到了 APEC 的实践。在 2009 年提出的和《OECD 隐私准则》兼容的《APEC 关于跨境隐私执行合作的计划》中,APEC 希望各国通过一个标准的请求协助表就可以与其他国家进行跨境隐私执法方面的合作。③

(二)APEC 的跨境隐私规则(CBPR)

虽然《APEC 隐私框架》对成员国(地区)同样仅有参考意义,不具有强制实施的法律效力,但为促进这一框架的统一执行而由 APEC 电子商务指导组下设的数据隐私分组构建的《跨境隐私规则》(CBPR)已经在 2012 年正式启动,并且引入了隐私执法机构和问责代理机构,因而对加入的企业形成了实际约束作用。④ CBPR 是一个基于自愿问责的,以涉及个人数据跨境流动的企业为规制对象的规则体系。它要求企业根据符合或者高于《APEC 隐私框架》的标准制定自身内部的隐私规则,管理跨境个人数据传输活动。虽然 CBPR 具有一定的实际约束力,但它也是一个自愿参与的体系,而且在一家

---

① 何波、石月:《跨境数据流动管理实践及对策建议研究》,《互联网天地》2016 年第 12 期。

② Colin Bennett, *The Global Enforcement Privacy Network:A Growing Network But How Much Enforcement?*, August 5,2015,https://papers.ssrn.com/sol3/papers.cfm? abstract_id = 2640331,最后访问时间:2020 年 4 月 18 日。

③ 张金平:《跨境数据转移的国际规制及中国法律的应对——兼评我国〈网络安全法〉上的跨境数据转移限制规则》,《政治与法律》2016 年第 12 期。

④ 黄宁、李杨:《"三难选择"下跨境数据流动规制的演进与成因》,《清华大学学报(哲学社会科学版)》2017 年第 5 期。

企业可以参与到这个体系之前,其母国必须首先"制定具有符合《APEC 隐私框架》的保护个人信息效果的法律法规"。① CBPR 联合监督小组负责就每个成员国(地区)的参与申请发布调查报告。但是这并不是一个独立机构就成员是否确实拥有符合框架标准的法律作出实体性决定的过程,它毋宁是一种要求,即由成员提交一份"自我评估"以证明其符合所要求的标准。目前,已经有美国、墨西哥、日本、加拿大、新加坡、韩国、澳大利亚和中国台北 8 个成员国(地区)采纳了这个规则体系。

与目前国际上另一个真正具有操作性的个人数据跨境流动框架——欧盟的《约束性公司规则》(BCR)不同,CBPR 除了将隐私执法机构和企业纳入框架机制中以外,还多了一个被称为问责代理机构的参与方。当 APEC 成员获准加入 CBPR 后,该成员至少要有一个经 APEC 所有成员认可的问责代理机构为 CBPR 提供服务。这一机构的职责是证明企业制定的跨境隐私保护政策符合《APEC 隐私框架》并为其认证,并且为消费者提供渠道解决其对企业的隐私保护投诉。② 与此同时,为了保证加入 CBPR 的成员能够按照《APEC 隐私框架》的要求监管本国企业,APEC 在 2010 年构建了颇具特色的跨境隐私执法安排(CPEA)。作为 CBPR 设定的准入条件,申请加入的成员至少要有一个隐私执法机构加入 CPEA,而且该隐私执法机构还必须是在成员境内切实拥有针对框架九项信息隐私原则的执法权的公共机构。这就意味着 CBPR 在机制设计上将行业自律和法律规制结合了起来,通过了问责代理机构的认证和动态监督的企业被默认遵守了《APEC 隐私框架》,从而能够在 APEC 各成员境内从事涉及个人数据跨境收集、处理和传输等活动,如若违反,则要受到本国(地区)隐私执法机构的处罚。另一方面,问责代理机构的引入,可以将执法机构从处理隐私侵害投诉的第一线解放出来,使其能更从容地关注系统性和影响广泛的隐私问题,③实际上是对有限的监管资源的战略性优化配置。

在内容和程序上,CBPR 包括四个部分:(1)自我评估;(2)合规审查;(3)认证或接受;(4)争议解决和执行。④ 如果企业想获得 CBPR 认证,首先要根据数据隐私分组制

---

① Graham Greenleaf, *Asian Data Privacy Laws: Trade and Human Rights Perspectives*, Oxford: Oxford University Press, 2014, p.531.

② 弓永钦、王健:《APEC 跨境隐私规则体系与我国的对策》,《国际贸易》2014 年第 3 期。

③ See Annelies Moens, Malcolm Crompton, *Preliminary Assessment: Potential Benefits for APEC Economies and Businesses Joining the CBPR System*, 2016, p.17.

④ See APEC Cross-Border Privacy Rules System: Policies, Rules and Guidelines, Updated as of November 2019, http://cbprs.org/wp-content/uploads/2019/11/4. - CBPR - Policies - Rules - and - Guidelines - Revised - For-Posting-3-16-updated-1709-2019.pdf,最后访问时间:2020 年 4 月 18 日。

作的纳新问卷调查表进行自我评估,这也是一个修订其隐私政策以符合《APEC 隐私框架》的自律过程。而后由经 APEC 认可的问责代理机构对其进行合规审查,审查通过则给予认证,授予隐私保护信赖标章。根据 CBPR 的要求,APEC 成员要建立可公开访问的认证企业名录,记录相关信息,以供消费者参考。如果出现涉及个人数据的争议和纠纷,则通过 CPEA 解决和执行。作为多边机制,各成员的隐私执法机构可以通过 CPEA 共享信息,相互协商开展平行或联合调查执法。然而,由于《APEC 隐私框架》和 CBPR 本身缺乏强制实施的效力,只有本国(地区)执法机构有权处罚违反框架的本国企业,因此 CPEA 更突出的功能实际上是提供了一个跨境执法的监督和协作机制。换言之,"既然一国在申请加入 CBPR 体系前派出了执法代表机构,并且承诺对违反该规则的认证企业进行法律制裁,那么在别国隐私执法机构发出协助要求时就不好偏袒本国企业",①否则不仅变相鼓励了他国今后不与自己合作,置自身执法机构于孤立的尴尬境地,而且还使得自身的问责代理机构及其认证的企业失去信誉,从而被排除在数据流动市场之外。

由于加入 CBPR 的前提是成员国(地区)至少要有一个拥有充分执法权的隐私执法机构加入 CPEA,这就使得 CBPR 实际上强化了还没有制定数据保护法律的成员国(地区)中参与企业提供的数据隐私保护,而在已经制定此类法律的成员国(地区),由于企业必须遵守这些法律,CBPR 也并没有弱化对数据隐私的保护。换言之,那些与经 CBPR 认证企业进行交易的人不仅获得了对方遵守一套国际公认的数据保护规则的承诺,事实上还获得了在对方违规时要求强制执行的权利。同样的道理,虽然国际软法没有法律上的约束力,不是严格意义上的法律,不予遵守也算不上是违背,但遵守软法显然会使相应的行为更具正当性。② 因此,那些希望从已经制定了严格的数据保护法律的国家获取数据的企业,如果参与了 CBPR,也将更有可能成为有吸引力的数据接收者。如此一来,"CBPR 通过提供一套可扩展的隐私底线标准,不仅有力地促进了全球贸易和经济增长",③而且在寻求个人数据的隐私保护和自由流动的平衡方面提供了极为有益的经验。

---

① 弓永钦、王健:《APEC 与欧盟个人数据跨境流动规则的研究》,《亚太经济》2015 年第 5 期。
② 何志鹏、孙璐:《国际软法何以可能:一个以环境为视角的展开》,《当代法学》2012 年第 1 期。
③ Annelies Moens, Malcolm Crompton, *Preliminary Assessment: Potential Benefits for APEC Economies and Businesses Joining the CBPR System*, 2016, p.7.

五、国际数据保护软法的国内实施：
以 OECD 和 APEC 为例

除了通过自身确立的途径在国际层面加以实施之外，作为国际数据保护软法的《OECD 隐私准则》和《APEC 隐私框架》还通过一系列成员国（地区）国内措施得到实施。与此同时，也正是基于这些准则和框架的软法性质，这些国内实施途径或在更大意义上决定了它们的实施程度。

（一）审查国内框架

在 OECD 理事会有关跨境合作执行隐私法的建议中，一项十分重要的实施措施就是，各国"根据需要审查并酌情调整其国内框架，以确保在执行保护隐私的法律方面进行跨境合作的有效性"。① 这也是比较典型的通过成员国本身的制度和能力实施《OECD 隐私准则》的国内机制。事实上，一些国家改善跨境隐私执法的第一步就是审查现有的国内框架，以确定其是否拥有足够的权力开展合作。例如，美国联邦贸易委员会（FTC）就不断评估其与国际同行合作的能力。在向国会提交的一份报告中，FTC 报告其在《美国安全网络法》方面的经验，该法为 FTC 提供了在执法事项上与国际机构进行合作的更大权力。另一个例子是新西兰议会颁布的《隐私跨境信息修止法》，该法授权隐私专员可将相关投诉提交给海外的隐私执法机构——实际上这也正是模仿或者说采用了 OECD 理事会建议的术语。② 这一制度安排使得新西兰隐私专员可以通过与其他隐私执法机构的合作更好地保护本国人的个人信息，而不论这些信息被保存在什么地方，并且确保新西兰能够充分利用 APEC 的跨境隐私执法安排（CPEA）和 OECD 的全球隐私执法网络（GPEN）提供的机制。

虽然 OECD 建议对成员境内隐私法律框架进行审查，以改善成员之间的跨境执法合作，但对国际数据保护软法的实施来说，该建议也仅是微小的第一步。它不仅以相关国际数据软法框架的存在为预设前提，而且本身缺乏强制实施的法律效力，很大程度上

---

① *Recommendation of the Council on Cross-Border Co-Operation in the Enforcement of Laws Protection Privacy* [C(2007)67/FINAL]，III(8).

② OECD，*Report on the Implementation of the OECD Recommendation on Cross-border Co-operation in the Enforcement of Laws Protecting Privacy*，OECD Digital Economy Papers，No.178，OECD Publishing，2011，p.9.

有赖于成员的自愿配合。但不可否认的是,基于成员间降低数据流动成本以促进电子商务和跨境贸易等动机的刺激,在已经建立区域软法框架的情况下,定期审查国内框架也是理想的做法,有助于成员在数据保护方面执行必要的共同标准,以实现国际软法的价值目标。

与此相应,《APEC 隐私框架》要求成员应通过完成和定期更新《信息隐私个人行动计划》,向 APEC 报告该框架的实施情况。① 但这一制度安排并不意味着 APEC 会就其成员的报告情况进行独立评估并发布任何声明,或者就其未遵守《APEC 隐私框架》的情况建议补救措施。《信息隐私个人行动计划》只是旨在提高 APEC 成员数据保护框架的透明度,可以使得其他成员了解该成员当前个人数据的保护水准。这符合《APEC 隐私框架》的总体目标,即鼓励制定共同有效的隐私保护措施,确保亚太地区的信息自由流动。

（二）建立隐私执法机构

2013 年修订后的《OECD 隐私准则》明确规定,有必要建立和维持隐私执法机构,而且这一机构还应当拥有有效行使权力和在"客观、公正和一致的基础"上作出决策所必需的治理、资源和技术专长。这也意味着,在执行隐私保护法律时,隐私执法机构有必要免受各种指示、偏见和利益冲突的影响。在《OECD 隐私准则》的修订背景下,隐私执法机构不仅指主要任务是执行国家隐私法律的公共实体,还可能延伸到以保护消费者为目的的监管机构,只要这些机构有权在执行数据保护法律时发起调查或诉讼。② 在某些国家或地区,对公共部门数据控制者的监督可能涉及来自政府的多个机构,它们也有权发布准则或其他数据使用要求,在这种情况下,隐私执法机构就是指一组集体执行隐私保护法律的机构。这类机构的必要性在于必须有一个实体性政府机构主要负责调查、制止和惩罚违反数据保护法律的行为,包括获取与可能的违法行为有关的信息,以及对违反法律的数据控制者发布纠正措施。此外,拥有一个具备足够专业知识和资源的隐私执法机构,不仅会加快规则和标准的制定,改善信息传播,促进审计和检查,推进更有效的跨境合作,还能确保向公私实体提供技术援助的机构具备必要的熟练程度。

建立隐私执法机构的好处是显而易见的。然而基于跨境数据流量的不断增加,以

---

① APEC,*APEC Privacy Framework*(2015), APEC Secretariat,2017,p.28.

② OECD,*The OECD Privacy Framework*,OECD Publishing,2013,p.28.

及与这些流量相关的违规行为也大量出现的现状,为了使这些机构能有效运作,他们的跨境能力也必须最大化。但要做到这一点并不容易。一份审查隐私执法机构和现有的隐私保护机制的报告显示,几乎 OECD 所有的隐私执法机构都可以代表外国个人对国(境)内数据控制者采取行动,但许多机构在保护本国公民免受外国数据控制者侵犯隐私方面却受到诸多限制,或者权限不清。① 大多数隐私执法机构都表示,不论是与外国机构的联合,还是应其要求,他们都会受益于加强了的交流信息和开展调查的权力。但与此同时,"隐私执法机构在跨境执法中的努力有时也受到预防或救济权能不足、法律制度不一致,以及诸如资源限制等实际困难的限制。"②因此,要使这些隐私执法机构真正有效运作,相关法律不仅应赋予他们通常应当具有的监管职能,例如制定和执行规则,还应赋予这些机构必要的权力和权威,以便与其他国家的隐私执法机构进行高效的合作。对于跨境问题,还应当授权隐私执法机构与国(境)外同行进行信息交流和联合调查。

建立隐私执法机构不仅是《OECD 隐私准则》的实施措施,而且在 OECD 的影响下,这项措施也逐渐得到其他国际组织的采纳,作为相关数据软法的实施机制。例如,东盟的数据保护软法框架和《OECD 隐私准则》一样,明确规定每个成员国都有必要设立隐私执法机构,并认为这将有助于确保存在一个专门的政府机构来执行数据保护法律,发布必要的规则和条例,提供技术援助,并在跨境合作和执法中履行协调中心的职能。与此同时,东盟在借鉴《OECD 隐私准则》的基础上,也进一步发挥了自身作为国家联盟的特殊优势。换言之,不同于多数国际组织通过基于培训和能力建设的软协调项目来确保对法律的统一理解和实施,东盟更倾向于通过硬协调项目来减少成员国之间在数据保护法律领域的不一致。所谓硬协调是基于样板法律或统一法律,基于建立东盟电子商务立法基础构建的共同目标和原则的实施指南,而非单纯的能力建设,③同时留给执法者解释的空间更小。这一点就体现在《东盟关于刑事事项法律互助条约》当中。根据该条约,缔约国之间有义务在刑事事项中提供尽可能广泛的司法协助。这也就是说,如果涉及个人数据保护的行为构成刑事犯罪,成员国隐私执法机构就可诉诸该条约关于跨境执法合作机制的规定对涉及个人数据的跨国犯罪进行惩罚。

---

① OECD, *Report on the Cross-Border Enforcement of Privacy Laws*, 2006, p.3.

② OECD, *Report on the Cross-Border Enforcement of Privacy Laws*, 2006, p.3.

③ 联合国贸易和发展会议:《2007—2008 年信息经济报告——科学和技术促进发展:信通技术新的范式》,联合国,2007 年,第 26 页。

（三）促进立法

《OECD 隐私准则》和《APEC 隐私框架》都建议成员通过国（地区）内立法措施落实其条款。① 这项建议也的确在全球范围内催生了诸多数据保护立法，尤其是《OECD 隐私准则》对截至 1980 年尚未制定相关立法的国家产生了相当大的影响。可以毫不隐讳地说，自 1980 年制定以来，这一准则直接影响了 OECD 成员国数据保护法律和示范法的发展。例如，1988 年的《澳大利亚隐私法》包括 11 项信息隐私原则，都是直接以《OECD 隐私准则》作为基础的。1993 年通过的《新西兰隐私法》包括 12 项原则，其中前 4 项涉及信息收集活动，实际上是对《OECD 隐私准则》中收集限制和目的明确原则的阐述和应用。加拿大在 2001 年制定的私营部门立法《个人信息保护和电子文档法》要求相关组织必须遵守起初规定在一部示范法，后来被直接纳入该法的 10 项原则，而该部示范法实际上正是以《OECD 隐私准则》作为发展起点的。韩国 2001 年生效的"《信息通信网络的利用促进与信息保护等相关法》规定了制定信息通信网络安全保护措施指南、保护集成信息通信设施、禁止信息通信网络侵害行为，特别是建立信息保护管理体系认证制度等信息通信网络安全保障机制"。② 这部法律就是根据《OECD 隐私准则》的基本原则制定，起初只适用于信息通信网络服务商，后来拓展至十四种其他类型的企业。无独有偶，日本在 2005 年生效的《个人信息保护法》适用于处理超过 5000 人的个人数据的私营企业的数据收集、使用和披露活动，而该法同样直接纳入了 OECD 的隐私原则。墨西哥紧随其后，在 2010 年成为又一个通过国内立法实施《OECD 隐私准则》的成员国。同年，土耳其则通过严肃性更强，法律位阶更高的修宪方式赋予公民更多权利保护其个人数据，用以解决关涉个人数据的同意、使用限制、访问和更正等问题。

由此可见，一个包含数据保护原则和实施战略，尤其是纳入了明确的成员立法建议的区域数据保护软法框架对相关国家数据保护法的制定有着巨大的潜在影响。随着越来越多国家根据这些国际软法框架制定了本国的数据保护法，越来越多收集个人数据的组织和机构，不论是公立和还是私营的，都负有根据作为这些法律之基石的隐私和数

---

① OECD, *The OECD Privacy Framework*, OECD Publishing, 2013, p. 19; APEC, *APEC Privacy Framework*（2015）, APEC Secretariat, 2017, p.23.

② 姚财福:《韩国网络安全法律重点制度及对我国的立法思考》,《信息安全与通信保密》2017 年第 5 期。

据保护原则处理相关数据的义务。但随着各国数据保护立法的日益增多,同时跨境数据流量也日益增多,数据保护问题不再局限于一国境内,诸多挑战也就随之而来。这些挑战包括:法律之间的差异对在多个国家开展活动的实体的合规性提出了不可能达成的要求;执法方式的差异使得政府机构和寻求救济的人难以进行调查、起诉和寻求救济;一些国家对数据跨境传输有限制,但另一些国家没有的事实可能会不适当地限制了数据的自由流动,从而阻碍了商业发展。

另外,为了促进个人数据保护而诉诸立法也有其固有的缺陷。由于法律很大程度是被动和消极的,即通常只对重大的社会发展变迁经过长时间的研究审议,才会制定新的法律,但事实上法律一经制定出来就会滞后于社会和技术发展。[①] 即便政府愿意随着技术进步而完善监管体系,但作为规制对象的数字和信息技术以近乎一日千里的速度不断发展,即使是最勤奋的立法者也不可能与之保持同步。依赖立法的另一个困难在于实施数据保护法律属于资源密集型事业,需要耗费高昂成本。事实上,仅仅向个人提供侵犯隐私的诉因远不能有效保护个人数据。[②] 起诉潜在的隐私和数据侵权行为以寻求赔偿需要通过司法体系,但不论是 OECD,还是 APEC 内部,成员间司法体系效能的差异都是权利实现的重大障碍,尤其是某些 APEC 成员国(地区)的法治指数较低,[③]在司法公正和效率等方面都给当事人带来了巨大的不确定性和高昂成本。此外,制定相关的补充性规则也是一个取决于专家机构和各利益攸关方参与的漫长博弈过程;适当的日常监管也需要足够的物质和人力资源;受理和处理相关投诉,确保救济措施得到执行同样代价高昂。在这个意义上,虽然不能否认通过成员国(地区)立法这一途径实施国际数据软法确有某些优势,但凡此种种也都限制了这一途径的实际效能。究其本源,国际数据软法框架之所以迅速兴起和广为接纳,很大程度上有赖于其自身软法的基本特质,即不仅给相关国家保留了较为广阔的自主形成法律政策的空间,也为通过市场和行业自律的方式实现个人数据保护和流动、利用之间的平衡提供了前提条件。

---

① Benjamin J. Goold, *Building it In: The Role of Privacy-Enhancing Technologies in the Regulation of Surveillance and Data Collection*, in Benjamin J. Goold, Daniel Neyland eds., *New Directions in Surveillance and Privacy*, Cullompton: Willan Publishing, 2013, p.19.

② Benjamin J. Goold, *Building it In: The Role of Privacy-Enhancing Technologies in the Regulation of Surveillance and Data Collection*, in Benjamin J. Goold, Daniel Neyland eds., *New Directions in Surveillance and Privacy*, Cullompton: Willan Publishing, 2013, p.22.

③ World Justice Project, *Rule of Law Index* 2019, World Justice Project, 2019, pp.6-7.

（四）通过行业自律

除了鼓励成员适当立法之外，OECD 理事会还建议通过鼓励和支持行业自律的方式实施隐私准则。《OECD 隐私准则》第 19（d）段关于自律的建议主要针对普通法国家。在这些国家，准则的非立法性实施将会对国家立法起到补充作用。[①] 事实上，《OECD 隐私准则》已成为诸多私营部门隐私政策、自律政策和示范守则的基础，一些公司和贸易协会也赞同该准则。从概念内涵上来看，自律是指"行业层面的组织（如行业协会或职业协会），而不是政府或公司层面，制定和实施与该行业内企业行为有关的规则和标准的监管过程"，[②]以应对政府的监管缺位或监管过度。

行业自律具备特定的优势。规则制定、监督、执行和救济的整个过程可以通过自律，而非政府监管得到更快地运转，这也意味着消费者利益能更快地得到保护。不仅如此，更有学者具体指出，自律组织在规则制定方面比政府机构更高效，因为当企业聚集在一起制定规则时，其间的参与方可能比外部的政府监管机构拥有专业程度更高的技术和行业知识。[③] 正如前述，包括立法和执法程序在内的政府监管是成本和资源密集型事业，而将这些职能让位于行业自律组织则意味着可以以更低的成本更快地调查违规行为并解决纠纷。这不仅培育了市场的自治，而且"有利于减少政府的监管负担，让其将有限的精力集中于更卓有成效的事务上，例如对拒绝遵守规则的不良行为人采取行动"。[④] 另外，通过营造通常比政府监管更灵活的监管环境，行业自律也有助于经济发展。自律要求行业专家审查当前的活动，确定最佳实践，并将其发展为行业准则。这种更灵活的监管环境可以使企业更有效地运营，并将合规成本最小化。事实上，即便政府机构也承认，"行业自律可以用比直接监管更灵活、更具成本效益的方式保护隐私，同时也不妨碍互联网产业的快速创新"。[⑤]

但是通过行业自律来实施国际数据保护软法也面临诸多批评。这些批评主要集中

---

① OECD，*The OECD Privacy Framework*，OECD Publishing，2013，p.62.

② Anil K. Gupta，Lawrence J. Lad，"Industry Self-Regulation：An Economic，Organizational，and Political Analysis"，8（3）*Academy of Management Review* 416，417（1983）.

③ Daniel Castro，*Benefits and Limitations of Industry Self-Regulation for Online Behavioral Advertising*，The Information Technology&Innovation Foundation，December 2011，p.6.

④ Daniel Castro，*Benefits and Limitations of Industry Self-Regulation for Online Behavioral Advertising*，The Information Technology&Innovation Foundation，December 2011，p.7.

⑤ Ira S. Rubinstein，"Privacy and Regulatory Innovation：Moving Beyond Voluntary Codes"，6（3）*I/S：A Journal of Law and Policy for the Information Society* 355，356（2011）.

在三点:第一,出于对行业私利的追求,自律机制比传统规则的透明度更低,公共利益难以得到充分代表;第二,自律机制缺乏制裁违规行为的必要权限,致使外部威慑不足;第三,行业内集体行动的困境会带来搭便车难题。① 在这个意义上,它不应当取代适当的立法措施,或者说,一个更有效的解决方案是采取共同监管,即"政府和行业共同起草并执行监管标准"。这是一种国家规制和非国家规制具体结合,介于自我监管和国家规制之间的合作规制。② 这种意义上的行业自律完全能够和国家的数据保护立法共存。例如,根据《APEC 隐私框架》的建议,APEC 的成员可以制定全面的数据保护法律。但考虑到将受到此类法律影响的各个部门和行业,可以预见该法无法涵盖所有行业,特别是高度专业化行业所必需的数据保护规则。由于各行业处理信息类型的敏感程度不同,除了使某一部门的数据处理业务不同于其他部门的其他因素外,还需要对特定类型的实体制定专门规则。在这一点上,行业自律恰恰可以弥补政府立法的不足。这也正是《APEC 隐私框架》额外强调通过行业自律和立法、行政途径相结合的方式使自身获得实施的意义所在。③ 此外,执法也可由此意义上的行业自律而获得进一步改善。除了前述减少了政府机构的监管负担的收益之外,由于政府严厉惩罚违规者的概率增大,遵守数据保护规则的强制力将更强。事实上,行业自律和某种政府干预相结合的共同监管是对实现内部治理和外部威慑激励相容的积极探索,带有典型的合作治理色彩,④也比单纯的自律更有效率。

这种意义上的行业自律不仅体现在欧盟《一般数据保护条例》有关跨境信息传输机制的创新上,事实上在国际软法层面就通过《APEC 隐私框架》的影响在菲律宾催生出了积极成果。作为 APEC 成员国,菲律宾在 2012 年通过了《数据隐私法》,并于 2016年 3 月最终设立了国家隐私委员会作为隐私执法机构。⑤ 根据这部法律,鉴于监管医疗和卫生行业数据处理活动的复杂性,该委员会目前正在努力召集政府和行业代表,以便合作起草用以规制该行业的数据处理活动的专门性规则,而这些规则也旨在对综合性的数据隐私法律作出有益补充。

---

① Dennis D. Hirsch, "The Law and Policy of Online Privacy: Regulation, Self-Regulation, or Co-Regulation?, 34 Seattle University Law Review 439, 458-459(2011).

② 匡文波、杨春华:《走向合作规制:网络空间规制的进路》,《现代传播》2016 年第 2 期。

③ APEC, APEC Privacy Framework(2015), APEC Secretariat, 2017, p. 5.

④ 周汉华:《探索激励相容的个人数据治理之道——中国个人信息保护法的立法方向》,《法学研究》2018 年第 2 期。

⑤ See Michelle Renee D. Ching, Bernie S. Fabito, Nelson J. Celis, Data Privacy Act of 2012: A Case Study Approach to Philippine Government Agencies Compliance, 24(10) Advanced Science Letters 7042(2018).

（五）建立隐私管理程序

随着《OECD 隐私准则》制定以来,问责制作为促进和确定组织对隐私保护的责任的手段受到了越来越多的关注。在这一经验基础上,2013 年修订的《OECD 隐私准则》在有关"实施问责制"的第三部分引入了隐私管理程序的概念,①并阐述了其基本要素。同样地,《APEC 隐私框架》也将隐私管理程序与对数据控制者的问责相联系,并将其作为该框架国内实施机制之一。② 隐私管理程序的概念主要是针对数据控制者面临的数据泄漏等安全风险日益增大的现实提出的。一般来说,它包括各类组织为确保个人数据得到适当保护,风险得到管控,隐私立法获得遵守而采用的政策、程序和制度。③ 这就意味着 20 世纪 90 年代发展起来的隐私影响评估（PIA）也被纳入组织的风险管理当中,帮助组织分析数据的生命周期,从而在引入新技术或计划之前就考虑到隐私问题,并通过报告、审计、教育和绩效评估促进问责制。事实上,这也恰是这些软法规则多将隐私管理程序与问责原则相联系的重要原因。具体而言,综合《OECD 隐私准则》和《APEC 隐私框架》的规定,隐私管理程序的最基本要素主要包括:（1）针对数据控制者的结构、规模及其控制的数据数量和敏感程度进行定制;（2）提供基于风险评估的适当保障措施;（3）建立内部监督机制;（4）程序本身应当定期监测和评估更新。④

全面的隐私管理程序为数据控制者与监管机构和数据主体进行良好沟通提供了有效方式,也是数据控制者判断自身是否完全合规的工具,使其有机会查漏补缺,从而在整个组织内部培育一种隐私文化。这就会让"一个拥有强大隐私管理程序的组织可能享有更高的声誉,从而具有竞争优势"。⑤ 换言之,从长远来看,成功向外界传达出稳健的隐私管理程序对其运营至关重要的组织更容易强化利益相关者对其的信任,也更容易展现出良好的商业前景。

基于《OECD 隐私准则》和《APEC 隐私框架》的建议和影响,加拿大、中国香港、法国和澳大利亚等国家（地区）发布了"问责指南"或"隐私治理框架",旨在协助私营部

---

① See OECD,*The OECD Privacy Framework*,OECD Publishing,2013,p.16.

② See APEC,*APEC Privacy Framework*（2015）,APEC Secretariat,2017,pp.22-23,25.

③ OECD,*The OECD Privacy Framework*,OECD Publishing,2013,p.105.

④ OECD,*The OECD Privacy Framework*,OECD Publishing,2013,p.16;APEC,*APEC Privacy Framework*（2015）,APEC Secretariat,2017,p.25.

⑤ Office of the Privacy Commissioner of Canada,Offices of the Information and Privacy Commissioners of Alberta and British Columbia,*Getting Accountability Right with a Privacy Management Program*,April 2012,pp.5-6.

门(某些情况下,也包括公共部门)建立确保隐私合规的流程和程序。① 如果这些"指南""框架"得到广泛传播,不仅有助于向数据控制者灌输有关隐私管理程序的知识,更重要的是,由于它们都是免费资源,因此对数据控制者来说就是建立定制化的隐私管理程序的无成本方法。加拿大和中国香港的指南都认可隐私管理程序作为确保隐私合规的工具。根据指南,全面隐私管理程序的两个关键要素是组织承诺和程序控制。它们在具体内容上大多都借鉴了《OECD 隐私准则》和《APEC 隐私框架》关于隐私管理程序基本要素的规定,勾勒了这一程序的必要特征——例如任命数据官员、建立内部报告机制等——以及为使程序发挥作用而采取的步骤——例如进行个人数据清查、制定保护警示政策、定期风险评估,以及采用隐私设计(PbD)②等。

相比之下,澳大利亚和法国的指南没有明确提及或促进隐私管理程序的实施,但在实质内容上,法国指南和加拿大、中国香港的实践大体相似,也包括建议制定充分的内外部隐私政策、任命经过培训的数据保护官员、开展隐私问题培训、进行隐私风险评估等,而其中值得关注的一项创新性做法是,证明符合指南中 25 项要求的公司将获得合规性责任印章。③ 这种印章与前述 CBPR 体系中问责代理机构对企业进行认证后授予的隐私保护信赖标章具有异曲同工之妙,实际都是面向市场的信号或标签,强化了公众对其在提供产品或服务过程中保障用户数据隐私的信心。除了激励数据控制者遵守问责指南的要求外,获得隐私印章的过程还为数据控制者提供了道德和法律框架,证明了他们负责任地创新和处理个人数据的意愿,并通过引入问责制的概念帮助他们遵守区域数据控制保护软法框架。这实际上是一种基于声誉机制的隐私认证制度,可以更充分地调动信息控制者主动参与的积极性。

---

① See Anna von Dietze, Privacy Accountability: National Regulators' Accountability Guidance(Part 1), https://www.lexology.com/library/detail.aspx? g=c0de3d1c-2e8e-402c-a1cd-07677527ac9a; Theo C. Ling, National Regulator Accountability Guidance(Part 2): The Australian and French Accountability Guides, https://www.lexology.com/library/detail.aspx? g=9dfbd348-0391-4c90-9d3f-ca3004081270;最后访问时间:2020 年 5 月 13 日。

② 隐私设计(Privacy by Design, PbD),也可以称作从设计着手保护隐私,是与隐私影响评估(Privacy Impact Assessments, PIA)相对应的另一种隐私保护理念。PIA 原是评估特定制度或技术的隐私后果的系统过程,而 PbD 比 PIA 更全面,是"将公平信息实践原则纳入信息技术、业务实践,以及物理设计和基础架构"的过程。换言之,它是系统工程的一种方法,要求在整个工程过程中都要考虑隐私保护。See Yoel Raban, Privacy Accountability Model and Policy for Security Organizations, 4(2) iBusiness 168, 169(2012). 然而现如今,PIA 的发展逐渐有涵盖 PbD 的趋势,逐步推动相关组织在引入新的技术和规划之前将隐私问题纳入考量。

③ Johanna Carvais-Palut, The French Privacy Seal Scheme: A Successful Test, in Rowena Rodrigues, Vagelis Papakonstantinou eds., Privacy and Data Protection Seals, Hague: Springer, 2018, pp.49-58.

事实上,通过问责制对隐私管理程序的嵌入,这种认证制度已经逐渐演变成一种相对独立和广泛的国际数据保护软法实施机制。由于隐私专业人员在实施隐私管理程序中的作用越来越重要,因此界定隐私专业人员的能力就成为认证制度最初关注的焦点,德国、加拿大、新西兰,以及欧盟等已经开始推行数据保护和隐私领域的认证项目,并开展这方面的专业教育和职业发展服务。① 这本身也可看作是成员国对《OECD 隐私准则》第 19(g)段的落实,该段要求成员国考虑隐私保护所必需的技能发展。② 在这方面,值得注意的是加拿大的访问和隐私协会专业标准和认证项目。该项目通过制定专业标准、建立认证模型和认可有能力实施隐私管理程序的治理团队来实现"将信息访问和隐私保护专家确立为加拿大的公认职业"的目标。在各国的实践基础上,成立于2000 年的国际隐私专业人员协会(IAPP)也提供了三种类型的认证计划,以及职业教育和发展服务,旨在定义、促进和改善全球隐私职业和隐私保护状况。另外,正是基于《OECD 隐私准则》第 19(g)段的桥梁作用,认证制度的声誉机制和信号功能促进了隐私管理程序对隐私增强技术(Privacy-enhancing Technologies,PET)的需求,迫使技术的生产者和使用者将设备的能力和它的合法性视为不可分割的整体,从而鼓励他们将隐私增强作为技术的积极方面。换言之,通过将内置隐私增强技术作为各种设备和技术的法律要求,生产商"将被迫面对这些问题,并与潜在客户进行谈判"。③ 如此一来,随着时间的推移,这些价值观不仅被内化为产品的成本,也被内化进消费者的决策,从而内生出一种尊重和保护信息隐私的市场结构。

六、结　语

正如自由和安全永远是法律领域要认真加以协调平衡,不可偏废的基础价值一样,在数据保护的问题上,国际社会也始终要面临数据的隐私保障和自由流动的价值抉择。从根本上讲,这种基础价值上的立场倾向受制于行为主体的物质基础和利益追求。事实上,欧盟之所以长期坚持高标准的隐私保护政策,在数据跨境流动议题上也对第三国

---

① OECD, *The OECD Privacy Framework*, OECD Publishing, 2013, p.108.

② OECD, *The OECD Privacy Framework*, OECD Publishing, 2013, p.17.

③ Benjamin J. Goold, *Building it In: The Role of Privacy-Enhancing Technologies in the Regulation of Surveillance and Data Collection*, in Benjamin J. Goold, Daniel Neyland eds., *New Directions in Surveillance and Privacy*, Cullompton: Willan Publishing, 2013, p.29.

设置严苛的充分保护条件,正是源自其在数字经济领域的企业竞争力显著落后于中美两国。① 从这个视角出发,便可在一定程度上理解美欧之间从《安全港协议》到《隐私盾协议》的制度变革;便可理解中国某些新兴数字和通信技术企业正在遭遇的全球性狙击;便可理解这些特定领域里表面看起来技术性颇强的规则背后充满着国际政治和经济力量现实且残酷的竞争博弈。

不可否认,就遵守国际法的动力机制问题而言,行为主体有可能在没有强力压服和明确的利益指标的情况下,仍然基于共同的信念和认同感而遵守国际法规则。② 但这种观点往往仅对涉及文化、人权、环境等有限的议题领域方有解释力。由于数据保护议题背后实质上隐藏的是抢占新一代全球经济和技术革命先机和话语权这一国家间生存竞争的重大问题,这就使得本质上处于无政府状态的国际社会在诸如此类新兴全球性治理问题上更难以形成各方普遍接受的硬法规则。不仅如此,即便是经数年艰难谈判而来,却仍只作为满足现阶段紧迫需求的权宜之法的美欧《隐私盾协议》也难逃被欧盟法院以不具同等数据保护水准为由推翻的命运,现阶段也更不具备直接通过国际组织平台形成有约束力的数据跨境流动规则的客观条件。③ 在这种背景下,通过某些非机构性多边协调机制形成一些区域性软法规则便成为一种次优的选择。

在数据保护议题上,《OECD 隐私准则》和《APEC 隐私框架》就是典型的国际软法规则。虽然软法规则缺乏强制实施的法律效力,然而也正是这种强制力的缺乏使得这些规则可以集中资源将自身的吸引力聚焦于规制对象的内在逻辑和规则的内在理性,尽可能地将自身的实施机制内嵌于全球数字贸易的市场结构之中。不论是作为这些软法规则的国际实施机制的 CBPR 体系,还是作为国内实施机制的行业自律、隐私管理程序等措施都不同程度地内含着这种事理逻辑。借助颇具特色的国际和国内两个层面的实施机制,以《OECD 隐私准则》和《APEC 隐私框架》为代表的国际软法在为寻求数据隐私保护和自由流动在实践中的平衡作了有益探索的同时,更为该领域的规则生成奠定了基础。

作为新兴数字经济大国,我国在数字技术和互联网通讯领域已经抢占先机,是当今

---

① 田晓萍:《贸易壁垒视角下的欧盟〈一般数据保护条例〉》,《政法论丛》2019 年第 4 期。

② 何志鹏:《国际法的遵行机制探究》,《东方法学》2009 年第 5 期。

③ 张舵:《略论个人数据跨境流动的法律标准》,《中国政法大学学报》2018 年第 3 期。需要说明的是,引文中所说的"国际组织"并非一种广义概念,更多地是指联合国、欧盟等类型的国际组织,而不包括诸如APEC、OECD 等作者所说的"非机构性多边协调机制"。

世界重要的数据生产国。但遗憾的是,我国在构建数据保护法律体系方面仍然处于相对落后的境况。《网络安全法》第 41 条和《个人信息保护法》第 13 条虽然规定了同意原则,但作为该领域的框架性和基础性法律,这些法律有关个人数据的保护和流动的规范仍显简陋。其中有关数据跨境流动的规则也仅限于《网络安全法》第 37 条关于进行安全评估的原则性规定和《数据安全法》第 31 条的准用和授权条款。可喜的是,由国家网信办制定的《数据出境安全评估办法》已自 2022 年 9 月 1 日起施行,开启了我国数据跨境法律规则体系构建的重要进程,然而由于该办法仅专门针对数据出境评估问题,未进一步涉及敏感数据界定、安全存储、风险处置,以及责任界定和追究等相关问题,并且本身仅为效力层级较低的部门规章,因此实践效果有待进一步观察。在这种情况下,我国有必要通过"软硬兼施"的办法加快数据保护规则体系的构建,在加快制定相关基础法律的同时,鼓励企业和行业组织借鉴国际软法规则完善自身隐私政策和规则体系。事实上,完全可视为软法规则的推荐性国家标准《信息安全技术—个人信息安全规范》就具有较强的规范意义,对执法部门、司法机构和企业有重要的参照价值。① 另外,作为 APEC 的重要成员,我国也应当利用已经相对成熟的《APEC 隐私框架》来完善和补充自身的数据保护法律体系,"指定或设立具体的数据保护机构,并授予该机构必要的执法权力,尽快申请加入 CBPRs 体系"。② 与此同时,随着我国国家实力的不断增强,也有必要在"一带一路"倡议、上合组织,以及亚投行等由我国倡导和参与构建的多边协调与合作机制中展开数据保护议题上的对话与合作,促进机制内各国同我国的数据业务的发展,并在此基础上从构建多元兼容的软法规则入手,逐步强化我国在有关数据保护规则议题上的国际话语权。

Research on the Rise and Implementation of International Data Protection Soft Law

——Focus on the Analysis of OECD and APEC Practices

Ao Haijing

Abstract：Data protection is a common governance problem faced by international com-

---

① 冯洋:《从隐私政策披露看网站个人信息保护——以访问量前 500 的中文网站为样本》,《当代法学》2019 年第 6 期。

② 黄宁、李杨:《"三难选择"下跨境数据流动规制的演进与成因》,《清华大学学报(哲学社会科学版)》2017 年第 5 期。

munity, and the flexibility of law is the inherent demand to solve this problem in the digital era. Based on the spatiotemporal characteristics of the background of the current international era and the characteristics of emerging technologies, international soft law has become a sub-optimal option for strengthening data protection at the international level. Among, the OECD Privacy Guidelines and the APEC Privacy Framework are typical representatives of international data protections soft laws. Through a number of enforcement mechanisms at both the international and domestic levels, they have played an important role in strengthening the balance between data privacy and free flow, and in promoting the formation of legal rules in this field. China should consider joining CBPR system, improve the legal system of data protection through the combination of soft law and hard law, and promote the formation of diverse and compatible international soft law in the field of data protection in other multilateral coordination and cooperation mechanisms.

Keywords: Data Protection; Soft Law; International Enforcement; Domestic Enforcement; OECD Privacy Guidelines; APEC Privacy Framework

数据交易的现实困境与路径选择[*]

鄢浩宇[**]

摘要： 数字经济蓬勃发展的当下，数据价值效用不断凸显，数据交易的现实需求日益迫切。数据交易因数据自身无形性、非竞争性和非排他性的特性面临"信息悖论"、"双边信任困境"、数据交易成本等内生问题，数据交易制度的建设存在诸多困境。市场实践中数据交易主要通过协议交易、数据经纪商和数据交易所开展，采取数据包、数据 API 和隐私计算等具体的流通交易形式，但面临一定的局限性和数据安全隐患。数据交易制度的构建应把握安全性和效率性的双重价值追求，坚持以场景化的数据使用权交易为主，鼓励引导市场主体依托数据交易所等数据交易平台开展交易，通过强化数据交易组织职能建设、规范数据交易规则条件、优化数据交易流通形式构建安全高效的数据交易制度框架，促进数据价值效用的释放和数字经济的发展。

关键词： 数据交易；数据交易规则；数据交易所；数据经纪商；隐私计算

数据的市场化流通利用是数据要素市场培育和发展的首要动力，数据交易制度的构建是数据要素市场制度构建的核心，数据交易制度中对交易主体、交易标的、交易方式、交易规则和相关配套制度的规定为市场主体参与数据交易提供了完整的指引，对于便利、促进和规范数据交易活动，促进数据要素市场发展具有重要意义。为此，需要吸收借鉴数据交易实践经验，分析数据交易存在的现实困境，厘清数据交易制度构建的逻辑思路，从组织建设、规则设计、交易形式等方面构建符合我国市场环境和技术水平、能够激发市场主体交易参与积极性的数据交易制度。

---

* 基金项目：教育部哲学社会科学研究重大课题"科学构建数据治理体系研究"（21JZD036）。
** 作者简介：鄢浩宇，武汉大学网络治理研究院研究员。

一、数据交易的现实需求与内生困境

数据效用价值的发挥在于数据的流通利用,数据流通利用是激发数据价值效用,推动数据要素市场发展的重要方式。数据的流通利用主要有数据开放、数据共享和数据交易三种形式①,其中数据交易是最为主要和最为市场化的数据流通利用方式,能够通过市场机制实现数据要素的市场化配置和促进数据要素市场的整体发展。2020 年我国数字经济占 GDP 比重为 38.6%,数字经济增速是同期 GDP 名义增速的约 3.2 倍,数字经济成为构建新发展格局的关键支撑②;2019 年底至 2020 年初,中央连续多次发文,将数据要素确认为新型生产要素,并提出加快培育数据要素市场、推进数据要素市场化配置的改革任务③。在市场需求和中央政策的双重推动下,数据正成为新形势下经济活动中炙手可热的资源要素,数据的价值效用日益凸显,市场主体对于数据流通交易的现实需求愈发迫切,成熟的数据交易制度亟待建立。

但数据天然的无形性、非竞争性和非排他性等特征使其区别于传统要素资源,传统要素资源市场交易制度建设的理论和方法较难直接套用至数据交易相关制度中,数据交易制度的构建面临诸多内生困境。首先,数据交易面临"信息悖论"的理论难题。在数据交易中,若数据需求方不被允许提前浏览数据,则无法得知数据的内容是否符合交易要求,而一旦数据需求方提前浏览了待交易数据,则即刻获得了数据权益无需再进行购买④,由此导致数据难以进行完全的市场化。其次,数据交易面临交易成本的现实考量。由于数据易复制、易泄露、易篡改的特性,为保持对数据的控制力需付出诸多技术和经济成本,一方面数据需求方对于数据质量存在担忧,另一方面数据提供方对于数据交易后数据的合规使用存在担忧,由此导致的"双边信任困境"⑤使得数据供需方需展

---

① 张莉主编:《数据治理与数据安全》,人民邮电出版社 2019 年版,第 49—55 页。
② 中国信息通信研究院:《中国数字经济发展白皮书(2021)》,2021 年 4 月发布,前言部分。
③ 2019 年 10 月,中央发布《中共中央关于坚持和完善中国特色社会主义制度 推进国家治理体系和治理能力现代化若干重大问题的决定》,首次正式将数据确立为一种新型生产要素;2020 年 3 月,中央发布《中共中央、国务院关于构建更加完善的要素市场化配置体制机制的意见》,提出数据要素市场化配置的改革任务;2020 年 5 月,中央发布《中共中央、国务院关于新时代加快完善社会主义市场经济体制的意见》,提出要加快培育数据要素市场,推进数据要素市场化配置。
④ Kenneth J. Arrow, *Economic Welfare and the Allocation of Resources for Invention*, in *The Rate and Direction of Inventive Activity: Economic and Social Factors*, Princeton University Press, 1962, p.615.
⑤ 许可:《数据交易流通的三元治理:技术、标准与法律》,《吉首大学学报(社会科学版)》2022 年第 1 期。

开多轮的尽职调查、谈判磋商方能达成数据交易合约,且还需对数据交易后展开持续监督,由此带来巨大的交易成本。最后,数据交易面临合规风险的隐忧困扰。在以知情同意为核心的个人信息自决权的个人信息保护合规要求下,若交易数据中包含的能够识别特定个人的数据未获得数据主体的授权同意,则将使得数据交易面临不确定性,提高数据交易的沉没成本,甚至给数据交易方带来侵权风险。

二、数据交易的实践现状与问题症结

（一）数据交易的市场实践探析

数据交易的市场实践包括数据交易开展方式和数据交易流通形式两个方面,前者是指数据交易是否依托第三方中介机构开展,后者是指数据资源采用何种交付形式完成交易。

在数据交易开展方式上,实践中主要有协议交易、依托数据经纪商开展交易和依托数据交易所开展交易等方式。协议交易意思自治程度较高,交易各方可以根据各方的需求偏好展开充分的谈判磋商,在交易隐秘性、交易自由程度上具有较大的优势,往往适用于数据交易对手方已经确定的情况,且一般建立在数据交易各方互相具有一定合作和了解的基础之上。依托数据经纪商开展交易主要表现为数据供需方依托数据经营企业代为出售或购买相关数据。实践中我国较为活跃的数据经纪商性质的数据经营企业有聚合数据、数据堂等,其以营利性为目的提供数据中介、数据加工、数据定制等服务,数据经纪商能够丰富数据交易的开展方式,增加市场的流动性和数据交易体量,其通过市场经验对于数据交易主体和数据交易标的的判断能够为数据交易方提供一定的参考。美国的数据交易主要依托数据经纪商开展①,其通过各种渠道收集数据,向数据需求方交付加工处理后的数据或服务,数据经纪商是美国数据交易市场中最主要、最活跃的中介服务机构和市场参与者,其收集和分析的数据几乎覆盖全美消费者②。依托数据交易所开展交易是指数据供需方在政府组织建立的贵阳大数据交易所、上海数据交易所等集中式数据交易场所开展数据交易。数据交易所在"政府指导—自主经营—

---

① 较为典型的有美国的九大数经纪商 Acxiom,Corelogic,DataLogix,eBureau,ID Analytics,Intelius,Pe-ekYou,RapLeaf,Recorded Future 等.See Natasha Singer,You for Sale:A Data Giant Is Mapping,and Sharing,the Consumer Genome,N.Y.TIMES,June 17,2012,at B1.

② See Anthes,Gary,"Data brokers are watching you". *Communications of the ACM*,2014(1):28-30.

市场化运作"的模式下,理论上能够发挥其公信力和权威性,对数据交易各方资质及数据交易标的进行一定的审核,发布数据供需信息并对数据交易各方进行撮合,确定统一的数据交易规则和数据交易流程,提供数据存储和数据交付的相关技术和服务支持,并对数据交易进行持续的监督,在数据交易的安全和效率上有更大程度的保障。

在数据交易流通形式上,实践中主要有数据包、数据 API 和隐私计算等形式。数据包流通形式主要交易原始数据的控制权,该模式将原始数据或数据分析结果以明文的形式打包并传输至数据需求方,曾是最早的数据流通形式,能够最大限度地交易原始数据的开发权益。数据 API 一般交易数据或应用程序的使用权,通过程序对元数据进行隔离,对数据需求方的请求进行验证后从元数据中抽取、调用相应的数据或应用程序,一方面使得存储在数据提供方的数据无需进行转移,一定程度上确保了数据安全;另一方面也满足了数据需求方的需求,能够提供数据在特定情景下的使用。数据 API 技术和流通模式目前已相对普遍和成熟,且交易数据多为实时动态数据,例如车辆状态、企业工商信息、今日油价或天气等①。隐私计算(multi-party computation,MPC)作为一个技术体系,具体包括多方安全计算(secure multi-party computation,MPC)、联邦学习(federated learning,FL)、可信执行环境(trusted execution environment,TEE)等②,其基于密码学、信息论和概率论等基本原理,融合计算机技术,实现多方主体在互不接触其他方原始数据的情况下完成数据可控可计量的交流、使用和处理目的③,能够适用于多方数据融合分析情景下的数据使用权交易。隐私计算具有两大优势,一是不同主体间的数据交流、使用和处理完全处于加密或匿名化状态,参与特定目的计算的是由原始数据转化而来的计算因子而非原始数据本身④,任何一方都无法接触和获知其余方原始数据的内容,缓解了传统明文数据流通模式下数据复制、隐私泄露、二次利用等问题,保证了数据交易过程中的数据安全及各方权益;二是隐私计算突破了传统数据流通模式下数据的单向度流通,支持双方甚至多方主体之间在互不转移和接触各方原始数据的情况下实现数据资源融合分析,能够打破数据孤岛,促进数据资源的汇聚融通,发挥

① 张阳:《大数据交易的权利逻辑及制度构想》,《太原理工大学学报(社会科学版)》2016 年第 5 期。

② Gisdakis S, Giannetsos T, Papadimitratos P. "Security, privacy, and incentive provision for mobile crow d sensing systems". *IEEE Internet of Things Journal*, 2016(5):839—853.

③ 国家工业信息安全发展研究中心:《中国隐私计算产业发展报告(2020—2021)》,2021 年 5 月发布,第 2 页。

④ 赵精武、周瑞珏:《隐私计算技术:数据流动与数据安全的协同保护规则构建》,《信息通信技术与政策》2021 年第 7 期。

数据规模效应,全面激发数据资源价值。

(二)数据交易实践的症结反思

首先,实践中不同数据交易开展方式均存在一定的局限性,数据经纪商、数据交易所未能发挥其在辅助和支持数据交易中的应有职能。协议数据交易中,由于缺乏第三方对交易主体资质和交易标的的审核,缺少交易过程的监督,可能存在较大的交易风险,双方为降低交易风险需采取大量的尽职调查、谈判磋商、风险预防和应急处理等措施,交易成本较高,且在未来数据供需规模不断发展的情况下,协议交易无法满足市场对于大规模、高频率的数据交易需求。依托数据经纪商开展的交易中,当前市场中的数据经纪商质量良莠不齐,业务规范尚不统一,数据经纪商出于较强的营利性和商业化性质,可能为追求利益最大化而忽视数据交易方的利益和数据合规要求,从而给数据交易带来较大风险。数据交易所通过一定的审核制度、丰富的撮合手段、统一的交易规则、标准化的交易流程和持续的交易监督理论上能够保障数据交易的安全高效开展,但实际上在市场实践中并未受到市场主体的青睐,而处于空心化运营的状态[1]。一方面是因为数据交易所涵盖的数据资源不足、数据质量参差不齐,未能较好满足市场需求;另一方面是数据交易所的职能定位尚不明晰,交易规则、管理规则和治理规则尚不成熟,市场主体缺乏对于数据交易所相关制度的信任。

其次,实践中传统的数据包、数据 API 等数据交易流通形式存在风险隐患,隐私计算技术在数据交易中的相关制度尚未健全。在数据包的数据交易流通形式下,数据留存、数据复制、隐私泄露等问题突出,数据权属边界不甚明晰,安全风险较高,数据交易各方的权益难以保障,随着数据流通监管的愈发严格和隐私保护观念的日益增强,该模式的实施难度增加,发展空间受到限制。数据 API 同样存在一定的风险隐患,一是数据 API 调取的数据多为明文数据或综合查询结果,在多次调取和查询的情况下,原始数据库有被还原的风险;二是由于 API 的底层技术相对简单,容易遭受恶意软件违规调用、超额滥用等行为的攻击[2];三是数据 API 的调取对象为单一主体既有的数据资源,较难实现多方主体之间的数据协作,在数据汇集融通和聚合分析的趋势下发展前景受到限制。理论上隐私计算在安全性和功能性上相较于传统的数据包和数据 API 流

---

[1]　中国信息通信研究院政策与经济研究所:《数据价值化与数据要素市场发展报告》,2021 年 5 月发布,第 27 页。

[2]　段晓云:《基于 Windows API 调用行为的恶意软件检测研究》,西南交通大学 2016 年硕士学位论文。

通形式都具有更大的优势,但隐私计算在数据交易中的应用也面临诸多难题,首先,隐私计算在合规性上尚未得到明确的承认,隐私计算中数据的流通利用是否需要以及何种程度地需要个人用户的授权尚不明晰;其次,隐私计算虽在技术上具有数据安全保障的优势,但仍存在人为转移偏差风险、数据集偏误风险等,需进行妥善应对[①];再次,不同隐私计算平台之间存在较大差异且不完全兼容,建立互联互通的隐私计算数据交易平台面临难度;最后,隐私计算具有较高的技术成本和交易门槛,目前适用的范围相对较小,实践中数据的流通交易主要以数据包和数据 API 为主,隐私计算在数据交易中的应用尚未大量普及。[②]

  数据交易市场实践中凸显的种种问题,可以集中归纳为数据交易规则的不完善和数据交易组织的不健全。在数据交易规则方面,数据交易标的范围、标准、质量和合规要求不明晰,数据交易主体的资质要求无规定,数据交易标准和流程缺乏妥善安排,数据交易参与方的权利义务划分模糊;在数据交易组织的技术和服务支持方面,数据交易平台的数据资源汇聚作用不明显,数据交易撮合手段较单一,数据安全保障措施不充分,数据交易行为监督规制不到位,导致数据交易各方之间难以搭建信任进而建立数据交易关系并安全高效地开展数据交易。此外,还应在技术手段上优化数据交易的流通形式,规制数据包、数据 API 和隐私计算存在的技术风险,促进隐私计算等安全性较高的数据流通技术手段在数据交易中的推广应用,更大程度地发挥技术对于数据流通交易的促进作用。

三、数据交易制度构建的基准考量

(一)把握数据交易制度构建的主旨原则

  数据交易制度构建的核心在于搭建数据交易各方的信任桥梁,促进数据交易安全高效地开展。一方面,数据交易制度应明确可交易和禁止交易数据范围,对数据交易标的进行一定的合规审查,建立可信任、可记录、可追溯的数据交易环境,并采取适当的数据交易监管措施,以确保数据交易安全,维护数据交易方权益和社会其他主体利益。另

---

①　唐林垚:《隐私计算的法律规制》,《社会科学》2021 年第 12 期。
②　国家工业信息安全发展研究中心:《中国隐私计算产业发展报告(2020—2021)》,2021 年 5 月发布,第 4 页。

一方面,数据交易制度应建立一定的数据定义描述和披露制度,[1]对数据交易主体进行一定的资质审查,以缓解"信息悖论"和"双边信任困境",促进数据交易合约的达成;应通过集中化的数据挂牌上线和多元化的数据交易撮合手段降低数据交易主体的机会搜寻成本,通过标准化的数据交易流程减少数据交易主体的谈判磋商时间,以降低数据交易成本,提高数据交易效率。

（二）坚持场景化的数据使用权交易

数据交易应以场景化的数据使用权交易为主,以保障现有技术条件、法律语境和市场环境下数据交易的安全高效开展。首先,在现有技术条件下,数据提供方无法以低成本高效率的方式实现对数据所有权转移后数据使用方式、数据使用主体和数据使用范围的持续监督和控制,数据需求方也难以确认数据提供方是否留存数据,导致数据所有权交易无法从源头上解决交易风险问题。其次,在现有法律语境下,即使学界对数据的法律属性展开了激烈的讨论,提出了物权说[2]、债权说[3]、著作权说[4]、商业秘密说[5]、数据库权利说[6]、竞争法上的财产权益说[7]、新型财产权说[8]等,但仍未对数据财产权的建立形成统一共识,严格意义上的数据所有权实际并未证成,数据之上往往同时存在多个权利主体,数据所有权的交易本质上仍然是数据使用权的交易,并不表现出对世性和排他性的特征。再次,市场实践中多为数据使用权的交易而非数据所有权的交易。贵阳

---

① Kerber, Wolfgang, "A New(Intellectual) Property Right for Non−Personal Data?" *An Economic Analysis*, *GRUR Int*, 2016(11): 989−1096.

② 周林彬、马恩斯:《大数据确权的法律经济学分析》,《东北师大学报(哲学社会科学版)》2018 年第 2 期。

③ 梅夏英:《数据的法律属性及其民法定位》,《中国社会科学》2016 年第 9 期。

④ 林华:《大数据的法律保护》,《电子知识产权》2014 年第 8 期。

⑤ 司法实践中,有法院裁判将数据权益视为商业秘密,参见"衢州万联网络技术有限公司与周慧民等侵害商业秘密纠纷案",上海市高级人民法院(2011)沪高民三(知)终字第 100 号民事判决书。

⑥ 孔德周:《论数据库专门立法保护的必要性》,《法学杂志》2011 年第 1 期。

⑦ 司法实践中,有法院裁判将数据权益视为"竞争法上的财产权益",参见"新浪微博诉脉脉不正当竞争案",北京市知识产权法院(2016)京 73 民终 588 号民事判决书;"大众点评网诉百度不正当竞争案",上海市知识产权法院(2016)沪 73 民终 242 号民事判决书;"深圳谷米公司诉武汉元光公司不正当竞争案",广东省深圳市中级人民法院(2017)粤 03 民初 822 号民事判决书;"新浪诉饭友不正当竞争案",北京市知识产权法院(2019)京 73 民终 2799 号民事判决书。

⑧ 许可:《数据保护的三重进路——评新浪微博诉脉脉不正当竞争案》,《上海大学学报(社会科学版)》2017 年第 6 期;胡凌:《论赛博空间的架构及其法律意蕴》,《东方法学》2018 年第 3 期;龙卫球《再论企业数据保护的财产权化路径》,《东方法学》2018 年第 3 期;吴伟光:《构建网络经济中的民事新权利:代码空间权》,《政治与法律》2018 年第 4 期。

大数据交易所不进行基础数据的所有权交易①,上海数据交易所提出"无场景不交易"的场景化数据使用权交易原则,②北京国际大数据交易所成立时发布的《北京国际大数据交易所设立工作实施方案》中提出将提供数据产品所有权、使用权、收益权交易服务③,但实际上所有权交易指的是数据分析工具、数据解决方案等商品化的数据产品的交易,收益权交易指的是数据资产证券化等有待实际落地的资本市场业务,交易所主要交易的仍为不改变数据所有权前提下的数据使用权交易。

(三)鼓励依托平台开展数据交易

应当鼓励以依托数据交易所等数据交易平台开展交易为主,数据协议交易、依托数据经纪商开展数据交易作为必要的补充。以贵阳大数据交易所、上海数据交易所、北京国际大数据交易所为典型代表的政府主导建立的数据交易平台,以"国有控股、政府指导、企业参与、市场运营"为原则,一定程度上拥有政府信誉背书,在权威性和公信力上更具优势,其建立的以资质审核、交易撮合、交易流程化标准化、交易监督、清算结算为核心的数据交易制度更能契合未来大规模数据交易下对数据交易安全性和效率性的追求,数据交易所相关制度的建设亦可以借鉴相对成熟的证券交易所相关制度的建设。④因此,在制度设计层面应当引导鼓励市场主体依托数据交易平台开展数据交易。地方立法中也表现出这一趋势,例如《深圳经济特区数据条例》中提出"应当推动建立数据交易平台,引导市场主体通过数据交易平台进行数据交易"。⑤依托数据交易经纪商开展数据交易能够满足数据交易的多元化需求,增加数据交易市场的流动性和数据交易体量,应当作为重要的数据交易开展方式之一。协议数据交易具有很强的自由度和灵活性,能够满足市场主体在特定情景下开展数据交易的需要,为数据交易主体提供充分的意识自治空间,应当保留作为必要的数据交易开展方式。整体而言,应当鼓励引导市场主体以数据交易所开展交易为主,适当发展市场化和规范化的数据经纪商交易,以协

---

① 《贵阳大数据交易所 702 公约》第六条第二款。

② 《上海数据交易所今日揭牌成立》,上海数据交易所官网,https://www.chinadep.com/#/news/newsDetail/CTC_20211201164845938594/1,最后访问时间:2022 年 5 月 20 日。

③ 《北京市地方金融监督管理局 北京市经济和信息化局关于印发北京国际大数据交易所设立工作实施方案的通知》,北京市地方金融监督管理局官网,http://jrj.beijing.gov.cn/tztg/202009/t20200929_2103035.html,最后访问时间:2022 年 5 月 20 日。

④ 邢会强:《大数据交易背景下个人信息财产权的分配与实现机制》,《法学评论》2019 年第 6 期。

⑤ 《深圳经济特区数据条例》第 65 条。

议数据交易作为必要的补充,以最大化地实现数据交易的安全和效率需求。

四、数据交易制度构建的具体路径

（一）强化数据交易组织职能建设

首先,应当明确数据交易所的法律性质和功能定位,规范数据交易所的设立标准和业务运作,以充分发挥数据交易所支持和服务数据流通利用的职能实效。其一,应当确立数据交易所的自律法人地位,以更好地发挥数据交易所在自律治理和运营管理上的独立性和市场化。其二,应当明确数据交易所在审核数据交易标的质量、审核数据交易主体资质、撮合数据交易、安排数据交易流程、监督数据交易安全等方面的基本职能,并隔离自身作为数据提供方的营利性业务可能产生的利益冲突。其三,应当建立数据交易所的设立标准,避免数据交易场所的重复建设和市场割裂,在数据交易所设立的资金、人员、交易规则、组织架构和管理制度上设置一定的要求,①并逐步统筹已有的数据交易所,建立全国统一的数据交易市场。其四,可以丰富数据交易所的交易资源,提高数据交易所对市场主体的吸引力,可以尝试将公共数据的开放共享与数据交易所对接,丰富数据交易所的数据来源,可以引导政府部门和国有企业的数据采购和交易流通在数据交易所完成,吸引市场上的数据提供方向数据交易所汇集,带动更多数据需求方向数据交易所汇集,形成数据交易所发展的良性循环。

其次,应当鼓励数据经纪商等数据交易中介机构的发展,并制定相应的业务规范。对于数据经纪商制度的建设,《广东省数据要素市场化配置改革行动方案》中首次提出要探索建立数据经纪人资格认证和管理制度,②提供了地方立法上的经验,美国作为数据经纪商最为活跃的国家,其佛蒙特州通过了《佛蒙特州数据经纪商监管法案》③以规范数据经纪商的业务行为,提供了域外立法上的经验。我国可以在税收政策、融资政策上对数据经纪商提供一定的政策优惠,以鼓励数据经纪商的设立和发展,并逐步建立数据经纪商的资质条件、年报或年检制度和业务合规指引以规范数据经纪商的运营行为。

---

① 王珏:《数据交易场所的机制构建与法律保障——以数据要素市场化配置为中心》,《江汉论坛》2021 年第 9 期。

② 《广东省数据要素市场化配置改革行动方案》第 17 条。

③ *The Vermont Data Broker Regulation*(Act 171 of 2018).

（二）规范数据交易规则条件

在交易主体方面,应当对交易各方的商业信誉进行检验,以增强交易各方之间的信任并一定程度上为义务的如约履行背书,还应对交易各方的业务能力和硬件设备进行检验,从客观上确保交易双方有履行数据处理和数据保护等相关义务的能力。商业信誉方面,可以参考银行征信报告对数据交易主体的基本信息、资产状况、信贷记录、税费征缴情况、涉诉涉罚情况等进行审查,并着重对其数据相关活动情况进行审查,确保其在一定时间内无重大数据类违法违规记录①,以综合判断其在数据交易方面的信誉情况。软硬件设施方面,应要求数据提供方证明具备交付数据的能力,数据需求方证明具备保护数据的能力②,要求数据供需方证明具备责任承担的能力,以确保其拥有数据交付、数据合规和数据安全保护的专业设备和技术水平,并具备独立承担数据交易可能引起的风险和责任的能力。

在交易标的方面,应当对数据交易标的进行一定的审核。对交易标的审核应注重两方面的要求,一是数据来源的合法性,二是数据、数据产品或服务的质量。对于数据来源的审核,一方面需检验其获得数据的渠道是否合规,是否需要获得相关授权及获得授权的情况;另一方面也需检验其是否属于法律法规明确禁止交易的数据资源,数据提供方应提供数据来源合法性证明和交易数据满足法律法规和政策要求的材料证明③。对于质量的审核,不仅应检验数据格式、数据结构等形式要求,还应检验数据真实性、准确性、时效性、完整性等内容要求④。可以尝试由第三方机构对数据质量进行评估认证,并与数据价值评估相结合,依照独立、公开、公正原则开展相关评估⑤,建立相应的数据质量标准、数据产品和服务标准,以规范相关评估活动,提高数据交易的质量。

在交易流程方面,应当明确交易流程,合理配置交易各方权利义务,做到交易流程标准化和权利义务清晰化。根据数据交易的特性,可以将数据交易流程分为交易申请、

---

① 例如要求数据提供方为一年内无重大数据类违法违规记录的合法组织机构。参见《信息安全技术 数据交易服务安全要求》5.1 a).

② 例如要求数据供应方证明其具备向数据需方安全交付数据的能力,要求数据需方证明具备对交易数据实施安全保护的能力。参见《信息安全技术 数据交易服务安全要求》5.1 c),5.2 c).

③ 《信息安全技术 数据交易服务安全要求》5.1d).

④ 《深圳经济特区数据条例》第 57 条,数据质量包括数据的真实性、准确性、完整性、时效性。

⑤ 《深圳经济特区数据条例》第 62 条,"数据处理者可以委托第三方机构进行数据质量评估认证;第三方机构应当按照独立、公开、公正原则,开展数据质量评估认证活动。"

交易磋商、交易实施、交易结算四大步骤①,以依托数据交易所等数据交易场所进行的数据交易为例,交易申请阶段,数据交易方向数据交易场所提交数据供应申请或数据需求申请,由交易平台对数据供应内容和数据需求内容进行审核后发布。交易磋商阶段,数据供应方和数据需求方根据发布的数据供需信息进行自由匹配,进一步磋商达成合意后形成交易订单。交易实施阶段,数据依据需求方的要求进行流动、处理和分析,数据产品、数据服务根据数据需求方的特定适用情景加工、产生并交付,需确保该阶段在安全可信可控可追溯的环境中进行,并进行持续实时记录和监督。交易结算阶段,供需双方完成数据标的交割并确认数据交易结束,关闭数据交易通道并对可能存在的数据残余内容进行删除。以上四大交易流程可作为数据交易的标准流程,作为数据交易规则的主要内容以规范数据交易活动、提高数据交易效率、保障数据交易安全,但应当注意的是并非所有数据交易都包含以上四个完整流程,例如在协议数据交易中可能并不包含数据交易申请流程,但可以作为参照以规范数据交易过程中各方数据交易行为。

(三)优化数据交易流通形式

应当合理规范数据包、数据 API 等数据流通形式的适用条件和适用情景,规制其可能产生的安全风险,改善和促进隐私计算技术在数据交易中的应用,实现数据交易流通形式的整体优化,促进数据交易的安全高效开展。

首先,数据包作为一种风险程度最高的数据流通形式,理应对交易各方科以更严苛的义务和责任,应谨慎适用数据包流通形式,并对其进行特殊规制。原则上数据包应主要限制于不包含个人隐私、商业秘密、社会治安和国家安全的数据的流通,因此在使用数据包作为数据交易流通方式时需严格审核交易数据是否涉及个人信息、商业秘密或国家安全。

其次,数据 API 相较于数据包流通的风险程度更低,但也存在一定的隐患,应从对其适用条件做适当的限定并规制数据风险。数据 API 应主要适用于不包含个人隐私、商业秘密、社会治安和国家安全的数据使用权或应用程序的调用流通,若调用涉及个人信息的数据,则需严格遵循知情同意规则获得原始数据用户授权,进行个人信息影响评估并采取相应的措施,妥善应对数据流通对个人权益的影响和可能造成的安全风险。在 API 流通技术标准上,应着重设置防范恶意调取和网络攻击的安全技术标准,应建

---

① 《信息安全技术 数据交易服务安全要求》第 7 条。

立可信的身份验证,并采取加密或去标识化措施对数据进行传输,设置 API 网关以支持 https 协议并防止 DDoS/CC 等恶意攻击,设置接口访问权限和数据调用频率限额,跟踪并分析 API 使用情况和调用记录,进行人机操作识别,拦截非法的数据访问请求,以实现数据调用的可控。

最后,应当明确隐私计算技术在数据交易中的合规性依据,规制其可能存在的技术风险,促进隐私计算技术在数据交易中的推广应用。其一,应当参考域外实践,依据我国法律法规相关核心条款,明确隐私计算技术在数据交易中的合规性。从国外关于隐私计算的政策看,欧盟数据保护委员会(EDPB)于 2020 年发布的"关于补充传输工具以确保符合欧盟个人数据保护水平的措施的建议 01/2020"中提出"隐私增强技术"(Privacy Enhancing Technologies,简称 PETs,国外对应的隐私计算技术概念)可以作为合同工具的必要的补充措施,以证明传输数据的保护水平达到欧盟基本等同的标准①,可见隐私计算技术的合规性受到认可,被视为数据流通安全的保障。从隐私计算中数据流通的原理看,数据的交流、使用和处理均处于加密或匿名化的状态,参与各方均无法接触原始数据中可能涉及的个人信息,符合《网络安全法》第 42 条第 1 款但书中"经过处理无法识别特定个人且不能复原"的要求,原则上在开展过程中无需再次征集授权同意。我国应当把握国际趋势,对接国际水平,以相关法律法规或政策认可隐私计算技术的合规性,以推动隐私计算技术在数据交易中的应用与发展。其二,应当对隐私计算技术在数据交易中的应用实施一定的监督和规制,以化解可能存在的技术风险和数据安全隐患。以多方安全计算为例,应当由参与方共同签署计算合约,明确任务发起方、调度方、算法提供方、数据提供方、计算方和结果使用方等隐私计算参与方的主要职责及权利义务,确保参与各方严格执行计算合约中的相关约定,确保数据交易安全高效开展②。其三,应当培育和发展合格隐私计算主体,促进隐私计算互联互通,将隐私计算与数据交易平台联动,扩大隐私计算的适用范围和应用场景。应出台隐私计算相关的政策支持,鼓励隐私计算的应用,推广现有的隐私计算示范性项目的经验,解决技术门槛和交易成本问题,引导更多的市场主体采用隐私计算的方式对数据进行流通利用。在不同隐私计算平台之间,可以通过统一的跨域数据交换(Inter‐Domain Data

---

① "Recommendations 01/2020 on measures that supplement transfer tools to ensure compliance with the EU level of protection of personal data", https://edpb. europa. eu/system/files/2021‐06/edpb_recommendations_202001vo.2.0_supplementarymeasurestransferstools_en.pdf,last visited on October 2,2021.

② 刘小霞等:《基于多方计算技术的数据交易机制研究》,《大数据》2022 年第 3 期。

Exchange,简称 IDDE)相互连接,组成小范围内的隐私计算网络,不同隐私计算网络之间可以通过 IDDE 再次组合,从而形成可以相互组合、不断扩展、互联互通的隐私计算有机体[1],真正实现不同主体之间突破壁垒的数据协作。可以将数据交易平台作为隐私计算各方的交易撮合平台、计算方和算法核验方,减少隐私计算各方寻求交易对手的时间和精力成本,便利隐私计算的开展,对隐私计算中涉及的算法安全性和合规性进行检验,并提供算法运行所需的算力,从而使隐私计算技术与数据交易平台形成联动,促进整个数据要素市场数据流通利用的安全性和高效性。

五、结　语

数字经济背景下,作为基础性和战略性资源的数据要素利用价值和开发潜力巨大,被视为推动新一轮产业和科技革命、释放新经济增长点的新型生产要素,其重要性不言而喻。数据交易是数据流通利用最为主要和最为市场化的方式,是数据效用价值发挥和数据要素市场化配置的关键,数据交易制度的建设成为数据要素市场制度建设的核心。数据交易制度的建设应把握安全性和效率性的主旨原则,着重从完善数据交易规则设计和强化数据交易组织建两方面展开,并配合优化技术手段,以实现数据交易安全高效地开展,充分释放数据效用价值,促进数字经济的发展。

Practical Dilemma and Path Selection of Data Trade

Yan Haoyu

(School of Law,Wuhan University,Wuhan Hubei 430072,China)

Abstract：With the rapid development of digital economy,the value of data is becoming more and more important,and the demand of data transaction is becoming more and more urgent. Due to the intangible,non-competitive and non-exclusive nature of data,data transactions are faced with "information paradox"，"bilateral trust dilemma"，data transaction cost

---

[1]　徐葳、王云河、靳晨等：《数据如何流通:基于隐私计算的路径》,"数字经济与社会"公众号,2021 年 8 月 9 日上传。

and other endogenous problems. In market practice, data trading is mainly conducted through agreement trading, data brokerage and data exchanges, and takes specific trading forms such as data packages, data APIs and privacy computing, but still has certain limitations and data security hazards. The data trading system should be constructed based on the dual values of safety and efficiency, it should focus on scenarialized data use right transactions, and encourage market players to carry out transactions by relying on data exchanges. It shall build a safe and efficient institutional framework for data trading by strengthening the organizational function construction of data trading, regulating the rules and conditions of data trading, and optimizing the circulation forms of data trading, so as to promote the release of data value and utility and the development of digital economy.

Keywords: Data Trading; Data Trading Rules; Data Exchanges; Data Brokers; Privacy Computing

数字技术与部门法

刑事法官适用类案检索的困境与优化路径[*]

韩振文　　傅嘉妮^{**}

摘要：内容提要 类案检索制度是为解决实践中法官裁判尺度不统一而建立,其最终的目标亦是统一法律适用。自 2017 年建立以来,其在统一法律适用上发挥着巨大的作用。但由于仍处于建立初期,刑事司法实践中的类案检索制度在法律规范、检索平台层面仍存在着诸多不足,这些不足之处的存在势必会对刑事法官决策产生不良影响。同时,在决策过程中,法官自身的内部因素亦会影响对类案检索的适用,进而影响裁判结果。针对上述适用困境,首先需要通过完善类案检索规范及相关配套机制来优化类案检索制度的顶层设计;其次通过提高检索平台数据的全面性、推送的准确性以及建立类案检索报告数据库来加强类案检索平台的建设;最后审判机关应当通过建立类案检索专职部门、掌控技术融入司法领域的程度等方式积极投入类案检索建设中。

关键词：类案检索;刑事疑难案件;法官决策;数字技术;认知风格

一、问题的提出

2017 年最高人民法院发布《司法责任制实施意见(试行)》,首次在规范性司法文件中明确提出了"类案与关联案件检索"的要求,旨在完善法官司法责任制的同时统一法律适用;2020 年最高人民法院发布了《关于统一法律适用加强类案检索的指导意见(试行)》(以下简称"《指导意见》")为类案检索搭建规范化的框架;2021 年《最高人民

---

　* 基金项目:2024 年度浙江省哲学社会科学规划领军人才培育课题一般项目"数字司法背景下共享法庭建设的优化路径"(24YJRC07ZD-3YB);浙江工商大学研究生教学研究与教学改革项目"'数字+'下司法认知科学课程建设"(YJG2022110)。

　** 作者简介:韩振文,浙江工商大学法学院副教授、硕士生导师;傅嘉妮,浙江腾远律师事务所律师,浙江工商大学法学院。

法院统一法律适用工作实施办法》（以下简称"《实施办法》"）进一步落实了类案检索制度。各地高级人民法院在2017年后也陆续发布了适用于本地区法院类案检索的规定①。类案检索制度的落地推行依托于类案检索平台的研发升级，目前主要分为官方检索平台与商业检索平台②。类案检索制度自提出以来，学者们有从"同案同判"是否存在的角度分析类案检索目标的可行性，也有以类案检索在实践中存在问题为视角探究的，但相对缺乏从理论与实践相结合视角进行系统论审视的。鉴于此，本文首先从类案检索规范、检索平台、法官自身这三个内外部因素探讨刑事法官在适用类案检索制度时，可能遇到的困境以及对法官决策产生的影响；然后提出纾解类案检索适用困境的具体建议，以期促使类案检索制度能够更加贴合刑事法官的实践需要。

二、刑事法官适用类案检索的规范困境

法律规范是一项制度的顶层设计，若法律规范不完善，制度的落实将会面临重大挑战。类案检索制度自2017年提出至今已有6年之久，虽已经建立了基本框架，但仍然存在着一些规范问题影响着刑事法官对该制度的适用。

（一）类案检索范围的地区化

《指导意见》第四条③从案例的效力层级及其所属的法院层级两方面来确定法官类案检索的范围及顺位；纵向来看，该检索范围涵盖了我国所有层级的法院，在先前判决的法律依据未发生变动且符合当前环境的情况下，能够保证不同时期同地区法院裁判尺度的统一；但其却忽略了不同地区的同级法院由于经济、社会环境等因素的不同，对

---

① 如《浙江省高级人民法院关于类案和关联案件检索工作指引（试行）》《江苏省高级人民法院关于建立类案强制检索报告制度的规定（试行）》《青海省高级人民法院关于提请审判委员会讨论案件实行类案及关联案件强制检索的规定（试行）》等。

② 2013年裁判文书公开上网，中国裁判文书网成为法律群体检索案例的官方网站；2016年最高人民法院带领开发的"法信"平台上线；近几年，为更加贴合法官类案检索的需要，审判机关也开始建设更加专业化的类案检索系统，如最高法院的类案智能推送系统、上海刑事案件智能辅助办案系统、安徽的类案指引项目等。商业检索平台则主要有北大法宝、威科先行等。

③ 《最高人民法院关于统一法律适用加强类案检索的指导意见（试行）》第四条 类案检索范围一般包括：（一）最高人民法院发布的指导性案例；（二）最高人民法院发布的典型案例及裁判生效的案件；（三）本省（自治区、直辖市）高级人民法院发布的参考性案例及裁判生效的案件；（四）上一级人民法院及本院裁判生效的案件。除指导性案例以外，优先检索近三年的案例或者案件；已经在前一顺位中检索到类案的，可以不再进行检索。

同类案件的裁判可能在定罪和量刑上存在一定的差异。笔者以存在较大经济差异的上海和青海为对象,整理了两个地区对于"贪污罪"的刑事判决①。上海地区共检索22份判决书,有效数据为20份(其中2份裁判法院认为不宜在互联网公开):贪污"数额较大"的案件共5个,法院根据法定量刑情节均宣告缓刑1年左右;贪污"数额巨大"的案件共12个,在被告人自首且无其他犯罪事实的8份判决书中,有4份宣告2年或3年的缓刑、1份判处有期徒刑1年6个月,其余判处有期徒刑3年至4年。青海地区共检索21份有效数据:贪污"数额较大"的案件共8个,被告人有法定量刑情节的共5份,其中3份判决对被告人宣告缓刑,1份判决因被告人是从犯而免予刑事处罚,还有1份判决的被告人被判处有期徒刑10个月;贪污"数额巨大"的案件共12个,仅有1例的从犯因符合应当减轻的情形而被宣告缓刑,其余几例均未宣告缓刑。虽然案件的事实之间存在一定的差异,但是从上述数据中还是能够看出上海法院对此类犯罪判处的刑罚在量刑上会轻于青海地区。此外,对于未形成统一裁判尺度的疑难案件来说,法官因具有一定的自由裁量权而可以在多种可能的解释与推论中进行选择。此时裁判差异可能不仅仅体现在量刑上,更多的是体现在最终裁判结果上。举例来说,破坏交通工具罪中明确将该罪的交通工具限定为火车、汽车、电车、船只、航空器;犯罪嫌疑人故意破坏大型拖拉机是否构成破坏交通工具罪则取决于法官是否认为大型拖拉机属于汽车。采用目的解释的法官会将大型拖拉机认定为汽车进而判决被告人构成破坏交通工具罪;而采用字面解释的法官不会将大型拖拉机认定为汽车,相应的,被告人的行为可能构成的是故意毁坏财物罪而非破坏交通工具罪。

最高人民法院作为最高权威的法院,除全国性的重大刑事案件外,其他刑事案件只有经过二审或再审程序方有可能由其审理。截至2022年6月11日,刑事文书总量为9957030篇,最高人民法院公开上网的刑事判决书仅有16份②。从上述数据中不难看出最高院层面的案例(包括指导性案例、典型案例以及最高院作出裁判的案例)并不能满足下级法院类案检索的实践需要;因而承办法官往往只能检索到非最高院级别的其他类案。虽说法官享有独立审判权,但审判独立原则并不能改变司法决策受社会关系网络等各种力量影响的事实③。当待决案件缺乏指导性案例时,考虑到案件发回率、改

---

① 数据来源:北大法宝类案检索平台。检索条件:案由:贪污罪;检索年份:最近三年;文书类型:判决书;法院层级:基层人民法院;案例类型:普通案例。检索时间:2022年6月12日。

② 数据来源:中国裁判文书网,https://wenshu.court.gov.cn/。

③ 唐丰鹤:《现实主义视角下的法官决策》,法律出版社2018年版,第214页。

判率等绩效考核、本院公信力与形象以及办案效率等方面,承办法官往往会优先搜索与本院有监督关系的法院是否有类似案件的生效判决。

综上,类案检索的范围能实现同地区上下级法院裁判尺度的统一;但不能保证同层级不同地区间的法院对同类案件(尤其是疑难案件)裁判的统一。当类案裁判存在地区差异时,承办法官在作出与其上级法院相似的判决后甚至可能会扩大不同地区法院间的裁判差异,使得同类案件在不同地区法院有不同的裁判结果。

（二）法官适用类案检索缺乏有效监督

从类案检索的相关规定来看,法官适用类案检索的过程受到法院内部及控辩方的监督与制衡。但相关规定实则并未保证监督的有效性,反而更像是因为规定需要而设置的一种形式。

第一,辩方参与类案检索的权利未受到保障。控方(检察机关)作为享有公诉权的国家机关,可以通过制定相关规定、建设类案检索平台、查阅不予公开的承办案件的刑事判决书等手段来加强其在类案检索中的影响力。而对于辩方而言,除了《指导意见》与《实施办法》中规定辩方有提交类案作为辩护理由的权利以及法官应当对是否适用辩方提交的类案予以回应外①,没有其他任何规定能够保障其行使类案检索权利。在实践中,很多被告人出于时间与金钱的考虑,对公诉方的起诉意见直接认罪认罚,并不会委托辩护律师,更不会去搜索类案为自己进行辩护;即使委托了辩护律师并提交类案进行辩护,法官选择不参考辩方提交的非指导性案例的类案时,往往仅简单地告知理由,而不会给予说理性的回应。此外,辩方往往只能通过官方公开的检索平台或者商业平台进行类案检索,这并不能满足其实际需求。这些平台上的案例往往是人民法院公开上网的案件;对于依法不在网上公布的涉及国家秘密、未成年人犯罪等刑事案件②或者法院对于(如社会影响力大的案件、疑难案件、敏感案件等)把握不好尺度而不予公开的刑事案件,辩方往往无从查询。上述两大问题的存在极大地限制了辩方通过类案检索对法官决策形成的监督。

第二,法官适用类案检索与其绩效考核缺乏关联性。《指导意见》中,法院内部对

---

① 《最高人民法院关于统一适用加强类案检索的指导意见(试行)》第十条规定对于控辩双方提交类案作为控辩理由的,法官应当予以回应;《最高人民法院统一法律适用工作实施办法》第八条强调控辩双方提交指导性案例或者最高人民法院生效类案裁判支持其主张时,合议庭应当将所提交的案例或者生效裁判与待决案件是否属于类案纳入评议内容。

② 《最高人民法院关于人民法院在互联网公布裁判文书的规定》第四条。

法官类案检索的监督仅限于要求法官对类案检索的情况进行说明或者制作报告①，未将其作为法官绩效考核的其中一项；此举不仅未能对法官应当检索而未检索、忽视类案等违背司法公正的行为起到有效的监督作用，反而更容易造成法官对该项规定的不在意。当指导性案例作为类案时，任何一个追求公平正义的法官在受到类案检索规定的约束下，往往会对指导性案例进行适用；但若待决案件缺乏由最高人民法院公布或裁决的类案时，浩如烟海的案例可能会使法官在缺乏监督的情况下怠于进行类案检索。

（三）庭前检索可能加深法官对认知偏差的确信

自 2017 年起，在最高人民法院发布的多份司法文件中我们都能看到类案检索的身影，该机制也一直在不断完善中。现有司法文件尚未规定法官在接收案件后应当在何时进行类案检索，若将法官审理过程分为庭审前、庭审中、庭审后三个阶段，则法官可以在任何一个阶段进行类案检索。我国的审判原则要求法官必须在法庭上听取控辩双方、证人的口头陈述，裁判所认定的证据经过控辩双方当庭举证质证，法官在庭审中需要集中精力于控辩双方对案件事实的争辩，中途离庭或当庭进行类案检索有违其职业的专业要求与权威性，因此法官在庭审中进行类案检索的可能性几乎没有。而在实践中，法官往往会在庭审前阅卷后进行类案检索。此外，简单的刑事案件一般不属于强制类案检索的范围，因此本部分仅讨论类案检索的主要适用案件——刑事疑难案件。

由于全案移送制度及其庭审时间有限，法官仅仅依靠法庭调查与法庭辩论难以对案件有全面清晰的认知，因此庭审前阶段法官需要做好充足的准备工作，如对案件进行程序性审查、了解案件过程、归纳争议焦点等；这些工作的开展离不开公诉方移交的案件起诉材料。庭前阅卷也就成为了法官在庭前的主要工作，越谨慎的法官在承办疑难案件时阅卷可能会越仔细。首先，在笔者看来，法官庭前阅卷是有必要的。我国现行的证据法制度不能保证法官在没有阅卷的前提下，仅根据法庭调查与辩论就能抽象出犯罪构成要件，通过心证形成完整的证据链；案发后第一时间收集的各类证据（尤其是言词证据）在不考虑非法证据的前提下应当是最接近事实真相的证据。因而承办法官有必要在庭审前先大致了解卷宗的内容，整理归纳案件的争议焦点与疑点，并通过实质化的审理来查清事实并作出裁判②。其次，庭前阅卷会使法官对案件产生一定程度的预

① 《最高人民法院关于统一法律适用加强类案检索的指导意见（试行）》第七条。
② 石凌云：《庭审实质化改革背景下法官庭前阅卷制度反思》，《西南石油大学学报（社会科学版）》2016 年第 6 期。

断而非预判。一般情况下，公诉方提交的起诉材料中有罪指控或疑罪指控的信息往往会多于无罪信息，这些材料在法官的意识中"先入为主"，成为法官对待决案件的初印象，留下"有罪推定或疑罪从有"的心理暗示。尤其是在面对疑难案件时，法官由于缺乏该类案件的审判经验，加之庭前阅卷时间与精力的有限性，因而无法进行全方位的思考，往往依靠快速的直觉加工机制，对案件做出基础的判断，极有可能对案件事实认定产生认知偏差，我国许多冤假错案发生的原因之一就是如此。一旦法官对案件事实产生了错误的预判即预断，在此基础上进行类案检索，搜索到形式相似但实质不同的类案裁判，且该裁判与法官的预断相似时，就会无形中加强法官对自己预断的确信。在庭审过程中，法官会由于该确信的认知偏差，更关注待决案件与类案相似之处的证据与事实而忽略将宝贵的庭审时间花费在搜寻被告人无罪或罪轻的证据上；在这种认知下，不仅增加了冤假错案的发生概率，也使得庭审更像是"走过场"，违背了法官应"心证于庭"的要求。

三、刑事法官适用类案检索的平台困境

（一）检索平台数据不全面

类案检索制度想要在实践中顺利实施，首先离不开数据全面的检索平台。但遗憾的是，检索平台的数据在时间与地域上存在一些不足。2013 年，中国裁判文书网建立，法院的裁判文书开始统一集中上传至该平台予以公开；且当前类案检索系统中的案例数据均来自中国裁判文书网。因此，笔者对裁判文书网中刑事案件的相关数据作了统计，整理归纳出表 1、表 2、图 1①。

首先，从中国裁判文书网上刑事裁判文书的数量来看（表 1），虽然当前裁判文书网共有刑事文书 9957030 篇，但除了判决书外，还包括裁定书、调解书、决定书、通知书等其他类型的裁判文书，而这些文书一般不涉及法律适用与案件事实问题，不能实质性地帮助法官决策，因此能够帮助法官决策的刑事裁判文书的数量整体上较少且不能涵盖所有类型的刑事案件。其次，从 2008—2021 年各年刑事裁判文书上网总量（图 1）来看，2013 年后裁判文书网的刑事案件数量远远高于 2013 年前的文书总量，这说明许多2013 年之前的裁判文书并没有公开至该平台。虽然《指导意见》规定优先检索近三年的案例，但对于长期未形成统一裁判的待决案件，尤其是疑难案件，将检索范围限定在

---

① 数据来源：中国裁判文书网，https://wenshu.court.gov.cn/。统计时间：2022 年 6 月 12 日。

三年内,则缺乏了足够的历史数据,易导致法官无法识别、提炼不同历史条件下相对稳定的司法经验,类案参考价值有限①。最后,从裁判文书公开上网的省份(表2)来看,不同地区法院公开裁判文书的数量也存在着很大的差异。整体来说,经济发展状况较好的省市的裁判文书公开比例相对会高于经济发展落后的省市:如广东、浙江、江苏等地占比可以达到6%甚至8%以上,而青海省、西藏自治区、宁夏回族自治区等地连1%都未到。此外,虽然最高人民法院审理的案件往往是疑难案件或者新型案件等非普通简单案件,裁判的案件数量必然会少于其他各级人民法院;但从其裁判案例具有指导意义的角度来看,其公布的裁判文书数量相对来说是不够的。总而言之,中国裁判文书网作为裁判文书公开的官方渠道,其裁判文书的案例数据缺乏全面性,远远不能满足实践中类案检索的需要。

表1 刑事裁判文书各类型数量

刑事裁判文书类型	文书数量(份)	文书占比(%)
判决书	6733255	67.6%
裁定书	3046734	30.6%
调解书	8769	0.09%
决定书	61615	0.62%
通知书	68678	0.69%
令	104	0.0010%
其他	37865	0.38%

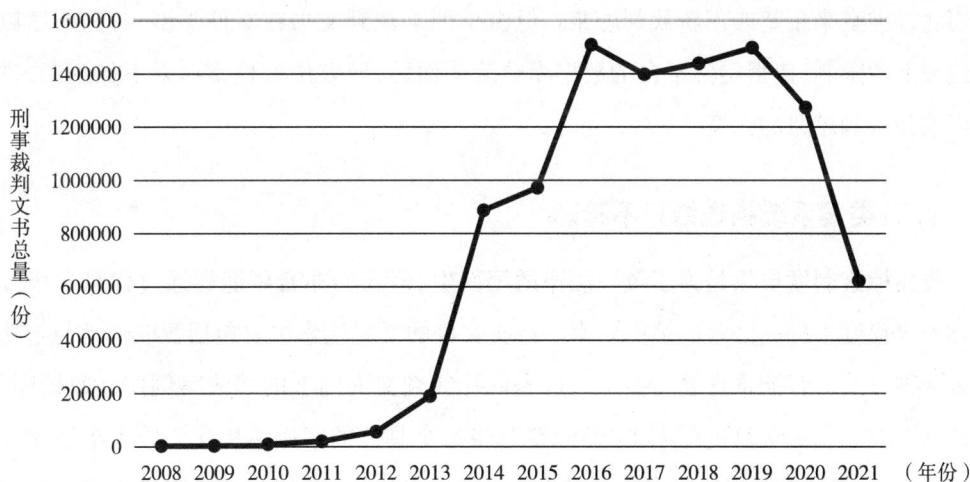

图1 2008—2021年各年刑事裁判文书上网总量

---

① 左卫民:《如何通过人工智能实现类案类判》,《中国法律评论》2018年第2期。

表 2　各省、区、市刑事案件裁判文书上网数量

省、区、市	文书上网数量（份）	省、区、市	文书上网数量（份）
广东省	801968	陕西省	250553
河南省	712468	贵州省	248215
浙江省	691531	重庆市	235543
江苏省	600404	上海市	223465
山东省	574917	黑龙江省	215323
云南省	548880	山西省	204743
四川省	481722	内蒙古自治区	179199
湖南省	444837	甘肃省	151603
福建省	406979	北京市	142677
河北省	401530	天津市	118136
安徽省	388823	新疆维吾尔自治区	112434
湖北省	357466	宁夏回族自治区	53918
广西壮族自治区	350509	海南省	53606
辽宁省	330182	青海省	51481
江西省	274304	新疆维吾尔自治区高级人民法院生产建设兵团分院	36539
吉林省	266363	西藏自治区	12046

刑事疑难案件作为强制类案检索的案件类型之一，法官在承办该类案件时往往最需要通过类案来拓宽或创新裁判思路。但由于刑事裁判文书在案件类型、时间跨度以及地域上的限制，使得检索平台的数据库缺乏全面性，导致法官检索结果不如预期，进而影响到裁判思路的拓宽。

（二）类案系统推送结果不精确

类案检索制度虽然是为了统一法律适用而生，但我们亦希望能够通过信息数字技术在一定程度上提高法官决策的效率。待决案件的类案检索主要包括智能推送与主动检索两种方式。智能推送是指技术人员先依托裁判文书网上的司法案例建立数据库，在此基础上对相关案例进行人工"贴标签"，将每个具体的案例结构化为数十个法律标签①；承办法官只需要将待决案件的基本案情输入其中，系统将对待决案件生成一系列标签并与数据库中已有标签比对，根据标签的重合度由高至低进行推送。主动检索是

---

① 上引《如何通过人工智能实现类案类判》。

指法官从待决案件中归纳出关键词并输入至检索平台,系统依靠关键词在其数据库中搜索裁判文书中出现相同关键词的案例进而输出检索结果;同时法官也可以根据平台事先罗列的法律标签(如审理程序、审理法院、文书类型等)来缩小其检索案例的范围。因中国裁判文书网不具备智能推送的功能,故笔者选用包含主动检索与智能推送双重功能的"北大法宝平台",以同一案例进行检索,检验检索平台推送的类案与待决案件的相似度。

为方便研究讨论,笔者将案情概括如下:A 某、B 某、C 某三人出资成立了××融资理财有限公司。三人因公司经营需要周转资金,遂安排工作人员向社会不特定对象宣传公司投资理财项目,并以承诺支付高额利息方式向社会公众吸收资金,已达数额巨大标准。后将吸收到的公众资金用于公司的生产经营,三人归案后已将募集的资金全数清退(以下将该案情简称为"案件 A")。本案的争议焦点在于:A 某、B 某、C 某三人非法吸收公众存款,但主要用于生产经营且予以清退的行为是否应当予以刑事处罚。检索目标:通过类案检索,针对本案中三被告是否应当予以刑事处罚的问题,为法官提供处理建议。

在主动检索模式下,笔者将该案情的检索条件规定如下:关键词为"非法吸收公众存款、用于生产经营、清退",检索年份为"最近三年"[①];文书类型为"判决书";共检索到 50 份判决书,均为普通案例。笔者对 50 份案例进行筛查,高级人民法院生效裁判的案例(仅检索到一例)中被告人因拒不交代资金去向而不符合笔者设定的案情;中级人民法院生效裁判的两个案例中,其中一例的被告人"用于生产经营的数额与集资数额规模明显不成比例",虽未被认定为集资诈骗罪,但亦与笔者设定的案情不相似;另一例的被告人的行为直接被认定为集资诈骗罪,并非案件 A 的类案。因此,上述三个案例均不能为解决案件 A 提供参考。在剩余的 47 个基层法院的案例中,因存在两个相同案例,故实际共有 46 个案例。而这 46 个案件中并非都是案件 A 的类案:有 17.4%的案件被告人被认定为集资诈骗罪;与案情完全相符的类案只有 3 个,占比 6.5%;其余案件的被告人有的未将吸收的资金用于生产经营,有的未清退资金,有的案件法官并未将被告人将吸收的资金用于生产经营或退赔资金等行为纳入"本院认为"的说理部分。不难看出,在主动检索模式下,虽然法官可以通过增加检索条件将上万个案例进行减少,但仍有不少案例与待决案件不具有高匹配度,需要法官再次进行人工筛选。

---

① 参见《关于统一法律适用加强类案检索的指导意见(试行)》第四条第二款。

在智能推送模式下,笔者将上述概括的案情输入检索框中,平台共推送了 50 个案例,其中只有 35 个案例的裁判文书是判决书,其余为涉及程序问题的裁定书。该 35 个案例从标题上看均是关于非法吸收公众存款罪的判决,似乎避免了主动检索中相似罪名由于关键词重复而造成的结果不精确等问题;但笔者通过对 35 份判决书的人工筛选发现智能推送的结果依旧不容乐观。"本院认为"部分是最能体现法官裁判说理的部分,为提高筛选效率,作者主要对 35 个案例中的该部分内容进行整理归纳,统计结果见表 3。通过筛查,笔者发现了本次智能推送模式的检索存在以下问题:(1)案情中的要点是被告人构成了非法吸收公众存款罪,但其将资金用于生产经营并已将全部资金清退。而检索结果中,"本院认为"部分均未提及资金是否用于生产经营,对于退赔问题,被告人完全清退的只占 5.7%。在智能推送模式下,没有一个案例是符合笔者概括的案情;而在主动检索结果下,还能检索到 3 个与案情完全相符的案例。(2)智能检索的案例主要来自上海市和安徽省,其中上海市的案件占比 62.9%,安徽省的案件占比 28.6%。缺乏其他省份的案例,法官若参考安徽和上海的案例作出裁判,虽会达到同案同判,但也可能产生前文所言的类案地区化的情形。

表 3　裁判文书内容

序号	"本院认为"部分的相关内容	裁判文书数量（份）	裁判文书数量占比
1	未提及资金是否用于生产经营部分,也未提及被告人是否有退赔行为。（与案件 A 不相似）	15	42.9%
2	未提及资金是否用于生产经营,但考虑到被告人主动退还部分违法所得,可以酌情从轻处罚	18	51.4%
3	未提及资金是否用于生产经营,但考虑到被告人全部退还违法所得,可以酌情从轻处理	2	5.7%

综上可见,无论是主动检索模式还是智能推送模式,当前的检索系统尚不能满足法官对检索效率和检索结果准确度的要求:对于检索结果多的案件,有极大可能存在比较点相符的类案,但同时也会增加法官的时间成本,延长法官决策周期,进而阻碍决策效率;而对疑难案件来说虽然检索结果可能不多,人工筛选时间少,但也有可能最终一无所获,实则也是对法官时间的浪费,在一定程度上亦是阻碍了决策效率。

（三）对检索技术形成的依赖

类案检索的过程离不开人机协调配合,实现"同案同判"的目标需要技术与法官的通力合作;但同时也应谨记法官才是司法裁判过程中的主体,类案检索可以成为司法裁判的辅助工具,但不应对其产生过度的技术依赖。从类案检索系统的搭建到应用的整个过程来看,产生技术依赖的主体主要是法官和审判机关。

首先是法官对检索技术的依赖。司法决策在一定程度上掺杂着诸如道德伦理、公众意见等社会因素的考量权衡,这是"冷酷无情"的机器所无法考虑的。因此,法官决策时需要结合案情灵活考虑各类因素,发挥主观能动性;当然,在刑事案件中,法官的自由裁量权是依法受到严格限制的。但在类案检索机制下的法官决策,与其说是限制法官的自由裁量权,不如说是"暗中"将裁判权交给了检索系统。"冷酷"的机器将经过结构化、仅注重客观事实的案例推送给承办法官,法官在"同案同判"的指引下根据推送的案例作出裁判后,该裁判文书亦在被结构化后进入系统数据库,成为其他同类待决案件的参考类案。在此种循环往复的情况下,技术系统框架下僵化的信息种类、模式与评价指标必然导致信息多样化受损①,法官在决策中发挥主观能动性的余地将逐渐减少甚至没有。此外,法官在得到检索结果后不可避免地需要进行类案的识别与筛选。此时,法官若过度依赖技术将产生两种不利情形:一是法官受当前智慧司法建设的氛围影响,极度信赖检索结果,为提高效率而未作筛选直接将检索结果作为类案适用;二是法官对检索结果进行筛选但对结果质疑或需要推翻时,由于《实施办法》第十条规定产生此类情形时需要走一系列程序②,法官往往会为提高案件审理效率而有意或无意识地选择支持系统推送的结果。

审判机关的依赖主要体现在检索平台搭建中的技术依赖。法院作为司法审判机关,计算机等信息数字技术并非其擅长领域,因而类案检索系统的部署与建设离不开与科技公司的合作。两者发挥各自的长处共同建设专业便捷的类案检索平台是合作的初衷,但现实是,相较于共同参与平台的建设,审判机关更愿意将自己定位为一名顾客,能直接从科技公司购买到"成品"并获得后续一系列的售后服务。举例来说,当前各类平台的检索技术主要有三个步骤:首先一般是构建知识图谱,即先由科技公司的工作人员根据法律、司法解释的规则体系以及法官在审理案件中可能考量的因素建构起尽可能

① 张凌寒:《智慧司法中技术依赖的隐忧及应对》,《法制与社会发展》2022 年第 4 期。
② 《最高人民法院统一法律适用工作实施办法》第十条:"待决案件拟作出的裁判结果与指导性案例、最高人民法院类案裁判法律适用标准不一致,或者拟作出的裁判结果将形成新的法律适用标准的,合议庭应当建议提交部门专业法官会议讨论;院庭长发现待决案件存在前述情形的,应当依照程序召集部门专业法官会议讨论。"

细化的法律概念模型①；其次是提取案例情节，系统运用自然语言识别技术，依照知识图谱确定的框架体系对裁判文书信息进行识别，从中提取出带有结构化特征的标签②；最后是比对要素标签：智能推送模式下，通过电子卷宗随案生成系统及文字识别技术，将案件的起诉书电子化，并自动分析生成一整套标签，与系统中的标签进行比对，再根据比对结果和预先设定的各要素权重计算出匹配度，按照匹配度高低顺序自动推送类案文书③；主动检索模式下，法官勾选已有的或者输入希望比对的要素标签，系统根据该些要素标签进行类案的识别。其中，第二步中的自然语言识别技术尚未达到能够自动提取案例情节的程度，往往需要人工根据知识图谱对海量案例进行标注，将每个非结构化的裁判文书转化为多个结构化的法律标签，为系统学习提供样本④。因此，无论是第一步中知识图谱的构建还是第二步中为案例标准结构化标签，都需要具备专业知识的法律人群体的参与。但有学者在调研后却发现，法律人群体往往不会参与到系统建设的需求提炼、方案制定、科学研究、产品研发甚至试点运用等工作中，而参与到此类工作中的科技人群体不仅不会全面学习司法体制改革的内容和导向，对法律知识的了解更是少之又少⑤。总而言之，审判机关在检索平台的建设中不仅未掌握主导权，甚至在需要发挥其长处的地方都未参与其中，造成了对科技公司及其检索技术的严重依赖。

无论是法官对检索技术的过度依赖还是审判机关对技术的过度遵从，在决策错误的情况下都会面临责任分配的难题。虽然从现行的司法责任制来看，法官往往成为错案裁判的主要承担人员；但类案检索后的决策在一定程度上是由人机混合共同作出的，若只对法官追责，极有可能降低法官适用类案检索的积极性，也是对技术应用于司法领域的一种否定；若单纯对平台的提供者追责，不符合公平的社会理念，不仅会提高法官因不用承担责任而任意裁判的可能性，也会因为平台提供者内部人员的分工复杂导致责任追究对象的不清晰。

---

① 朱彬彬、祝兴栋：《类案推送的精细化：问题、成因与改进——以刑事类案推送为例》，《法律适用（司法案例）》2018 年第 20 期。

② 王禄审：《司法大数据与人工智能开发的技术障碍》，《中国法律评论》2018 年第 2 期。

③ 朱彬彬、祝兴栋：《类案推送的精细化：问题、成因与改进——以刑事类案推送为例》，《法律适用（司法案例）》2018 年第 20 期。

④ 王宇佳：《我国类案检索机制研究》，广西大学 2021 年硕士论文。

⑤ 刘品新：《智慧司法的中国创新》，《国家检察官学院学报》2021 年第 3 期。

四、刑事法官适用类案检索的内部困境

刑事法官对类案检索的适用,不仅会受到诸如法律规范、检索平台等外部因素的影响与限制,也会受到法官自身因素的影响。

(一)法官业务能力存在差异

法官业务能力(即审判经验、专业知识等)的不同本身就有可能引发裁判差异,加入类案检索的要求后,则会在关键词的选取、类案的适用等方面产生一定的影响。

在主动检索模式中,关键词的选取对于类案的检索结果有着极大的影响。首先,从数量上看,关键词的选取要适量。若关键词选取的数量过少,检索到的案例不仅数量多且有可能掺杂着其他相似罪名的案例,无疑是在加重法官人工筛查的负担;若关键词选取的数量太多,虽然会缩小案例的检索范围,增加检索结果与待决案件的匹配度,但也有可能无法检索到相匹配的类案。其次,从关键词的表述上来看,虽然法律行业有专门的法律术语,但是很多术语的表述并不具有唯一性:如"自首"可以表述为"自动投案并如实供述罪行","认罪"可以表述为"自愿如实供述自己的罪行,对指控的犯罪事实没有异议","认罚"可以表述为"真诚悔罪,愿意接受处罚"等。当然,上述表述由于在刑事案件中时常出现,法官们往往会一致选择较短的词语(如自首、认罪、认罚)作为关键词;但对于不经常使用的表述,法官的选择可能难以统一。例如,笔者在对上文非法吸收公众存款罪的裁判文书进行归纳时发现,对于被告人将非法所得全数退还给受害人的行为,虽然法律规则将其表述为"清退",但在裁判文书中较多的表述为"退赔""偿还所有非法所得"。此时,缺乏审判经验的法官可能会根据法条将"清退"作为关键词,那么检索到包括该关键词的裁判文书几乎寥寥无几。

2016年至2020年,法官隐性援引指导性案例的案件数占援引指导性案例的案件数的比例均超过55%,高于明示援引;相应的,除指导性案例以外的其他类案也必然存在隐性援引的问题。所谓的隐性援引,是指法官不在裁判文书中明示其参照的先前案例,仅对先前案例中所引用的法律法规与裁判理由进行参照①。存在隐性援引的案件,

---

① 孙跃:《案例指导制度的改革目标及路径——基于权威与共识的分析》,《法制与社会发展》2020年第6期。

其与被援引案件之间的相似性的判断过程以及相关说理等活动均被掩饰,理性的论证过程被省略①,违背了成文法对演绎推理提出的逻辑要求。在类案检索过程中,若检索到存在隐性援引的类案,有较高职业素养的法官能够不受其影响而根据自己的判断作出决策,但是审判经验不足的法官可能会对该类案的裁判结果产生一定的疑惑,进而作出错误的裁判。此外,传统演绎推理的裁判结果是经由事实小前提涵摄归属于法律小前提而推论得出;类案检索机制下,大前提部分增加了类案这一新要素。我国法官擅长根据法律规范和案件事实作出决策,但并不擅长从案例中提取相关的裁判规则,加之法官在撰写裁判文书时并不会将自己在决策中非理性的一面展示出来,因此对于类案的适用更是难上加难。

可见,在类案检索机制下,刑事法官的业务能力被寄予了更高的要求。无论是精确适当地提取关键词还是提炼类案的裁判规则,都是我国法官所不熟悉的;若其不能熟练掌握类案检索的一系列操作,不仅会降低检索结果的准确性,还不能领悟类案背后隐含的规则,最终影响到其决策的准确性。

（二）法官对类案适用存在认识理念差异

作为以成文法为主要法源的国家,我国刑法明确规定除非有利于被告人,否则禁止适用类推解释。因此,当检索到的类案裁判不利于被告人时,承办法官禁止使用类推解释,也不存在是否需要适用该类案的困扰;但当刑事类案的判决是有利于被告人时,法官则可以参考该类案。简而言之,法官对非指导性案例的参考适用,拥有较大的自主决定权。

强制类案检索机制下,法官主动应用类案的比例应高于控辩双方。但从 2016 年至 2021 年指导性案例应用主体的占比率来看,法官的占比率却不及上诉人的占比率,仅能位居第二。从图 4 可见,法官应用指导性案例的占比率从最初与上诉人的占比率持平到后来呈现下降趋势,而上诉人的占比率几乎是一直在上升,这说明法官作为主要主体,在实践中对指导性案例的应用可能并不如我们预期的那般高。虽然指导性案例的数据并不能完全说明类案应用主体的问题,但也能够在一定程度上映射出法官对应用类案的意愿并非如想象中的高。

法官不够重视类案是产生上述现象的原因之一。肖尔在《论异案同判》中提到,美

---

① 王宇佳:《我国类案检索机制研究》,广西大学 2021 年硕士论文。

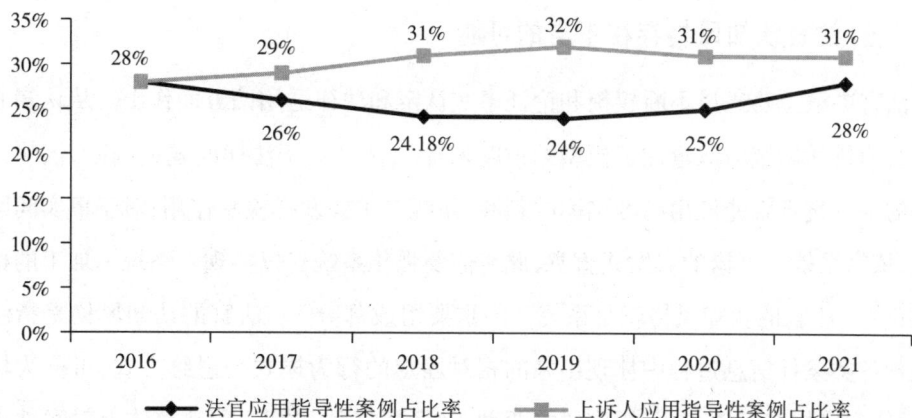

图 2　2016—2020 年法官、上诉人应用指导性案例占比率①

国大法官们似乎世世代代都重视宣布先例的重要性,但实际上却不怎么受到先例约束。在我国,法官裁判一直是"以事实为依据,以法律为准绳",将先前案例作为说理依据的意识尚未深入法官们的脑中;在以判例作为裁决依据的国家的大法官都能如此不受先例的约束,那么我国的法官更不会对先前案例加以重视,在裁判时自然也不会意识到类案对其裁判乃至法律统一能起到的重要作用。

当然,检索平台的不足也使得法官不愿意花费时间进行类案检索。刑事疑难案件作为类案检索的主要对象,法官可以通过适用类案增加其决策的说理性,进而作出控辩双方接受的裁判结果。但疑难案件或因现实中发生率低而往往缺乏足够的类案,或因长期未形成统一裁判,即使有较多的生效裁判可供参考,也因检索平台结果推送不精确等问题不能满足法官准确且高效的检索需求。在此种情况下,即使对类案检索制度持积极态度的法官也会因此对其产生回避心理。在一位学者的调研中,很多法官反映,类案检索系统对法官办案"帮助不大""作用很小";一些法官甚至坦言,"真正要用的时候还是要到外网用商业公司开发的案例检索系统去搜"②。

不能否认,实践中有支持类案检索制度的法官,但也存在反对或持谨慎态度的法官。对类案检索制度不同的认识理念会影响到法官对类案适用的态度,持消极态度的法官可能会拉大与积极适用者的裁判分歧,进而影响法律适用的统一。

---

① 数据来源:同表 1。

② 王宇佳:《如何通过人工智能实现类案类判》,广西大学 2021 年硕士论文。

（三）法官认知风格存在不当的可能

法官决策主要通过不断权衡和论证事实认定和法律适用两方面作出。从认知心理学和行为科学领域的双重加工模型的角度来看①，法官对于法律问题的判断，依赖系统一中的专业直觉就能做出高准确率的判断，系统二主要发挥检验作用；对于事实问题的判断，依靠系统一可错的启发式直觉，此时需要强化系统二以实现对系统一加工的检验和纠正②。法官的认知风格就是系统二的重要组成部分③。法官的认知风格是指法官在处理各类案件信息过程中体现出来的相对固定的行为模式与思维方式，可分为场独立、整体型风格和场依存、分析型风格两种；前者风格的法官注重从整体上对案件进行把握，重视案件各信息内含价值的融贯性；后者风格的法官易受到除案件信息以外的其他信息的影响，更注重决策的因地制宜、因时制宜。

心理学机制下的策略模型虽非法官决策的最优行为模式，但其主要在倾向于场依存、分析型风格的法官身上体现④。在此风格的法官眼中，他们面临的不仅仅是单纯的法律问题，还可能会是政治问题抑或是道德问题。这类法官在面对疑难案件或有重大社会影响的案件时，会考虑很多因素并进行策略考量而非仅仅凭其偏好来作出裁判；在面对异议时法官可能会商讨或改变主意，同时为了避免与其他机构冲突，也可能会采取不真实的立场来做决定⑤。具体到类案的选择中，对于长期未形成统一裁判规则的疑难案件，假设存在 A 判决与 B 判决两种判决结果，多数法官选择了 A 判决，只有少数法官作出 B 判决；即使承办法官自身更加认可 B 判决，但若其经过策略分析得出 A 判决的重审率、发回率会更低，其大概率最终会选择作出 A 判决。倾向于场独立、整体型风格的法官则主要以内在法律体系为标准进行演绎，而受外在信息表述方式的影响不明显，对公众意见持强烈的排斥态度⑥。这类风格的法官在同案存在 A 判决与 B 判决时，

---

① 认知心理学和行为科学领域的双重加工模型认为，人类拥有两套互补的、各有优劣的思维加工系统：快速且自动化的思维系统一和深思熟虑的思维系统二；系统一高效但容易出错，需要系统二进行分析推理加以检验和纠正，但系统二的运作过程耗时费力。

② 陈林林、张晓笑：《认知的双重加工模型与司法决策》，《浙江学刊》2014 年第 5 期。

③ 韩振文：《论认知风格对法官决策差异形成的影响》，《中南大学学报（社会科学版）》2016 年第 6 期。

④ 韩振文：《论我国法官认知风格的实证测验及其理性反思》，《河北法学》2018 年第 1 期。

⑤ 王彬、刘巧巧：《法官为何如此决策？——关于法官行为策略模型的文献综述》，《法律方法》2016 年第 2 期。

⑥ 韩振文：《论我国法官认知风格的实证测验及其理性反思》，《河北法学》2018 年第 1 期。

根据自身对影响因子的排序作出的是少数派的 B 判决,即使社会舆论都认为 A 判决比 B 判决来得更加公正,其最终仍会作出 B 判决。简言之,不同认知风格的法官对于相同检索结果下的不同判决,会根据影响其案件决策因素的排序不同而作出不同的选择。

法学或法教义学的一个重要功用,也就是在承认裁判之主观性的前提下,尽量排除、减少法官决策之际的恣意和武断,以一种有限的方式对个案的判决推论进行指导或审查①。虽然《指导意见》规定了类案的比较点、类案检索的范围、顺序等一系列条条框框来减少法官在决策时的恣意,但法官的认知风格是必然存在的,也必然会在一定程度上影响到其决策,而不当的认知风格不仅会影响案件裁判的公正性,更有可能影响裁判尺度的统一。

五、优化刑事法官适用类案检索的路径

(一)完善类案检索规范及配套机制

1. 扩大检索范围并细化类案标准

《指导意见》对检索类案的顺位规定能够保证类案的权威性,却不能够保证有足够数量的类案可供检索。当前,最高人民法院发布的指导性案例、典型案例以及生效裁判的案件数量远远不能满足实践中对类案的需要,法官很多时候只能检索高院、中院的裁判;每个地区的高院、中院相似案件的裁判实则也并非很多。因此,将检索范围规定在本地区高院、上一级法院以及本院的裁判生效案件不仅易造成类案裁判的地区化,还会使得可供检索的案件数量大幅度减少。因此,应当将《指导意见》第四条第(三)项中的地域扩大为省(自治区、直辖市),同时将同级别其他地区法院裁判生效的案件纳入检索范围。当然,类案检索范围的扩大也意味检索结果数量的增多,在一定程度上会增加法官人工筛选的压力。因此,法官在检索时仍应当遵循《指导意见》对检索顺位的规定,根据最高院、高院、上一级法院、同级别法院的顺序进行类案的检索。

对于类案的要求,不仅要追求数量,更要追求其质量。所以,应当对纳入检索范围的案件设定一定的标准。第一,简单案件的裁判文书可以不纳入检索范围。简单案件一般都事实清楚、证据确实充分、双方不存在争议焦点,具备专业法律知识的法官往往能够作出正确的判决。而且从《实施办法》规定的法官强制类案检索的情形来看,简单

---

① 陈林林:《公众意见影响法官决策的理论和实验分析》,《法学研究》2018 年第 1 期。

案件本就不是类案检索的主要对象。第二,对刑事裁判文书的完整度进行规定。虽然最高院对刑事裁判文书的制作进行了规范,保证了刑事裁判文书在形式上的统一。但笔者在检索案例的过程中发现很多法官在撰写裁判文书时往往只具备了形式,有关案件的实质内容较为缺乏;尤其是"本院认为"部分本应当是集中体现法官说理部分的,但笔者在类案搜索时发现有些判决书的本部分内容写得极其概括,此类裁判文书对法官处理案件亦无太大帮助。裁判文书的完整度标准应当兼顾形式与实质:形式上要具备法律法规规定的各个部分;实质上,裁判文书作为法官向社会公众展现其裁判过程的重要媒介,要求其说理部分不仅是简单的小前提归属于大前提的演绎推理,还应当包括事实证成与法律适用两部分,并结合案件论证需要而用到演绎、归纳、类比以及设证等各类形式与实质推理。同时,文书的语言还要求规范易懂。虽然对纳入检索范围的案件设置一定的标准会增加法院裁判文书上网的工作量,但最终能够提高法官类案检索的效率,通过对裁判文书的初次筛选来减轻法官在类案检索后进行人工筛选的压力。

2. 保障辩方在类案检索中的权利

对辩方在类案检索中的权利保障,可以从庭审前、庭审中、庭审后三个阶段开展。

庭审前阶段。第一,辩方未实质参与到类案检索中的一个重要原因是辩方不能获取到法院不予公开的类案裁判。因此,笔者认为应当开放辩护律师与法官使用同一检索系统的权限。具体而言,刑事案件在受理后,法院可以将辩护律师的个人信息输入系统,允许辩护律师在一定的期间内使用同一类案检索系统;辩护律师在知悉相关保密规定后凭实名认证的信息进入系统检索类案。第二,庭前会议作为庭前阶段的重要工作,主要就证据、案件争议点等相关的程序问题进行讨论;虽不涉及案件实体问题,但对于实现控辩双方平等对抗、提高诉讼效率有着积极作用。因而,控辩双方可以在庭前会议阶段提交己方类案检索的结果并就类案的适用交换意见。控辩双方提交的类案必是有利于己方的,对方可能并不会认同对该类案的适用。在庭前会议阶段就双方欲提交的类案进行交流不仅能够促使控辩双方意识到自己提交的类案的缺陷后做出更充足的准备,进而在庭审中进行更有效的对抗,同时也能够推动法官从不同视角来看待承办案件,进而拓宽裁判思路。

庭审中阶段。英美法系国家的判例制度中,控辩双方都有权将其制作的与自己案件有联系的判例分析与观点提交给审判机关,同时也有权就其意见当庭与对方进行诉讼对抗。我国的类案检索制度,仅规定控辩双方有权将类案作为其控辩理由,未规定若双方对彼此类案存在争议时应如何处理,使得庭审中仍是审判机关为主导,控辩双方缺乏强有力的辩论。因此若双方未在庭前对类案的适用达成一致时,应当允许控辩双方在庭前提出辩论申请,法官视案件情况决定控辩双方是否可以在法庭辩论阶段对类案适用的相关实体问题进行对席辩论。相比于事实清楚,争议明确的简单案件,控辩双方对疑难案件的类案适用往往有更大的争议。仅在庭前会议中对类案适用进行交换意见是不够的。允许控辩双方就类案适用的实体问题展开辩论,一方面能更好地顺应司法改革的要求;另一方面能够加大辩方的意见观点输出,帮助法官提炼类案的裁判规则、适用类案。

庭审后阶段,给予辩方相应的救济。近几年来,法官在被动援引指导性案例情况下予以参照的案件比例大约在 30%左右①。应当参照的指导性案例尚是如此,其他类案的适用情况也不容乐观;由此可见,辩方提交的类案不能够受到法官足够的重视。日本为维护判例的地位,将违反判例作为上诉的绝对理由,并规定最高法院要在一定程度上受自己在先判决的约束,从而赋予上级法院及最高法院先前判例的实际约束力②。笔者认为可以借鉴日本的做法,在法官类案适用确实存在不当或者错误的情况下,允许辩方以此提起上诉或向检察院申请再审;此举不仅能够为辩方行使诉讼权利提供强有力的保障,还能以此督促承办法官认真对待辩方提交的类案,给予足够的重视。

3. 法官类案检索与其考核机制相关联

类案检索制度权威性欠缺是当前法官适用意愿低的重要原因之一:一方面,作为类案之一的指导性案例在案例指导制度和类案检索机制的双重"支持"下处于"应当参照"的地位,但其他类案的拘束力依旧很弱;另一方面,有关类案检索的规定均是由最高人民法院以司法文件的形式颁布,对法官亦不具有像司法解释一样的强效力。权威性的欠缺会影响到法官对类案检索的重视程度,进而影响到法官对类案的适用甚至是背离类案。所谓的法官背离类案主要包括两种类型:一是与法官主观因素无关,而是类案本身就是错误的或是与待决案件相关性较低的;二是因法官主观因素,本应参照类案但却予以无视。第二种类型又可以细分为三种情形:(1)对于应当类案检索的案件,法官在整个审理过程均未进行过类案检索;(2)法官进行了类案检索,出于种种原因对检索结果持怀疑态度,因而未参照适用类案;(3)控方或辩方提供类案作为控辩理由,法官未参照适用亦未进行回应。

---

① 2016 年所占比例约为 37%;2017 年至 2019 年,予以参照的案件比例均低于 30%,分别为 28%、29%、26%;2020 年与 2021 年的比例有所上升但也仍低于 2016 年的比例,约为 31%。

② 刘树德、胡继先:《关于类案检索制度相关问题的若干思考》,《法律适用》2020 年第 18 期。

在德国,虽然判例并非其法律渊源,但其实体法明确规定联邦宪法法院的判决具有正式拘束力①,程序法也保证了下级法院的判决不会与联邦宪法法院和上级法院的判决相抵触;仅有同级法院之间没有明确规定或者程序保障同类案件判决的统一性。因此,同级法院的判决在实践中时常会不一致,而为了保障判例在横向效力和纵向效力上的一致性,德国诞生了偏离判例的报告制度②。该报告制度针对的就是上述第一种法官背离类案的情形,当然,我国的《指导意见》针对该种情形也进行了一定的规定③。但针对法官主观上背离类案的进行,我国尚未规定法官在此种情况下应当承担何种责任。此类自始至终轻视类案的行为,构成了对"同案同判"原则的根本背离,必然是需要法官承担法律责任④;为此,笔者认为可以将法官适用类案检索的情况与其考核机制相挂钩,根据法官因故意无视类案造成的严重程度要求其承担相应的责任。具体而言,法官因无视类案造成冤假错案等严重后果的,除了上级法院在二审或再审时会撤销或改判该裁判结果外,还可依法给予其降级、撤职的纪律处分;法官因无视类案造成裁判结果有失公正,但未造成严重后果的,可在绩效考核上给予负面评价,并给予记过、记大过处分;法官作出的裁判未失偏颇,但其无视类案的行为,也应当给予一定的惩罚,如给予警告处分。

当然,一味地要求法官承担责任只会让其对类案检索机制产生恐惧和抵制心理,容易"适得其反";只有奖惩结合才能提高法官类案检索的积极性。考核机制中除了有法官无视类案应受到的惩罚,也应当包括法官依规适用类案时应给予一定奖励,从而鼓励法官提高对类案检索的重视度。如将法官是否准确适用类案、检索报告撰写的质量等方面纳入考核,并根据考核结果对表现良好的法官给予一定的奖励;或是对法官制作的类案检索报告进行评比,根据报告形式符合要求的程度、提炼裁判规则的准确程度评选优秀报告,并将该比赛结果纳入法官考核的考虑因素之中。

（二）加强类案检索平台建设

类案检索在应用实践方面的问题,很多都是围绕检索平台产生,因此为了缓解法官

---

① 《德国联邦宪法法院法》第 31 条的规定:联邦宪法法院的判决对于所有法院(包括联邦宪法法院和其他联邦法院)都具有正式的约束力。

② 任正东等:《德国判例制度及其对我国案例指导制度的借鉴》,《山西大同大学学报(社会科学版)》2016 年第 1 期。

③ 《最高人民法院关于同一法律适用加强类案检索的指导意见(试行)》第十一条。

④ 孙海波:《类案检索在何种意义上有助于同案同判?》,《清华法学》2021 年第 1 期。

在适用类案检索中产生的困境,类案检索平台的建设成为重要一环。数据与技术是支撑一个平台最基础的两方面,类案检索平台也是如此。

1. 统一类案检索平台

所谓的统一类案检索平台,是指从国家层面建立一个集各检索平台优点的类案检索平台。中国裁判文书网作为公开的官方案例检索网站,是众多商业检索平台的数据来源,但无论是从功能的多样化还是从需求的满足度来看,其远远不及一些成熟的商业检索平台。除裁判文书网外,最高院与多地法院均有在尝试进行类案检索系统的开发,但无论是官方平台还是商业平台,由于每个平台的数据库、推送的标准均存在不同,因而即使输入相同的检索条件,最终的结果也是不尽相同的。最高人民法院已经意识到统一检索平台的重要性,并在《实施办法》中规定由最高人民法院带头,联合各职能机关根据自己的分工共同建设统一法律适用平台及其后续发展①。此举不仅能凝聚各部门的"智慧结晶",还能够保证该平台的权威性与数据的真实性。但相比于北大法宝、威科先行等拥有更为成熟的类案检索功能的商业平台,最高人民法院在开发类案检索系统这方面尚处于初级阶段,难免会遇到很多困难;因此,最高人民法院可以与商业平台建立战略合作关系。具体而言,就是各商业平台向人民法院提供其类案检索功能的技术优势,在统一法律适用平台遇到难题时给予专业知识与技术上的帮助;相应的,最高人民法院除了可以向平台支付相应报酬,还可通过允许商业平台方在检索系统内享有一定权限等方式作为回报。最高人民法院与商业平台的通力合作能够更加快速地建立起更高质量的统一法律适用平台。

统一类案检索平台建成后,各级人民法院的法官和检察官凭借着专属于自己的账号进入平台。此外,平台还应当向辩护律师开放;辩护律师在接受犯罪嫌疑人、被告人委托后,可在法院官网申请检索平台的临时账号,在案件的整个诉讼期间都能够凭借该账号进入系统检索类案,待案件审理终结后,该账号自动过期。

2. 提高类案全面性与推送精确度

检索平台存在的技术以及数据问题,在短时间内并不能得到彻底解决。既然如此,换个角度来看,笔者认为可以通过改进人工在类案检索方面的作用来提高数据的全面性与类案推送的精确度。

当前,类案检索平台数据库的案例在数量与案件类型方面都不能满足法官在实践

---

① 《最高人民法院统一法律适用工作实施办法》第十五条。

中的需要。因此,提高裁判文书的公开性成为当务之急。虽然上文提到由最高人民法院牵头建立统一类案检索平台,但这并不意味着无需推动更多裁判文书公开上网。最高人民法院组织建立的类案检索系统在司法数据的完整性上高于目前的各个检索平台,但统一检索平台的建设不可能一蹴而就的,解决平台数据不全面的问题却是迫在眉睫的。因此,在建设统一的类案检索平台的过程中也需要逐步推进更多的裁判文书公开上网,以便现有的类案检索平台能够及时更新数据库,提高其系统数据的全面性。最高院规定了刑事裁判文书不公开上网的情形:一是涉及国家秘密或未成年人犯罪的;二是人民法院认为不宜在互联网公布的①。针对第一种情形,可以根据案件涉及国家秘密的密级决定裁判文书的公开程度:对于绝密级别的国家秘密,裁判文书仍旧不在互联网公开;对于机密级别的国家秘密,可以从裁判文书中提取案件基本事实、裁判要点、争议焦点等主要内容进行重新归纳,对重要信息作加密处理后再在互联网上公布;对于秘密级别的国家秘密,可以对裁判文书中涉及秘密的信息进行加密处理或者隐匿处理再公开上网。而未成年人犯罪案件的裁判文书,可以将涉及未成年人个人信息的内容用其他名称代替。针对第二种情形,若案件确实敏感不宜公布,法院可以参照第一种情形将案件敏感信息进行处理后公开上网;若法院不予公开的案件并不存在不公开的理由,一方面,上级法院可对下级法院的该种行为给予一定的惩罚;另一方面,可以将法院对裁判文书公开的程度纳入法院考核的标准之一,通过给予公开度高的法院一定的物质奖励来鼓励法院公开本院的裁判文书。

对于系统推送结果精确度的问题则需要通过提高案例数据的精准化程度来解决,也即类案标签标注得越精准,系统检索得出的数据方能更准确。首先是需要对"贴标签"的工作人员进行专业化培训。类案的标签尚不能通过技术手段由系统实现自动识别,因此我们需要更加关注人工在"贴标签"过程中发挥的作用。工作人员在法律方面的专业素养越高,越有利于提高类案的精细化。其次是需要建立由法学专家与各领域工作者组成的专业团队。类案检索的主要目的,不在于简单案件的"同案同判",更多是在于疑难案件的统一法律适用。疑难案件或案情复杂,争议焦点颇多,或涉及的领域尚未有法律规定,仅具有专业理论知识而不具备实践经验的工作人员往往难以应付此类案件。此时,就需要具备深厚法律学识素养的法学专家为纷繁复杂的法律事实界定

---

① 最高人民法院《关于人民法院在互联网公布裁判文书的规定》第四条。

更为清晰明确的法律标签[1],需要各领域工作者配合法学专家对自己领域内的刑事案件提供相应的专业术语和标签建议,如金融领域工作者在遇到与金融相关的刑事案件时,将被告人的行为尽可能地用金融领域的专业术语进行表述。

3. 建立类案检索报告数据库

提高法官类案检索的相关能力,除了开展法官类案检索专项培训或交流会外,笔者认为建立类案检索报告数据库也不失为一个好办法。这里的类案检索报告专指法官在办理案件过程中根据检索到的类案按照《实施办法》规定的模板而撰写的报告,不包括非法官撰写的检索报告。

2017 年最高院提出类案检索的要求后,一些地方法院在出台类案检索规定时为本地区法官办案提供了类案检索报告的模板,但各地之间的模板存在一定的差异。《指导意见》虽然要求承办法官对应当进行类案检索的案件制作类案检索报告并随案归档,但尚未提供类案检索报告的模板[2]。直至 2021 年最高院通过《实施办法》自上而下统一了类案检索报告的内容,包括了争议焦点及其检索平台与检索关键词、裁判观点及理由等,模板样式虽简单,但里面包含的内容为法官在类案检索时应当关注的比较点作出了提示。

类案检索报告完成后,根据《指导意见》的规定在随案归档后却再无下文,但笔者认为类案检索报告值得好好利用而不应被"束之高阁":一方面,类案检索报告凝聚着承办法官的心血,包含着法官从类案中提炼出来的裁判规则;另一方面,优秀的类案检索报告能够弥补法官业务能力存在的不足,缺乏审判经验法官在检索到该类案时,可以根据检索报告正确适用类案。国外数据库,如 Lexis Nexis 数据库,会对每一案例进行详细分析,并链接多种资料;在"个案分析"中则提交法院对该案涉及争议焦点的意见概要、关键术语、判决等内容[3]。参考 Lexis Nexis 的做法,类案检索平台的建设过程中也应当加入类案检索报告的数据库,从而帮助法官更快地作出筛选以及更好地适用类案,达到提高决策效率和裁判质量的目标。数据的筛选流程具体可以如下:首先,地方人民法院在设立专门的类案检索职能部门后(设置专门部门将在下文进行阐述),由该部门按季度整理本院的类案检索报告,对检索报告作出一定的筛选后将报告提交至法官员额会议中,由众法官商讨选出优秀的类案检索报告并上传至本院官网设立的类案检索

---

① 王宇佳:《如何通过人工智能实现类案类判》,广西大学 2021 年硕士论文。

② 最高人民法院《关于统一法律适用加强类案检索的指导意见》第七条。

③ 赵彦:《司法裁判文书的网络检索路径》,《学术交流》2015 年第 5 期。

报告专区中（该专区的报告需要与本院办理的对应案件的裁判文书相互链接）。其次，各级法院①层层递交并筛选，向最高人民法院提交本省（自治区、直辖市）范围内的优秀检索报告。最后，最高人民法院筛选出优秀报告后，在类案检索系统内建立类案检索报告数据库，并将每份报告与其关联的类案相链接。由于最高院筛选优秀的检索报告并不是一朝一夕就能完成的，因此若高级人民法院有本省（自治区、直辖市）适用的类案检索系统，可以先建立本地区范围内的检索报告数据库，供本省范围内的法官在办案时参考。

（三）审判机关积极投入类案检索

1. 设立类案检索专职部门

一直以来，无论是检察机关还是司法机关，都有着"案多人少"的困扰。员额制下，案件只能由员额法官办理，非员额的编制人员只能从事辅助法官办案的工作，更是加剧了"案多人少"的现实问题。随着"同案同判"的目标愈加受到公众关注，类案检索成为大势所趋。但在法官决策过程中加入类案检索这一程序，势必会在一定程度上增加法官的办案压力，加之前文所讲到法官在庭前类案检索存在的问题，笔者认为地方法院可以设立一个专门部门（以下简称"检索部门"）来处理与类案检索相关的事项。

刑事案件在符合本院受理的条件后，就会被分配给法官。检索部门的第一项工作，就是对法院受理的刑事案件进行筛选，将符合类案检索情况的案件告知承办法官。其次，针对法官在庭前阶段类案检索可能会加深其对错误预判的确信的问题，笔者认为也可以由检索部门承担起类案检索的任务，即案件主审法官与类案检索法官相分离。检索部门在对案件进行是否需要类案检索的筛选后，必然对案情有了一定的了解，由其负责案件的类案检索则可以减少承办法官因同时负责阅卷与类案检索而加深认知偏差的可能。具体来说，检索部门对刑事案件进行类案检索后，需要将检索结果制作成报告的形式（此处的报告并非专指《实施办法》中的类案检索报告模板，法院内部可以根据实际设置符合本院实践的报告模板）提交给承办法官。若检索报告的结果与主审法官阅卷后的预判存在差异，主审法官可以组织院内人员进行庭前阅卷，分析案情并对检索部门的报告进行讨论。"众人拾柴火焰高"，听取多人的意见能够帮助主审法官更准确地

---

① 此部分的各级法院均不包括最高人民法院。

选择可适用于待决案件的类案。最后,承办法官在审理完案件并根据《实施办法》撰写类案检索报告后,检索部门需要将检索报告收集整理,并提交专业法官会议进行筛选,筛选出优秀的类案检索报告放入检索报告数据库中。

除上述主要工作外,检索部门还承担着举行类案检索专项培训、开展交流会、及时更新本院官网类案检索专区内容等与类案检索相关的工作。类案检索专项培训可以分成三部分:一是检索平台的操作培训,包括平台功能介绍、类案检索的操作流程、各类检索方式、如何运用逻辑运算符号精确检索结果等;二是类案检索技能培训,包括待决案件关键词提取、类案识别的具体方法、类案裁判要点的提取及其参考适用以及如何制作类案检索报告等;三是裁判文书规范化撰写培训。而类案检索的交流会不仅可以在法院之间的开展,还可以邀请学者与法官进行学术层面的交流,实务与学术之间碰撞产生火花,才能更快发现类案检索存在的问题并不断完善。

2. 加强对裁判文书说理性与规范化要求

类案检索数据库的裁判文书经过筛选会提高数据质量,但每个案件裁判文书本身的质量也很重要。笔者在翻阅了多份刑事判决书后发现,很多判决书仅在形式上符合要求,其说理部分(即"本院认为"部分)却表述得十分简略,往往是以"被告人的犯罪行为所对应的法律条文摘抄+公诉机关指控罪名成立+被告人符合的量刑情节的法条摘抄"的格式进行说理。说理部分作为全篇的裁判文书的重点之一,不仅关系到社会成员对裁判结果的接受度、关系到司法公信力的问题,也会影响其他法官在检索到该案件时对其裁判规则的提炼以及理解适用。因此,审判机关若想贯彻落实类案检索,必然需要提高对裁判文书说理性的要求;当然,除了提高法官对承办案件本身裁判结果的说理性外,对于法官不予采纳控辩双方提交类案的情形,也应当要求在裁判文书中予以一定的说理,但适用简易程序或者速裁程序审理的刑事案件可以降低其裁判文书的说理性要求。当然,仅以规范的形式要求法官在裁判文书中进行说理性论证是定然不够的,笔者认为法院还应当加强对本院法官裁判文书撰写的监督,如对不符合说理性要求的裁判文书予以退回重写、将退回重写率纳入法官考核内容等。

除了缺乏说理性外,缺乏规范化也是裁判文书的一大不足,其不仅会影响公众对案件的理解,也会成为提高类案推送准确度路上的"绊脚石"。因此,法官在撰写裁判文书时需要更加注重书写的规范化。除了要求法官尽可能使用法言法语以及各领域的专业术语等规范用词、援引法律条文的文件名称不可用简称外,审判机关还可以制定裁判文书法官规范用语指南。该指南能够将同一含义存在不同表述的法言法语统一为一种表述方式,进而解决法官面临该种情况时的选择困难,也能帮助系统算法更准确地将抽取的文本内容转化为数据。

3. 掌控检索技术融入司法领域的程度

数字技术应用于司法领域是大势所趋,亦是符合司法改革的发展方向。技术的应用可以成为助力法官决策的辅助工具,但不应替代法官成为主体。因此,我们应当掌控技术融入司法领域的程度,明确检索技术在决策中的工作内容。

首先,要确保司法机关在平台建设中的主导权。笔者在"统一类案检索平台"部分也有提到,最高法院在构建检索平台时,可以与科技公司进行合作但应当掌握整体的主导权,具体措施如下。第一,司法机关自身的态度是最为重要的。在与技术开发服务商合作的过程中,司法机关要摒除当"甩手掌柜"的念头,避免将类案检索系统的构建全权交由科技公司,应当保证司法人员在构建过程中的实质性参与。第二,提高国家技术部门的技术能力。"千鸟在林,不如一鸟在手",依靠科技公司建立检索平台不仅会加大司法机关对技术开发商的依赖程度而且易使司法机关处于被动地位,始终不是长远之计。要摆脱此种局面,一方面,可以增加合作的科技公司的数量,召集更多优秀的科技公司参与到平台建设中,此举不仅能让这些公司为相互竞争而提供最优质的服务,还能让技术部门有机会通过学习各类技术而提高能力;另一方面,可以广纳贤士,通过给予高于社会的福利待遇等举措吸引社会上的技术人才加入技术部门,也可以通过与高校等专门研究技术的事业单位合作来共同制订方案、进行科学研究、评估和检测等。第三,司法机关建立相关的技术规范体系。为防止技术公司在平台建设中随心所欲,司法机关可以通过制定规范来约束其行为,如对平台含有的内容进行规定、明确技术公司使用司法信息的界限、技术公司应当保密的情形等。

其次,构建合理的责任承担机制。在人机混合决策的情形下,仅追究法官或者技术服务提供者任何一方的责任都是弊大于利的,构建合理的追责机制能够警示技术开发商将重点关注在技术而非插手司法领域。在法官因类案检索造成错误裁判的情形下,应当将技术服务提供者[①]纳入到错案责任的追责范围内。当然,这并不是意味着只要法官产生错误决策的情况下技术服务提供者就要承担责任;虽然人工智能引发的审判权嬗变使得司法责任承担主体的不清晰,但对法官责任的重新分配必须建立在人工智

---

① 此处的技术服务提供者,包括了类案检索系统的研发者、设计者、维护者。

能责任确定的基础之上①。对于错误的司法决策,应当首先分出法官与系统各自对该决策影响的部分,进而根据影响部分厘清造成决策错误的比例并由各方在其影响的比例范围内承担责任。

六、结　语

2024 年 2 月 27 日,人民法院案例库正式上线,该库收录的指导性案例和参考案例系经最高人民法院审核认为对类案具有参考示范价值的权威案例,在一定程度上产生了与判例法体系中的案例相似的作用。不难看出,审判机关已不仅限于出台与类案检索相关的法律文件,而是开始自上而下搭建平台,期望以进一步的行动来强化类案检索、实现同案同判。而这也必将对刑事法官进行同案同判提出更高的要求。

The dilemma and optimization path of the criminal judge applying class case retrieval

Abstract：The retrieval system of class cases is established to solve the disunity of judges' judgment standards in practice, and its ultimate goal is to unify the application of law. Since its establishment in 2017, it has played a huge role in unifying the application of laws. However, because it is still in the early stage of establishment, there are still many shortcomings in the legal norms and retrieval platform of the case retrieval system in criminal judicial practice, which will inevitably have a bad impact on the decision-making of criminal judges. At the same time, in the decision-making process of judges, their own internal factors will also affect the application of case search and thus affect the judgment. In view of the above application dilemma, first of all, it is necessary to optimize the top-level design of case-like retrieval system by improving the case-like retrieval norms and related supporting mechanisms.Secondly, the construction of the retrieval platform is strengthened by improving the comprehensiveness of the retrieval platform data, the accuracy of the push, and the establish-

---

① 魏斌:《智慧司法的法理反思与应对》,《政治与法律》2021 年第 8 期;高童非:《数字时代司法责任伦理之守正》,《法制与社会发展》2022 年第 1 期。

ment of the retrieval report database. Finally, judicial organs should actively invest in the construction of case retrieval by establishing a specialized department for case retrieval and controlling the degree of technology integration into the judicial field.

Keywords：case search；hard case；the judge's decision；digital technology；cognitive style

司法区块链的数智逻辑及其诉讼规训

——以《人民法院在线运行规则》为展开*

孙 梦 龙**

摘要：法律与技术自古以来都是相互渗透的关系，数字变革引发了围绕"案牍"为基础的诉讼模式转向以数据部署与通信为中心的体制性、组织性的司法结构调整。司法区块链作为智慧司法领域重要成果之一，链上数据可信的价值目标重构了电子数据的证明机制与智慧司法的信任工程。它在数据安全层面，可以确保上链前真实的数据，上链后难以篡改。在信息共享层面，有望打破司法数据孤岛，增强多方数据有效对接与互通共享。这就需要建构非中心化的"参与式"司法模式，将公众纳入多方参与共识的节点范围，形成以数据为核心的多方线上互信体系。数智诉讼中的技术策略法律化，通过信息通信与交互方式的改变，带来法院实践方式与流程模式的转变。诉讼法借助对技术的规训，逐步实现"纸域诉讼"向"数智诉讼"的时代转变。

关键词：司法区块链；数智诉讼；数据管理；电子证据；智慧司法

法律与技术自古以来都是相互渗透的关系。在围绕"案牍"为基础的诉讼时代，诉讼流程表、卷宗以及具有特定形式的记录表格等工具让诉讼法所确立的信息交互功能得以在现实中运转。2022 年 1 月 1 日修订实施的《民事诉讼法》第十六条规定："经当事人同意，民事诉讼活动可以通过信息网络平台在线进行。民事诉讼活动通过信息网络平台在线进行的，与线下诉讼活动具有同等法律效力。"2022 年 2 月 22 日，最高人民法院举行新闻发布会并发布《人民法院在线运行规则》（以下简称《运行规则》）。文件

---

* 基金项目：国家社科基金青年项目"司法区块链的制度体系、可能风险及应对策略研究"（项目号：20CFX005）。

** 作者简介：孙梦龙，浙江万里学院，法学博士，副教授。研究方向：诉讼法、网络法、司法区块链。

提出,人民法院运用区块链、互联网、大数据、云计算、移动互联和人工智能等信息技术,完善智慧法院信息系统,规范应用方式,强化运行管理,以在线方式满足人民群众多元化司法需求,高效支持审判执行活动。其中关于系统建设方面,《运行规则》明确,司法数据中台和智慧法院大脑包括司法数据库、数据管理平台、数据交换平台、数据服务平台、人工智能引擎、司法知识库、知识服务平台和司法区块链平台等。《运行规则》第二十一条和第二十三条明确,"人民法院通过智慧服务系统相应平台和司法区块链核验当事人通过区块链平台提交的相关电子文件和数据等证据材料。"《运行规则》用宏大的篇幅正式拉开了中国以"案牍"为通信纽带的司法程序向以"数据"为通信纽带的司法程序的变革帷幕。

一、从"纸域诉讼"到"数智诉讼"

《运行规则》第四条规定:"人民法院应当建设智慧服务、智慧审判、智慧执行、智慧管理、司法公开、司法数据中台和智慧法院大脑、信息基础设施、安全保障、运维保障等智慧法院信息系统,保障人民法院在线运行。智慧法院信息系统以司法数据中台和智慧法院大脑为核心,实现数据互联互通,支持业务协同办理。"当数字化对这种"纸域审判"的信息交互媒介产生变革时,所带来的绝非仅是司法程序运转效率的提升。司法系统在围绕着数据信息的部署与通信中将产生前所未有的体制性、组织性的司法变革。广州互联网法院曾以司法区块链为例,指出司法区块链有望开启一种"溯源治理"的全新司法观念,从而将社会信任升级为自然信任、从中心依赖拓展到边缘群证。[1]

这样的观察视角就超出着眼技术本身的特征,从而简单将在线诉讼认定为传统司法单向增强或是内部协调的工具。借助数字工具不受物理空间特定时空的场域限制以及多段因果行为聚合的特征,数字工具将搭建案件审理与案件事实间更为微粒与精细化的沟通桥梁。(例如元宇宙数字孪生技术的运用有望将案件场景于庭审环节虚拟复现,法庭活动将更具参与性与针对性,原有价值理念法官"亲历案件庭审"有望迈向"感受案件发生"。这样一种调整的目的在于使庭审活动更具效率与公正地向案件事实靠近。)信息通信与交互方式的改变也将带来实践方式与流程模式的转变,从而将"纸域

---

[1] 张春和、林北征:《司法区块链的网络诉源治理逻辑、困惑与进路》,《中国应用法学》2019 年第 5 期。

审判"转向"数智审判"。莱斯格教授所主张的"代码即法律"①理论,正在中国的智慧司法建设中发挥日益重要的作用。"代码作为规制手段时,可以是对行为的限制。但是,它同样可以把行为塑造成法律允许的形式。"②

根据最高人民法院《司法区块链技术要求》《司法区块链管理规范》,司法区块链是"一种在司法环境下,通过透明和可信规则,构建不可伪造、不可篡改和可追溯的块链式数据结构,实现和管理法务事务处理的模式"。目前数量较多的司法区块链、电子数据研究仍建立在"案牍"为核心的思维模式对区块链、可信时间戳中"Hash 加密"技术在电子数据存证进行分析,导致其思维的出发点与落脚点始终不能跳出"文书思维"迈入"数据思维",由"个案文书审结",迈入"类案数据集束"的先进观念更无从谈起。实际上以"数据"为核心要素审视区块链技术在司法实践的运用就会发现,Hash 加密技术早在 2008 年深圳法院"利龙湖"案就以可信时间戳的方式予以采信,其并非区块链的核心价值而是其底层技术可信时间戳用以验证的核心技术价值。并且在第三方存证案件中,可信时间戳采信案件总数远超区块链存证。据统计,在第三方存证案件中可信时间戳约占 94%而区块链仅 6%。③ 学者关于区块链"去中心化"的表述较为概括与笼统,也没有认识到现有的司法区块链属于区块链三个行业("币圈""链圈""矿圈")中的链圈,且司法区块链已经在建设中已经经过社会主义司法实践改造,④形成较为稳定、具有层级、逐步实现社会化参与的司法联盟链,很多广义区块链技术的问题无法构成目前中国本土正在建设的司法区块链的问题,更不能简单用国外司法区块链还未成型的理论设计文献解读中国逐步走向成熟的司法区块链问题。司法的实践性决定了中国司法区块链的建设正成为全世界智慧司法领域所关注的焦点,也必将孕育全世界最前沿的司法理论。

导致以上根本原因在于未能精准能把握区块链去中心化背后分布式结构对法庭以"数据"为纽带的通信技术所引发的变革与调整。少数学者敏锐意识到区块链在建构

---

① "代码即法律"的观点在学术界存在一定的争议,但从知网检索互联网法院法官发表的相关论文进行分析可以发现,莱斯格的理论受到了实务界的推崇。其原因或许在于学术界未能抽象出代码框架与法律的双向思维,正如莱斯格所言:"代码曾经是规避监管的天堂,但其也可以转换为生产规制武器的兵工厂。"公权力可以针对大型商业公司这样一种私权掌握之下的代码架构实施控制,从而实现对虚拟空间更为有力的监管。

② [美]劳伦斯·莱斯格:《代码 2.0:网络空间中的法律》,李旭、沈伟伟译,清华大学出版社 2009 年版,第 163 页。

③ 数据来源于原北京高院知识产权庭审判长苏志莆法官。

④ 彭巍:《区块链与司法的价值共通与融合发展》,《科技管理研究》2021 年第 6 期。

围绕着数据信息的部署与通信中所发挥的作用,例如中国人民大学杨东教授在《区块链与法院工作创新——构建数据共享的司法信用体系》一文中提出了数据流动对构建全流程在线审理中的核心作用,①中国人民大学刘品新教授在《电子文件立法的实质性转型——以智慧司法创新为视域思考电子数据与档案管理所引发的系统性变革》中指出我国的电子文件立法彻底向实质性的立法例转型,完成针对电子文件证据规则体系的细则补位以及针对电子文件平台集约管理的规则共频等任务。② 华东政法大学韩旭至副研究员在《司法区块链的复合风险与双层规制》反思司法区块链作为代码架构如何与法律形成协同的事前算法规制与事后法律规范的逻辑体系。③

　　司法区块链所带来的绝非仅仅是电子数据证明流程的优化,而是围绕在线诉讼开展的"案牍"为基础的诉讼模式转向以数据部署与通信为中心的体制性、组织性结构调整。《运行规则》第十一条第一款规定:"各级人民法院应当建设信息基础设施,为人民法院在线运行提供必要的基础条件支撑。"第二款规定:"基础设施包括通信网络、计算存储、通用终端设备以及信息管理中心、执行指挥中心、诉讼服务大厅、科技法庭等重要场所专用设施。"第三款规定:"信息基础设施应当为各类应用系统、数据资源和运维保障提供计算运行、数据存储、通信传输、显示控制等服务。"为了便于读者理解,文章试图结合司法区块链主要应用领域电子数据存证的一系列理论问题,从而挖掘出司法区块链的数智逻辑,并逐步拓展到以"数据"为核心的司法程序变革之中,最终提出诉讼法如何实现对司法区块链技术层面的规训。让诉讼的功能和价值不受数字技术的冲击与减损。

二、数智诉讼中的技术策略法律化

（一）在线诉讼的整体性调整

　　《运行规则》第五条第一款规定:"智慧服务系统在互联网运行,与法院专网安全联

---

① 杨东、徐信予:《区块链与法院工作创新——构建数据共享的司法信用体系》,《法律适用》2020 年第 1 期。

② 刘品新:《电子文件立法的实质性转型——以智慧司法创新为视域》,《法制与社会发展》2021 年第 3 期。

③ 韩旭至:《司法区块链的复合风险与双层规制》,《西安交通大学学报（社会科学版）》2021 年第 1 期。

通,为人民群众提供诉讼、调解、咨询和普法等在线服务,支撑构建一站式多元解纷和诉讼服务体系。"第三款规定:"智慧服务系统应当具备诉讼指引、在线调解及名册管理、在线立案、在线交费、在线证据交换、在线委托鉴定、在线保全、在线庭审、在线执行、在线阅卷、在线查档、在线送达、在线公告、跨域诉讼服务等功能。"司法程序的运转不仅受到法律规则的影响,也始终未能离开物理空间底层技术的支撑。司法系统将卷宗与法庭等传统信息交互方式转化为数字媒介的过程中,由于信息与通信技术受到存储环境的清洁性、系统环境的安全性等因素的影响,在线诉讼过程的可解释性与运行架构必然受到技术特征的影响。

事实上,传统司法始终与技术处于互动的状态,卷宗常用于案件情况的记录与程序的衔接;法庭如同剧场一般为各方当事人和法官提供了一个集中交流的场所,通过法官位置的设置确保法官对庭审位置的监督与控制;在法庭空间使用国徽、法槌以及包括誓词、宣言或其他法定性声明的权威符号来塑造法律的执行过程和法律程序的框架。在人类社会经历"无纸化办公"(传统信息的加工、处理、管理逐步数字化,由计算机完成)这一过程在交由技术公司完成时,可能会改写原有司法程序所期望的权力配置关系与权威性程度。①

法律信息系统中内网与外网的设立这一技术性问题,往往涉及诉讼参与人隐私与审判公开的价值平衡。公开外网所引起的案件数据的过度公开会导致公众舆论对司法机关独立行使审判的干预。过于强调审判数据的封闭又会造成司法数据孤岛,让司法数据库以封闭方式运行,使得智慧司法的案例样本存在数据不充足、不完整从而在应用环节缺乏权威性。以法律人的视角,引入"可用不可见"的隐私计算技术,对司法数据根据期望公开的程度予以数字加密,才能适应数字时代的法治建设。

案件管理系统让原有依靠纸质记录案件流程的操作更加精细化与可控化,减少法官与书记员对程序不同理解与解释的空间。原本时候上级通过纸质材料对下级的监管模式转变为计算机代码和算法系统架构直接控制运行的程序。上级法院会同技术公司会设计出一套精细化的审判架构,司法工作人员需要按照系统规定的流程输入相应案件环节的数据,也可能要求基层审判使用较为固定电子文档模板。过度的代码化也可能损伤司法机构的主观能动性,在适度的范围内案件管理系统将增加司法运作的透明

---

① [英]罗杰·布朗斯沃德、埃洛伊斯·斯科特福德、凯伦·杨:《法律、规制和技术手册》,周辉、胡凌等译,中国社会科学出版社2021年版,第205页。

度与精细度,使得同案同判的诉讼目标有了更为精准的实现路径。

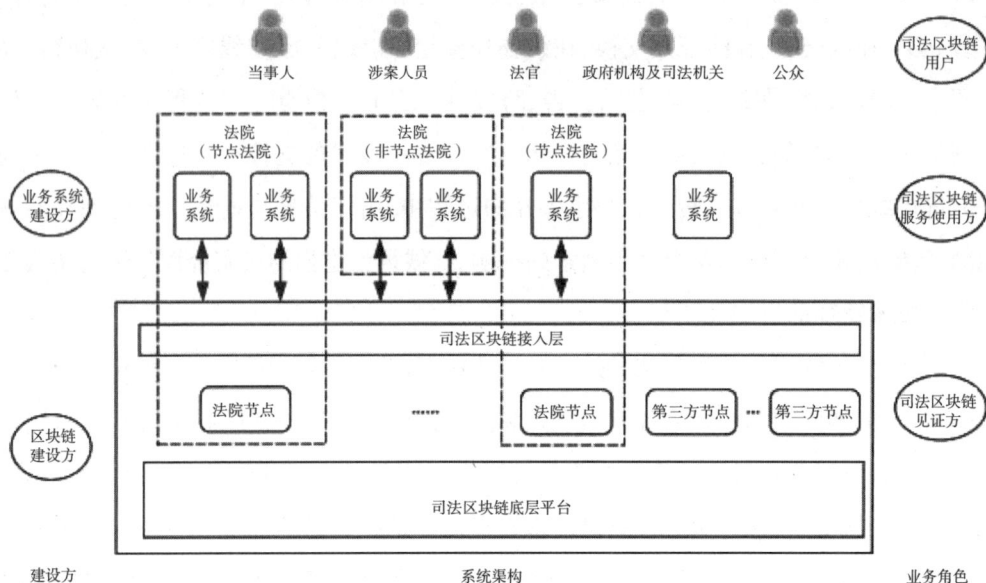

图 1　司法区块链的数据部署与通信示意图①

（二）司法区块链的特殊性面向

司法区块链是智慧司法围绕着数据部署与通信调节的重要环节,司法区块链与人工智能将在司法数据部署与通信工程中发挥核心作用。人工智能为代表的智能学习、预测、分析以大量提取关键数据信息的方式,形成高效的数据分析系统。而以区块链为代表的多方参与、节点共识则能提升司法证明在数字时代的算力,充分调动社会一切可以联动的资源完成司法证明活动,形成稳定的数据部署系统。司法区块链的研究必须以数智逻辑与诉讼规训为出发点与落脚点,才能避免陷入"文书思维"的僵局,真正探索出符合智慧司法发展趋势的未来司法模式。

根据最高人民法院《司法区块链技术要求》司法区块链的数据部署与通信系统主体层面涉及业务角色和建设方两类相关方。业务角色参与提供和使用司法区块链的服务,包括见证方、服务使用方和用户三类;建设方参与建设司法区块链以及相关的业务角色。

见证方从"可信的机构公正"向"可信的算法节点"调整,实现分布式共识,传统一

---

① 图片来源于最高人民法院:《司法区块链技术要求》。

维时空的因果流向证明转化为更高级的多维时空因果流向聚合。节点全流程参与见证以"单一封闭事实还原"向"多维开放事实聚合"的方式开启了人机协同、虚实同构、算法主导的规制环境。这种方式改变了以往将事实认定为单方反映与发现的结果,追求诉讼认识与客观实在的符合,从而追求结果性事实的体现。[1] 共识节点的认知逻辑建立了新的法律事实形成机理,即突破传统主体客体绝对二分的认知方式,以开放的程序建构法律事实的程序性事实。在数据部署与通信的变革中,逐步打破结果性事实的认知僵锁,区分出需要控辩双方对抗的争议性事实与需要数据集束保留的合作性事实。最终实现智慧司法与传统司法衔接与统一。

三、司法区块链数据安全存证的现实需求与数智逻辑

(一)司法区块链数据安全存证的现实需求

司法区块链技术已经被普遍用于电子证据存证。2021 年 5 月 18 日,最高法发布的《人民法院在线诉讼规则》中进一步明确了基于区块链平台存储的电子数据的真实性判断规则。最高法牵头搭建了"人民法院司法区块链统一平台",以期实现电子数据全节点可见证、全链路安全可信、全流程留痕记录、数据难以篡改,解决司法实践中存证难、取证难、认证难、鉴定难等痛点问题。截至 2021 年 12 月,杭州互联网法院已采集 20.19 亿数据,为网上购物、网络服务、金融借款等引发的诉讼案件提供重要支撑。[2] 司法区块链存证与传统公证存在明显差异,电子证据证明体系呈现"国家公证"向"技术自证"的发展趋势。[3] 但是这一过程应当明确法官作为审判者的主体地位,坚持技术辅助司法的工具立场以及司法对技术的规训地位。

区块链存证的业务总数逐年上升,未来使用区块链验证的电子数据出现在法律纠纷中的案件将逐步上升,频次也会越来越多发。区块链存证之所以备受青睐,是因为区块链技术高度契合存证之需求,经过区块链技术存储的电子数据具备传统电子数据所不具备的特点。电子证据陷入转化式适用,有着深层次的理论和实践因素。法律人在主观上,由于缺少虚拟空间与物理空间差异性的认知,本能偏好于物证、书证等传统证

---

① 杨波:《刑事诉讼事实形成机理探究》,《中国法学》2022 年第 2 期。
② 统计数据来源于 2021 年 12 月中国信通院发布的《区块链白皮书》。
③ 张玉洁:《区块链技术的司法适用、体系难题与证据法革新》,《东方法学》2019 年第 3 期。

据。物理空间中证据的"实在感"，为法律人追求法律论证的确定性提供了基础。区别于传统证据，电子数据是以数字代码的形式存在于看不见、摸不着的无形虚拟空间中。人们须借助各种电子设备将虚拟空间中的电子数据由二进制语言转化为人类语言，进而对其内容进行解读。电子数据的虚拟性让法律人对其具有天然的"距离感"。

电子证据转化适用所带来的首要问题是证据信息的遗失。《运行规则》第三十九条规定："各级人民法院应当建立健全人民法院在线运行相关数据生产、汇聚、存储、治理、加工、传输、使用、提供、公开等过程管理机制，明确数据管理责任，全面提升数据质量，提高数据应用能力。"根据电子证据的系统性理论，电子证据包括了三大部分，首先是内容数据，它是电子证据最主要的部分；然后是附属信息，这部分是指在处理上述数据时所产生的相关记录，例如操作日志和资料属性等；最后是关联痕迹，即是内容数据因处理而新产生的痕迹。这三部分相互补充，构成了电子证据本身，也证实了电子证据并非孤立而是相互联系共生的状态。[1] 电子数据转化为书证后，只保留了内容数据，而遗失了附属信息和关联痕迹，破坏了电子证据的完整性。第二个问题是否定了电子证据本身独立的法定证据地位和价值。如果电子证据仅仅通过转化为书证形式加以适用，那么将导致电子证据的法定证据地位虚化，进而否定了电子证据的独立地位，并且难以吸收新型证据类型所蕴含的证明理念。[2]

（二）司法区块链数据安全存证的数智逻辑

电子证据的采信乃至司法数据的管理需要司法区块链这样一个以可信身份、可信时间、可信环境技术、可信技术方式对于业务关键过程独立公正透明地记录，形成完整证据链的平台，整个过程可追溯，可审计，不可篡改，从源头上解决了电子数据的生成、存储、传输、提取的可信问题。根据最高人民法院《司法区块链管理规范规定》，最高人民法院网络安全与信息化领导小组负责对已存证的数据进行管理。全国法院可通过司法区块链门户提供的存证数据统计功能，实时掌握本单位已存证数据情况，并且外部单位存证系统运营参照全国法院办理。

区块链存证从数智逻辑层面改变了主体司法机关与客体电子证据之间的认知逻辑，借助时间戳与哈希加密，区块链为"飘忽不定"的电子数据盖上了唯一确定的"数字

---

① 刘品新：《论电子证据的理性真实观》，《法商研究》2018 年第 4 期。

② 孙梦龙、陈文：《区块链视角下技术证明与法律证明的良性互证》，《湖南社会科学》2020 年第 6 期。

签章",该环节塑造了一个崭新的规制环境。《运行规则》第十一条第一款规定:"各级人民法院应当建设信息基础设施,为人民法院在线运行提供必要的基础条件支撑。"第三款规定:"信息基础设施应当为各类应用系统、数据资源和运维保障提供计算运行、数据存储、通信传输、显示控制等服务。"司法区块链的数智逻辑表现为:法院将程序数字化过程中,需要一个稳定相对明确的技术标准或规制环境,从而为电子文件的真实性、完整性和不可抵赖创造条件。这也是较多法官偏好可信时间戳与区块链作为第三方存证的原因之一。电子数据尽管具有系统性特征,但由于其信息过于庞杂与复杂,会导致其证明过程超越法庭证明技术本身可承载的范围,那么法庭出于公正与效率的考量,不可避免地将证明责任转嫁给公证机构。"区块链+司法"模式的成功,不应简单视为区块链为传统司法提供了良好的工具,更为重要的是为司法机构建立数据部署与通信为中心的司法流程提供了较为稳定的技术标准或技术架构。在技术有效、法律合法的框架下,唯有两者不断组合,才能进行有效的电子司法改革。①

四、司法区块链信息参与共识的理论基础和诉讼规训

(一)司法区块链信息参与共识的理论基础

《运行规则》第十条第三款规定:"司法数据中台和智慧法院大脑应当具备数据汇聚治理、共享交换、关联融合、可视化展现、知识生成、智能计算、辅助决策、证据核验、可信操作、智能合约等功能。"区块链信息参与共识所形成的司法数据模式是一种去中心化司法,或称"参与式"司法。相对于传统司法部门权威认定有着不同的思路。去中心化的理想状态是指该过程完全由平等主体驱动,并基于区块链技术,不被任何参与者控制。由于这种设计本身遵照了适用对象的公正理念与条件,相较于传统司法,更容易实现公正。笔者认为,参与式司法的建设应重点建设以下方面:第一,基于区块链技术建立的去中心化自治组织(Decentralized Autonomous Organization)。第二,基于非对称加密的机制设计,保障案件匿名公证与制度激励。第三,维持司法的公正性。应该说,随着数字时代对数据与数据之间链接的加深,从中心式司法走向"参与式"司法,具

① [英]罗杰·布朗斯沃德、埃洛伊斯·斯科特福德、凯伦·杨:《法律、规制和技术手册》,周辉、胡凌等译,中国社会科学出版社 2021 年版,第 205—206 页。

有历史演进上的必然性。① 中国《密码法》所指向的技术标准和认证机构资质,为司法区块链作为数据通信技术部署的法律化提供了必要的条件。《密码法》关于公钥加密与非对称加密的规定为区块链提供司法数据档案库的合法性作出了规范性指引。

司法区块链提供一种提高司法机构与诉讼参与人之间透明度和协作的新方法。也将塑造崭新的司法数据通信模式——从"个人举证"迈向"集体记账",从"个案审结"到"类案集束"。区块链在司法数据库上的目标可归纳为"中心"走向"分布""个案"走向"类案"。当传统文书被简化为机器代码,工作的顺序、实践方式也将发生相应的调整。这种数据通信技术欲具有法律上的价值,需要一个配套法律框架予以支撑,《运行规则》的探索为技术策略法律提供了初步的规范体系。在实际运行中,应考量技术与法律的契合度,权衡两者结合所带来的系统复杂性,避免电子司法改革出现较高的风险。

在数字科学时代,物理空间的因素被抽象化为数字化、可计算化的数据进而形成虚拟空间。"参与式"司法证明模式能给抽象的数据赋予人类司法意义,从而具象为人类的具体行为,实现物理空间在虚拟空间的概念涵射,某种意义来说,它也是法律对算法的规训过程。司法区块链工程的建设代表了依托公证"可信的人"逐步向公权力节点参与下"可信算法"的转变。它有望搭建现实司法与虚拟数据库之间的通信桥梁,重构出一种新的司法信任机制,提升数智诉讼的有序度。② "参与式"司法验证或可实现物理空间由于空间距离、制度隔阂、观念障碍所无法实现的诸多社会活动。人们仅仅需要一个共同验证的目的,即可在一个大规模的数据库中实现共同的校验,无论是他们是出于司法证明、公司业绩考核、疫情防控等何种目的。

(二)司法区块链信息参与共识的诉讼规训

《运行规则》第三十九条明确规定:"各级人民法院应当建立健全人民法院在线运行相关数据生产、汇聚、存储、治理、加工、传输、使用、提供、公开等过程管理机制,明确数据管理责任,全面提升数据质量,提高数据应用能力。"对于司法区块链对信息共识从而形成数据通信与部署的技术策略,需要经过诉讼法的规训以确保法律功能与价值

---

① 孙梦龙:《司法区块链与区块链司法》,《重庆邮电大学学报(社会科学版)》2022 年第 1 期。
② 孙占利:《区块链的网络安全法观察》,《重庆邮电大学学报(社会科学版)》2021 年第 1 期。

不受减损,根据哈德菲尔德和温加斯特的观点,司法区块链构建参与共识辅助司法决策应符合法治的以下特征:第一,裁决的逻辑公开;第二,制度化解决纠纷;第三,决策逻辑稳定;第四,案件结果可预期的制度保障;第五,决策机制客观,不受各方当事人等级或地位影响;第六,可以根据公众意见改进规则。[①]

基于区块链技术的去中心化自治组织(DAO)借助智能合约,可以优化原有的司法流程,从而辅助案件电子档案的溯源流转以及电子数据的真实性认定。[②] 诉讼法或可从如下角度开展对司法区块链的规训:

第一,裁决的逻辑公开:区块链共识的结果应由司法机关等公权力节点全流程见证、参与,并接受案件当事人的监督。

第二,制度化解决纠纷:区块链节点共识应有一套明确而确定的证明标准,实现同案同判的价值追求。

第三,决策逻辑稳定:参与式司法(或称去中心司法)的底层算法应当稳定。

第四,案件结果可预期的制度保障:最高法的案例与指导意见以共识节点的方式介入每一个审判案件的细节之中。

第五,决策机制客观:通过数字身份的加密,实现对审判人员与案件人员身份信息的"遮蔽",保证案件审理的公正。

第六,可以根据公众意见改进规则:参与式司法应当接受公众对底层代码的监督,保证区块锛共识算法的可解释性。

需要注意的是,编程不等于立法。正如理查德·萨斯坎德指出,法律人无法扮演"系统架构师"的角色,但是可以预先拟定整体原则,所有的代码需要规则委员会的权威授权,才能得以批准。《个人信息保护法》第二十四条明确规定了个人信息处理者利用个人信息进行自动化决策,应当保证决策的透明度和结果公平、公正。法律架构的搭建,应经过具有权威性的正当程序,以维系法律的公正与尊严。"不可以把规则制定和代码编写仅交给一群开发人员和法官去决定,不管他们多么经验丰富和动机善良。"[③]在"十四五"规划和2035年远景目标纲要"建设数字中国"中明确指出将区块链技术列为信息基础设施建设的重要组成部分。基于充分的制度保障与技术资源后盾,区块链

---

① Gillian K.Hadfield&Barry R.Weingast,"Microfoundations of the Rule of Law",*THE ANNUAL REVIEWOF POLITICAL SCIENCE* 21,2018.

② 孙梦龙:《司法区块链视域下电子数据的线上化证明》,《河南财经政法大学学报》2022年第2期。

③ [英]理查德·萨斯坎德:《线上法院与未来司法》,北京大学出版社2021年版,第162—163页。

乃至司法区块链工程的建设预计在未来会取得实质性突破。参与式司法区块链技术是跨学科新技术,缺少成型的技术经验可循。应启动试点建设和示范项目研发,待条件成熟再普及推广。对于这种涉及国家司法权、国家主权的大型系统工程,须由最高权力机关、最高司法机关等进行顶层算法设计,积极组织、策划、实施,不仅需要政府政策资金扶持,而且需要司法机关、法学科研院所等法律人群体的广泛参与,更需要最高司法机关及权力机关顶层设计、完善上链标准和程序、扩大联盟链①生态,为未来司法区块链发展建规立矩。②

北京互联网法院天平链形成分级式社会化参与验证是一种"参与式"法律验证的优良范式探索。这种参与式结构由两级节点构成:一级节点类似英美法系的法官,负责数据最终的统筹与共识;二级节点类似英美法系的陪审团,负责为案件提供尽可能全面的数据与记录。双级节点的结构设计调和了科层制司法结构的僵化与去中心化思潮中"无政府主义"的弊病。

"参与式"司法证明或可形成一种由公信机构保留对数据的共识权,参考英美法系国家将事实认定权适当转给陪审团,法律适用权留给法官一样将事实的认定权适当放宽,鼓励具有符合认定的社会机构参与数据的校验与记录。通过一种间接的方式实现了公众在司法证明活动中的参与。司法联盟链舍弃了公有链完全去中心化的结构与私有链的中心化,形成一种部分中心化的稳定结构。公有链参与者之间的"无组织"和私有链参与者之间"被管理"的问题在联盟链中得到了解决,参与者们既保持相对独立,又可以进行紧密合作。③

五、司法区块链塑造数智诉讼的信任工程体系

（一）遭遇"数字化排斥"的智慧司法

数字化排斥观点来源于对"主观缺乏足够数字认知基础或客观缺乏数字设备条件,从而导致无法触及互联网或数字技术"人群的担忧。可进一步推演为,使用线上法院需要具备一定的计算机软件操作能力与计算机硬件条件。顺着此思路,有学者进而

---

① 司法联盟链的主要特点表现为有准入门槛地开放验证节点。
② 陈文、孙梦龙:《司法区块链的诉讼程序价值、功能及链际建设》,《法治论坛》2021 年第 3 期。
③ 赵磊:《区块链类型化的法理解读与规制思路》,《法商研究》2020 年第 4 期。

提出了当事人拥有自主选择权,即平行维持一套传统的、纸域的诉讼体系。尽管从新修订的《民事诉讼法》来看,该观点具有一定的合理性,但问题在于这些难以触及数字正义的人往往也是被传统体系拒之门外的。正如弗朗茨·卡夫卡所指出的,"在法律的门前站着一位守门人。一个乡下人来到了守门面前,请求入见法律。但是守门人说现在不能放他进去……那个乡下人没有料到会遭遇这等困难。毕竟,他以为,法律应该是每个人随时都可以触及的。数字正义的可触达性构成了数字时代的全新内涵——'接近正义',线上法院的重要功能是让更多的人能够触达正义,而不是将他们拒之门外。①在《人民法院在线诉讼规则》的央视专题报道中,边远山区的农民仅仅在一个小小的房间一个电脑上就完成了一次完整的诉讼流程。而在传统诉讼中,进入诉讼的条件恐难以具备。

麦克尔·桑德尔(Michael Sandel)教授在其《正义》(Justice)一书中,提出了分配正义的观点,社会应当关注如何分配人们所珍视的东西——收入和财富、义务和权利、权利和机会、公职和荣誉。这就要求司法正义是持续、可执行、能够普遍触达的。如若法院的运行体系严重落后于法院所处的社会,依然停留在纸域诉讼,那么数字正义就是不可持续的;如若法院连最基本的数据部署和通信系统都未能建立,面对拥有强大数据、算法、算力支撑的互联网巨头,数字正义便是不可执行的;如若法院的正义是有复杂门槛的,那么它便有可能被更加高效的纠纷解决机制所取代。

(二)"信任机器"塑造数智诉讼信任

区块链技术作为 21 世纪的"信任制造机",塑造一种崭新的信任模式。传统社会中,人们主要依赖道德、宗教、血缘、霸权建立不稳定的信任关系。区块链以"零知识证明"的方式构建出一种崭新的信任机制。零知识证明(Zero—Knowledge Proof)是现代密码学核心之一。20 世纪 80 年代初,S.Goldwasser、S.Micali 和 C.Rackoff 提出零知识证明,证明者能够在不向验证者提供任何有用信息的情况下,使验证者相信某个论断是正确的。简单来说,零知识证明就是既能充分证明自己是某种权益的合法拥有者,又不把有关的信息泄露出去,即给外界的"知识"为零。区块链技术巧妙借助零知识证明的技术原理,以非对称加密为技术为底层技术、以《密码法》公钥加密的规定为技术标准,构筑稳固的数字正义秩序。《最高人民法院关于人民法院贯彻落实党的十九届四中全会

---

① [英]理查德·萨斯坎德:《线上法院与未来司法》,北京大学出版社 2021 年版,第 64—65 页。

精神推进审判体系和审判能力现代化的意见》明确将"加快建设人民法院司法区块链统一平台"作为"审判执行工作与现代科技深度融合"的重要环节。周强亦指出："人民法院必须抢抓机遇,推进人工智能、大数据、区块链、5G 等现代科技与司法工作深度融合,让科技为司法赋能……创造更高水平的数字正义。"

区块链技术利用"零知识证明"的原理,建立了一种前所未有的去中心化模式下的信任关系。这种应用场景不仅在人与人之间,更可以间接拓展至人与算法、人与机器之间。通过让民众成为司法证明活动的节点,揭开技术神秘的面纱,参与算法、理解算法、接纳算法,在司法活动的参与过程中,了解算法的运作原理,掌握算法的优势与劣势,才能使广大民众自发地对数智诉讼的未来充满期盼与渴望。过于注重国家集权能力的建设,忽略公众参与机制的完善,会导致智慧司法的建设趋向于维护精英阶层和既得利益团体以"公共利益"为名侵蚀、吞并底层民众利益。① 立足于国家"共建共享"理念的制度变革,司法区块链体现着包容性的、法治化治理的规制方式,从而形成国家与社会"共进"以及多元社会力量"参与"的新格局。"法律的生命在于经验而非逻辑",如果智慧司法未能建立起审判者与数据部署及通信技术之间的基础信任,数智诉讼的建设就无从谈起。

结　论

司法区块链的数智逻辑重塑了"纸域审判"的构造逻辑,改写了司法的信息交互机制。但其目标是要通过法律对技术的规训更加完整、全面地诠释司法的价值与精神。案件的真相通过数据的集束得以更加充分地还原,当事人的诉讼权利借助数据细微颗粒度授权得以增进。司法实践出现的众多问题之一是案件积压导致法院对结案率片面而又盲目地追求。唯有给法官时间考虑思路、才能让权利保障有活路、最终给法律价值以进路。诉讼法通过规训代码,实现司法先于技术、司法融于技术、司法规训技术。② 法律算法化的常态化运作将司法人员从繁重的"纸域文书"中解脱,从案件繁杂琐碎的证明中解放,从而迈向更加注重法律价值与精神的"数智审判"。

---

① ［美］德隆·阿西莫格鲁、［美］詹姆斯·A.鲁滨逊:《国家为什么会失败》,李增刚译,湖南科学技术出版社 2015 年版,第 107 页。

② 齐延平:《数智化社会的法律调控》,《中国法学》2022 年第 1 期。

The Logic of Digitization and Procedure Training of Block Chains in Judicial District

——Expand in "People's Court Online Rules"

Sun Menglong

(School of Law, Heilongjiang University)

Abstract: The legal and technologies have been mutually penetrated since ancient times, and the digital change comes from the "Case" -based litigation mode steering with data deployment and communication-centered system, organizational judicial structure adjustment. As one of the important results of smart judicial field, the value goal of data trusted data trustworthy and the trust engineering of smart justice. It is at the data security level, ensures the real data before the upper chain, it is difficult to tamper with the upper chain. At the information sharing level, it is expected to break the judicial data is island, enhance multi-data effective docking and interoperability sharing. This requires the construction of unintrovated "participatory" judicial models, incorporating the public into the range of nodes involved in consensus, forming electronic data as the core mutual trust system. The Legalization of Technical Strategies in Max Litigation, and the Change of the Practical Mode and Process Mode by Change of Information Communication and Interaction. The Procedure Law has gradually realized the "paper domain lawsuit" to the "Digital Litigation".

Keywords: Judicial block chain; numerous litigation; data management; electronic evidence; intelligent judicial

科技伦理审查制度建设中的
主体、程序与方法优化[*]

科技伦理审查制度建设中的
主体、程序与方法优化[*]

曹 奕 阳[**]

摘要：要充分发挥伦理审查在科技伦理治理中的作用,则应重视伦理审查相关机制的构建与完善。考察我国伦理委员会建设、伦理审查程序运行、伦理审查方式方法应用等方面的机制,目前还存在着一些欠缺和不足,影响着科技伦理审查的质量和效率,需进一步寻求对策,加以优化。通过案例探讨、数据分析、域外经验借鉴等方法及途径进行研究,结果表明:(1)在伦理委员会建设上,应构建相关认证机制,提高准入门槛,以全面均衡地提升伦理委员会的综合实力;应通过人员聘用、单独建制、财务支持等路径增强伦理委员会的独立性;应通过制度约束、业务培训、指导监督,不断强化伦理委员会的审查能力。(2)在伦理审查程序运行上,应完善利益冲突回避机制,合理确定回避主体范围等;应根据研究的风险等级分别启用相应审查程序,实行分级分类管理。(3)在伦理审查方式方法上,要优化审查结果互认机制,通过结果互认提高审查效率和质量;要加强伦理审查信息化建设,推进伦理电子数据标准化,健全信息系统权限管理制度。

关键词：科技伦理审查;伦理委员会;审查程序;审查方式方法

科技的发展能够助推社会进步、造福人类,同时也会引发一定的社会风险和伦理挑战。正如学者所指出的:在当下知识极易扩散的互联网时代,科技给人类带来了很多的

---

* 基金项目:教育部青年基金项目(21YJC820004);湖北省人民检察院理论与应用研究课题(HJ2024B26);中央高校基本科研业务费资助(CCNU2522015)。

** 作者简介:曹奕阳,法学博士,华中师范大学法学院副教授、硕士生导师,研究方向为科技法。

便利和福祉,但科技伦理失灵导致的科技危机也是人类面临的最大挑战①。最近一二十年来,全球范围内一些触及伦理边界的科技事件,如法国进行的世界首例换脸手术,美国机构在我国湖南衡阳利用儿童的身体测试"黄金大米",我国深圳市科研人员贺建奎实施以生殖为目的的人类胚胎基因编辑和生殖医疗活动,等等,均对社会伦理形成了冲击,引发了公众的普遍关注和热议,以致人们对科技这把双刃剑的伦理恐慌超出了原来对其正面效用的热切期待。

在我国司法实践中,关涉科技伦理的案件在不断增加,具体涉及医学伦理、科研伦理、生命科学伦理、技术伦理等方面。通过中国裁判文书网、北大法宝、北大法意等数据库检索 2012 年 1 月至 2022 年 6 月法院审结的案件,每年都有与科技伦理相关的案件出现(见表 1)。

表 1 科技伦理相关案件数量统计

Tab.1 Statistics on the number of cases related to scientific and technological ethics

年度	医学伦理	科研伦理	生命伦理	技术伦理	环境伦理
2012	2	3	2	0	1
2013	2	0	1	1	0
2014	5	13	4	0	0
2015	8	5	4	0	0
2016	16	15	7	0	0
2017	15	16	3	1	0
2018	10	15	3	0	0
2019	10	20	20	2	0
2020	25	18	35	16	0
2021	26	11	27	1	0
2022	13	3	9	0	2

上述案件中,除了大量的医学伦理案件外,关涉科研伦理的案件亦不在少数,共119 例。据具体检索结果,此 119 例较多地涉及科研活动中违背诚信、客观、公正、负责等伦理原则的不端行为,如抄袭剽窃他人研究成果,伪造、篡改研究数据,科研成果不当署名,等等。

_____

① 刘益东:《致毁知识增长与科技伦理失灵:高科技面临的巨大挑战与机遇》,《中国科技论坛》2019年第 2 期。

通过数据库检索还发现,涉及生命科学伦理的多为民事诉讼案件,其中案由涉及"冷冻胚胎"与"伦理"的有 78 起,诉讼请求集中于冷冻胚胎的返还和继续胚胎移植手术。较为典型的案例有"郭某诉淮安市某医院要求继续履行胚胎移植医疗服务合同纠纷案",其原告婚后长期未孕,遂在淮安市某医院进行人类辅助生殖技术治疗,但胚胎培养成功后丈夫去世,原告要求医院继续履行合同,实施胚胎移植手术。此类牵涉生命科学伦理的诉讼纠纷,最后通过法院裁判得到了解决。

由上文所述不难看出,科技活动中违背科技伦理的情形时有发生,日常生活中事涉科技伦理的矛盾纠纷也日益凸显。因此,加强科技伦理治理,以促进科研人员开展负责任的科学研究,审慎防控科技创新对人类社会秩序带来的挑战,显得十分必要。

党的十八大以来,我国高度重视科技伦理治理,出台了一系列政策法规。2019 年 7 月,中央全面深化改革委员会第九次会议审议通过了《国家科技伦理委员会组建方案》,其意义不仅在于组建一个新机构,还在于加强统筹规范和指导协调,推动构建规范有序的科技伦理治理体系。2021 年 12 月,新修订的《科学技术进步法》增加了有关科技伦理治理的规定,其第 98 条要求"健全科技伦理治理体制",其第 103 条涉及科技伦理委员会的建立、科技伦理制度规范的完善等。2022 年 3 月,中共中央办公厅、国务院办公厅印发《关于加强科技伦理治理的意见》(以下简称两办《意见》),对科技伦理治理工作做出了顶层设计和系统部署,旨在提升科技伦理治理能力,有效防范科技伦理风险,促进我国科技事业健康发展。

加强科技伦理治理,则应强化科技伦理审查工作。传统科技一般在应用阶段才产生伦理问题,而现代新兴科技(如基因科技)常在研究和应用之初就产生了系列伦理问题,存在伦理的始涉性。因此,对科技活动实施伦理审查,在相关研究开展之前由伦理委员会审查其方案计划,可尽早发现违背伦理道德的研究项目,并及时加以阻止或纠正,同时也可增强科研人员的科技伦理意识,使其在研究中遵循科技伦理原则,从而避免前沿科技创新可能带来的伦理风险。因此可以说,科技伦理审查是科研人员从事负责任的研究和创新的重要防线,是其取得高质量研究的安全锁和防火墙[1],有利于避免科技的工具理性价值与人类社会伦理道德向善的冲突[2]。总之,科技伦理审查是科技伦理治理体系的重要组成部分,也是科技伦理治理的重要手段,科技伦理审查

---

[1] 李建军:《如何强化科技伦理治理的制度支撑》,《国家治理》2021 年第 2 期。
[2] 陈书全、王开元:《国家治理视域下科技伦理审查的制度路径》,《科技进步与对策》2022 年第 18 期。

机制应成为科技伦理治理的基础性制度。我国的科技伦理审查制度目前尚处于发展阶段,有待于进一步探索和完善,正如习近平总书记所指出的,"要前瞻研判科技发展带来的规则冲突、社会风险、伦理挑战,完善相关法律法规、伦理审查规则及监管框架"①。

科技伦理审查制度的构建和完善,是一项浩大、繁难的系统工程,要想臻于善美之境,非一时一人之力所能成,而需要不同领域、不同知识背景的众多人士群策群力,在较长时间内不断探索、共同推进。本文拟选取有关科技伦理审查工作机制的三个重要问题进行探讨,以期为推进科技伦理审查制度的建设奉献绵薄之力。

一、伦理审查主体建设路径的优化

就科研单位伦理审查工作的落实与开展而言,伦理(审查)委员会是其主要的承担主体。这在我国相关法律法规中已有明确规定。《科学技术进步法》第 103 条明确提出建立科技伦理委员会,并强调高校、企事业单位等应履行科技伦理管理主体责任,开展科技伦理审查。《涉及人的生物医学研究伦理审查办法》规定相关机构应设立伦理委员会,并保障其独立开展伦理审查工作;两办《意见》指出:"涉及人、实验动物的科技活动,应当按规定由本单位科技伦理(审查)委员会审查批准。"

伦理(审查)委员会作为伦理审查的执行主体,在科技伦理审查中扮演着十分重要的角色,关乎科研机构伦理审查的质量和效率,是保障审查效果的关键性因素,其工作有助于理性确定科技自由与法律道德禁区的界限②。因此,加强伦理(审查)委员会的组织建设和能力建设便显得十分重要。

(一)建立伦理委员会及其成员认证机制

从 20 世纪 90 年代中期起,我国各类机构伦理(审查)委员会的建设进入了快速发展时期,在人员组成、审查标准、审查流程等方面都在不断完善,逐步规范,对科技伦理治理、科技发展起到了积极作用。但伦理(审查)委员会建设目前仍存在着一些问题,比较突出的是发展不均衡、机制不统一,有些地区、机构、领域的伦理(审查)委员会发

---

① 习近平:《在中国科学院第二十次院士大会、中国工程院第十五次院士大会、中国科协第十次全国代表大会上的讲话》,《人民日报》2021 年 5 月 29 日。

② 徐明:《论生命科技的挑战与立法应对》,《科技进步与对策》2013 年第 5 期。

展较好,运行规范,审查能力和水平整体甚佳,而有些地区、机构、领域的情况则不如预期。比如,有些基层地区的伦理委员会存在着规章制度不完善、人员组成及审查不规范等问题①;又如,有些机构伦理委员会虽已成立,但缺少有资质的成员,缺乏岗前培训及继续教育②,且区域内各机构伦理审查委员会之间缺乏行业共识,伦理审查的同质化水平不高③;又如,目前动物伦理委员会可参照的审查规范不多,加之研究者的动物实验伦理意识薄弱,以致动物实验伦理审查的严格程度及实施水平尚不理想④。上述情形的存在,表明各地区、各机构、各领域的伦理委员会在组织结构、操作标准、审查能力、审查质量等方面参差不齐,意味着我国伦理委员会建设在规范化、标准化、同质化上仍有所不足。这影响着伦理委员会建设的整体水平。

要想实现伦理委员会建设的规范化、标准化、同质化,全面均衡地提升伦理委员会及其成员的综合实力,充分保障每个机构的伦理审查质量和效率,笔者认为有必要建立和实行伦理委员会及其成员认证制度,通过准入考核、注册监督、系统培训等,确保伦理审查人员的综合素质和专业水准,在审查队伍建设上筑起第一道防线。

世界上伦理审查制度较为成熟的国家,一般设置了伦理委员会认证机制,以提高伦理委员会准入的门槛。如美国就是如此,其人体研究保护项目认证协会(AAHRPP)是国际上著名的非营利伦理委员会认证机构,由美国医学院协会、美国大学联合会等第三方团体组成。该协会根据相关书面材料、实地考察材料、申请者答辩等,作出完全认可、合格认可、待认可和保留认可的结论(参见图 1)。它还有后续的监督、培训等职能。比如,在首次认证后 3 年、首次复审合格后每 5 年对申请者进行复查,并将认证续期申请的决定分为完全认可、试用、撤销认可和待审再认可,对不再符合要求的伦理委员会撤销认证。⑤ 该协会的认证有助于推动伦理委员会开展高质量、高水准的伦理审查。

---

① 樊景辉、张文洁、苏健芬等:《基层医院伦理委员会建设存在问题及对策》,《医学与哲学》2020 年第 6 期。

② 李建军、王添:《科研机构伦理审查机制设置的历史动因及现实运行中的问题》,《自然辩证法研究》2022 年第 3 期。

③ 姜慧、张皓、朱旭迪等:《共同富裕示范区科创高地建设科技伦理反思性高阶"元治理"路径》,《科技管理研究》2022 年第 10 期。

④ 张维、熊鸿燕、邓强庭等:《医学论文中涉及动物实验和临床试验的伦理规范调查及案例分析》,《中国科技期刊研究》2017 年第 4 期。

⑤ AAHRPP. "Accrediattion: Get Accredited – Overview". (2022 – 04 – 16) [2022 – 04 – 18]. http://www. aahrpp.org/ accreditation/ get–accredited/overview.

申请人自我评估	提交申请材料	审核纸质材料	实地调研评估	作出决定	复查
自查	受理	通过	通过	通过	通过
根据AAHRPP认证标准的每个要素进行自我评估	提交符合人类研究保护原则的概述,符合认证标准与要素的支撑材料,伦理委员会的名称、成员信息等材料	审核两轮同行书面评议材料,并告知申请机构需要修订的地方及其具体理由	实地考察,评估人类研究保护政策与程序在申请机构的运作情况,申请机构回答相关提问	综合评估书面审查材料、实地考察材料,作出完全认可、合格认可等结论	在首次认证后3年,首次复查合格后每5年,对申请机构进行复查
认证准备阶段		认证审核阶段		认证决定阶段	

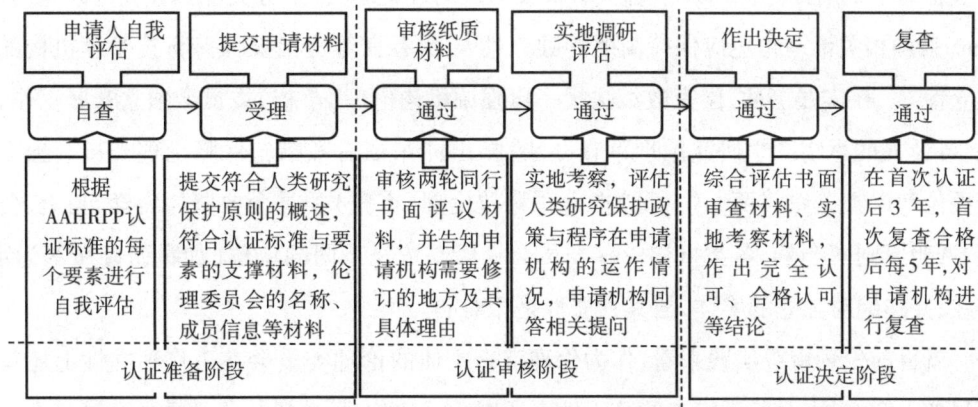

图 1 美国人体研究保护项目认证协会(AAHRPP)认证流程
Fig.1 Certification Process of Association for the Accreditation of Human Research Protection Programs

建立和完善我国伦理委员会及其成员认证机制。为此,要做好如下主要工作:

(1)建立权威、统一的伦理审查委员会专业资质认证体系。两办《意见》指出:"建立健全科技伦理(审查)委员会的设立标准、运行机制、登记制度、监管制度等,探索科技伦理(审查)委员会认证机制。"我们应积极探索,在相关行政部门的主持下,针对不同类型的机构伦理委员会,制定出准入、注册、培训、监管等工作的相关指南和规范,对其中准入工作要尤其注意具体划定研究机构设置伦理委员会的门槛,明确伦理委员会的准入条件、准入标准、准入程序,以推动伦理委员会的专业化与规范化建设。

(2)成立专门的伦理审查认证机构。此类认证机构应被赋予准入考核、培训教育、监督复查等职能,并依据上述专业资质认证的指南和规范,负责对特定范围内的机构伦理委员会及其成员进行考察和认证。这种认证机构,如果定位为相关行政部门主导的社会团体性质的民间组织,则更具合理性和实效性。以相关行政部门为主导,则此类民间认证机构可以得到行政部门的指导和监管,使之在国家法律法规的框架内规范运作,并遵循社会主流伦理价值观念;同时,也便于相关行政部门发挥统筹协调的优势,调动和整合一切有利的资源来建设此类认证机构。将此类认证机构定位为非政府民间组织,则可与国际通行的做法接轨,有利于与国际相关机构平等交流、合作。

(二)增强伦理审查主体的独立性

伦理审查主体保持独立性,是排除影响审查正常进行的干扰因素,保障审查结果客观公正的重要前提。国内外学者从事科技治理的理论研究,十分关注其独立性问题,如 Benz 强调相关治理角色应保持高度的独立性[1],樊春良等提出要保持科技管理机构的独立性[2]。在实践层面,国家政策法规一再强调机构伦理(审查)委员会独立开展工作,如《涉及人的生物医学研究伦理审查办法》指出:"采取有效措施保障伦理委员会独立开展伦理审查工作。"两办《意见》指出:"科技伦理(审查)委员会要坚持科学、独立、公正、透明原则。"当然,各类机构伦理委员会一般是依托不同的单位(如科研院所等)而存在,并非绝对独立的实体,故其独立性是相对的。

就目前伦理审查实践来看,作为伦理审查主体的伦理委员会在工作独立性上还有不尽如人意之处,对伦理审查的公正性有所影响。比如,一些机构伦理委员会的负责人通常由机构的领导担任,这样,领导可能会从本机构长远发展的角度出发,放宽伦理审查要求,给予一些重大研究项目"特殊照顾"[3]。又如,伦理委员会的运行经费主要来源于所属机构的投入[4],这种经费上的依赖性容易对伦理委员会独立开展工作形成掣肘。

鉴于上述情形,应采取有效的机制和对策来保证伦理审查的相对独立性,提升审查结果的客观公正性和公信力。

(1)通过聘用、回避等方式尽力规避科研机构内部因素对伦理委员会可能产生的不利影响。目前,伦理委员会大都为科研机构所设立,其成员一般是机构的内部人员,给独立开展审查工作带来了难度。为尽量减少同事关系、利益关系带来的不利影响,可以采取如下一些具体措施:①尽可能多地聘请外单位人员担任伦理委员会委员,特别是聘请外单位专家担任伦理委员会顾问;尽可能返聘本单位退休人员担任伦理委员会委员。②当伦理委员会成员与研究项目存在利害关系时,严格执行回避制度。③主任、副主任委员不由单位行政领导(如院长、所长等)兼任,而可由非领导职位且具相应资质的权威专家担任。

(2)为伦理委员会提供独立的场所、设备、人员编制等。机构伦理委员会应设立独立建制的办公室,处理日常管理事务。该办公室应拥有专门的办公场所、会议室、资料室等,以及办公所需的基础设施,如桌椅、电话、网络等。此外,科研机构还应当为伦理

---

① ARTHUR BENZ. "Governance：A political science perspective", *JansenD(Ed)*. *New Forms of Governance in Research Organizations. From Disciplinary Theories Towards Interfaces and Integration*. New York：Springer.2007.

② 樊春良:《国家科技治理体系的理论构架与政策蕴含》,《科学学与科学技术管理》2022 年第 3 期。

③ 吴爵、孙云、蒋辉:《影响伦理审查工作独立性的因素及对策分析》,《中国医学伦理学》2019 年第 11 期。

④ 高尚荣:《论科研伦理审查》,《科技管理研究》2016 年第 7 期。

委员会办公室配备专职秘书及相关工作人员,保证伦理委员会正常独立运行。

(3)通过财务支持、教育引导等途径促进伦理委员会独立开展工作。科研机构应为伦理委员会设立专项经费预算,并使之拥有相对独立的财务管理办法,以保证伦理委员会独立开展工作。此外,伦理委员会平时应经常组织全体成员进行交流学习、警示教育等,不断提升成员的职业道德素质,养成独立公正开展审查工作的自觉意识。

(三)发挥制度约束、业务培训、指导监督的作用

作为伦理审查主体的伦理委员会,其审查能力直接关系到伦理审查的质量,故有必要强化伦理委员会审查能力建设。其能力建设可以选择如下主要路径:

(1)制度约束。伦理委员会应在国家相关法律法规的框架内制定切实可行的管理制度和严谨明晰的伦理审查操作规程,且不断加以优化完善,以保证伦理委员会的审查工作在制度规范的约束和引导下正常有序地开展,促进审查能力提升。

(2)业务培训。注重对伦理委员会委员进行定期、持续、系统化的培训,学习科技伦理知识及相关法律法规知识,训练伦理审查技能,以提升委员的履职能力、业务水平。培训方式可采取专题讲座、沙龙座谈、案例研讨、考察访问等。

(3)指导监督。各级行政主管部门及其伦理专家委员会要加强对伦理委员会工作的指导和监管,通过颁布政策规则、提供咨询建议、实施检查评估等方式,发挥指导监督作用,促使伦理委员会守正纠偏、补短强弱,不断提升审查能力。还可引入独立的第三方机构进行监督,通过其考核评估来促进伦理委员会的审查能力建设。

二、伦理审查程序的优化

现代治理要求程序之治。科技伦理的现代治理,要注重相关程序的建构和完善,包括伦理审查程序。伦理审查程序的科学化、规范化和实质化,是保障伦理审查效率和质量的关键所在,有助于准确预判和有效规避科技活动中可能出现的伦理风险,能体现程序正义的价值诉求[①]。多年来,我国注重科技伦理审查程序的机制建设,以《涉及人的

---

① 杨博文:《科技伦理与安全审查的内在理路与二元结构——以〈生物安全法〉为中心展开》,《科学学研究》2022 年第 7 期。

生物医学研究伦理审查办法》等法规文件对伦理审查程序作出了一些规定,对于阻塞新兴科技带来的伦理缺口,保障科技活动健康发展,具有重要作用。但也要看到,科技伦理审查在我国起步较晚,审查程序及运行机制尚有不够完善之处,仍有必要加强程序机制建设。下面选择关涉程序的两个问题略作探讨。

（一）完善利益冲突回避机制

在科技伦理审查实践中,伦理委员会及其成员与申办方、研究者、受试者等之间都有可能存在利益冲突,此类冲突虽不一定都是非法的或不道德的,但仍有必要采用回避等方式对其予以管理、消解,确保审查结果的客观公正性。

世界上伦理审查制度较为成熟、完善的国家,注重利益冲突管理,在利益冲突回避上形成了较为完备的法律法规。例如,美国联邦法规第 45 章第 46 条规定了机构伦理审查委员会(Institutional Review Board,IRB)的责任,确立了利益冲突回避原则:每个IRB 至少应有一名成员不属于该机构,也不属于该机构成员的直系亲属;所有 IRB 成员不得参与任何与初始审查及后续审查存在利益冲突的项目①。美国卫生与人类健康服务部设立了受试者保护办公室(Office for Human Research Protections,OHRP),主要负责对伦理审查的监督,其在《涉及人体受试者研究中的利益关系:受试者保护指南》中指出:当研究中的相关利益影响到受试者的权益时,就会发生利益冲突,包括经济利益冲突和非经济利益冲突,甚至由良好的个人关系所引致的利益冲突;因此,伦理委员会审查时必须考虑研究团队成员、伦理委员会以及科研机构之间可能的或潜在的利益冲突,各机构伦理委员会必须制定利益冲突管理政策,界定"伦理委员会成员的利益冲突",明确其成员何时需要报告利益冲突并在伦理审查中进行回避。在《指南》这一要求的指引下,美国各机构的伦理委员会制定了具体的利益冲突回避制度,并予严格执行,取得了较好的成效。②

我国对伦理审查中的利益冲突回避问题有所关注,目前已有一些规范性文件对此作出了规定,如表 2 所示。

---

① "Code of Federal Regulations Title 45 § 46. 107 IRB membership". (2022 - 04 - 06) [2022 - 04 - 18]. https://www.ecfr.gov/current/title-45/subtitle-A/subchapter-A/part-46.

② MARKMAN MAURIE. " 'Conflict-of-Interest' and Participation in IRB Deliberations: An Alternative Perspective". *Cancer Investigation*, 2008, 26(2) : 115-117.

表 2   我国有关伦理审查回避的代表性规范

Tab.2   The representative norms of ethical review avoidance in China

文件名称	发布主体	条款	应当回避的情形	回避的执行
药物临床试验质量管理规范	国家药监局、国家卫健委	第 10、13 条	存在利益冲突	投票或者提出审查意见的委员应独立于被审查临床试验项目
药物临床试验伦理审查工作指导原则	国家药监局	第 9、12、30 条	伦理审查保密,利益冲突	讨论和投票时,申请人和存在利益冲突的委员离场
涉及人的生物医学研究伦理审查办法	国家卫健委	第 20、21 条	伦理委员会委员与研究项目存在利害关系	伦理委员会收到申请材料后,应及时研究是否涉及利益冲突,并要求相关委员回避
中医药临床研究伦理审查管理规范	国家中医药管理局	第 7、18 条	伦理委员会委员涉及利益冲突	以投票表决的方式做出审查决定,委员应当避免利益冲突

由上可见,我国规范性文件对利益冲突回避虽有一些规定,但较为粗略。比如,如何认定伦理委员会委员与研究项目存在利害关系? 其利益冲突有哪些表现形式? 回避程序究竟如何实行? 都没有具体规定,可操作性不强,有可能会导致其执行流于形式。因此,利益冲突回避机制还有待于完善和优化,并应着重处理好如下几个问题:

(1)合理确定回避主体范围。以目前相关文件的规定观之,伦理审查的回避主体仅仅是伦理委员会的委员,并不涵盖伦理委员会的其他相关人员,回避主体范围显得狭窄,难以保证公正审查而不受其他因素的干扰。因此,应立足于我国的现实国情、人情,适当扩大回避主体的范围:在发生利益冲突时,除了伦理委员会的委员需要回避之外,其他相关人员如秘书、行政人员也应在回避之列。

(2)明确应当回避的具体情形。现有相关规范性文件对伦理审查出现利益冲突而应回避的情形,往往是以"存在利害关系""存在利益冲突"之类的模糊语言进行陈说,不便操作。借鉴上述美国明确界定伦理委员会利益冲突之情形的做法,我国的伦理审查制度应作出相关具体规定。参酌吕刚、刘忠炫、雷瑞鹏等学者已有的研究成果,可以把伦理审查中存在利益冲突而应回避的情形规定为如下主要方面:①经济利益冲突。主要表现为伦理委员会成员和申办方、研究者之间存在经济往来,如获得后者给予的股票及期权、咨询费、演讲酬金、作为专家证人的报酬等。②精神利益冲突。指伦理委员会成员利用其职权之便能获得某种非物质利益,如学术地位、荣誉声望、著作人身权等。

③社会关系利益冲突。伦理委员会成员具有基于血缘、地缘、学缘、业缘等形成的社会关系网络，且在伦理审查中有可能通过其社会关系人获利而取得不同的间接利益。④负利益冲突。比如研究参与者（包括申办方、研究者）或研究项目本身可能给伦理委员会成员的某种利益带来损害，等等。

（3）改进回避程序的执行规则。现有的相关法规制度，关注和强调伦理委员会委员自行回避（或曰主动回避），这是把伦理审查结果的客观公正建立在个体德性的基础上，仰赖个人的自律性、主体性，而不是凭借法定程序的公正性、规制性，此有可能成为导致伦理审查结果不公的潜在因素。因此，在回避程序执行规则的设计上，还应充分尊重申办方、研究者乃至受试者的合法权益，允许他们提出回避申请，并将此类当事人的申请回避作为重要的程序权利加以确认。此外，回避程序应适用于审查的所有环节。依表2所示《药物临床试验伦理审查工作指导原则》等文件的规定，存在利益冲突的伦理委员会委员的回避只是在投票决定环节，并不及于审查过程的其他环节。这忽视了多环节的回避，难以保证程序正义，仍有可能影响到表决结果。为公正起见，此类委员的回避应贯穿于伦理审查工作的全过程。

（二）完善分级分类审查程序

在科技伦理审查实践中，应当基于风险等级的分级和风险—受益的评估，区别不同的具体情形，采用不同的审查程序和审查办法，也就是要根据研究的风险等级进行分类管理，以便尽量减少或免除研究者和伦理委员会不必要的负担，提高效率，同时又使伦理委员会有更多的时间精力审查和管理那些风险高、伦理挑战大的科研项目。从域外一些国家的伦理审查实践来看，往往是依据研究风险级别来决定伦理审查级别，启用相应的审查程序。如加拿大在2010年颁发了第2版《三理事会政策宣言：涉及人类研究的伦理指导》，对研究所涉及的伦理风险的分级及其内涵作出了具体的说明和界定，并对不同风险等级的研究项目所应用的审查程序作了详细规定。①近些年来，我国也注意到了分等级、分程序进行伦理审查的问题，并制定了一些规范，如表3所示。

---

① MARTIN TOLICH, BARRY SMITH. "Evolving ethics envy – New Zealand sociologists reading the Canadian Tri-Council Policy Statement：Ethical Conduct for Research Involving Humans". *Kōtuitui：New Zealand Journal of Social Sciences*, 2014, 9(1)：1-10.

表3　我国有关分等级、分程序进行伦理审查的代表性规范

Tab.3　The representative norms of ethical review on grade and procedure in China

文件名称	发布主体	条款	风险等级的划分	采用的审查程序
生物医学新技术临床应用管理条例（征求意见稿）	国家卫健委	第7条	中低风险研究项目；高风险研究项目	中低风险项目由省级卫生主管部门审批；高风险项目由省级卫生主管部门初审后提交国务院卫生主管部门审批
药物临床试验伦理审查工作指导原则	国家药监局	第25、40、41条	最小风险；严重不良事件；非预期的不良事件	对预期的严重不良事件等情形，实施快速审查
涉及人的生物医学研究伦理审查办法	国家卫健委	第24条	较大风险；不大于最小风险	不大于最小风险者，可用简易审查程序

就现有的相关规范看，总体上较为粗简。如《生物医学新技术临床应用管理条例（征求意见稿）》只是明确了高风险生物医学新技术研究所指涉的范围，如基因转移技术、基因编辑技术、基因调控技术等，至于中低风险研究的情形则未提及。总体上看，我国在科技伦理审查上虽然接受了分等级、分程序进行审查的理念，但在机制建设上还存在着不足，致使审查实践面临诸多困难。比如：对伦理风险缺乏清晰完整的界定，以致实践中分级标准难以把握；伦理风险等级与伦理审查级别的对应关系尚不明确，以致实践中难以依法依规地进行审查类别的区分；对分级后审查程序的适用缺乏明晰的规定，以致实践中难以恰切地选择和使用相应的审查程序。有鉴于此，我国科技伦理审查在坚持分等级分程序审查的原则下，应做好如下两方面的工作：

（1）制定伦理风险评估标准，对风险分级及其内涵作出明确的界定。风险—受益评估是伦理审查的重要内容之一，应当加强对这方面的探讨，对相关科技伦理风险进行合理明晰的等级划分和界定。比如，对科技活动所带来的环境健康风险的评估与预防，就应综合多方面因素作出有关风险等级的明确规定①。域外不少国家注重科技伦理风险等级评估标准的建构。如欧盟《人工智能法案》秉持风险分级、凸显道德优势的治理理念②，将人工智能应用场景分为四类风险等级：①极小风险（Low or Minimal Risk），如允许自由使用人工智能电子游戏或垃圾邮件过滤器等应用；②有限风险（Limited Risk），指包含公开透明义务的人工智能系统；③高风险（High Risk），指产品安全组件、

---

① 朱炳成：《环境健康风险预防原则的理论建构与制度展开》，《暨南学报（哲学社会科学版）》2019年第11期。

② 金玲：《全球首部人工智能立法：创新和规范之间的艰难平衡》，《人民论坛》2022年第4期。

关键性基础设施、公民教育、涉权型执法等领域的人工智能应用；④不可接受的风险（Unacceptable Risk），指对人类安全与基本权利构成威胁。① 又如，美国密歇根大学在临床医学试验中根据受试者受害程度将研究风险分为四个等级，并界定和阐述了各级风险的内涵：①不超过最小风险（No More Than Minimal Risk），指研究中可能造成的伤害、不适具有可预测性，且不超过受试者在日常体检与心理测试中产生的不适；②略微超过最小风险（Minor Increase Over Minimal Risk），指风险程度介于中度风险与不超过最小风险之间的一种风险等级；③中度风险（Moderate Risk），指临时的、中度的身体伤害或者疼痛（持续超过一天），短暂的声誉受损或情绪沮丧，或是因缺勤导致的中度经济损失；④高风险和危及生命的风险（High Risk ＆ Life－Threatening Risk），指死亡、器官永久损害、长期的声誉受损、因残疾造成失业等。② 域外一些国家依据此类评估标准进行科技伦理风险的评价和审查，或在初始审查中筛除那些风险大且不合伦理原则的研究项目，或在持续性审查（即后续跟踪审查）中暂停或终止研究过程中出现不可控风险的项目，体现了基于风险的规制思路③。不仅如此，其评估标准有时还用于相关司法实践，如美国威斯康星州诉卢米斯案，法院就曾参考风险评估工具 COMPAS 得出的结论作出判决④。我们应当借鉴国外有关风险—受益理论模型以及相关实践经验，并结合国内实际情况，探索中国特色的风险评估模式，在各科技领域形成统一的风险评估标准，为在伦理审查实践中科学合理地划分伦理风险等级奠定基础。

（2）依据风险等级对审查程序作出合理的分类安排，通过程序安排来实现审查资源的优化配置，从而充分发挥程序在伦理风险防控中的作用。笔者认为，以研究风险等级为依据来设定审查程序，可分为三类：高风险等级伦理审查程序、较高风险等级伦理审查程序和低风险等级伦理审查程序。由此，可针对不同风险等级的审查程序作出不同的具体要求，制定出不同的工作流程和操作规范，从而达到审查程序之宽严繁简的分流，实现科技伦理的分级管理，既提升工作效率，又有效地规避不符合相关政策要求的

---

① JESSICA MORLEY，LUCIANO FLORIDI，LIBBY KINSEY.“From What to How：An Initial Review of Publicly Available AI Ethics Tools，Methods and Research to Translate Principles into Practices”. *Science and Engineering Ethics*，2020，26（4）：2141－2168.

② University of Michigan.“Guidelines for using magnitude of harm in categorizing risk level”.（2019－11－08）［2022－04－18］. https：//www.gvsu.edu/cms4/asset.

③ 曾雄、梁正张辉：《欧盟人工智能的规制路径及其对我国的启示——以〈人工智能法案〉为分析对象》，《电子政务》2022 年第 9 期。

④ 曹奕阳：《人工智能时代司法裁判的机遇、挑战及应对》，《法治论坛》2019 年第 3 期。

研究设计,以防范风险。我国现行的政策法规对上述分级审查程序也有一些规定,但总体上还显得较为粗疏,仍有必要完善,使之精细化。比如,对一些低风险的研究,相关部门规定了快速审查程序或简易审查程序,如 2010 年版《药物临床试验伦理审查工作指导原则》第 25 条对于快审规定了三种情形:对 IRB 已批准的临床试验方案进行较小修正者,尚未纳入受试者,预期的严重不良事件。但实践中遇有疫情防控之类的紧急情况,有些相关研究是否可采取快审程序进行审查,颇难决断①。可见,程序规定上的粗简或缺失,导致实践操作难以适从,应予完善和优化。

三、伦理审查方式方法的优化

科技伦理审查的方式方法,也关乎伦理审查的效率和质量,要不断创新和完善,为高水准开展审查工作提供强力保障。现选择两个相关问题简论如下。

(一)优化审查结果互认机制

科研机构建立协同共治的合作模式,开展伦理审查互认工作,是提高伦理审查效率和质量的一种有效方式。它有利于避免重复审查、节省审查成本,也有助于科研机构相互促进,加快新技术研发和推广应用。因此,科技伦理审查互认在当下受到国家高层和一些科研机构的重视。2017 年,两办印发《关于深化审评审批制度改革鼓励药品医疗器械创新的意见》指出:"逐步推进伦理审查互认。"2022 年,两办《意见》又强调:"逐步建立科技伦理审查结果互认机制。"在国家层面的政策导向指引下,一些机构、地区积极探索,整合资源,建立伦理协作审查机制,推行伦理审查结果互认。例如,浙江省已有11 家单位建立了临床试验伦理协作审查联盟,浙江互联网金融联合会发起成立了全国首个省级金融科技伦理委员会,均积极推进伦理审查互认。又如,长三角地区的沪苏浙皖在生物医药产业链联盟建设中,已初步建立起长三角药品医疗器械检查互认互信合作机制,推进了长三角多中心临床研究伦理审查结果互认②。

就目前的情况看,伦理审查互认工作还有必要通过建构和完善一些相关机制来予以推广和发展。

---

① 何金玉、陈洁纯、李婷等:《新型冠状病毒肺炎疫情期间定点收治患者的医院应急科研管理实践与思考》,《中国医学工程》2020 年第 8 期。

② 于量:《优化"两链",强固补紧密协同》,《解放日报》2022 年 8 月 17 日。

（1）构建具有同质性的审查标准，尽力使审查结果具有认可度。有学者指出，审查互认"迄今接受率仍然很低，现实的案例也非常少"，比如全国目前有近900家药物临床试验机构，但重大新药创制平台单位之间进行审查互认的只有38家；造成这种局面的一个重要原因是"审查质量的可靠性方面：……审查标准的一致性和同质性差"①。也就是说，各机构的伦理审查所执标准不一，影响到审查结果的质量，进而导致互认困难。因此，建立了伦理协作审查关系的科研单位，其当务之急是根据国家相关法规和指南的要求，建立具有同质性审查标准，以确定伦理审查的规范操作流程及工作细则。其审查标准应当对伦理审查的范围、规范性引用文件、伦理审查基本要求、伦理审查基本流程、文档管理和评估等作出详细规定，特别是对伦理审查工作中使用的各种表格（如伦理审查申请表、伦理审查受理通知）、各种模版（如会议议程模版、会议记录模版、伦理审查批准函模版、评审表模版等）和文件清单作出具体而明晰的规定。通过审查标准的构建和不断完善，推进各机构伦理委员会工作的规范、统一，提升伦理审查的质量和同质化水平，为促进审查结果互认奠定基础。

（2）发挥联盟主管部门或依托单位的作用。目前，一些地方的伦理审查互认联盟是在平等自愿、互利共赢的基础上形成的共享联合体。其所开展的伦理审查互认工作，是在共同规则的约束之下进行的，此约束缺乏刚性，故应有一个各单位均认可的机构进行管理或依托，由此获得有效开展工作的组织保障。这种进行管理或依托的机构，可以是政府相关主管部门，也可以是相关科研单位。由这样的部门或单位来协助进行伦理审查互认的组织实施、管理监督，有助于提高审查水平，促进审查结果互认。从实践来看，不少地方如是而行，取得了较好的效果，如北京市医学伦理审查互认联盟的顺利成立、正常运行，与政府部门北京市卫健委的指导和监管有着密切关系；此外，该联盟实行秘书单位工作制和轮值制，并以秘书单位为依托单位，负责制定联盟相关制度、管理成员单位的进入和退出事宜，指导开展伦理审查互认等，这也为伦理审查互认工作健康有序地开展提供了有力保障。

（3）加强多个单位承担不同研究任务的合作项目的伦理审查互认机制建设。目前，针对多中心科学研究（如多中心临床医学研究）伦理审查协作互认的方式和机制，人们多有探讨，提出了不少新的思路和对策，官方规范性文件也作出了一些规定。但在

---

① 盛艾娟、唐若玮、丁正磊等：《我国单一伦理审查的现状、困境与展望分析——基于北京地区医疗卫生机构调研结果》，《中国医学伦理学》2020年第6期。

科研实践中,亦有多家单位(如科研院所、高校、企业)、多个不同学科(如生物学、物理学、工程学)参与其中的合作项目,其所涉及的伦理审查和审查互认问题,则较少有人关注和探索,缺少较为有效的应对之策、解决之道,导致多单位共同承担的项目在伦理审查互认上往往出现梗阻。而今,由多单位承担不同研究任务的合作项目愈来愈多,且各方承担的任务大多涉及伦理问题,故应关注和探寻此类研究项目的伦理审查、结果互认的有效方式和路径。笔者认为,参与此类合作项目的各方首先应当签署伦理协作审查互认协议,然后由牵头单位负责受试者招募、受试者筛选、试验干预、观察指标评估、数据统计分析等方面的事宜,并接受伦理委员会的审查,其他合作单位则认可牵头单位的审查结果,不再重复审查,或者通过快审程序进行审查。当然,伦理委员会无论是审查此类合作项目的牵头单位的研究,还是审查合作单位的研究,都应将合作项目视为一个系统而有机的整体,审核其整个研究方案而作出是否符合伦理要求的评判。

(二)加强伦理审查信息化建设

随着信息技术的高速发展以及科技伦理审查工作要求的提高,传统的纸质化工作模式已难以满足当前伦理审查工作的需要,必须加快推进信息化平台和系统在伦理审查工作中的应用,提高信息化管理水平。

加强伦理审查信息化建设,能取得多方面的良好效应。首先,可以提高伦理审查工作的效率。以人工记录、纸质存档等传统的手段开展审查工作,要耗费大量的物力人力;而采用信息化手段,不仅便于伦理申请人提交文件,而且也给伦理委员会保存、传递、调阅相关文件,进行工作上的沟通衔接,提供了极大便利,在节省物力、人力的同时,也能保证信息传递的时效性、交互性,有助于缩短审查周期。其次,可以提高伦理审查工作的规范性、精准性。在信息化系统程序的控制下,可使上传的审查资料符合规范要求;系统的自动跟踪提醒功能,可使每一个审查环节、步骤在其必要的时间节点上得到关注和落实,避免人工操作出现的疏忽遗漏,从而提高审查的规范性、准确性。再次,可以促进伦理审查流程的标准化建设。在过去的一段时间内,我国一些科研单位的伦理委员会下设的多个领域伦理委员会,或有协作关系的不同单位的伦理委员会,在审查流程上各自为政,不相一致;但如果建立伦理审查信息平台,则可以统一各伦理委员会的审查流程,实现流程的标准化。

伦理审查信息化已经成为一个重要的发展趋势。2000 年,WHO 在《审查生物医学研究的伦理委员会工作指南》中倡导"国家、单位和社区应该努力建立伦理委员会和伦理审查系统,以保证能为未来的研究参与者提供尽可能广泛的保护";我国近些年来不断有伦理委员会启用电子信息系统,实现了项目审查的电子在线操作。例如,华东师范大学伦理委员会于 2020 年开通了网上伦理审查系统,对教师和学生的有关研究项目进行科研伦理审查,实现了从线上申请、审查、意见反馈、修稿提交到线上投票、批准函发放的全过程管理,促进了科研伦理、学术规范的落实。[①] 又如,北京市医学伦理审查互认联盟的"48 家联盟单位中,有 29 家已使用伦理电子信息系统"[②]。

　　我国的伦理审查信息化建设虽然取得了较大成绩,但也存在着一些不足,需采取一定的举措来加以强化和推进。

　　(1)政府及其有关部门应采取有效的措施推进伦理审查信息化建设的步伐。我国科技伦理审查起步较晚,目前还处在探索发展阶段,信息化程度不高,政府及相关机构主动公开相关信息的意愿也不足[③]。据调查,我国药物临床试验机构只有 7.8%的伦理委员会建立了伦理审查系统,77.68%的伦理委员会仅有日常办公软件(如 Office)[④]。即便是经济、科技较为发达的深圳市,情况亦不容乐观,该市 48 家医疗机构设立了伦理委员会,只有 8 家(占 16.67%)伦理委员会拥有电子伦理审查系统,但基本是医院科研管理或药物临床试验管理系统的一个模块[⑤]。由上可见,伦理审查信息化覆盖面尚不广泛,且信息化程度普遍偏低,故有必要加快伦理审查信息化建设的步伐,整体提升伦理审查信息化水平。为此,政府及其有关部门应继续采取强有力的措施加以推动,比如进一步出台相关法规及政策,予以引导和强化;构建和完善持续、稳定、有效的经费投入机制,为伦理审查信息化建设提供物质保障;组织信息技术培训与交流,提高相关人员

---

①　王群、饶昇苹:《高校科研伦理审查工作回顾与思考——以华东师范大学为例》,《中国高校科》2021年第 S1 期。

②　李晓玲、张卓然、宋玫等:《北京市医疗机构多中心临床研究伦理审查互认的实践与思考》,《中国医学伦理学》2021 年第 10 期。

③　田亦尧、李欣冉:《科技伦理治理机制的法治因应与逻辑转换——由生物技术科技伦理规制问题展》,《科技进步与对策》2021 年第 2 期。

④　佘志华、陈舟、梁松岳:《基于云架构的药物临床试验伦理审查信息化体系建设》,《中国临床药理学与治疗学》2021 年第 9 期。

⑤　许卫卫、吉萍、谢杨晓虹等:《深圳市医疗机构人体研究伦理管理现状调查》,《医学与哲学》2019 年第 13 期。

使用信息化技术的能力①,为伦理审查信息化的推广和普及奠定基础。

(2)加强数据标准化建设,实现伦理信息互通共享。开展和推进伦理审查信息化建设,应做好"纸质数据电子化,电子数据标准化"的工作,建立规范的电子数据应用标准,消除电子数据的不一致性,实现数据资源的科学管理和共享应用。此为不少伦理审查活动开展之所需。比如,当下很多科研单位为了避免重复审查的耗时费力,正在积极探索和尝试伦理协作审查的模式。就多中心研究伦理协作审查的探索和尝试而言,主要涉及伦理互认、区域伦理审查等模式;此类模式的应用,在信息化建设背景下都要求基于数据的标准化,实现相关伦理数据信息的互联互通、共建共享。又比如,为了加强科研伦理审查,惩戒剽窃抄袭、篡改或捏造数据等学术不端行为,以推动科研诚信建设,目前有不少单位、地区积极推进科研诚信信息的跨时空共享应用。在此情势下,只有实现数据信息标准化,建立数据共享机制,才会有更多的单位参与到科研诚信信息共享平台的建设之中,并利用平台信息对学术不端行为进行审查、监督和惩处。而就目前的情况看,用于伦理审查的数据平台大多是相关单位与数据供应商合作建设的,而供应商的管理系统(ECMS)在技术标准上往往互异,致使不同单位的平台数据难以互联互通和共享,制约着伦理审查信息化的发展。因此,推进伦理审查电子数据的标准化建设,实现跨机构或跨地区的数据资源互通共享,已成为当务之急。如何进行数据标准化建设呢?可由相关科研主管部门或科研单位牵头,对数据平台建设进行整体统筹,确立伦理资源数据之采集方式、基本内容、存储格式、信号编码、传输方式等所应遵循的基本原则,建构统一、科学、规范的资源数据标准体系,切实解决平台数据标准范围过窄、通用性差、适用性不强等问题,从而实现伦理数据信息跨机构或跨地区的交换共享。

(3)健全信息系统权限管理制度,为维护数据安全、确保审查过程的真实性提供保障。在科技伦理审查信息化过程中,现代信息技术手段一方面能助力伦理委员会提高审查的效率和质量,另一方面也会将个人隐私、试验记录等方面的信息抛置在被人窥探或滥用的危险境地。因此,有必要关注和强化信息安全管理工作,特别是要加强信息系统权限管理。数据系统主要是通过权限管理和轨迹追踪技术来实现数据信息的保真性、可溯源性,以使各种信息内容(包括电子印章、签名之类)及信息处理过程真实可

① SAND MARTIN,DURAN JUAN MANUEL. "Responsibility beyond design:Physicians' requirements for ethical medical AI". *Bioethics*,2022,36(2):162-169.

靠、能得到验证,故加强信息系统权限管理显得尤为重要。但观现阶段的情况,信息系统权限管理还不尽如人意,存在着职能权限不清晰、权限分配不严谨等问题,最终可能导致信息泄露或被篡改;特别是 ECMS 多采取用户名加密码的形式进行权限管理,而其安全能力又往往不足,容易引发不能有效追溯和验证伦理审查过程的风险。鉴于上述情况,未来伦理审查信息化建设应重点关注系统用户权限的管理,使级别权限的设置安全可靠,防止非法操作编辑,尽量使当事人免受侵害①。在系统权限管理功能上,应根据具体需要来分配各级各类用户(研究者、申办者、伦理委员会成员等)的访问权限,并坚持权限功能设计的两个基本原则:每个用户只能浏览、操作权限之内的菜单和功能界面;权限系统对所有访问请求进行审查过滤,自动拒绝非法访问。另外,应当遵照《中华人民共和国电子签名法》等法律法规的要求,推广和应用电子签名、电子印章、电子校验等技术,使伦理审查信息系统能够对接国家级 CA 认证中心、存证机构,解决身份认证、授权管理等方面的问题,以求保证数据信息安全,同时又快捷高效地开展伦理审查。

四、结 语

科学技术的高速发展,特别是一些新兴技术的突飞猛进,令全社会共享其利,但其带来的伦理风险也日益凸显;推动科技伦理治理,防范科技伦理风险,已成为时代赋予我们的新课题、新使命。为此,应当加强科技伦理审查工作,因为伦理审查是行之有效的科技伦理治理手段,伦理审查机制对前沿科技领域的研究和创新具有十分重要的规范作用。我们要从国家科技自强自立、国家科技治理体系和能力现代化的高度来重视和加强伦理审查机制建设。我国伦理审查的机制建设和制度安排虽然取得了很大的成效,但仍有待于进一步推进和完善。特别对直接影响伦理审查质量和效率的重要方面,如作为伦理审查主体的伦理委员会的建设,伦理审查程序的运行,伦理审查方式方法的应用,均应积极探索,努力寻求对策,使这些方面的机制得到完善和优化,从而形成科学、健全的科技伦理审查制度体系,为高质量、高效率地开展伦理审查活动提供保障,进而有效地规避可能的科技伦理风险。本文对上述重要方面的机制进行探讨,提出自己的一些看法和建议,其用心本意亦正在于此。

---

① 曹奕阳:《手机取证与隐私权保护的平衡——以现代公法比例原则为视点》,《科技与法律》2019 年第 6 期。

Optimization Ways of Related Mechanism of
Ethical Review of Science and Technology

Cao Yiyang

（School of Law, Central China Normal University, Wuhan 430079, China）

Abstract：The rapid development of science and technology, especially the emergence of new technologies, has brought benefits to the whole society. Science and technology can bring the future closer and continuously release dividends to the society. However, the ethical risks it brings have become increasingly prominent. Nuclear technology, biotechnology, and information technology are the major technological innovations raising ethical and moral issues. How to promote scientific and technological ethical governance and prevent scientific and technological ethical risks have become new topics and new mission given to us by the times. For this reason, it is of great significance to strengthen the ethical review of science and technology. Ethical review is an effective means of the governance of scientific and technological ethics. And ethical review of science and technology follows the concept of "science and technology for good". It has a very important normative effect on research and innovation in cutting-edge scientific and technological fields. Ethical review is served as gatekeeper. In order to give full play to the role of ethical review in the governance of scientific and technological ethics, attention should be paid to the construction and improvement of relevant mechanisms for ethical review.

There are still some deficiencies in China's mechanisms for construction of the ethics committee, the operation of the ethical review procedure, and the application of the ethical review methods. For example, the standardization and homogeneity of the ethics committee construction are still insufficient, which affects the overall level of the ethics committee construction. The procedures and mechanisms for avoiding conflicts of interest are far from perfect, which may lead to unfair ethical review results. Due to the lack of homogeneous review standards, mutual recognition of the ethical review results is highly affected. The mechanism for the construction of information technology for ethical review is not good enough, which triggers to a generally low level of information management. These problems will influence the quality and efficiency of the ethical review of science and technology. Therefore, it is necessary to find the countermeasures and optimize relevant mechanisms.

For the above-mentioned mechanisms in different aspects, by using the research methodology of case study, data analysis, overseas experience, and other methods and approaches, we can find countermeasures for further improvement and optimization: (1) Regarding the construction of the ethics committee, to comprehensively and balanced improve the strength of the committee, the relevant certification mechanism should be built, and the entry threshold should be raised. The independence of the ethics committee should be enhanced by personnel recruitment, independent establishment, and financial support. The review capacity of the ethics committee should be continuously strengthened through system constraints, business training, guidance, and supervision. (2) Regarding the operation of ethical review procedures, the conflict of interest avoidance mechanism should be improved, and the scope of the avoidance subject should be reasonably determined. Scientific and technological ethical risk assessment standards should be set to define the risk classification and its connotation. And corresponding review procedures should be used according to the risk levels of research projects to implement hierarchical and classified management. (3) Regarding ethical review methods, the mutual recognition mechanism of review results should be optimized to improve review efficiency and quality through mutual recognition. It is necessary to strengthen the construction of ethical review information, promote the standardization of electronic data, and improve the authority management system of the information system.

In conclusion, the above research can solve the specific problems existing in the practice of the ethical review of science and technology in our country. By multi-party exploration, especially by drawing on the successful experience abroad, countermeasures to solve the problems are proposed. These countermeasures have strong feasibility and certain novelty. Therefore, it can provide a reference for the improvement and optimization of relevant mechanisms of our country's ethical review of science and technology, promote the formation of a scientific and sound ethical review system of science and technology, and provide guarantees for high-quality and efficient ethical review activities. Ethical review of science and technology can effectively avoid scientific and technological ethics and safety risk. By optimizing the related mechanism of ethical review of science and technology, the good governance of science and technology can be truly realized.

Keywords：Ethical Review of Science and Technology；Ethics Committee；The Review Process；Review Methods

会　议　综　述

2022 年"人工智能与司法大数据"
国际研讨会综述

罗　雪*

一

当今世界,信息化浪潮风起云涌,加快数字化发展、建设数字中国,是顺应发展形势新变化、构筑国家竞争新优势、全面建设社会主义现代化国家的必然要求。在深召开的第二十一届中国互联网大会上工业和信息化部副部长表示,为推动互联网行业的发展蓬勃生机,工业和信息化部将学习贯彻党的二十大精神,并以此为指导,在新发展阶段下,全面、准确地贯彻新发展理念,构建新的发展格局。同时将认真履行"十四五"数字经济和信息通信行业发展规划,确保互联网行业焕发出全新的活力。2022 年国务院及各部委更是提出了新的有关数字化转型的法律规范和政策指导,《国务院关于加强数字政府建设的指导意见》就主动顺应经济社会数字化转型趋势,充分释放数字化发展红利,全面开创数字政府建设新局面作出部署。提出以 2025、2035 为节点的两阶段工作目标和七个方面的工作任务。2022 年国务院办公厅同意建立数字经济发展部际联席会议制度,以落实数字经济发展战略,统筹规划与政策,推动重点工作完成,加强协调推进组织改革举措为主要职责。2022 年 12 月 19 日,中共中央、国务院对外发布了《关于构建数据基础制度更好发挥数据要素作用的意见》,又称"数据二十条"。本次出台的"数据二十条",构建了数据产权、流通交易、收益分配、安全治理等 4 项制度,共计 20 条政策措施。提出构建数据产权、流通交易、收益分配、安全治理等制度,初步形成我国数据基础制度的"四梁八柱"。2022 年 11 月 4 日,国家市场监督管理总局、国家互联网

---

* 作者简介:罗雪,华中科技大学法学院,湖北司法大数据研究院研究员。

信息办公室决定实施个人信息保护认证,鼓励个人信息处理者通过认证方式提升个人信息保护能力。个人信息保护认证实施规则包含七大部分,分别为适用范围、认证依据、认证模式、认证实施程序、认证证书和认证标志、认证实施细则、认证责任。2022 年6 月,国家市场监督管理总局、国家互联网信息办公室发布了《数据安全管理认证实施规则》,旨在鼓励网络运营者通过认证方式规范网络数据处理活动,加强网络数据安全保护。该数据安全管理认证实施规则规定了适用范围、认证依据、认证模式、认证实施程序、认证证书和认证标志等内容。其中,认证模式分为技术验证+现场审核+获证后监督。

中国法院的信息化建设已经进入了 3.0 时代,这意味着法院系统正迎来更加智能化、数字化的发展。建设智慧法院不仅是互联网时代的发展趋势,更是中国法律的有力实践,对于提升司法公信力起到了重要的推动作用。智慧法院的建设是深化中国法院司法改革的重要支撑。通过充分利用信息技术,法院能够实现数据共享、案例检索、在线办理等功能,从而提高工作效率、优化司法资源配置,为司法决策提供科学依据。这样的改革不仅仅是基于国内需要,也是积极应对全球变化的必然需求。目前,智慧法院的基本框架已初步形成,核心在于建立了网上办案系统。通过这一系统,法官和当事人可以线上提交材料、进行庭审,实现了电子化、网络化的诉讼流程。这不仅有效应对了案件数量的持续增长,缓解了传统法院工作的压力,也大大提高了司法透明度,让当事人和社会公众更加了解司法程序和裁判结果。

为满足广大专家学者的需求,2022 年"人工智能与司法大数据"国际研讨会采取了"线上+线下"相结合的方式进行。会议不仅提供了同声传译服务,还通过直播的形式,吸引了来自全球的 1 万余人观摩了会议。本次会议的内容包括校(院长)论坛、主题发言、分论坛和海外专场等环节,涵盖了多个方面的讨论和交流。与会的主要专家包括:中国司法大数据研究院院长梁新,中国政法大学副校长时建中教授,中国人民大学副校长王轶教授,吉林大学副校长蔡立东教授,华中科技大学中欧知识产权研究院院长、湖北师范大学副校长、欧洲科学院院士余翔教授,清华大学智能法治研究院院长申卫星教授,天津大学法学院院长、中国绿色发展研究院执行院长孙佑海教授,北京大学《中外法学》杂志主编王锡锌教授,西北政法大学《法律科学》主编杨建军教授,四川大学法学院院长左卫民教授,华中科技大学智能媒体计算与网络安全研究团队负责人于俊清教授,同济大学上海国际知识产权学院皮勇教授,华东政法大学知识产权学院院长丛立先教授等数十位国内著名专家以及来自美国、英国、苏格兰、荷兰等国著名大学和研究机构的国际专家。本次国际研讨会包括开幕致辞、校长、院长论坛和分论坛报告环节。

二

校长、院长论坛由华中科技大学法学院院长汪习根教授、陈起行教授共同主持,13位资深专家作了主题分享。汪习根教授首先对论坛报告专家以及各位与会人员的参会表示热烈欢迎,向各位专家对华中科技大学法学学科和湖北司法大数据研究中心建设长期持久的关心、支持和帮助表示衷心感谢。他特别提到,本次校长、院长论坛的主题报告人都是来自全国重点高校和有关研发机构的著名专家,都是司法大数据、人工智能研究方面的权威学者和实务界的领军人物。各位专家聚焦数字时代人工智能与司法大数据这一全新议题,从各自的学科领域和研究视角探讨司法人工智能所面临的现实难题及其破解之道,将理论与实践融于一体,提出了具有创新性的见解,深受启发,对司法人工智能的理论研究、纵深发展和实践推进,具有重要指导意义。

中国司法大数据研究院院长梁新作了以"司法数据中台和智慧法院大脑"为主题的发言。他首先总结回顾了智慧法院发展现状,并对"十四五"期间人民法院信息化建设规划安排作了简要介绍,指出智慧法院建设已经成为了人民法院在世界的靓丽名片。在谈到建设进展时,他指出司法数据中台和智慧法院大脑总体框架是基于数据、基于引擎、基于知识服务平台、基于区块链的。目前最高人民法院已经初步建成司法数据中台和智慧法院大脑,其中重点加强了数据智能推荐、数据融合以及数据分析,在基于数联网的卷宗音频视频调阅、基础 AI 能力以及司法知识库等方面取得了进展。司法数据中台和智慧法院大脑建设,将有助于实时感知司法运行态势,持续释放数据价值,快速推进智能化进程并建设安全可信业务底座。下一步建设的重点,将集中于增强服务能力、推动全国服务、构建服务机制等方面。

中国政法大学副校长时建中教授以"数据基础制度与人工智能司法"为主题作分享。他从习近平总书记在中央全面深化改革委员会第二十六次会议上关于数据基础制度的重要讲话谈起,认为数据基础制度需要坚持安全与发展并重,主要包括数据安全和数据开发利用两个方面的立法。他指出会议描绘了数据基础制度的主要框架,提出了公共数据、企业数据以及个人数据三种数据类别,并进一步强调需要厘清三种数据之间的关系,对数据进行科学的分类。他认为,数据基础制度的构建一定是为了实现数据赋能的价值,需要推进数据的要素化,需要推进要素的市场化。其中,数据的要素化要解决赋能的问题,数据的市场化要解决数字资源高效配置的问题。因此,在此基础的立法必须完善"制度+技术"两种重要机制,坚持发展与安全并重。

中国人民大学副校长王轶教授延续了 2021 年在论坛上所探讨的话题,以"数据权益的归属:理论与实践"为主题作了发言。他以 2020 年《人民法院报》所报道的一个由杭州互联网法院审判的案件为引,提出数据权益归属的最核心涉及"何种数据、何类权益、归谁享有、享有什么以及如何称谓"等四个问题,并对此提出了自己的看法。他指出在理论和实践中间有最大争议是企业数据这类数据,权益保护的主要意见分歧则集中于数据所承载的财产权益。他认为"归谁享有、享有什么"是一个典型的民法问题中价值判断问题,并且今天人们所分享的价值共识,更多是容忍和接受。对于第四个问题,他认为当下的讨论事实上是一个纯粹民法学问题中的解释选择问题,认为对数据权益进行概念上的描述,找到最大公约数是关键。

吉林大学副校长蔡立东教授围绕着"人工智能辅助司法审判的限度",探讨了司法人工智能所面临的现实难题及其破解之道。他认为在充分肯定司法人工智能建设成就的同时,也应当重视司法人工智能赋能风险。基于调研成果,他认为司法人工智能应用蕴含着制度宰制、参差赋能、司法参与者对数据技术占用使用基础不同以及技术伦理等方面的风险。他强调需要保持对司法人工智能的高度清醒,坚持司法人工智能的工具理性和价值理性的有机统一。他认为现阶段司法人工智能的应用在四个方面大有作为,并且应当限制在这四个方面:首先,司法审判中重复性、机械化、可替代的工作可以委托司法人工智能;其次,司法人工智能在证据校验、辅助审判等实现程序正义的方面具有核心优势;并且,运用数字技术,以程序性、公式化计算来优化诉讼程序可以处理简单案件;最后,利用司法人工智能可以促进司法资源的合理分配。

华中科技大学中欧知识产权研究院院长、湖北师范大学副校长、欧洲科学院院士余翔教授分享的主题是"人工智能对专利法和著作权法的挑战及应对策略"。他首先分析了人工智能对现行专利法的挑战,主要包括人工智能相关技术及其创造的发明创造的专利保护范围、专利权归属以及侵权判定与责任归属等问题。对于人工智能对现行著作权制度的挑战,他认为主要存在三个方面的问题,即 AI 生成物的可著作权性、著作权归属以及侵权判定与侵权责任等。基于上述分析,他探讨了潜在解决方案与对策。他认为在弱人工智能时代将 AI 生成物或者发明创造作为公共财产保护不利于进一步创新创造,也没有必要为人工智能的发明物或者创造物提供新的专有权利,但是在未来的强人工智能时代,将其作为公共财产保护可以成为一种解决方案,并且应当研究考虑可能会设立特别的专有权利。

清华大学智能法治研究院院长申卫星教授作了以"关于人工智能立法的思考"为主题的发言。他谈及到人工智能立法本身可能的复杂性,还可能涉及到科技、伦理和法治如何来平衡,以及在各方当事人都参与的情况下,如何实现多元共治,人工智能企业在其中扮演怎样的角色以及如何开展国际合作。他认为,研究路径应从四方面着手:一是如何考虑行业共识的伦理准则转化为法律。二是人工智能的立法不仅仅是外在规则,还要靠通过内在技术设计的方法来消除一些风险。三是尊重实践中的应用,对实践的凝练形成一个保障的历练。四是如何通过立法的方式实现国家的干预。谈及未来立法,他认为要考虑四个问题:第一个是综合立法还是分散立法,第二个是制定管制性的规制法还是产业发展的促进法,第三个是要倾向伦理为主的软法还是明确规则的立法,第四个是人工智能立法和数字经济立法的关系。最后,他认为应该积极落实人工智能立法,使人的尊严得到保障。

天津大学法学院院长、中国绿色发展研究院执行院长孙佑海教授以"类案检索系统存在的问题和优化路径"为题进行了发言。他指出,当前案件检索系统多样但效果不佳,破解"类案不同判"的问题刻不容缓。首先,他指出了五种类案检索系统应用质效发挥存在的"瓶颈",例如:类案检索的精准度不够,全面性不足,智能化不足,推送的有序性不足等。其次,他认为局部地区类案检索推送质效受限的综合原因主要有以下四个方面:类案检索系统开发的需求定位失准;相关源头数据提炼不纯;技术水平不高且有关系统应用的推广亟待加强。最后,为了进一步加强和改进类案检索推送的水平,他提出了几点优化建议,第一要做到源头数据的减噪清洗;第二要对海量数据进行要素式拆解标注;第三要促进类案结果分析的系统更加全面;第四有关推送效果要做到智能增效;第五是体验升级用户需求。

北京大学《中外法学》杂志主编王锡锌教授围绕"数字行政与司法审查的技术应对"一题进行了发言。他提到,在数字政府与法治政府建设进行深度融合的大背景下,我们需要思考法律对行政行为的司法审查所带来的挑战与改变。现如今大数据技术广泛应用到政府行政活动的各个层级,产生了一种跟传统的行政权力深度结合的数字权利,简称"数治",其往往落实在数据采集、数据处理等现实场景中。在推进今后的数字政府建设时,首先,要注意在算法逻辑的相关方向上不断自我强化;其次,也要关注数治带来的权利结构的释放对传统的行政法治带来的挑战;再次,强调所有的权利要有责任。数字在行政过程中的广泛应用其实是对行政提出了一个系统性的挑战,最核心是回归传统法治——法院。在有关司法方面,他提出了今后需要额外关注的问题在于法官和人工智能的关系以及法官和算法或者机器之间该如何平衡。

西北政法大学《法律科学》主编杨建军教授围绕"司法大数据之于法治的意义"作了主题发言。司法大数据显著的特点是敏感性强,保密性强,隐私性更强。他认为司法大数据促进法治要做到:一是要引导社会预期,树立行为准则;二是要提高案例检索质量,统一司法裁判标准;三是要促进司法公开,推进司法公正;四是要服务国家管理,强调法律监督;五是要推动立法完善,促进国家治理;六是要促进法律文化传播,促进法治文明互鉴。谈及司法大数据运用中的法治陷阱,他认为司法数据在内的数据公开是大势所趋,必然要求,但要适度。为了保障当事人的被遗忘权,对司法大数据公开要进行适当限制。

四川大学法学院院长左卫民教授以"AI 法官的时代到来了吗"为题进行了发言。他以中央政法活动等领域 AI 技术兴起为引,以域外 AI 法官的已实际运用于决策为对比。指出了中国 AI 法官的运用背景和现状,即:我国在人工智能方面呈现出官方政策、学术研究"热",但司法实践效果"冷"。同时探讨了目前 AI 法官的运用障碍主要表现在社会认同障碍、技术发展障碍以及司法伦理障碍这三个方面。他认为,AI 法官难以得到普遍化运用,但却可以在有限的简单案件范围内运用。并从合理预期、多层面推动两个方面提出了具体应对建议。最后他总结道:我国 AI 法官未来可能的运用前景尚不确定,在实际运用中我们需要持有更加谨慎的态度。让未来告诉未来,是他对"AI 法官时代到来了吗"最好的回答。

华中科技大学智能媒体计算与网络安全研究团队负责人于俊清教授围绕"网络治理与数据安全"发言,首先表达了他对法学领域中可以应用到人工智能的兴奋之情。从科技革命和互联网谈起,指出了当前网络安全的严峻形势和问题的根源,目前网络威胁与政治政权、社会稳定、恐怖组织息息相关,无论是网络攻击的来源、意图、目标、手段或者对象也都在不断变化升级。关于司法系统的网络安全防护,他提到了"五好"保障体系,要有好体制、好规划、好制度、好队伍和好预算;同时也要做到精准防控,也就是说攻击能防护,问题能追溯;再者强调了统一的谋划、部署、推进、实施也非常重要;另外也需从数据、业务层面重视司法数据治理。最后他总结道,网络安全与信息化永远在路上,人工智能重要,但人的智慧更重要,只有二者结合起来,才可以让智能法官更智慧。

同济大学上海国际知识产权学院皮勇教授以"自动驾驶汽车生产者的刑事责任"为题,从人工智能刑事法治角度进行了系统性的阐述。他首先提出了总观点:应对自动驾驶汽车交通事故,必须根据智慧交通的观点,发展交通刑法理论,构建以生产者全过程责任为中心的新刑事责任体系。详细来说,新刑事责任体系应贯彻科学防范风险、适度风险责任、生产者全过程防范风险三个主要原则;同时新刑事责任体系应以生产者全过程刑事责任为中心,促使生产者自觉履行自动驾驶汽车应用阶段的安全管理义务,而驾驶位人员的刑事责任则与自动驾驶汽车的类型有关。最后他谈到,从自动驾驶汽车发展趋势和新一代人工智能技术局限性看,警觉接管义务立法不是科学、公正的制度安排,了解不同自动驾驶汽车类型的应用应适用于不同的方向。

华东政法大学知识产权学院院长丛立先教授以"算法推荐作品的平台版权注意义务"主题作了发言,从五个方面来介绍他的观点:其一,是将算法与版权领域的算法的概念进行了梳理,他认为对于算法应客观中立,对于推荐算法应理性理解,对于算法推荐应据实分析。其二,基于算法和推荐算法的使用和控制,产生算法推荐作品的行为。其三,他将算法推荐作品的平台行为进行分类,即平台的内容提供行为、信息提供行为以及技术服务行为。他强调从版权法的意义上看,平台行为应着眼于"算法推荐版权作品中的平台具体行为的性质"。其四,他认为算法推荐作品的平台注意义务要分情况分析,即平台直接提供行为应具有直接责任、平台间接帮助应有事前的注意义务以及平台技术服务或信息服务行为应有事后的注意义务。其五,他从违法行为、损害后果、因果关系以及主观过错来分析算法推荐作品的平台版权责任。

中文会场一:分论坛一由华中科技大学法学院何士青教授主持。

北京航空航天大学法学院副院长周学峰教授以"智慧司法与数字正义"为题进行了发言。他认为,智慧司法是数字应用的产物,数字司法也可翻译成数字正义,数字司法是将各种信息通过硬件、软件等形式转化为数字形式,大数据、人工智能等都是数字技术发展到一定形态的产物。智慧司法有利于我们接近正义,比如疫情期间在地域上远程审判、非同步审理机制消除了双方时间不同步的障碍、智能庭审辅助系统等。一方面,智慧司法对程序正义带来了挑战,司法转移到网络上使得司法权威受到挑战,同时也使得传统的诉讼制度和程序正义观念受到挑战;另一方面,智慧司法也对实体正义带来挑战,司法大数据分析是在海量的裁判文书中发现相关性,但相关性因素明确并不一定具有因果关系,价值取向也受到质疑。基于以上的问题,他提出了几点建议,比如坚持以人为本,实现数字正义的目标;不应当以技术的应用模糊司法责任的认定;梳理和更新数字司法背景下的正义观念、诉讼制度和私法伦理准则等。

四川大学法学院王竹教授以"司法人工智能推理辅助的'准三段论'实现路径"为

题进行了发言。他本次介绍的三段论主要涉及对三个点位的处理。首先,他认为在司法人工智能中嵌入传统三段论逻辑是不可行的,司法人工智能在民商法领域面临的一个主要问题就是请求权竞合,这对于人工智能而言难以解决。因此他提出了民商事司法人工智能推理辅助"准三段论"的新路径,建议以判决书中法官总结的"争议焦点"(issue,用 i 表示)替换作为结论(p)的判决结果,因此新三段论是:大前提(法律规定)——争议焦点(代结论)——小前提(基本事实),同时他还介绍了案例对该新三段论做出了推论。同时,准三段论标注的意义在于把裁判文书中符合法律思维的重点内容标注出来,这符合法律人思维的三段论思考模式。

北京师范大学法学院薛虹教授以"人工智能辅助的互联网域名争议解决机制探索"为题进行了发言。她介绍了人工智能应用领域的具体问题。人工智能适用于司法裁判确实有伦理问题,因此她认为可以将人工智能应用于非讼问题以检验公众的接受度。一方面,她认为域名争议解决程序和仲裁程序有很大不同,它是一个公开程序,而仲裁不公开。平台有当事人的验证系统,可以判断域名注册人的有关信息,未来在程序管理方面有可能完全由人工智能运行该程序,成为争议解决专家,避免法官裁判的偏颇性。另一方面,她介绍了人工智能辅助应用于裁判,采用了书面审理的方式,可能没有有效的质证,但 AI 系统正在有效地实现相关信息的检索、发掘、比对,最终形成类似小前提的信息呈现给争议解决专家,由专家进行判断。最主要的是系统可以让争议解决专家了解互联网信息的时间戳、当事人的行为模式,但必须由专家自行判断。

武汉大学法学院罗昆教授以"服务于统一法律适用的司法数据库之构建"为题进行了发言。他主要想强调两个问题,一是为什么需要构建一个数据库。现有的案例数据库没有办法满足我们的实际需要,都是以促进公正司法为目的,但其具体路径是司法公开,受多种因素影响,案例数据库都存在质量良莠不齐、数据库数量庞大、检索信息量大等问题,实践中争议大的案件,法官为避免争议不上传网络,这些问题难以解决。二是如何构建典型案例库。要专门建立一个统一法律适用的典型案例。首先,这是个庞大的工程,需要有法院予以协助,其次,要搞好顶层设计,弄清定位以及解决好对接问题,最后要有充分的保障,对案例去粗取精,还应当摸清实践中典型的法律适用争议,包括实体法和程序法的,发现一批就培育一批案例库,逐步推进司法数据库的构建。

中国人民大学法学院未来法治研究院副院长丁晓东教授以"个人信息的司法保护:大规模微型侵权如何破解"为主题进行发言。他主要讨论司法如何应对智慧社会的一系列问题,其中最重要、最关键的是个人信息的司法诉讼问题。因此丁教授引用了大规模的微型侵权概念,这比个人信息侵权的传统概念更加突出,很多时候个人信息泄露造成的危害很可能也是微型的,法律后果微型但人数众多,而个人信息保护法的构造是双重结构,个人信息权利之诉并不是纯粹的公法或私法问题,也并不是绝对权,这其中涉及很多其他权利。因此他认为个人信息保护的救济、补偿要转换成合理的威慑,最终推动个人起诉,形成类似于赏金机制,但金额太高会导致起诉的人过多,太低没有人愿意起诉,因此要充分衡量赔偿金额。个人信息侵权未来会面临很大挑战,他介绍的是从个人救济到公共治理的思路。

武汉大学法学院冉克平教授对上述五位发言人的精彩发言进行了评议:周学峰教授从大数据、人工智能以及什么是计算机化、信息化和网络化、数据化、智能化出发,重点分析了智慧司法如何实现数字正义的方式,一方面强调了智慧司法有助于接近正义的一面,另一方面周教授更多地提到了智慧司法对数字正义带来的挑战,强调了如何解决智慧司法给数字正义带来的挑战,坚持以人为本,追求数字正义为目标等,文章很充分地表达了智慧司法与数字正义的关联性,尤其是智慧司法对数字正义问题的解决方式。王竹教授以三段论嵌入人工智能的不可行为切入点,介绍重点在于如何把所有案件的具体情形(小前提)转化为代码,也就是小前提,而文字不可行的原因是很多事实通过文字表达很可能会歪曲,再将文字转化为代码又会发生二次歪曲。同时,表达方式的多样性以及代码如何与具体案件相连接,是最关键的。薛虹教授认为难题在于互联网域名系统非常网络化、具体化,人工智能在解决这个问题中发挥重大作用,再结合大前提,就可以解决众多问题。罗昆教授认为现有的数据库服务于司法公开,统一司法裁判应当摸清典型案例适用的法律争议,与王竹教授在不同的角度对人工智能促进司法裁判统一的方式进行了阐述。丁晓东教授这篇论文提到了如何解决大规模个人信息侵权的问题,个人信息重点是保护人格尊严和人格自由,很少分析个人信息的财产保护问题,但忽略不计对个人而言是不公平的,从个人信息权利的特殊性、过错原则、因果关系、救济措施等对个人信息的微型侵权进行了详细论证和展开。冉克平教授认为个人信息并非支配权,也不是绝对权,就大规模微型侵权如何破解而言,个人信息具有特殊性。

分论坛二由华中科技大学法学院高华副教授主持。

武汉大学法学院冉克平教授以"数字时代个人信用权的构造与规制"为主题进行发言。他以民法典第 1024 条首次将信用纳入名誉权范畴这一立法变化引出发言主题。首先,数字化时代个人信用权发生法律变迁,传统信用权是对个人偿债能力的评价,来源于中国人民银行从各银行获取信息后进行整合并形成征信报告。信用权与征信结合,虽然在名誉权范围内,但与名誉权存在很大不同。具体而言,名誉权是社会评价且具有很大程度不特定性,而"信用"是由专门的国家机构进行评价,如今更是加入很多市场主体对偿债能力、借贷能力的评价。一方面,过去和现在个人信用评价主体、评价方式、服务对象、征信报告应用范围的对比,体现了制度信息向数字信用的转变特点;另一方面,关于如何理解个人信用权,他提出要区分商业利用和社会利用。强调社会利用背后是政府推动,社会共建,应当符合比例原则、约束惩罚措施,避免社会体系对个人信用权利的更多压缩。

中山大学法学院高秦伟教授以"基于司法大数据的人工智能科技对法院工作产生的价值及影响"为题进行发言。他基于对国内外司法大数据人工智能科技应用考察,发现我国法院已经全面进入人工智能系统中,实现司法服务管理便捷化等诸多益处。同时也带来司法歧视、技术黑箱、需要数据训练等问题。面对数据量不够,全面性、准确性、及时性不够的问题,需要通过法治视角规范。重新反思司法公正价值的内涵及对人工智能科技应用的要求和回应,法院最高的价值在于司法公正,其中实体公正是根本目标,程序公正是重要保障。总体上,虽然二者关系模糊,但是逐案式的,人工智能应用与法院审判虽然能提高效益、增加统一性,但可能带来同理心减弱,未必能实现公正。此外,法官本身也是人工智能可研究的对象,企业可以利用法官画像、统计、排名等预测胜诉率。但同时也要思考法官画像带来的问题。总之,要追求对人工智能技术的发展和法院司法公正价值的协调平衡。

四川大学计算机学院人工智能系蒲亦非教授以"计算法学中司法纸质卷宗文件的分数阶隐写防伪"为题进行发言。他主要从技术层面介绍了计算法学中司法纸质卷宗文件的分数阶隐写防伪,将分数阶微积分应用于信号分析处理。近年来文件泄密间谍事件、最高法院卷宗丢失事件等暴露文件防伪问题的重要性,现有技术如电话查询防伪、激光防伪标签等都存在防伪性能差的危险,而 RFID 成本高且不能抗电子复制。结合对抗性视觉模型的讲解,展现了司法纸质卷宗文件的分数阶隐写防伪技术具有光学不可见、使用专用分数阶图像处理算法提取隐纹信息、复制/复印隐纹信息即丢失的特点,防伪性能高。

东南大学法学院王禄生教授以"情感计算在刑事侦查中的应用及其规制"为主题进行发言。他谈到,近几年情感计算在刑事侦查中逐渐得以应用,欧盟、美国、中国等国执法系统中均有试点。情感计算是通过各种方式计算、识别情感并加以运用的人工智能技术,其技术逻辑从情感状态的感知、识别到情感交互,实现直接或间接"影响"自然人情感状态的闭环。情感计算在刑事侦查中的三类应用分别是线索监控类应用、供述甄别类应用和情感干预类应用,三类应用在对象和方式上存在差异,也存在隐蔽性、侵入性的共有特性。情绪计算与刑事司法的价值冲突体现为基本情感理论批判外在表达与内在情感的关联具有不确定性、差异性、结果不可靠性。情感计算本质上是基于风险的差异规制,具有歧视性潜在风险、误报攻击行为等技术瓶颈,与立案制度、询问制度、证据制度存在冲突。情感计算为刑事侦查带来新的可能,但也面临显著的技术瓶颈,要审慎推进情感计算在刑事司法中的应用。

盈科全国网络数据安全合规中心、知识产权法律事务部副主任张宾以"从司法案例大数据看个人信息的保护"为题进行了发言。他结合网络安全、数据安全案例,从实务角度分析了国内涉及数据安全和个人信息保护的案例情况。检索发现,涉及个人信息案件的地域布局与常识一致,法院级别方面与实务基本一致,相关案例大部分集中于基层法院。2018—2022年这一时期相关案例大体呈现快速增长趋势。由于过去国家相关法律法规不健全,2018年左右存在大量商业主体数据不规范、侵犯个人隐私的情况。而2021年作为分界点,《数据安全法》《个人信息保护法》的相继出台,国家也加强相关领域监管,相关案件大幅下降。民事案由细分后发现,虽然人格权纠纷与个人信息保护更相关,但最多的是合同、准合同纠纷。刑事案由则主要集中在侵犯公民人身权利、财产权利罪。最后,他分享了一本专著《企业数据合规:基础实务与专题指南》,帮助企业合规官、企业法务处理相关问题。

湖北省高级人民法院一级法官李婷对上述五位发言人的精彩发言进行了评议:冉克平教授阐述了制度信息到数字信息的转变,对个人信用权的保护从规范构造层面进行了诠释。冉教授对于信用权规范构造、具体权能的分析诠释,为未来司法实务界统一信用权的司法保护尺度、保护模式、保护力度提供了坚实有力的理论支撑。高秦伟教授谈到,我国在司法数据的体量和数据公开制度方面具有明显优势,生成了海量司法数据。现有的司法数据资源、大数据与司法审判的融合应用在新型的、社会舆论争议大、专业性强的重大疑难复杂案件领域尚未取得较好成效。但大数据与司法审判深度融合应用只有进入疑难案件应用领域,才能实现司法人工智能技术从"弱人工智能时代"向"强人工智能时代"转变。蒲亦非教授提到,司法卷宗的防伪机制建立和技术运用,不仅仅需要考虑技术的安全性问题,还需要考虑技术运用的成本和效率问题。蒲教授提到的分数阶隐写防伪计算,使用普通打印机就可以打印,但不支持复印,复印之后复制件是无效的,该项技术具有较高的普适性、易操作性,具有普及应用的可能性。纸质卷宗如何防伪是一个较少有法学方面学者研究涉足的话题。蒲教授的研究具有重要意义。王禄生教授近年来的许多成果都是基于司法事务应用的务实的研究视角。计算法学的类型化研究,是一个见仁见智的问题,李婷认为,从技术与法律场景结合的视角来看,计算法学的研究热点也可以区分为:法律的认知计算、法律的隐私计算、法律的价值计算、法律的情感计算。其中,法律的隐私计算也逐渐成为热点问题,价值计算和情感计算一直是计算法学的难点问题。尤其是情感计算,现有的法学领域研究成果非常少。张宾副主任从司法案例大数据的视角,对 17 万多件个人信息保护案例进行了一个全景化数据要素分析,并从司法实务的角度,为个人信息的司法路径选择,以及个人信息司法案件裁判尺度统一提供了有益的启示。可以帮助从已有的个人信息纠纷裁判中,归纳总结司法应用上的实践经验与共性争议焦点,提取纠纷化解的公因式;并在理论基础上设计出与我国个人信息保护纠纷更契合的司法评价方案,回应个人信息保护实践关切。

分论坛三由华中科技大学法学院王星译老师主持。

北京外国语大学法学院郑曦教授以"刑事司法领域数据安全保护问题"为题进行了发言。他指出,随着社会数字化转型的不断推进,大数据应用与刑事司法日益融合,刑事司法样态发生巨大变化,证据电子化、数据收集常态化、数据使用不加区分等问题亟待解决。数据共享、互联互通之下的数据泄露风险加剧,个人信息保护和数据安全保护问题应当被提上议程。郑曦教授强调,当下法律法规及政策对该问题总体关注度不够,相关规定原则化,无法满足现实需要。对此,他提出了两点解决思路。第一,基于对国家利益的保护,强调国家义务。公检法机关应当在刑事司法活动中应当就个人信息保护及数据安全问题承担相应的积极、消极义务。第二,从公民的角度出发,他强调在对数据进行分类的前提下,参考数据法领域相关规定,重视公民数据权利保障。

武汉大学法学院崔凯副教授以"侦查数据收集使用中的隐私平衡"为主题进行了发言。他指出,随着刑事司法领域技术革命的不断推进,侦查措施和侦查对象正在发生巨变,信息技术手段在刑事案件侦破中发挥着日益重大的作用。由此所引发的当事人隐私权保护受到忽略、行政执法与刑事司法的混用与脱节、信息处置失衡等一系列问题亟待解决。尤其是在轻罪、小微案件的处理中,"侦查措施"与"寻找线索"存在混同,执法机构多以此规避相关监管。对此他认为,必须重视新兴立法与《刑事诉讼法》的契合,逐步实现行政执法与刑事司法相分离,重视立案程序改造及行政执法证据转化,加强隐私性刑事诉讼行为的惩处机制,为当事人提供申诉等救济途径,实现侦查数据收集使用中效率与隐私权保护的平衡。

同济大学法学院罗恬漩副教授以"人工智能法官在司法伦理中的挑战"为主题进行了发言。以人工智能活动应该遵循的六大伦理规范为出发点,她着重探讨了人工智能法官在司法实践运用中可能存在的程序正义不足、隐私安全隐忧、缺乏人文关怀、可问责性难题这四大问题。指出人工智能法官在实际运用中可能存在的算法歧视与偏见、"算法黑箱"消解司法程序的公开性与透明性、缺乏人文情理考量、大数据挖掘侵犯当事人知情权与同意权、错误裁判问责困难等问题。对此她认为,应当合理限缩人工智能法官使用范围,将其运用于事实与法律适用清楚、不需要人类价值判断等可标准化案件中。同时,必须重视理论重塑与制度调整,保障人工智能法官在人类可控制的范围内进行研究。

西南政法大学刑事侦查学院王仲羊老师以"刑事诉讼中个人信息的权利保护"为主题进行了系统阐述。他认为,捍卫诉讼主体的信息自决利益,遏制国家机关信息处理行为的不当扩张、弥补个人信息国家保护义务的体系疏漏势在必行。他通过系统地对比分析隐私权与个人信息权在权利客体、权利内容、保护方式等方面的异同,指出在刑事诉讼个人信息的权利保护中,可将二者并列作为权利基础,并妥善处理好二者的逻辑关系,达到补益利弊,逻辑融洽之效。同时,王仲羊老师从权利客体的区分、权利内容、保护方式三个方面,强调了制度构建的重要性,指出需准确区分一般个人信息与个人隐私、明晰个人信息处理程序的层级建构、引入个人信息权的具体权利。

腾讯公司安全法律部副总监王斌以"大数据背景下司法证明的新问题探讨"为主题进行了发言。以信息网络犯罪指数呈增高趋势为现实背景,他从程序与证明两方面出发,重点探讨了法庭质证环节如何保证电子数据的完整性,如何在诉讼实践中解释实体法概念两大问题。在法庭质证问题上,他以结构化数据为例,倡议就大数据类证据的展示进行庭前证据事前沟通,维系控辩双方的权利平衡;同时强调,应当加强阅卷权保障,提早材料提供时间、丰富辩方原始数据审查材料。在诉讼程序中解释实体法问题上,他指出,应当对《刑法》及相关司法解释中有关技术措施、安全措施进行专业性阐释,明确其具体定义。

中南财经政法人学法学院诉讼法学系主任陈实教授对发言人的发言作出评议。他指出,步入大数据时代,新兴侦查模式对数据安全提出了新的要求,刑事司法领域的数据保护至关重要。陈实教授强调,刑事司法不应当仅服务于惩罚犯罪,更要体现权利保障。公民权利保障是维护国家安全的基石,人民安全是国家安全的宗旨。刑事司法活动中公民个人隐私权利受侵害、个人信息泄露风险较高,加强公民相关权利保障势在必行。对此,必须明确个人信息保护的类型和范围,对个人信息保护的类型和范围进行清单化列举。针对行政执法与刑事司法混同问题,可借鉴初查程序控制机制,进行诉讼化、程序化监管,并视目的、用途、类型层级的不同,采取不同监管方式,从而有效防止司法机关规避监管。针对算法裁量问题,他认为必须明确其可解释性、可重复性、可公开性的具体标准,并区分应用场景和证明对象。

分论坛四由盈科全国网络数据安全合规中心、知识产权法律事务部副主任张宾主持。

中央民族大学法学院熊文聪副教授以"论数据产权即著作权"为主题进行了发言。在对数据的概念进行界定后,他指出具有一定稀缺性的数据应当予以私有财产权保护。他认为,当数据的编排选择满足了私权化的要求时,就应当受到著作权的保护,而并不是只有数据成为汇编作品的时候,才能受到著作权的保护。太过文学化、浪漫化地理解著作权法意义上的"创作"是认为数据不是"创作"的根源。评判独创性应当看其稀缺性程度,对于数据的编排、整理只要不是常规的,并且有市场价值,就应当认定为具有独创性的作品。他最后强调,著作权对于所有数据集合的产出和利用都提供了非常周延而精细的平衡之道,无需再创设新型数据产权。

华中科技大学法学院敖海静老师以"论国际数据保护软法的兴起和实施——以对OECD 和 APEC 相关实践的分析为中心"为主题进行发言。数据自由流动与本地化存储以及隐私保护之间的矛盾是国际社会在数字时代共同面临的治理难题,国际软法成为在国际层面加强数据保护的较优选择,经合组织和亚太经合组织制定的软法规则构成当前国际数据保护软法实践的基础框架。他将该框架提炼为一种"外部—内部"双层实施机制,因为该实施机制要么是国际数据保护软法自身确立的,或是借助了成员方的制度和力量。这种实施机制不仅沟通了国际软法与成员方内部硬法,还有效地促进了数据的跨境流动和自由贸易,对我国数据保护规则体系的构建具有很大的借鉴意义。

科大讯飞股份有限公司法院产品线总经理解斐以"人工智能助力智慧法院数字化建设"为主题进行发言。他分享了讯飞在智慧法院建设过程中取得的一些成绩。在感知智能方面,讯飞的技术已达到能够媲美人类的水平。在司法领域,讯飞的感知智能应用逐步成熟,司法感知模型识别率正逐步提升,在此基础上,讯飞针对全国四级法院,已建成了支撑四级法院的专属语音云,智能语音庭审也得到了极大地应用,这极大地节省了司法资源。在认知智能方面,讯飞的技术正在快速进步,目前已能够实现电子卷宗的深度应用。他指出,人工智能在司法领域应用仍存在一些困境,需要各界法律人士提供一些经验的输出,帮助司法人工智能建设达到新的高度。

武汉大学法学院博士研究生王年以"在线诉讼中的数据安全问题及其法律规制"为主题进行发言。他指出,随着在线诉讼的蓬勃发展,一些数据安全问题也逐渐显现,如在线技术叠加审判直播导致数据泄露、在线诉讼平台违法处理数据、在线诉讼平台建设混乱复杂、数据安全技术标准缺失等。在线诉讼程序的安全性、在线诉讼数据的公开性、在线诉讼数据处理行为的不可诉性等特性要求必须对在线诉讼中数据安全问题进行规制。他提出,对于在线诉讼中数据安全保护的法律规制可以从以下方面进行:对数据主体进行赋权保护、对数据处理行为进行法律规制、确立专门机关即检察机关的监管职能。最后,他强调,数据安全不仅是保障在线诉讼顺利展开的前提,更关乎诉讼过程中数据相关利益主体的人身、财产利益,应认真对待。

中国政法大学刑事司法学院博士研究生余鹏文以"数字化时代刑事程序正义理论的反思——以人工智能司法为核心"为主题进行发言。他指出,人工智能在刑事司法实践中应用广泛,这在犯罪控制方面产生极大作用,但也与正当程序产生激烈冲突,大数据和算法本身存在的风险对传统程序正义理论的四大原则均产生着技术性冲击。程序正义理论是规制刑事司法中大数据和算法技术的核心理念,这需要以弱人工智能为现实语境。在坚守正当程序的同时也要兼容发展技术理性,要排除算法偏见和算法透明原则,构建以算法审计为核心的过程控制机制并保障被告人依法享有的诉讼权利,建立算法问责机制。

华中科技大学法学院徐明教授对发言人的发言做出评议。她表示,各位发言人的发言涉及理论和实践、构建和反思、国际和国内以及立法和司法上的探讨,覆盖面之广、信息量之大使人受益良多。她指出,数据的安全也有公法的内容,私法只是数据保护中重要的一部分,公法和私法的保护都不可或缺、不可偏颇。在数据保护上,对于软法层面的关注是很有意义的,对于完善法律体系具有极大的作用。人工智能的助力使我们看到了数字法院的美好图景,为学术研究提供了诸多帮助和实践基础。目前很多法院都在推动线上诉讼,对于线上诉讼数据安全进行规制有很强的实践意义。有关人工智能对传统程序正义理论产生技术性冲击的思考具有现实意义。

分论坛五由华中科技大学法学院敖海静老师主持。

成都市人民检察院第九检察部主任丛林以"未成年人检察法律监督数字化改革路

径"为主题进行发言。他指出,检察机关作为宪法保障的法律监督机关,其检察权越来越向作为"法律守护者"或是"公共利益代言人"的定位转变。由于少年司法的特殊性要求和未成年人检察监督领域的日益广泛,未成年人检察领域"案多人少"的矛盾日益突出,而数字化的快速发展和国内外的司法实践为解决这一难题提供了可靠路径。各地检察机关针对未成年人检察数字化建设工作开展了积极探索,初步形成了综合分析类、辅助办案类、社会支持类等智慧化"未检"监督应用,但也暴露出了大数据分析能力欠缺、数据通道尚未打通等问题。在理清未成年人检察法律监督的逻辑定位的前提下,未成年人检察法律监督数字化改革应该从刑事、民事、行政和公益诉讼等领域着手建立符合未检特点的诉讼数字化监督模式。

东莞市第二人民法院法官、湘潭大学法学院博士研究生江和平以"人工智能下劳动争议在线化解机制的构建"为主题进行发言。他指出,面对数量庞大却快速增长的劳动争议纠纷和随之带来的"案多人少"问题,传统的"一调一裁二审"的争议化解机制由于成本过高和程序烦琐难以应对,而从纠纷预防、纠纷控制以及纠纷解决三个层次构建的"漏斗型"劳动争议在线化解机制却能从源头上减少纠纷数量,降低纠纷化解的成本,提升纠纷化解质效。劳动争议化解机制由在线评估、在线协商、在线裁决三个模块组成,三个模块相互配合,逐层递进,促进劳动纠纷化解的高效性、科学性和稳定性。对于劳动争议在线化解机制面临的"算法黑箱"、非互联网用户权利受损等问题,要从信息技术辅助服务的专门组织的建立、特定的在线机制运行规则的构建等方面着手解决。

江苏省淮安市淮安区人民法院四级法官助理陶明以"人工智能视野下刑事速裁案件快速审理机制的研究"为主题进行发言。他指出,现有的基层法院认罪认罚案件呈现出刑事速裁程序适用率低、案由相对固定和结案期限相对较长的特点,刑事速裁程序目前并未发挥出简案快审,化解法院案多人少矛盾的理想效果。伴随人工智能、大数据等互联网技术的发展,人工智能可以围绕刑事速裁案件犯罪事实、证据、定罪、量刑四个方面进行可要素式化认定,将人工智能运用到刑事速裁案件中具备了可行性。面对基层法院"案多人少"的矛盾,人工智能在助力刑事速裁案件刑事文书送达、审理、判决文书自动生成和卷宗材料自动生成及归档自动化等方面具有巨大优势。当然,人工智能在刑事速裁案件审理中的定位只是智能辅助,无法取代法官自动办案,案件最终决策权仍在法官手里。

北京海致科技集团有限公司的饶旻以"司法裁判数据智能挖掘及应用实践——基于知识图谱技术研究"为题进行了发言。他谈到,在当前法院审判中,存在着"案多人少"并且仍在加重的问题、简单案件花费大量精力、审理周期长,群众满意度不高、裁判标准难统一,同案同判缺少标尺等问题,如何提升效率,实现智能审判,维护司法权威;如何运用人工智能、大数据信息化技术有效解决"案多人少"的矛盾,是提升审判效率的关键。知识图谱+机器学习是解决司法裁判数据智能挖掘的重要手段,将该算法运用于法律诉讼案件等数据,从中完成知识获取、知识构建、知识计算、知识应用四个阶段,在审判过程中,面对大量的庭审笔录,通过知识图谱技术,自动提取关键要素,帮助法官快速抓住重点内容。

华中科技大学法学院计算法学硕士研究生邹人杰以"众包立法可行性研究"为主题进行发言。他指出,在科技高速发展的今天,数字技术将深刻改变国家治理方式和法治建设。目前,以人工智能为代表的数字技术在立法领域的应用价值已经逐步得到世界各国的重视,智能立法平台也已经在我国江苏、上海、河北等多地得到应用。通过对比国内的人工智能辅助立法和国外的众包立法,我们可以看到众包立法在经济、民主等方面有巨大的优势和价值。众包立法虽然对我国法治建设具有重大意义,但其本身也有许多需要注意和亟待解决的问题。对于众包立法的可行性研究,应以明确数字技术可能给法治建设带来的重要价值为前提,通过特定行业和领域的试点为我国在数字时代的立法工作提供一种可能性探索,最终走出一条中国特色的众包立法道路。

华中科技大学法学院滕锐副教授对五位发言人的精彩发言进行了评议。他表示,各位的发言,深刻阐述了人工智能和大数据技术在不同领域的发展现状和未来改革路径,针对不同领域在实践过程中产生的问题都给出了自己的独特的解决方案,而且大家的发言并没有陷入"从技术到技术"的误区,都充满了对大数据时代的弱势群体的人文关怀。这些话题覆盖了我们生活的方方面面,启发我们思考如何利用人工智能与大数据建设法治中国和法治社会。

分论坛六由华中科技大学法学院滕锐副教授主持。

山东法官培训学院司法大数据研究部主任余晓龙副教授以"人民法院推进诉源治理的议题与实践——以优化诉前调解工作机制为视角"为题进行了发言。他认为,面对日益庞大的诉讼案件增量和随之带来的"案多人少"矛盾、审判压力加大、纠纷化解受限等问题,如何从源头上减少案件增量,优化审判资源配置,提升纠纷化解质效,诉前调解发挥了关键性作用,但仍然存在诉前调解形式规范和实体效力不足、诉前调解工作考核缺乏体系性考量、诉调对接程序和机制尚需优化、诉前调解精准分流和科学处理有待加强等问题。为进一步挖掘诉前调解作用空间,促进纠纷化解的高效性、科学性和稳定性,有必要立足纠纷化解实践分析影响诉前调解工作开展的各类因素,有针对性地提出解决办法,重点从规范诉前调解形式、保障诉前调解效力,加大诉前调解分流、提升调解的精准度,优化诉前调解平台、完善诉调对接机制等方面优化完善。

北京华夏电通科技股份公司总工程师、副研究员祁之力以"华夏电通智慧法院建设经验介绍"为题进行发言。他提到,法律人工智能应更专注于复杂案件的思考。他向我们介绍了华夏电通迄今为止取得的丰硕成果:智慧庭审系统,具备多种审理模式,能够当庭生成裁判文书;电子卷宗 2.0 及单套制系统,能够做到案件的随归随办、随归随查;智能审务督察系统,对案件排期、音视频质量、庭审行为、笔录、诉服窗口等做到全方位巡查,纠正不规范行为;四要式审判系统,具备全链条要素提取、全过程渐进式生成裁判文书、智慧庭审系统数据共享、充分保证当事人程序选择权、一张要素表实现全流程审判的特点。同时,他也指出当前推进建设智慧法院存在一些困惑,诸如概念不统一、管理模式单一、成本高、缺少法律人工智能的复合型人才等问题,仍然有待解决。

华中科技大学法学院博士研究生程睿以"在线诉讼同意规则的法理阐释"为题进行发言。他谈到,传统仲裁、调解、和解等替代性纠纷解决方式虽然形式灵活并大幅度简化程序,尊重当事人意思自治,但其仍广受时间和空间的限制。随着在线纠纷解决机制的蓬勃发展,其理论和实践经验开始被应用于传统诉讼领域,在线诉讼应运而生。在线诉讼实践的快速发展亟须得到法律的规范和法理的阐释,以在线诉讼同意规则为切入点,有助于理解和规范在线诉讼制度,更好地将在线诉讼制度纳入现行法律体系。在线诉讼毫无疑问为当事人的纠纷解决提供了极大的便利,但在线诉讼绝不能仅仅以效率为唯一标准,而应当切实以维护当事人的权益为根本基础。

武汉大学法学院博士研究生刘冰洋以"博弈论视角下个人信息同意规则的有效实现"为题进行发言。他谈到,《民法典》和《个人信息保护法》规定了个人信息使用的同意规则,数据企业必须取得信息主体同意,但是在理论上不断有学者对统一规则提出质疑。法律的运行机理从根本上是主体的行动,不同主体在法律规则之下采取的行动策略决定了法律的社会实效。现有的研究停留在规范层面,视角局限于规范本身,对实践的影响作用有限。他提出将博弈论的分析方法引入到同意规则的探究之中,通过推导分析实现信息主体——数据企业最大化收益以及帕累托最优的博弈论策略,揭示出规则理想的、有效的运行状态,进而对达成均衡的具体条件进行规范研究,探讨促进统一规则有效实现的激励措施。

西南政法大学行政法学院博士研究生罗有成以"元宇宙社会:内在逻辑与法律治

理"为题进行了发言。他认为,元宇宙并非独立于现实世界的平行世界,它是与现实社会之间高度嵌套、相互构造的数字虚拟社会。元宇宙的核心问题不在于虚拟世界,而在于人类的现实社会,在于人类基于现实社会构建虚拟世界的意志及行为。元宇宙的底层逻辑是虚实交互、人机互融、纯粹化的游戏范式和用户共创内容。元宇宙的基本主体是虚拟数字人,一切社会关系和法律关系均基于数字人主体而产生、变更和消灭。尽管伴随着元宇宙的提出和构建,人类获得了数字人这一全新的存在形态,但对元宇宙的治理仍没有必要构建单独的法律秩序,我们更多地要做的是借助代码技术实现法律的代码化预嵌和算法化运行,探索出一种从中心化到去中心化的法律治理机制之转型的路径。

华中科技大学法学院徐明教授对五位发言人的精彩发言进行了评议。她指出,几位发言人分别来自不同的领域,有司法领域的实务工作者、人工智能领域技术人员以及学者,他们的发言从不同的视角讨论了人工智能与大数据在当下与司法相融合的过程中的成就以及存在的一些问题,紧贴实践,切中要害。人工智能与司法大数据的发展并非某一单独领域的问题,各专业领域的专业人士应当进一步加深交流,促进法学理论、科技创新与法律实践共同发展。

中文会场二:分论坛一由华中科技大学法学院汪敏副教授主持。

华中科技大学社会学院陈斌副教授以"制度的可持续性与适用性:国外数字经济对社会保障制度影响的前沿研究"为题进行发言。他认为数字经济在成为世界各国经济增长新动力的同时,亦深刻影响着传统劳动用工模式,以及建立在稳定就业基础之上的现代社会保障制度。尤其是在筹资与管理领域。在筹资方面,因发展数字经济而可能出现的失业、税收流失以及灵活就业等问题,会对现行社会保障筹资方式带来挑战;在管理领域,数字经济中衍生出的就业碎片化、形态多样化以及劳动关系模糊化等现象则直接冲击了工业化时代建立的科层化社会保障管理体制,由此引发关于现行社保制度适用性的担忧。因此,应不断推进社保制度创新,完善社会保障筹资机制,提升社会保障制度的管理水平。

中国政法大学冯晓青教授以"算法推荐与平台著作权侵权责任"为题进行了发言。他提出凭借人工智能、大数据、算法等技术的发展与运用,算法推荐已然代替传统的人工推荐,成为一种全新的内容分发机制。然而技术手段的革新往往在很大程度上降低了使用者对其行为后果的判断与控制能力。在算法推荐的著作权规制方面冯教授指出了技术中立原则与权责一致理念。算法推荐对既有规则造成的挑战,具体包括"网络服务提供者""应知"状态的认定挑战以及算法技术对必要措施的挑战。最后,冯教授提出算法时代规制算法推荐平台著作权侵权的对策,要调整"通知—必要措施"规则,构建"事前必要措施"的网络平台自治机制,完善网络用户权利保障机制。

中国政法大学数据法治研究院张凌寒教授以"算法备案的制度机理"为题进行了发言。她以《互联网信息服务算法推荐管理规定》作为引入,认为目前我国算法备案制度还有待进一步发展。算法平台监管理念发生转变、监管措施发生变革是因为引发了系列公共关注的社会问题以及某些互联网平台借用自身规模进行无序扩张,实质上成为将某领域社会生产数据化的"消费互联网行业"等。在此基础上,她明确算法备案的理念限度,即基本理念是促进数字经济的发展,基本目的是作为固定平台部署应用算法主观意图的手段,随后通过将算法备案制度和非经营性互联网信息服务备案、区块链信息服务备案进行对比,界定了算法备案制度的概念,提出算法备案主体需分级分类的观点,并以《境内互联网信息服务算法备案清单》(2022 年 8 月)为范例进行算法备案内容的相关介绍。

中国社会科学院法学研究所王天玉副教授以"平台用工算法的治理逻辑与规则"为题进行了发言。他围绕算法管理开始介绍,算法管理意指人类的工作通过算法和数据进行分配、优化和评估。同时平台用工的兴起也与算法密切相关,正是在算法的支撑下,以往的灵活就业才能发展出精准劳动的新特征。然而算法不可避免地会因其自身逻辑对从业者造成伤害。包括设计算法时未考虑或未预见的情形以及平台利用规制不足导致的偶发算法伤害和算法滥用。他以西班牙为代表性例证,介绍了其劳动关系化以及《骑手法》中的算法知情权和算法管理的劳动管理推定。由此王天玉教授提出数字劳动平台算法治理的两种逻辑,即算法作为劳动定价权的工具以及集体同意规则。

同济大学上海国际知识产权学院皮勇教授对发言人作出评议。他提出,技术革新带来传统产业的淘汰和现代化更加促使制度发生转变,在科技发展的背景下需要变更制度使之适应新的技术而不是让技术适应制度。算法备案方面,算法是一个社会活动中的非行为人的实际控制者,因此算法备案问题应当置于人类社会的监控体制之下。算法管理应当采用适应社会发展并且是有利于大多数人利益的方法对人工智能商业化运用进行规制与评价。算法检索和推荐涉及的核心问题在于使用的是何种算法、基于何种立场进行的检索和推荐。其次是算法分析和决策的数据定性问题。运用相矛盾的算法数据进行分析决策所得出的结论的合理性与科学性也值得怀疑。

分论坛二由大连海事大学法学院李国强教授主持。

华东政法大学数字法治研究院副院长韩旭至副教授以"敏感个人信息的界定及其处理前提"为题进行发言。他以《个人信息保护法》第 28 条第一款以及四种理论,即歧视标准、对基本权利造成重大风险标准、特定指标的判断方法以及场景化的判断方法作为引入。首先,他指出了敏感个人信息的基本特征和判断前提,包括判断的客观性和风险内容的客观性,具体来说,是权益受侵害的客观可能性、敏感个人信息的判断主体客观性以及风险内容的广泛性。而在判断前提问题上,他提出场景标准与信息处理者的行为关联性不大,原因主要体现在场景处理建立在域外法基础上,现实中容易将信息采集对象的扩展错误理解为场景的转变等。其次,他列举了敏感个人信息的规范内涵,广泛关注了人身、财产的安全,并且按照信息内容和主体进行了分类。再次,他通过将敏感个人信息与私密信息进行对比,认为两者属于交叉关系。最后,他以前述为基础分析敏感个人信息保护的根本路径,即限定处理前提。

浙江理工大学法政学院特聘副教授、网络法研究所执行所长郭兵以"算法推荐的平台责任认定——以短视频平台著作权纠纷为例"为题进行发言。他首先以"《延禧攻略》引发 3000 万元赔偿案,爱奇艺诉今日头条运营商侵权"为例引出算法平台引发的平台过错认定之争。原告爱奇艺认为算法推进属于人工审核,属于平台应知范围。被告字节跳动认为人工干预审核是针对内容的安全性而言,而并非是对是否涉嫌侵权进行审核。过错认定不仅包括既有法律的认定难题:注意义务和主观过错的认定很大程度上关系到促进网络行业健康发展与保护权利人合法权益之间的利益平衡,还包括司法解释的内容推荐认定标准,由此提出问题:算法推荐是否属于最高院规定的推荐形式? 其认定分歧包括同一适用论和区分适用论。最后郭教授提到平台算法推荐的过错认定标准,以浙江省高院和北京海淀法院的制度探索为例,认为电商平台经营者对商品和服务进行人为推荐的要承担较高的注意义务。

浙江工商大学法学院韩振文副教授以"法官预判确定性的功能、契机及其困境"为题进行发言。他指出,法官预判的相对确定性体现出司法决策背后的思维认知具有相对的稳定化、持续化特性,这对于错综复杂的司法决策发挥着特定的功用。而智慧法院建设下智能技术在司法审判领域中深度融合应用,使法官的智能预判具有相对确定性的同时,也显现出更加精准高效的附加特质,当然这其中所蕴含的潜在风险也应警惕对待。法官确定性预判具有可废止性,其结论可得到复验改进。它遭遇的现实困境在于法官把确定性预判变得绝对彻底化,而智能预判更是直接转变为最终的裁判结论。困境生成的认知根源在于过度依赖卷宗笔录的审判认知结构,相应的纾解之道是重塑审判认知结构,渐进推动由侦查中心到审判中心的转变,发挥预判确定性的正向功用,从而逐步达致庭审证明过程的实质化。

中国社会科学院法学研究所助理研究员唐林垚以"数字抗疫的法律保障:一个健康法与信息法的联动框架"为题进行发言。他首先从广义和狭义角度解释了数字抗疫,认为数字抗疫的成功离不开健康法和信息法的联动作业。面对后疫情时代健康法和信息法不匹配、信息采集过度风险等问题,他提出信息法和健康法急需一场结构性变革,并提出健康法和信息法可以通过三个方面进行联动。一是认定推论信息作为个人信息;二是完善信息采集合理性目的原则,认为信息采集要以权利的让渡达成有效的协议,而这个协议能够实现有条件,比如说赋予信息主体随时可以解除协议的权利、针对个人健康信息建立合理性原则等;三是落实风险评估先行的监管路径。

湖北瑞通天元律师事务所分所主任刘永刚以"发展权视野下的数字知识产权"为题进行了发言。他指出数字时代随着数字知识概念的出现二者的冲突尤为明显。刘主任主要从对数字知识产权和发展权的认识、二者的冲突、冲突的根源以及如何协调四个方面展开分享。数字知识产权与发展权的冲突,首先表现在二者本身的属性冲突。数字知识产权是一种思想而发展权是一种基本人权。其次在于国家发展不平衡产生的冲突,数字知识产权是发达国家的发展利器同时也是发展中国家发展的桎梏。再次是手段冲突,二者的根本目标虽然都是促进社会发展,但在实现目标的过程中采取的手段并不相同。二者冲突的根源在于知识属性的持续扩张和知识产权地域性和超地域性的矛盾。利用国家公权力对知识产权进行保护、加强国际合作、构建人类命运共同体是协调冲突的有效方式。

分论坛三由华中科技大学法学院柯岚教授主持。

东北林业大学文法学院荆珍副教授以"我国构建气候智能型林业治理机制的机遇与挑战"为题进行了发言。她认为,欧盟森林研究所提出的气候智能型林业治理对森林治理提出了新的要求,并且其在实践运用的过程中既面临发展的机遇,又面临着严峻的挑战。气候智能型林业(Climate-Smart Forestry,简称 CSF)是一种有针对性的方法或策略,旨在增加森林和林业部门的气候效益,从而与森林相关的其他需求产生协同效应。她指出,气候智能型林业治理需要将气候变化的机遇和挑战明确纳入森林政策、规划和实践中,然后需要将国家气候智能型林业治理战略纳入现有的林业发展、森林和气候变化政策及战略中,这对粮食安全和人们生计有至关重要的作用,并能提高森林和人的适应能力。最后,她强调气候智能型林业治理也面临着严峻的考验,主要表现在通过CSF 实现 2020 年后的气候目标和实现 CSF 的协同效应上。

重庆市委党校法学教研部王群副教授以"技术何以保障公众参与司法"为题进行了发言。他指出,在"互联网+"时代,技术利器深入社会治理的每个角落,对公众参与司法产生深刻影响。然而,对技术如何保障公众参与司法,尤其技术是否被滥用造成公众参与司法出现过多的技术,过少的民主等困惑亟待厘清。首先,是作为器物的技术,以智能法庭和移动互联为代表的技术提高了公众参与司法的效率;以物联网和人工智能为代表的技术提高了公众参与司法的质量;其次,是作为文明的技术,技术保障的核心是人,关键是数据安全,前提是依法。他强调,通过技术来保障公众参与司法是大势所趋,但技术保障更应当从文明角度去理解之,从类型化角度审视之,唯有如此,技术才能真正保障公众参与司法,提升新时代司法民主度和公信值,让人民群众在每一个司法案件中都切实感受到公平正义。

云南大学法学院研究生陶如的报告主题为"RCEP 缔约国数据跨境流动政策及其对中国的启示——以数字融合为分析基础"。报告指出,除传统的国家(数据)主权、国家安全、司法管辖和隐私保护要素主导着各国数据跨境流动政策外,事实上,数字贸易状况、数据和网络安全保护现状、数字技术人才储备情况、创新发展和基础设施准备度等因素,也影响着各国对数据跨境流动政策的选择。为此,以数字融合的相关指数为分析基础,结合 RCEP 各缔约国数据跨境流动政策类型,主张在数据跨境流动政策选择方面,数字技术与人才储备是关键要素,数据保护制度和基础设施则是重要的决策基础,但数字贸易发展态势并不必然与数据跨境流动政策的"自由度"成正相关。最后,报告提出完善数据跨境流动治理,要提升跨境数据治理的制度和基础设施准备度、加强数据安全与网络安全的保护,并推进数据技术发展和加强人才培养。

北京市维诗律师事务所合伙人刘汉川以"中国知识产权与竞争法司法大数据回顾与展望"为题进行了发言。她从"什么是司法大数据?"和"你掌握司法大数据?"两个问题着手,认为司法大数据推进了知识产权与竞争司法大数据的公开与非垄断、推动了知识产权与竞争司法大数据的研究与应用,推行了知识产权与竞争法领域智慧法院的常态化,比如卷宗"电子化"、立案"不打烊"、审理"云端见"和送达"不掉线"。但同时司法大数据也存在着当事人不愿意公开数据,未能充分、及时公开与共享司法大数据,智能化、关联度需进一步加强,在应用中"唯案例""套案例"的问题。最后,她对司法大数据的发展提出展望,希望增加公众对知识产权与竞争法领域司法大数据的正确认识、提升对知识产权与竞争法领域司法大数据的管理、强化知识产权与竞争法领域司法大数据的智能化与关联化、避免以司法大数据代替知识产权与竞争法领域的个案裁判。

中国环境犯罪治理研究中心主任助理、研究员,华东政法大学刑事法学院杨继文老师以"在线诉讼场景治理的理论表达"为题进行了发言。他指出,目前在线诉讼中的技术效果问题与程序正义问题,需要明确和完善在线场景治理的基本原理与逻辑体系。中国在线诉讼的场景意象从本质上说是一种协同—复合治理,核心要素是主体、数据与服务;从保障路径和应用范式来看,是一种技术治理和精准治理。在线诉讼中场景治理的意象塑造与规则的具象完善,形成了主体互动场景、数据聚合场景和全景服务场景三种具象,需要明确法官的主导地位与释明规则义务,细化诉讼流程规则,完善在线诉讼证据规则,构建免责规则与在线庭审无效规则,细化公正审判技术能力规则,提高在线场景治理中的技术安全性保障。

武汉大学法学院罗昆教授对发言人的发言作出评议。他指出,荆珍的报告关于构建气候智能型理念机制,介绍了欧盟的气候智能型理念,以及它们所面临的挑战。王群将公众参与司法这一命题学界不同的态度展示出来,将公众参与司法的方式类型化为决策型、监督型、咨询型。罗昆从中受到了很深刻的启发,并提出是否可以就公众参与司法包括哪些方面及参与哪一部分的司法做出界定。黄贵分析了不同国家跨境数据流动的差异,以及背后的原因,提出要找到中国在国际跨境数据流动中的定位,并据此制定政策。对于刘汉川关于中国知识产权和竞争法司法大数据的发言,罗昆指出,知识产权审判队伍的培养和建设绝非一朝一夕的事情,刘汉川从业内人士的角度提出的问题带给了罗昆很多启发。杨继文的发言抓住了在线诉讼问题的实质,庭审实质化的回归是司法体制改革的重要组成部分,非常具有现实意义。

分论坛四由华中科技大学法学院何苗副教授主持。

湖北晨丰律师事务所合伙人危杰以"人工智能背景下《新建工司法解释(一)》的解读"为题进行了发言。他认为建设工程施工合同具有建设规模大、合同标的高,建设周期长、产业链长,行政审批多、专业术语多,双方协助义务多、行业习惯作用巨大,涉及法律门类广、法律适用争议大的特点。通过大数据分析,在理解《新建工司法解释(一)》时,不能机械地理解和适用条文的字面义义,而是需要结合建设工程施工合同的实际,用行业习惯解释的方法、体系解释的方法,突破条文的字面表达意思,理解法律条文的真正涵义,才能准确把握司法解释的真实意图,公平地处理发承包双方的权利义务。

华中科技大学法学院博士研究生张倩倩以"智慧法院的发展历程、价值冲突和完善路径"为题进行发言。她认为法院信息化建设的主要成果包括搭建一站化的诉讼服务平台、利用人工智能等互联网技术挖掘和分析司法大数据、推进审判管理系统信息化三个方面。同时,司法人工智能也带来了一系列的价值冲突。首先是司法效率与司法公正的冲突,传统算法的特定性以及深度学习算法场域运用的局限性都难以满足司法人工智能建设的需要。其次,利用人工智能进行深度学习之后,法官个人极易被标签化处理,这可能会导致"诉讼投机"心理。与此同时,法院信息化过程开发者和使用者相分离,使得司法人工智能产品的供给和需求之间存在冲突。因此,完善路径应当是司法审判过程中坚持司法人工智能的"工具主义"定位,切实加强个人信息保护,培养复合型人才,推进审判体系和审判能力现代化。

吉林大学法学院博士研究生顾男飞以"小样本学习驱动的裁判文书智能分析进路——以文本信息抽取为切入"为题进行发言。他指出,裁判文书的实证研究应当要重视法律适用要件的精细化研究,其中文本信息抽取则是裁判文书智能分析的基础。经过多年积累,我国构建了规模庞大的裁判文书样本库,但囿于案情的分布,绝大多数法律条款的适用频率并不高,再考虑到人工标注的经济性与规范性,研究中人工标注的裁判文书数量较少,基本在百份左右,属于小样本范畴。为强化裁判文书智能分析的质量,可将研究分为三个阶段,分别是文本标注、文本信息抽取及在这基础上进行的数据分析,包括相关分析、趋势分析及因果分析,同时构建增量学习系统来加以辅助,并以高龄劳动者的劳动关系认定为例进行展开。为强化算法的可解释性,借鉴"因果关系之梯"理论,从关联、干预及反事实三个层面进行因果关系的重构。

北京大学法学院法律与人工智能实验室助理研究员、博士研究生姜聪以"法律人工智能可解释性探究——从法感的角度出发"为题进行发言。他为法律人工智能的可解释性进行辩护,以法感为出发点作为类比,分析法感和法律人工智能二者之间的众多相似之处。与基于概念讨论的传统法律人工智能研究方法不同,他从技术视角深入剖析了法律人工智能的训练过程,揭示出缺乏可解释性并非人工智能的本质属性导致,而是因为目前法律人工智能的任务目标和训练方式所致。法律界通常以静态、不变视角将法律人工智能视作一个抽象客体,但法律人工智能应当是法律群体、技术群体和其他群体共同构建的、不断发展的主体。应当从任务目标、训练方式、训练数据等方面对法律人工智能进行改良,以构建可解释的法律人工智能模型。

南京大学法学院博士研究生刘琳以"企业数据财产权驳论"为题进行发言。她指出,企业数据的开发与利用为企业带来了巨大的财产利益与显著的竞争优势,同时也引发了诸多纠纷。当前,法院倾向于援引《反不正当竞争法》第二条为企业数据提供保护,学术界则越来越多地出现了创设新型财产权的主张。事实上,目前创设新型数据财产权的合理性、正当性、必要性不足,盲目创设新权利可能带来"权利乌龙"现象与"数据孤岛"恶果。而反不正当竞争法提供的行为规制模式恰好与企业数据产业的发展现状相配适,具有优越性,对该模式的优化思路是在《反不正当竞争法》第二章对企业数据的不正当竞争行为进行单独列举,明确禁止企业经营者利用技术手段窃取他人的企业数据或以"搭便车"形式使用他人的数据、破坏他人的竞争利益,这将解决一般条款滥用问题。此外,侵权法、合同法及版权法保护进路都在特定情形下具有自身优势,能够为反不正当竞争法保护模式提供有益补充。

华中科技大学法学院何苗副教授对发言人的发言做出评议。她表示,危杰的发言为我们带来了新建工司法解释深入解读,脉络清晰、层次鲜明;张倩倩介绍了智慧法院建设的一个发展历程、价值冲突和完善路径,也给出了细致的建议,同时,何苗表达了她对实践中智慧法院完善相关的前提和条件是否具备,以及所面临挑战的思考;顾男飞团队提出的"大世界的小样本"的研究是非常有趣的,通过最终落脚的因果关系的重构,推导出统一的结论。何苗表示,非常期待小样本小数据的研究可以被运用于理论和实务的模型,提高工作的效率。姜聪带来的是法律人工智能的可解释性研究,结合了法院的工作流程,作出了非常大胆的尝试和展望,何苗表示可解释的法律人工智能模型的运用非常值得期待;刘琳以"企业数据财产权驳论"为题进行了发言,她讲述了批判性思维运用到企业数据财产权衡中的问题,那么我们的保护模式同样可以借鉴和参考。

分论坛五由华中科技大学法学院李蕾副教授主持。

北京航空航天大学法学院助理教授赵精武以"论数据出境评估、合同、认证规则的体系化"为题进行发言。他指出,当前我国的数据出境立法难以应付海量的数据出境审查申请,无法实现兼顾数据安全和数据利用的目标。数据出境安全制度架构的体系陷入了困境,安全评估和标准合同制度的内容重叠。要通过识别评估与缓解预防这一思路对数据出境安全制度进行体系化构建,包括识别与评估数据出境安全的风险源头和类型划分,通过评估与审查的区隔对外在体系进行整合。在接下来的数据出境安全制度建构中,除了需要补足"专业机构安全认证"这一数据出境安全制度之外,还需要整合上位法与下位法有关数据出境的监管要求,明确数据出境制度路径的多元化与特殊性,在确保安全的基础上实现更高效的数据自由流动。

华中科技大学法学院研究生王英杰以"政府众包的法理分析"为题进行发言。他提到,目前对于政府众包而言缺乏法学方面的分析,应该意识到政府众包是众包的内涵之一,众包应该是利用互联网将一般由内部主体或特定外部主体完成的工作发包给外部不特定多数主体的工作模式,而政府众包是政府利用互联网将非法律原因造成的难以由内部主体或特定外部主体完成的行政相关工作发包给外部不特定主体的工作模式。通过对政府众包进行规范分析、社会分析、价值分析后能够得出政府众包是一种特殊的公众参与,是对政府传统工作模式和代议制的一种有效补充,存在间接适用的空间,同时涉及重大公共利益且需要大数据支持的领域,比如环境保护领域。

武汉大学法学院研究生鄢浩宇以"数据交易的现实困境与路径选择"为主题进行发言。他指出,目前数据交易面临信息悖论、双边信任、合规风险等困境,在交易规则、开展方式、流通形式等方面都存在问题,比如交易规则的质量良莠不齐,协议数据交易、依托数据经纪商和依托数据交易平台的方式都存在着各自的缺陷,数据包、数据 API 和隐私计算的数据交易流通形式也各有各的问题。因而要对数据交易制度的构建进行逻辑厘定,包括搭建数据交易各方信任桥梁,坚持场景化的数据使用权交易。同时数据交易制度构建的路径要面向强化数据交易组织职能建设、规范数据交易规则条件、优化数据交易流通形式这几个方面。

天津财经大学法学院硕士研究生刘龙以"用户公开数据抓取行为的法律规制"为题进行了发言。他指出,该主题是从司法实践中出现的一系列数字平台为争夺或占用用户公开数据资源,而实施抓取和反抓取行为,进而引发不正当竞争或垄断纠纷中提取出来的。在数据抓取和反抓取行为的本质上应当认识到二者具有"一体两面性"。对于数据抓取和反抓取行为的经济学性质,通过数据抓取在不同抓取方数据规模下对平台利润、对消费者福利和对社会总福利的影响进行分析。对于数据抓取和反抓取行为的法律规制,当前的审判思路是平台利润效应分析法和商业道德原则相结合,应将"商业道德"向"消费者福利"和"社会总福利"进行转变,最后通过数据抓取和反抓取行为 Hotelling 竞争模型的推导和理论分析,总结出两线三区法。

中央财经大学法学院研究生朱维蕊以"超级平台 API 政策的反垄断法解读"为主题进行发言。她首先对 API 的含义进行了阐释,之后又提到了超级平台 API 的应用价值和负外部性,超级平台 API 具有重要的应用价值,同时由于其具有公共性,因而其实施反竞争的 API 政策更容易对市场竞争造成损害。她讲到有必要从 API 政策的基本原理出发,同时对 API 政策的负外部性进行讨论,对超级平台 API 政策是否构成对反垄断法的违反作出综合性的研判。超级平台实施的反竞争 API 政策,可能构成拒绝交易行为,她对此不是十分认可并提出理由。而对于数字经济领域的特殊性考量,则要从经营者所处的相关市场、经营者在相关市场上是否具有市场支配地位、具有市场支配地位的经营者是否从事了滥用行为的认定以及滥用行为是否产生了排除、限制竞争的后果四个角度进行分析。

华中科技大学法学院研究生陈艺婷以"比例原则视角下算法推荐侵权的合理规制"为题进行发言。她从算法推荐第一案——爱奇艺诉字节跳动《延禧攻略》擅播案进行切入,从比例原则适用于算法推荐侵权问题的理论意义和在算法推荐侵权规制中的具体适用两个大的方面加以论述,提到比例原则的目的性子原则、均衡性子原则与算法推荐侵权规制中体现的利益平衡理论和法经济学"效益最大化原则"具有理论适用关联,同时论述了比例原则对于算法推荐规制行为保护利益的辅助性层次化区分。司法实践中法官可对网络服务提供者行为进行公式化区分,从而对其注意义务进行判定,以此作出合比例的规制判罚。总的来说,比例原则的引入将有助于法官在算法推荐侵权规制中进行更为精细化程序化的司法适用。

华中科技大学法学院李蕾副教授对五位发言人的精彩发言进行了评议。她指出各位发言人的研究都很精深,为我们提供了很多新的研究视野,令人耳目一新。利用表格、数学公式进行模型分析,为司法大数据和人工智能的论文写作研究提供了很好的榜样。超级大平台作为反垄断规则领域的一个深水区,对其限制竞争效果的问题提供了多种应对方案,具有比较大的实践意义。

国际会场包括欧洲会场和美洲会场两个分会场,包括 4 个分论坛,共有 15 位专家、学者作了主题分享。

欧洲会场:分论坛一由华中科技大学法学院张奔老师主持。

日本福冈县九州大学法学院教授 Shinto Teramoto 以"是什么让防火墙失效?"为主题进行发言。他表示构建大数据对于人工智能的使用是至关重要的,人工智能可以表示人工智能,也可以表示增强智能。他指出,收集个案、构建由个案组成的大数据、分享大数据等各个领域都是至关重要的,但构建大数据也会引起冲突,因为涉及敏感信息或个人信息。为了遵守法律法规,避免敏感信息或个人信息的主体承担赔偿责任,政府和个人在内部安装防火墙,然而防火墙会出现故障并导致数据泄漏。教授通过模型分析防火墙内部结构,展现密集网络和稀疏网络的差异,并根据这种假设,检查各种几何结构网络,以找出哪些节点导致防火墙失效。

《通用数据保护条例》专家 Mu Li 以"儿童数据保护与平台责任:数据隐私/保护法

如何影响中国公司"为主题进行发言。她分享了线上的网络服务平台及其责任和数据保护目前在欧洲的立法趋势。首先,她通过说明儿童认知能力的不足以及当前存在的儿童数据被滥用的现象强调了儿童数据保护的重要性。她指出网络平台控制着信息的传输,因此应承担数据隐私保护的责任,当出现违法信息时平台应当迅速删除,阻止违法信息的传播。其次,她介绍了当前欧盟地区相关法律的规定,并指出拟议的法规将要求平台适用的服务提供商从事其他违反数据保护和电子隐私法的活动,特别是在干扰通信机密性方面。在当前的世界实践中,服务提供商在云账户上进行人工智能扫描服务,并通过实际案例阐明这种技术仍需要发展。最后她通过正反两方面分析了数据保护法对中国公司的影响,一方面数据保护法将提供为开发新的图片审查算法的机会,另一方面它也会给数据处理在体量和管辖上带来新的挑战。

foodlawlastest.com 创始人、国际社会科学自由大学和博洛尼亚大学兼职教授 Cesare Varallo 以"欧盟绿色协议 vs 农业 4.0:挑战还是机遇?"为主题进行发言。首先,他提出 F2F 战略减少了农药使用,到 2030 年,有机农业将占总耕地的 25%,绿色协议将化学农药的使用和风险降低 50%,成员国将必须在明确定义的参数和自己的战略范围内制定自己的减排目标,以确保整个欧盟范围内的目标得以集体实现。其次,他指出我们的粮食生产系统需要减少它们对大气污染和生物多样性损失的负面影响,播种的成本远远超过向可持续粮食系统过渡的相关成本。最后,他分析了当今时代农业 4.0、技术处理和技术测试、大数据分析等新兴技术在实践中的使用情况。

华中科技大学法学院刘佳老师以"人工智能与法律研究的科学知识图谱分析"为主题进行发言。她提出,人工智能与法律是一个应用广泛的交叉学科领域,不仅包括人工智能和法学,还包括逻辑学、机器学习、认知心理学、语言学和哲学。为全面了解人工智能与法律研究的历史进展和现状,以及未来在世界范围内的发展趋势,基于 Web of Science 数据库中相关领域的著作,进行了全面的科学计量研究。首先,她重点介绍了人工智能和法律研究出版物的一些基本特征,包括国家/地区、出版年份和学科类别。其次,基于知识图谱软件 VOSviewer,探索国家和地区之间的合作、研究机构之间的合作以及文献来源协会。最后,利用基于 VOSviewer 的科学计量可视化图形识别人工智能和法律领域研究热点的变化。可以为人工智能的评价和法律研究提供了较为广阔的视角,揭示该领域的发展趋势。

分论坛二由华中科技大学法学院副研究员傅江湀主持。

苏格兰知识产权和技术法研究中心主任、爱丁堡大学法学院计算法律理论教授

Burkhard Schafer 以"欧盟人工智能法案对法律技术的影响"为主题进行发言。他提出种族主义判决支持系统的不合理之处,这种法律系统使用算法来预测人们未来是否可能成为罪犯,将会引起种族偏见,并指出将人工智能运用法律之中已经成为一种趋势,新法案的制定会考虑欧盟议会提出的监管建议、行业独立提案并会为人工智能系统的开发、投放市场和使用制定统一规则。他提出,人工智能法案会是当下改革框架的一部分,包括数字服务法案草案、数字市场法案草案、机械条例第 8 号草案、与人工智能相关产品责任的修订和数据治理法案草案。

荷兰蒂尔堡大学商法系 Erik P. M. Vermeulen 以"为什么律师必须玩电子游戏"为主题进行发言。他指出,近年来区块链、大数据等信息技术的迅速发展,使得律师的职能开始发生转变,律师需要专注于新的法律、人工智能等,需要了解新的科技以及科技是如何应用等问题。他提出电子游戏可以让人保持好奇心,推动我们去了解数据和科技。近年来,物联网、传感器、区块链、网络安全、自动化等事物的发展,使行业的界限逐渐变得模糊,数据化的转型显得至关重要。他表示律师需要有科技的思维以及去实验的决心,需要关注技术,成为法律的工程师需要了解区块链,成为数字合规专家则需要及时了解新的法律和技术,成为数字政策制作者也要求有电脑型的思维。

华中科技大学法学院张奔老师以"研发规划与创新政策中的数字化转型"为主题进行发言。首先,他通过数字技术创新方向和企业商业模式创新方向、个人数字化转型和政府数字化转型等角度对数字化转型进行了介绍。其次,他指出文章的理论基础是开放式创新理论,这种理论从不同角度或基于不同理论框架分析数字化转型。再次,他阐明了论文的研究方法,论文以中国国务院及部委各网站信息以及商业数据库搜索平台作为数据来源,以相关性以及国家和部级作为筛选标准。然后,他通过案例对政策文本的特征和内容进行分析。最后,张奔老师得出结论,我们要重视政策和法规的影响,加强各领域政策的系统化、规范化,形成政策执行的合力;规范政策发布和执行程序,增强政策公信力;保持不同策略之间的内聚性,突出策略的操作价值。

美洲会场:分论坛一由华中科技大学电子信息与通信学院王玉明副教授主持。

美国匹兹堡大学法学院教授、智能系统研究生项目教授、学习研发中心资深科学家 Kevin Ashley 以"文本分析如何解释法律预测"为题进行了发言。首先,他介绍了法律文本分析或者文本挖掘的定义,即它是人工智能的一个分支,采用了自然语言智力及其学习,自动地从法律判决、合同以及法规的档案中提取语义,其使用的是深度学习以及信息网络的结合。其次,他指出研究者都使用了深度学习的方法来预测结果,是通过文本以及事实来进行预测的。他们的算法,比如欧洲人权委员会有没有任何的关于人权公约的违法,结果是非常惊人的。Branting 和他的团队有一个行之有效的方法来寻求解释,他们做了一种半监督的学习模式"Scale"。最后,他提出中国的民法体系中是否能够用类似的法律预测呢? 中国的法律案件是否能够对事实情况提供丰富的法律描述? 中国的法学家和律师是否能做类似的推理? 中国的法律检索系统有没有什么积极影响?

美国俄克拉荷马大学法学院教授 Stephen E. Henderson 以"在一个完全人工智能的世界里,人类审判的去处"为题进行了发言。首先,他提出第一个假设,有关人工智能的乐观主义,人工智能和道德之间存在正相关的关系,即使我们相信人工智能越聪明就越有道德,但是并不是每个人都相信这一观点。其次,他提出第二个假设,技术的乐观主义,我们相信人工智能将会变得很成功,这是毋庸置疑的。农业革命以及两次工业革命,我们驯服了机器,人类生产大幅度提高,人工智能可以代替人类做大量人类不想做、不能做的工作,而且机器犯错误的概率比人低。最后,他指出人类永远不希望错误目标的实现,他们希望实现正义。道德会有缺陷状态,任何判断都不完美,人类刑事判断是不完美的,这意味着在判罚与法官的转化中,评判方可以明白这是民主自治的本质。

上海交通大学凯原法学院郑戈教授以"暗模式与算法治理"为题进行了发言。他提出,暗模式是这样一种用户界面,其设计故意迷惑用户,使用户难以表达他们的实际偏好,或操纵用户付出原本不必付出的额外金钱、时间或个人信息。他们通常利用认知偏差,促使在线消费者购买他们不想要的商品和服务,或者透露他们不愿透露的个人信息。设计师使用暗模式来隐藏、欺骗和诱使用户泄露。他们通过以非专家无法理解的方式提问来混淆用户,他们通过隐藏可以帮助用户保护其隐私的界面元素来混淆用户,他们需要注册和相关的披露才能访问功能,并持恶意行为隐藏在法律隐私政策的深渊中通过将信息共享与应用内福利联系起来,黑暗模式也使披露"不可抗拒",通过这些和其他方式,设计者故意让用户难以实现他们的隐私偏好。最后他给出结论三条结论:打开算法黑箱是个走不通的死胡同;用户界面规制是化繁为简、化难为易的一种规制思路;价值选择:个人福祉、集体福祉、规制目标和个人自治。

阿里巴巴达摩院技术总监孙常龙以"大数据时代的人工智能发展与司法应用前瞻"为题进行了发言。首先,他介绍了达摩院 AI 技术体系,分为语音实验室、视觉实验室、语言技术实验室、决策智能实验室、城市大脑实验室。他指出,自然语言智能研究实现人与计算机之间用语言进行有效通信。它是融合语言学、心理学、计算机科学、数学统计学于一体的科学。它涉及自然语言和形式化语言的分析、抽取、理解、转换和产生等多个课题。其次,他向我们展示了阿里巴巴自然语言智能的成就、达摩院智能司法产品大图、行业原子能力。然后,他介绍了司法文书抽取,即将文本信息中的关键司法信息进行提取,包括基本信息(eg,地域、判决时间、法院、法官、律所、当事人)、案件特征、争议焦点、事实信息、量刑情节、法律依据、判决结果等,帮助用户快速把控案例的全貌。现版本能够识别 120 个通用字段,近 3000 个案由专有字段(近 60 个高场案由),覆盖刑事、民事、行政三大案由,其中对于通用字段识别的准确率超过 92%,位于行业前列。最后,他介绍了 AI 法官助理,即面向法官、检察官、公安干警办案办公场景打造的伴随式智能 AI 助理,旨在帮助办案人员在办案信息查询、证据审查分析、庭前拿议焦点识别、法庭调查法庭辩论等环节实现基于算法的自动处理功能,提升办案质效。

分论坛三由湖北司法大数据研究中心首席专家、美国加州伯克利大学法学博士(SJD)、华中科技大学法学院陈起行教授主持。

奥尼尔全球卫生法学院创始人,奥尼尔国家和全球卫生法研究所院长、教授,世界卫生组织国家和全球卫生法合作中心乔治敦法律总监 Lawrence Gostin 以"传染病的时代:由非典、伊波拉到新冠、猴痘和脊髓灰质炎"为题进行发言。首先,他指出我们正在经历的公共卫生突发事件——新冠。目前疫苗对比较严重的病情有一定的针对性和抵抗效果,但是对感染和再次感染的情况,效果并不显著,疫情在无情蔓延,没有一个国家可以独善其身。其次,他提出了一个典型案例,世界上唯一一个成功阻止新冠病毒的国家是中国,实行的是动态清零的政策。然后,他又讲述了另外两种疫情,一个是猴痘,多个国家都有猴痘疫情,存在着进一步变异的可能性,它的难点在于测试问题上,还有出现的严重医疗不平等问题;另一个是小儿麻痹症,虽然之前已经根除,但现在又出现了新病例,所以要抓紧重新评估,开发新的疫苗。从现在疫情数量翻倍增长的角度,Lawrence Gostin 教授分析,这是因为现有的航空等快捷交通方式、气候移民的因素,而且土地用途的改变让动物与人类的接触更加密切,增加了传播人畜共患的疾病的可能性,这些多方因素加剧了其他一些疾病的传播。此外,抗生素和抗病毒药物的过量使用,失去了更优的有效性,这也是一个巨大的问题。最后他谈到,我们现在处在关键转折点,要思考如何更好地为下一次疫情做好准备,提供公平,也希望政府的领导人能够明智地为社会和人类的健康做出正确的选择。

萨里大学法学院法学和健康科学教授,加州大学洛杉矶分校大卫·格芬医学院医学助理教授、医学博士、法学博士、哲学博士 Ryan Abbott 以"人工智能生成发明与未来医疗创新"为题进行发言。首先他从版权和创意的角度出发,提出现在人工智能可以做很多有创造性的事务,并且随着 AI 的发展,大规模制作的作品有了商业价值,进而引出了对人工智能作品进行保护的问题。人工智能虽然可以出现在创造领域,但是大多数专利的权利是法人和公司所有,而非发明人。AI 的发明创造需要受到保护这一观点,不同国家对其看法不同,存在着不小的争议。人工智能是由人发明的,要先经过测试,确认后获得专利。其次,他指出有多种方式可以用来区别人工智能和人类的行为。而且人工智能可以帮助人们做科研和其他工作,让人们知识更加渊博,有一些机器人可以将英文准确翻译成中文,最后,他提出人工智能会朝着更好的方向去发展。

夏威夷大学马诺阿分校传播学院教授,传播与信息科学跨学科博士项目主席 Jenifer Sunrise Winter 以"规制健康大数据联结的挑战"为题进行了发言。首先,挑战与技术共存下,出现了一个新的医疗大数据的管理体系,它有着新的数据类型,通过数据的连接,进行数据分析和收集。储存数据的目的是为受众提供更多的福祉。其次,她更进一步讲解了数据的收集及挖掘其价值,个人数据可以通过互联网大规模地进行收集,直接或非直接对医疗数据收集并且供其他人使用。由医疗产生的大量数据需要满足隐私保护法及其他相关法律法规,一些技术型公司已经进入了这个领域并使用了这些数据。其次,她表明数据如何使用及医疗数据的预测是个很大的问题。人工智能的分析、各种 APP 的开发等让 IT 巨头收集了大量人类活动,获得了很多敏感的个人数据。在收集各种医疗数据上,问题也越来越突出,电子医疗的使用让很多数据并不能留存在诊所内。为此 Jenifer Sunrise Winter 提出几点建议:一是要用原有的数据创造新的数据,通过数据连接,创造新的价值,这过程也需要更多的监管;二是开发使用 AI 机器学习是不禁止的,但需要一直关注其准确性、统一性和出处;三是使用数据需要授权,需要保护隐私所有者,不希望通过数据追踪到个人;四是关于分散的管理和治理问题。最后她总结道:我们有半自治的机构和中心参与决策。管理健康相关数据的关联是一种新的共享的社会资源,是需要监管的,需要组织进行优化。

前医疗保健领域人工智能联盟的战略和技术顾问 Aaron Chang 以"医疗保健中的人工智能:一系列案例研究"为题进行发言。他从三个案例出发,引出人工智能在医疗保健中的使命,它可以改善患者的生活,创造更高效、可持续的医疗系统。首先,他讲解了第一个案例 Bluedot:利用人工智能检测流行病的爆发,让人们免受传染病的侵害,此外它还用来监测新的疫情,比如新冠病毒的传播。它将来自于媒体、卫生机构等全球的数据和健康报告运用自然语言进行处理,通过算法进行输出,建立有医生等个体的建模团队。它输出的一个解决方案有：在 2019 年 9 月发现了一种潜在的肺炎，它采用交叉关联的算法，在肺炎发生的前几天就做出了预测；通过 2018 年的航空数据，预测了何时何地爆发以及下一个爆发的地点。其次他提到第二个案例 inference：人工智能被用来搜索科学文献，通过向量计算、频率分析，同时分析上亿份医学文件，进而解释了新冠疫情中的腹泻的症状，阳性患者很可能会腹泻和失去嗅觉，这为我们未来的疫情诊断提供了相关的信息。然后他提到最后一个案例：AI 保健方法和数据的研究，是基于真实数据来合成相关数据，将数据整合成数据集，并且数据可匿化，这样用真实的数据以及合成的数据进行 AI 模型的训练，达到更好的训练效果。通过上述案例的分析，他指出大数据可以对公共卫生起到帮助作用，而且已经形成早期趋势，可以在未来真正改变医疗行业，帮助流行病预测。此外，他还提出一些困扰，比如：大数据可能会侵犯患者的隐私，也可能会在临床研究中被浪费。怎样从客观角度对数据匿名、数据的真实和可适应性，这终将是未来的发展趋势，所以了解它是如何工作和发展的是有必要的。

《数字法律评论》征稿函

随着互联网、大数据、区块链、人工智能等新兴技术的不断发展,人类社会正迈入数字时代。数字技术的迅猛发展和广泛应用在推动社会发展进步的同时,也给法学理论和法治实践的发展带来了前所未有的机遇与挑战。数字中国对法治中国建设提出了更高要求,数字时代的发展急需数字法治保驾护航。计算法学、智能法学、数据法学、数字法学等新兴学科被相继提出,形成新的学科发展与学术争鸣热点和难点,在国际国内学术界正在引发广泛关注。

华中科技大学法学院是全国最早也是迄今为止唯一一个设置科技法学学位点的单位,至今已有 16 年的历史,一直居于新技术革命与法律学科交叉融合发展的前沿。2019 年 9 月,由清华大学主导,华中科技大学法学院作为六家发起单位之一,共同成立了中国计算法学发展联盟。2020 年 8 月,华中科技大学与湖北省高级人民法院签署全面合作框架协议,成立湖北司法大数据中心。2021 年 5 月,华中科技大学创设"人工智能与司法大数据"国际研讨会这一学术平台,每年举办一届。2023 年 12 月 16 日,华中科技大学法学院及汪习根院长作为初始会员,与海内外顶尖学府和专家学者联合发起成立了国际数字法学协会(International Digital Law Association)。

以此为基础,为了在理论上超前引导数字社会的革命性发展、全面回应数字法治的实践性挑战,《数字法律评论》应运而生并蓬勃发展。

《数字法律评论》是华中科技大学法学院、湖北司法大数据研究中心联合主办的以数字法学前沿发展为主题的学术辑刊。《数字法律评论》立足中国现实和实践需要,面向全球和未来发展,聚焦国内外数字法学领域的前沿研究,关注数字法学的跨学科发展,致力于展现数字时代的最新法学理论和法治实践成果,充分彰显国际性、前沿性、创新性和交叉性的特征,着重研究具有中国特色、世界领先的时代前沿问题。《数字法律评论》旨在为新时代背景下的新法科建设提供前沿阵地,推进建设中国特色的数字法学学科体系、学术体系和话语体系,促进构建中国自主的数字法律知识体系。

《数字法律评论》现面向国际国内学术界和实务界公开征稿,诚邀各界人士不吝赐稿。

一、征稿范围

1. 数字法学基础理论研究

2. 数字法律前沿问题研究

3. 数字经济、数字政府、数字社会的法律理论与实践研究

4. 数字法律规范分析

5. 互联网法律前沿问题研究

6. 大数据法律前沿问题研究

7. 区块链法律前沿问题研究

8. 人工智能技术的立法、执法和司法应用

9. 人工智能、数字技术与人权发展

投稿论文应围绕主题撰写论文,但不限于上述参考选题,与数字法治相关的调查报告、立法建议、学术论文或译文等均可。文章需论点鲜明,论据充分,论证严谨,逻辑通畅,结构完整,数据准确,图表规范,注释引文无误。

二、原创性要求

投稿论文原则上要求未公开发表在其他期刊上,作者应确保论文的原创性和前沿性,符合学术规范。

三、格式要求

（一）文稿体例

文稿由题目、摘要、关键词、正文和注释构成。需同时提供英文版的题目、摘要和关键词。题目字数 10 字左右,可加副标题;摘要在 300 字左右;关键词 3—5 个。稿件字数一般为 1—2 万,尤其欢迎 2 万字以上长文。

正文采用宋体、五号字、首行缩进两个字符、单倍行距。

（二）基金项目

如果文稿得到基金项目的资助,请在首页下脚注释中标明资助背景,包括基金项目

的类别、名称、批准号,感谢语尽量简化。

（三）作者简介

文稿应在文章首页下脚注释按如下顺序标明作者信息:姓名、性别、单位、职称(职务)、学历、研究方向等。作者通常仅标明所在单位及技术职务,同一作者原则上只标明一个工作单位,最多不超过两个。

作者的联系地址、邮编、联系电话、电子信箱等内容放在文末单独附页,不作为文章内容,为方便联系作者使用,应单独统计。

（四）各级标题

文稿标题应层次分明,标题前的数字按不同级别依次使用:文内体例顺序一般采用:一、(一)、1.、(1)、①、A.、a.;其中标题一的样式采用四号、宋体、加粗、首行缩进两个字符;标题二的样式采用小四号、宋体、加粗、首行缩进 2 个字符;标题三以下的标题采用五号、宋体、首行缩进两个字符;

（五）注释体例

具体要求如下:

1.稿件采用脚注。作者用" * "标注,正文采用连续注码,注码放在标点之后(对句中词语加注者除外)。注码用阿拉伯数字标注并放置于圆括号内,具体为①,②……。全文脚注用小五号字,宋体。

例:①张文显:《构建智能社会的法律秩序》,《东方法学》2020 年第 5 期。

2.引用性注释必须真实、必要。对观点的引用,应注重代表性;对事件、数据的引用,应注重资料来源的权威性。限制对非学术性书籍、非学术性期刊及报纸文章和网络资料的引用。原则上禁止引用未公开发表的资料。非引用原文者,注释前加"参见"。引用资料非来自原始出处者,注明"转引自"。数个资料引自同一出处者应写全。引文出自同一资料相邻页者,只注明首页;相邻数页者,注为"第×页以下"。

3.引用书籍的,要标明作者、书名、出版单位、出版年份和页码。作者为两人的,均列明姓名;为三人及以上的,标注为"××(排名首位的作者)等"。作者为机构的,标注机构名。出版单位属两家(含)及以上机构的,分别列明。出版日期仅标明年份。通常不要"第×版""修订版"等。

例:王利明:《法律解释学导论:以民法为视角》,法律出版社 2021 年版,第 3 页。

4.引用译著的,应在作者前括注作者国籍,书名后增加译者。标注顺序为:国籍、作者、书名、译者、出版单位、出版年份和页码。译著本身未标明原著作者国籍,或者未翻译原著作者姓名的,遵照译著。译者为三人或三人以上的,标注为"××等译"。

例:[美]庞德:《通过法律的社会控制·法律的任务》,沈宗灵等译,商务印书馆 1984 年版,第 27 页。

5. 引用期刊论文的,要标明作者、文章标题、期刊名及期号。作者为两人的,均列明姓名;为三人及以上的,标注为"××(排名首位的作者)等"。作者为机构的,标注机构名;为课题组的,标注为"××课题组"。

例:徐显明:《论坚持建设中国特色社会主义法治体系》,《中国法律评论》2021 年第 2 期。

6. 对报纸的引用,一般限于信息类、数据类引用。引用报纸上的资料,应同时注重报纸及所引内容的权威性、严肃性和专业性。引用报纸文章,要注明作者、文章标题、报纸名、日期。作者确实不明的,可免于标注。

例:习近平:《把握时代潮流 加强团结合作 共创美好未来》,《人民日报》2022 年 9 月 17 日。

7. 对网络资料的引用,一般限于信息类、数据类引用,对由专业机构正式发布的电子期刊或类似网络出版物的引用,不受此限。引用网络资料,要同时注重网站及所引内容的权威性、严肃性和专业性。引用网络资料,要注明作者、文章标题、网址和最新访问日期。

例:《金融科技创新监管试点报告（2021）》,https://www.163com/dy/article/GCIEUJ5 U05198086.html,2022 年 5 月 1 日最后访问。

8. 外文注释从该文种注释习惯,尽量避免中外文混用。具体英文注释格式见下面例子。

例:(期刊类)Charles A. Reich, *The New Property*, 73 Yale Law Journal 733, 737-738 (1964).

例:(著作类)William P. Alford. *To Steal a Book is an Elegant Offense: Intellectual Property Law in Chinese Civilization*, Stanford University Press, 1995.p.98.

9. 同意《数字法律评论》编辑部在不改变稿件基本观点和实质性内容的前提下,在刊发前对稿件进行加工修改。

四、投稿方式

本刊投稿采用电子投稿方式,投稿邮箱为:szflpl2022@163.com。

作者需提交 word 版本和 pdf 版本稿件各一份。编辑部将对论文进行初步审核,初审通过后,将对稿件进行外审,并决定是否录用。本刊不收取审稿费、版面费等任何费用。

Call for paper

As emerging technologies such as the internet, big data, and AI develops, human society is entering the digital era. While the rapid development and extensive application of digital technology promote social development and progress, they bring unprecedented opportunities and challenges to legal theory development and the practice development of the rule of law. Digital China has imposed higher requirements on the construction of the rule of law in China. The development of the digital age is urgently needed to protect the digital rule of law. Some emerging disciplines such as computing law, intelligence law, data law, and digital law have been successively proposed, and hot issues and difficulties related to new disciplinary development and academic discussions have formed, which is attracting extensive attention from the international and domestic academic communities.

The Law School of Huazhong University of Science and Technology is China's first and sole organization with the awarding power of the postgraduate degree in science and technology law. So far, it has been standing at the leading edge of interdisciplinary research and development involving both new technological revolution and law study for 16 years. In September 2019, led by Tsinghua University, six initiators including Huazhong University of Science and Technology jointly established China Computing Law Development Alliance. In August 2020, Huazhong University of Science and Technology and the High People's Court of Hubei Province signed a comprehensive cooperation framework agreement and established Hubei Judicial Big Data Center. In May 2021, Huazhong University of Science and Technology established an academic platform — the International Seminar on AI and Judicial Big Data. The seminar is held once a year. *Digital Law Review* was founded based on this at the right moment to proactively lead the revolutionary development of digital society in theory and comprehensively respond to the practical challenges brought by the digital rule of law.

Digital Law Review is an academic periodical theming the leading-edge development of digital law co-sponsored by the Law School of Huazhong University of Science and Technology and the Hubei Judicial Big Data Research Center. Facing global and future development, *Digital Law Review* focuses on the leading-edge research of the domestic and foreign digital law fields, pays close attention to the interdisciplinary development of digital law, strives to reveal the latest law theory and the practice of the rule of law of the digital age, fully manifests the characteristics of digital law such as internationality, leading-edge quality, creativity and intersectionality and emphasizes the world – leading research of the leading – edge problems of the digital age with Chinese characters based on the reality and practical needs of China. *Digital Law Review* was founded at the right moment, and it has great significance for developing digital law. It aims to provide a leading-edge research platform for the new law discipline construction in the new age, promote the construction of the discipline system, academic system, and discourse system of digital law with Chinese characteristics, and facilitate the establishment of China's independent digital law knowledge system.

Now, *Digital Law Review* openly calls for contributions from international and domestic academic communities and practical circles and hopes that people from all walks of life will actively contribute.

I. Scope of contributions invited

1. Basic theoretical research of digital law

2. Research on frontier issues of digital law

3. Research on legal theory and practice of digital economy, digital government and digital society

4. Analysis of digital legal norms

5. Research on frontier issues of Internet law

6. Research on frontier issues of big data law

7. Research on frontier issues of blockchain law

8. Legislative, law enforcement and judicial applications of AI technology

9. Artificial intelligence, digital technology and human rights development.

The contributed papers should focus on their topics. However, the paper topics are not limited to the above-mentioned reference topics. All the investigation reports, legislative suggestions, academic papers, or translations related to the digital rule of law are acceptable. The discussion topics of the papers should be distinct, the basis for the argument should be sufficient, the argumentation should be strict, the logic should be clear, the structure should be complete, the data should be accurate, and the diagrams and charts should be standard, and the notes and quotations should contain no errors.

II. The originality requirement

In principle, the contributed papers should not have been published in any other periodicals, and the authors should ensure originality and leading – edge characteristic of their papers. The authors should also ensure that their papers conform to the relevant academic standards.

III. The format requirement

(Ⅰ) The paper format

A contributed paper should consist of a title, an abstract, some keywords, a main body, and some notes. The English title, abstract, and keywords of the paper should also be provided at the same time. The number of the Chinese characters of the title should be about 10, and a subtitle may be appended to the title. The number of the Chinese characters of an abstract should be about 300. The number of the keywords should be 3 to 5. The number of the Chinese characters of a contributed paper is usually 10,000 to 20,000. The contributed paper with more than 20,000 Chinese characters is highly acceptable.

The Song typeface of Font Size 5 should be adopted in the paper. The first line of each paragraph should be indentedby two Chinese characters, and the text should be single – spaced.

(Ⅱ) The fund program

If a contributed paper is subsidized by a fund program, please indicate the subsidy background in a note at the bottom of the first page, including the type, name, and approval number of the fund program. The acknowledgments should be as concise as possible.

(Ⅲ) About the author(s)

The information about the author(s) should be indicated in a note at the bottom of the first page in the following order: name, sex, organization, professional title (position), academic degree, research direction, etc. Usually, the organization for which the author works and the technical position of the author should be indicated. In principle, one organization or, at most, two organizations should be indicated as one author's organization(s).

The author's contact address, postal code, contact phone number, email, etc. should be included in an independent page attached to the contributed paper, and they are not regarded as any article content. For the purpose of facilitating contact with the author, the information should be separately recorded and registered.

(IV) Headlines at different levels

The headlines of a contributed paper should have distinct gradations. The numbers before headlines should be successively used according to their levels. The numerical notation systems used before headlines are listed in the following descending order: I, (I), 1, (1), ①, A, a. The bolded Song typeface of Font Size 4 is adopted in the first level headline, and the first line is indented by two Chinese characters. The bolded Song typeface of Font Size Small 4 is adopted in the second level headline, and the first line is indented by two Chinese characters. The Song typeface of Font Size 5 is adopted in the third level headline, and the first line is indented by two Chinese characters.

(V) The format of notes

The specific requirements are stated as follows:

1. Footnotes should be used in the contributed paper. "＊" is used to indicate the note about the author. Consecutive note numbers should be used in the main body and placed after punctuations(unless notes are used to explain words). Arabic numbers indicate notes in the main body and should be placed in square brackets. The specific examples are [1],[2]…….

Example: [1] Zhang Wenxian, *Legal Order for Building an Intelligent Society*, Issue 5 (2020) of Oriental Law, pp.4−19.

2. The quoted notes must be true and necessary. The quoted viewpoints should be representative. When events or data are quoted, attention should be paid to the authoritativeness of the data sources. Nothing should be quoted from non−academic books, non−academic periodicals, newspaper articles, and network data. In principle, it is forbidden to quote materials or data that have not been openly published. If a quoted text is not an original text, "See" should be placed at the beginning of the note. If the quoted data or materials are not from a source,

"It is quoted from"should be indicated. If several materials are quoted from the same source, the format"The above Quotation [1], such and such book, Page X" or"The above Quotation [2], such and such article"should be used in the notes. If two notes are next to each other, "the above quoted such and such book(article)" should be used in the latter. If several quoted texts are from some consecutive pages of material, only the first page of the pages should be indicated, and"on Page X and its following pages"should be indicated.

3. If some content is quoted from a book, the author, title, publishing organization, publishing year, and pages of the book should be indicated. If the book is written by two authors, the names of the two authors should be indicated. If the book is written by three or more authors, "XX(the name of the first author) et al." should be indicated. If the author is an organization, the organization's name should be indicated. If the book is published by two or more organizations, these organizations should be separately indicated. Only the publishing year is used in the publication date. Usually, "the xth edition", "the revised edition", etc. should be omitted.

Example: Wang Liming, *Introduction to Law Explanatory Study*: *Viewing from the Angle of Civil Law*, Law Press China, 2021, p.3.

4. If some content is quoted from a translation, the author's nationality should be placed in square brackets before the name of the author, and the name(s) of the translator(s) should be placed after the book title. The relevant information should be indicated in the following order: nationality, author, book title, translator, publishing organization, publishing year, and the page number. If the author's nationality is not indicated or the author's name is not translated, the information given in the translation should be indicated. If a book or article is translated by three or more people, "translated by XX et al." should be indicated.

Example: [USA] Roscoe Pound, *Social Control Through Law*, *Legal Responsibility* translated by Shen Zongling et al., the Commercial Press, 1984, p.27.

5. If a paper is quoted from a periodical, the author(s), article title, periodical's name, issue number, and page number should be indicated. If the paper is written by two authors, their names should be indicated. If it is written by three or more authors, the format"XX(the first author) et al." should be indicated. If the paper is written by an organization, the name of the organization should be indicated. If it is written by a research group, " XX Research

Group" should be indicated.

Example：Xu Xianming, *On Adhering to Building a Socialist System of the Rule of Law with Chinese Characteristics*, Issue 2(2021) of China Law Review, pp.1–13.

6. The quotation from the newspaper is limited to the quotation of information and data. If some information or data are quoted from some newspaper, the authoritativeness, seriousness, and specialty of the newspaper and quoted contents should be emphasized. If some information is quoted from an article ina newspaper, the author, the article title, the date, and the page number should be indicated. If the author is unknown, it is not necessary to indicate the author.

Example：Xi Jinping, *Grasp the Trend of the Era*, *Strengthen the Unity and Cooperation and Jointly Build a Beautiful Future*, the People's Daily, September 17, 2022, Edition 002.

7. If some material is quoted from some network, the material is limited to information and data. If an electronic periodical or some online publication similar to it is officially published by a professional institution, the periodical or publication is not subject to limitation. When material is quoted from some network, the authoritativeness, seriousness, and specialty of the website and quoted contents should be emphasized. When some material is quoted online, the author, article title, website address, and latest access date should be indicated.

Example：*Report on Financial Technology Innovation and Supervision Pilot Work* (2021), https://www.163com/dy/article/GCIEUJ5 U05198086.html, Last accessed on May 1, 2022.

8. A foreign language annotation should follow the annotation habit of the foreign language. It should be avoided to use both Chinese words and foreign language words together. As for the specific English annotation format, see the following examples.

Example：(periodicals) Charles A. Reich, The New Property, 73 Yale Law Journal 733, 737–738(1964).

Example：(works) William P. Alford. To Steal a Book is an Elegant Offense：Intellectual Property Law in Chinese Civilization, Stanford University Press, 1995. p.98.

9. It should be agreed that the Editorial Department of *Digital Law Review* may modify a contributed paper before it is published on the precondition that the Editorial Department changes neither the basic viewpoints nor the substantive contents of the contributed paper.

IV. Submission methods

An electronic submission method has been adopted as the submission method of the periodical. The email for the submission is:szflpl2022@163.com.

The author needs to submit both a Word version of the contribution and a PDF version of the contribution. The Editorial Department preliminarily reviews the contributed paper. If the paper passes the preliminary review,it will be sent to external experts for review,and whether it will be published or not will be decided.*Digital Law Review* does not ask for any charge, such as paper review fee and page charge.